Ingo Kohlschein

Mater Terra

Band I: Widerstand

SCIENCE-FICTION-THRILLER

Erschienen bei:
Content4 Publishing
Dr. Ingo Kohlschein
Friedhofsweg 17/19
22337 Hamburg

Bilder: Nzoka John und spawns, beide istockphoto

ISBN: 978-3-9826146-4-9

ÜBER DIESES BUCH

Im Jahr 2095 brechen zwei junge Männer vom Mars auf, um gegen die Herrschaft der Gyne über ihren Planeten zu kämpfen. Mit der Hilfe von zwei mutigen Frauen ringen sie in einem packenden Weltraumabenteuer um die Freiheit. Doch die Schrecken der Vergangenheit holen die Menschen auf Erde und Mars ein. Wieder droht die Gier nach Macht, alles zu vernichten. Wird es den vier jungen Menschen gelingen, die Welten zu vereinen?

Der Science-Fiction-Thriller fesselt nicht nur durch seine spannende Handlung, sondern wirft auch aktuelle gesellschaftliche Fragen auf:

- Sind autokratische Staaten auf dem Vormarsch?
- Welche Folgen hat die zunehmende brutale Gewalt gegen Frauen?
- Führt der Narzissmus alter Männer an der Herrschaft in die Apokalypse?
- Haben die Männer am Ende ihren eigenen Untergang verdient?

Weitere Informationen zu der Buchserie finden sich auf der Webseite www.materterra.space.

Im ersten Halbjahr 2025 erscheint Mater Terra Band II: Auslöschung, Ende 2025 dann Mater Terra Band III: Rückkehr.

INHALT

KAPITEL 1
DIE FÜNF STRAFEN

Ohrenbetäubend laut schrillte der hohe Ton durch die unterirdischen Wohnquartiere der Marskolonie in Hebes Chasma. Es folgten fünf Sekunden Pause, dann abermals der Alarm. Apoll presste sich die Hände auf die Ohren. Immer wieder erklang das durchdringende Geräusch. »Nicht die nächste Strafwoche. Ich habe es satt.«

Der Messenger an seinem Handgelenk zeigte *3:37 AM* an. Er rieb sich die Müdigkeit aus den Augen. »Nur drei Stunden Schlaf, verdammt.«

Er sprang von der abgenutzten Pritsche, die er sich mit einem Kollegen aus der Bergbaumine im Wechsel teilte, und schlüpfte in seine Stiefel hinein. Wie fast alles in der Marskolonie waren sie mit rotem Staub bedeckt. Er gähnte und streckte sich, um den Rest Müdigkeit loszuwerden, und lief durch die Doppeltür zum Schlafsaal nach draußen. Er ließ Hunderte mehrstöckiger Feldbetten und einen entsprechenden Gestank hinter sich.

Am Ausgang des Saals drängten sich alle Männer zusammen, die eben noch in ihren Betten gelegen hatten. Viele von ihnen waren muskulös und schmutzig wie Apoll. Etliche hielten sich die Ohren zu. Sein Freund Merkur eilte heran.

»Welcher Idiot ist diesmal schuld?«, rief er. »Ich jedenfalls nicht«, fügte er mit mürrischem Gesichtsausdruck hinzu. Zusammen mit Tausenden Männern bahnten sich die beiden ihren Weg durch den schwach beleuchteten Gang zur Hauptröhre. Dort standen Wächter und brüllten: »Schneller, beeilt euch, schneller, schneller, los!«

In der Hauptröhre warfen sich Apoll und Merkur mit den anderen auf das Transportband aus schwarzem Gummi, das sich mit hohem Tempo am Boden der Röhre fortbewegte. Aus allen zehn Wohnquartieren der Kolonie stürzten sich Männer auf das Band. Sie stießen gegen andere, rempelten einander beiseite, traten und schlugen um sich und schrien: »Macht Platz!«, »Zur Seite!«, »Rückt endlich zusammen!« Apoll stöhnte vor Schmerz auf, als ein Kerl mit voller Wucht auf seinen Beinen landete. Er und Merkur kauerten sich liegend zusammen. Das Band lief mit einer Geschwindigkeit wie ein schneller Dauerlauf. Das Aufspringen glich einer Mutprobe. Aber niemand wollte zu spät in die Arena kommen. Das würde alles nur schlimmer machen. Die fünf Strafen reichten. Sie hatten ab dem Moment, als der Alarm das erste Mal erklungen war, genau eine Stunde Zeit, bis der Countdown ablief.

Plötzlich rutschten Apoll und Merkur ruckartig nach vorn und prallten gegen die anderen Männer. Das Band lief in einem steilen Winkel abwärts und führte in einen dunklen Schlund. Während Apoll hastig nach Hosenbeinen griff, um sich an irgendetwas festzuhalten, flog ein Mann vom Band herunter und krachte an die Wand der Röhre. »Hoffentlich überlebt er den Abgang«, rief

Merkur durch das laute Brummen des Transportbands. Alle fünf Sekunden ertönte der Signalton. Apoll kniff die Augen vor Schmerz zusammen.

Nach 25 Minuten endete die Tortur. Die Röhre mündete in eine weite Halle mit drei hohen Toren. Das Förderband verschwand in der Mitte der Transferhalle im Boden. Apoll und Merkur rollten sich seitlich herunter und schlitterten durch den Staub. Alle rappelten sich so schnell wie möglich auf, um von dem Band wegzukommen. Ein Schrei drang durch die Halle. Zwei Männer rissen einen jungen Typ gewaltsam von der Stelle fort, an der das schwarze Gummiband in den Hallenboden lief. Panisch hielt der Verletzte seinen rechten Arm, der in einem unnatürlichen Winkel zur Seite stand.

»Wie übel. Der ist mit seinem Arm in die Umlenkrolle geraten«, sagte Merkur und rümpfte die Nase.

»Arme Sau. Immerhin ist der Arm noch dran.«

»Das da, was noch übrig ist, nennst du einen Arm?«

Unterhalb der Walzen verrotteten in der Dunkelheit abgetrennte Finger und Hände von Männern, die den richtigen Zeitpunkt zum Abrollen verpasst hatten. Da es in der ganzen Marssiedlung furchtbar stank, fiel der Geruch des verwesenden Fleischs hier nicht weiter auf.

Durch die Tore der Transferhalle schien das Licht der aufgehenden Sonne. Jedes Mal war Apoll aufs Neue beeindruckt, wenn er durch eines der Tore nach draußen schritt. Wie hatten ihre Vorgänger die Atmosphärenhülle bauen können? Sie bestand aus einem transparenten Dach, das im Osten und Westen von hohen Stützmauern aus demselben durchsichtigen Material getragen wurde. Im Süden direkt hinter der Halle ragte der Steilhang eines Tafelbergs empor. Durch diesen waren sie mit dem Förderband in die Tiefe gerast. Das nördliche Ende des Daches ließ sich mit dem bloßen Auge kaum ausmachen. Es zog sich in schier endloser Länge über einen flach ansteigenden Hang, auf dem Vieh weidete und etliche Gemüse- und Getreidesorten sowie Obstbäume wuchsen. Vor diesem Anstieg breitete sich ein halbrunder See aus. Das trübe Wasser schimmerte rötlich. Seine Oberfläche war glatt wie ein Spiegel, denn unter dem Atmo-sphärendach rührte sich kein Wind und Fische lebten nicht in diesem toten Gewässer. An seinem Ufer erhob sich die Arena mit ihren 100 000 Sitzplätzen.

Apoll und Merkur gingen zügig über die staubige Straße, die die Transferhalle mit dem Stadion verband. Mit einem Mal blieb Apoll stehen und reckte den Kopf zum Dach. Außerhalb herrschten Temperaturen von zeitweise unter minus achtzig Grad Celsius. Die Luft dort einzuatmen, wäre schon nach wenigen Zügen tödlich.

»Nein, Apoll.« Merkur rollte mit den Augen. »Du hältst jetzt keinen Vortrag über Gerechtigkeit und das alles. Wir haben keine Zeit, wir müssen zur Arena.«

Apoll rührte sich nicht und hielt den Blick weiter nach oben gerichtet. »Eigentlich hätte die Hülle den Menschen in dieser Wüste die große Freiheit bescheren sollen«, sagte er mehr zu sich selbst als zu seinem Freund.

»Ich weiß. Nur leider kam der Große Krieg dazwischen. Los, jetzt geh weiter.« Merkur stieß seinen Kumpel an. Mit wütender Miene drehte sich Apoll um. »Die Marskolonie ist das Gegenteil von Freiheit. Sie ist ein Gefängnis und wir sind die Sklaven der Gyne.« Apoll spuckte verächtlich aus und stapfte weiter in Richtung der Arena. Ihn wunderte es nicht, dass die Kolonie – dieses gigantische technische Meisterwerk – unter den Männern nur abschätzig *das Loch* genannt wurde.

Das Stadion wies zehn Zugangstore auf, von denen jedes mit einer römischen Zahl von I bis X gekennzeichnet war. Apoll und Merkur bogen in den Aufgang I ab, hinter dem sich ihre lebenslang zugewiesenen Sitzplätze befanden und ein aggressives Gedränge herrschte. Die Männer stießen sich zur Seite, nicht selten brach Streit aus. Endlich erreichte Apoll seinen Platz, auf dessen orangefarbener Sitzschale aus Hartplastik sein Code eingeprägt war: I-A-187. Die Buchstaben I und A standen für Schlafsaal A im Wohnquartier I. Die Zahl 187 wies ihn als den 187. Jungen aus, der im Alter von vierzehn Jahren in diese Kammer eingezogen war.

Apoll erinnerte sich an den Tag, an dem er auf dem Mars eingetroffen war, der 30. Oktober 2084. Das lag mehr als zehn Erdenjahre zurück. Längst war die Marskolonie vollständig belegt. Die Gyne hatten die Jungen mit den riesigen Pendelfähren, die zwischen der *Orbitalstation 1* über Gaia und der *Orbitalstation* 2 über dem Mars verkehrten, zum Roten Planeten gebracht. Sie waren nun zwischen 14 und 25 Jahren alt. Niemand in der Kolonie war älter oder jünger – und niemand weiblich. Da sie von den Gyne nur mit Code-Nummern bezeichnet wurden, gehörte es zur Ankunft auf dem Planeten, sich einen Namen zu geben. Die Bezeichnungen antiker Götter waren zum Zeitpunkt von Apolls und Merkurs Eintreffen beliebt. Sie passten zum Mars, der nach dem römischen Kriegsgott benannt war. Anfangs hatten die Jungen den Lügen der Gyne geglaubt, in der fernen Kolonie erwarte sie ein großes Abenteuer …

An der den Tribünen gegenüberliegenden Seite der Arena stand ein riesiger Bildschirm, auf dem der Countdown lief. Im Hintergrund lag der See. Sie hatten es rechtzeitig geschafft – wie immer. Apoll drehte sich zu seinem Freund um, der seinen Platz mit der Einprägung I-B-235 eingenommen hatte. Ein Sensor unter dem Sitz erfasste, ob die richtige Person auf ihm saß. Alle in der Marskolonie trugen ein Implantat. Noch fanden sich einzelne freie Plätze in dem Halbrund, zu denen Männer im Laufschritt eilten. Hoffentlich würde es heute jeder, der sich nicht in einer Krankenkapsel befand, in die Arena schaffen, bevor der Countdown ablief.

Neben dem Bildschirm wuchs die Anzeige in die Höhe, wegen der alle hierher gerufen worden waren: ein Turm mit einer roten LED-Skala, die vom Boden bis zu seiner Spitze lief. Am Boden zeigte sie den Wert 0, an der Spitze den Wert 1 000. Dazwischen waren mit weißen Strichen auf dem schwarzen Metall Schritte von fünfzig Punkten abgetragen. Die Skala leuchtete vom

Boden bis zur Spitze rot. Das Malus-Meter hatte den Wert 1 000 erreicht.

Apoll zählte die letzten drei Sekunden mit. Der Countdown sprang auf null. Es war plötzlich still in der Arena, Apoll hörte nur leises Murmeln von den Reihen hinter sich. Er musste sich nicht zu Merkur umdrehen, um zu wissen, was der gerade tat. Er zog sich den Kaugummi aus den Ohren und steckte ihn sich wieder in den Mund. Kaugummis gab es nur auf dem Schwarzmarkt und das zu hohen Preisen.

Plötzlich erhob sich eine mechanische Stimme: »Ein Bewohner der Marskolonie hat sich unerlaubt vom Gelände entfernt. Er ist tot. Es wurde ein Malus von 1 000 Punkten verhängt.«

Apoll schauderte. Ein Bewohner war geflohen und ums Leben gekommen? Stimmte das? Sollte er den Gyne glauben? Unruhe brach aus. Einige Männer standen auf und blickten sich in der Arena um. Welcher Platz war überraschend leer geblieben?

Die Stimme setzte ihre mechanisch klingende Ansage fort. Apoll wusste, was folgte.

»Mit sofortiger Wirkung treten die folgenden fünf Strafen in Kraft:

Erstens: Der Sauerstoffgehalt der Atemluft wird abgesenkt.

Zweitens: Die Nahrungsmittelzuteilung wird um zwanzig Prozent gesenkt.

Drittens: Die Trinkwasserzuteilung wird um zwanzig Prozent gesenkt.

Viertens: Die tägliche Arbeitszeit wird um zwei Stunden erhöht.

Fünftens: Es finden keine Kämpfe in der Arena statt.

Die Dauer der Strafmaßnahme beträgt eine Woche. Wird innerhalb dieser Woche ein neuer Malus verhängt, verlängert sich die Strafdauer um eine Woche.«

Apoll stöhnte und senkte den Kopf auf seine auf den Oberschenkeln abgestützten Unterarme. Zwei Stunden Arbeit täglich mehr, also vierzehn statt zwölf. Und das jeden Tag. Was für ein Horror. Er hörte einige in der Arena husten. Sie stellten sich vermutlich den sinkenden Sauerstoffgehalt in der Atemluft vor. Bei der letzten Strafwoche waren Dutzende Männer ohnmächtig geworden und lagen wenig später leblos in den Gängen. Niemand hatte ihnen geholfen. Die Wächter hatten sie fortgeschafft. Die Gyne würden neue Jungen schicken, um die freigewordenen Arbeitercodes zu besetzen. Sie berechneten den Wert eines Menschen auf dem Mars lediglich anhand der Transportkosten und den Kosten für Aufzucht und Erziehung.

Jeder in der Kolonie kannte das Malus-System in- und auswendig. Die höchste Strafe von 1 000 Punkten wurde fällig, wenn ein Mann zu fliehen versuchte. In diesem Fall kam es immer zu einer Sanktion, da die Skala sofort ihr Limit erreichte. Es wunderte Apoll nicht, dass sich Männer gegenseitig umbrachten, falls jemand eine Flucht plante, denn für einen solchen Mord sahen die Gyne nur 250 Punkte vor. Die höchsten Strafen galten – nach der Flucht – für jede Form der Auflehnung. Wenn jemand in der Kolonie zum Widerstand aufrief, sich Anordnungen widersetzte, andere Männer aufstachelte oder die Gyne beleidigte, verhängten diese 500 Malus-Punkte. Der zweite Schwerpunkt der Strafen lag bei der Einhaltung der Arbeits- und Produktionspläne: 300 Punkte für eine Abweichung von der Tagesproduktion, 200 Punkte für das unentschuldigte Fehlen bei einer Schicht oder fünfzig Punkte für jedes Zuspätkommen. Der Strafenkatalog listete weitere Tatbestände wie Vergewaltigung, Körperverletzung oder Diebstahl auf, die jedoch weniger als hundert Malus-Punkte zur Folge hatten.

Nach dem Ende der Strafwoche passierte immer dasselbe. Das Malus-Meter fiel auf den Wert null, sofern sich während der sieben Tage keine neue Strafe ergeben hatte. Viele betrachteten den Moment des Resets als Freibrief. Diebstähle, Schlägereien oder Vergewaltigungen ereigneten sich am laufenden Band. Etliche dieser Taten entdeckte das Überwachungssystem der Marskolonie. Die Gyne belangten niemals einen Einzelnen. Es existierte nur die kollektive Strafe. Die Malus-Anzeige stieg daher zügig. Apoll widerte das Verhalten dieser Mitinsassen an.

Es dauerte nur wenige Tage, bis die Skala wieder bei rund 900 stand. Dann verlangsamte sich der Punkteanstieg und stagnierte. Für eine gewisse Zeit herrschte Ruhe. Bis die Anzeige auf den Wert von 1 000 sprang und der schrille Sirenenton durch die Kolonie schallte. Das Verhalten der Männer in der Marskolonie orientierte sich allein am Malus-System.

Aber die Gyne waren nach der Verhängung der Strafwoche noch nicht mit den Männern fertig. Jeder wusste, was als Nächstes kam. Apoll schloss die Augen, ballte die Fäuste, spannte seinen ganzen Körper an. In der Arena herrschte Totenstille.

»Folgende Code-Nummer wird wegen der Erreichung der Malus-Grenze exekutiert: III-H-631.«

Ein Schrei hallte durch die Arena. Zwei Sitzblöcke entfernt von Apoll sprang ein Mann von seiner Sitzschale auf und reckte die Fäuste in den Himmel. Mitten in seiner Bewegung verharrte er mit aufgerissenem Mund. Der Schrei verstummte. Wie in Zeitlupe erschlaffte seine Gestalt, fiel in sich zusammen und stürzte in die Ränge unter sich, in denen die Männer den herabfallenden Körper panisch abwehrten. Lautes Gemurmel erhob sich in der Arena.

Apoll atmete aus. Ihn oder Merkur hatte es diesmal nicht erwischt. Die Gyne wählten das Opfer, soweit er es beurteilen konnte, zufällig aus. Ihm war nie zu Ohren gekommen, dass es sich bei dem Getöteten um einen auffälligen Straftäter handelte. Die Gyne wollten puren Schrecken verbreiten.

Abermals erklang die mechanische Stimme in der Arena.

»Erhebt euch. Nennt eure Pflichten.«

Die Männer erhoben sich. Ein gewaltiger Chor schallte durch das Halbrund.

»Wir gehorchen und werden atmen.

Wir arbeiten und werden essen.

Wir helfen einander und werden trinken.

Wir danken und werden leben.«

Die Männer waren der Aufforderung der Stimme nachgekommen. Die Gyne würden zufrieden sein. Die vier Pflichten kannte jeder auf dem Mars. Sie lernten sie bereits als Kinder in Gaia auswendig. Apoll hatte die Pflichten nicht aufgesagt und geschwiegen, was ihm zweideutige Blicke seiner Sitznachbarn einbrachte. Einerseits wollte hier niemand einen Aufwiegler in seiner Nähe haben, denn die meisten versuchten nur, so gut wie möglich in der Kolonie durchzukommen. Andererseits hassten die Männer die Gyne und daher glaubte Apoll, ein wenig Bewunderung in den Blicken zu erkennen. Ihm widerstrebte die Kollektivbestrafung mit jedem Mal mehr. Er hatte schon zu viele Strafwochen in den vergangenen zehn Jahren über sich ergehen lassen müssen.

Als Apoll zwischen den rund 100 000 Männern in der Arena stand und auf den großen Bildschirm gegenüber blickte, der langsam erlosch, traf er eine Entscheidung. Er drehte sich zu Merkur um und sah in dessen Gesicht die gleiche Entschlossenheit. Die Herrschaft der Gyne über den Mars musste ein Ende finden. Je schneller, desto besser.

Die beiden Freunde verließen den Block mit den anderen Männern. In den Gängen der Arena ging es zwar weniger hektisch zu als bei ihrem Eintreffen. Einige mussten sich aber beeilen, um zurück an ihre Arbeitsplätze in der Mine, den Industriebetrieben oder auf den Äckern und Weiden zu kommen. Niemand wollte, dass die Produktionsziele der Gyne verfehlt würden. Eine Abweichung vom Wochenplan hätte bedeutet, dass sie einen neuen Malus erhielten und sich die Strafwoche verlängerte.

Apoll und Merkur verzichteten auf die schmerzhafte Bandfahrt und traten den Weg zu Fuß an, auch wenn die

Rückkehr zur Hauptröhre steil bergauf führte und über eine Stunde dauerte. Sie hatten bis zum Beginn ihrer Arbeitsschichten am Vormittag noch Zeit.

Apoll schüttelte verärgert den Kopf. »Es ist so verdammt ungerecht, dass sie jedes Mal alle bestrafen. Was können wir dafür, wenn jemand aus der Kolonie abhaut?«

Merkur legte seinem Freund die Hand auf die Schulter. »Wen interessiert auf dem Mars denn Gerechtigkeit? Es geht um Gehorsam und Produktivität. Das sind die Ziele der Gyne. Fragen von Gerechtigkeit sind ihnen gleichgültig. Das System funktioniert.«

»Es funktioniert? Diese kollektive Strafe fördert die Gewalt. Nach jeder Strafwoche geht es von vorne los. Ständig passieren neue Verbrechen.«

»Aber nur so lange, bis das Malus-Meter wieder bei rund 900 steht. Das ist das Prinzip. Die Kollektivstrafe sorgt für Disziplin – zumindest eine gewisse Zeit lang.«

»Das ist doch Wahnsinn. Jedes Mal kommen Vergewaltiger, Schläger und Diebe ungeschoren davon. Es wäre viel gerechter, wenn die Gyne diese Täter zur Rechenschaft ziehen würden.«

»Aber dann müssten sie vor Ort sein und sich darum kümmern. Das wollen sie offensichtlich nicht. Sie kontrollieren die Kolonie mit ihren kollektiven Strafen. Um den Rest kümmern sich die Wächter.«

Apoll schnaubte. »Pahh, es kann ja sein, dass die Strafwochen für die Gyne der einfachste Weg sind, uns in der Kolonie zu quälen. Aber das heißt nicht, dass ich mich damit abfinde. Die Strafwochen sind die Hölle. Der wenige Sauerstoff, kaum zu essen und zu trinken.

Der Schwarzmarkt blüht. Auch dieses Mal werden wieder zig Männer sinnlos sterben. Was für ein Irrsinn!« Apoll steigerte die Lautstärke seiner Stimme bei jedem Satz.

Merkur legte einen Finger an die Lippen. »Apoll, schrei nicht so. Du weißt, wie gefährlich das ist.« Er schaute sich um, ob andere Männer sie belauschten. »Ich sehe es wie du. Ich will auch nicht länger so leben müssen. Es wird Zeit, dass wir etwas dagegen unternehmen.«

Apoll atmete durch, um sich zu beruhigen, während er mit Merkur schweigend weiterging. Die beiden Männer hätten unterschiedlicher kaum sein können. Sie gehörten zu den Ersten, die im Jahr 2084 von den Gyne als Jungen nach dem Großen Krieg auf den Mars geschickt worden waren. Apoll maß 1,90 Meter, war muskulös, hatte braune Augen und schwarze Haare, die er sich wie die meisten Männer in der Marskolonie aus praktischen Gründen abrasierte. Über seine linke Wange verlief eine auffällige Narbe und auf der braunen Haut seiner Oberarme prangte je ein Tattoo.

Während als Bekleidung für die Männer ausschließlich die orangefarbenen Arbeitsanzüge zur Verfügung standen, waren Tattoos eine der wenigen persönlichen Ausdrucksformen, die die Gyne ihnen erlaubten. Apolls rechten Oberarm zierte das Bild einer Bucht am Meer, über dem die Sonne unterging. Am Strand saß ein junges Paar und schaute in den Himmel. Merkur fand das furchtbar kitschig und er zog seinen Freund regelmäßig als Träumer und Romantiker auf. Auf den linken Oberarm hatte sich Apoll eine Faust stechen lassen, die keinen direkten Widerstand gegen die Gyne ausdrückte, ihn aber daran erinnerte, sich niemals mit der Unterdrückung der Männer auf dem Mars abzufinden.

Merkur war einen Kopf kleiner als Apoll und sein Körper durch die harte Arbeit sehnig und schlank. Er stammte aus dem früheren Südamerika, und mehr als einmal hatte Apoll den Eindruck, dass andere Männer ihn als gutaussehend wahrnahmen. Es verwunderte Apoll nicht, dass Merkur auf dem Mars verschiedene Partnerschaften gehabt hatte, die mal ein paar Monate und mal länger dauerten. Etliche Männer in der Marskolonie lebten homosexuell. Apoll gehörte hingegen zu jenen, die auf dem Mars auf Beziehungen verzichteten.

Sie hatten rund die halbe Wegstrecke zur Hauptröhre hinter sich, als Apoll plötzlich stehen blieb.

Merkur drehte sich zu seinem Freund und schaute ihn fragend an. »Was ist los? Alles okay?«

Apoll sprach leise, mehr zu sich selbst als an Merkur gerichtet. »Mater Terra.«

»Ja, über diese beiden Worte habe ich auch gerade nachgedacht. Sie könnten uns zum Widerstand führen.«

»Meinst du, dass es eine richtige Widerstandgruppe auf dem Mars gibt? Ich weiß nicht, wo die sich verstecken soll. In der Kolonie fällt das doch sofort auf.«

»Stimmt. Aber ich bin überzeugt, dass einiges, was in der Kolonie passiert, kein Zufall ist. Mir scheint, da hat jemand seine Finger im Spiel. Und dieser Jemand ist kein Freund der Gyne.«

»Wenn es eine Widerstandsgruppe gibt, dann müssen wir sie finden und uns ihr anschließen.«

»Yep, lass uns den Ex-Kollegen von mir suchen, der letztens so erschrocken war, als ich ihn auf Mater Terra ansprach. Er wohnt im selben Quartier wie wir.«

Apoll stöhnte auf. »Dir ist klar, dass in unserem Quartier 10 000 Männer leben? Wie sollen wir ihn finden?«

»Ich halte seit einiger Zeit nach ihm Ausschau. Ich glaube, ich weiß inzwischen, wo ich ihn aufstöbern kann.« Merkur presste die Augen zusammen. Sein Mund formte sich zu einem Strich. Er verschränkte die Hände hinter dem Kopf und blies langsam die Luft aus.

»Hast du Angst?«, fragte Apoll. Er stellte sich vor seinen Freund und legte ihm die Hände auf die Schultern. »Du bist der schlaueste Kerl, den ich kenne. Ich werde dir helfen, verstanden? Wir schaffen das, Merkur. Wir finden Mater Terra und treten den Gyne kräftig in den Hintern!«

Viele hatten die Hoffnung, dass eine Widerstandsbewegung existierte. Immer wieder war sie heimliches Gesprächsthema. Die Worte *Mater Terra* hatte Merkur vor einigen Monaten das erste Mal gehört. Er schnappte sie zufällig bei einem Gespräch von zwei Männern auf. Als sie bemerkten, dass er ihnen zuhörte, schwiegen sie und gingen. Merkur probierte den Begriff in den folgenden Wochen bei Freunden aus. Aber keiner von ihnen wusste etwas über Mater Terra oder hätte gar dem Widerstand angehört. Nur ein Ex-Kollege schaute Merkur argwöhnisch an, als er den Ausdruck erwähnte. Der Mann behauptete zwar umgehend, nie davon gehört zu haben, aber er wandte sich abrupt ab. Merkur glaubte ihm nicht.

Seit ihrer Ankunft in der Kolonie hatten sich einige Aufstände gegen die Gyne ereignet, die brutal niedergeschlagen worden waren. Soweit Apoll sich erinnerte, trug sich der größte Protest vor etwa fünf Jahren in der Erzwäsche zu. Hunderte Männer legten die Arbeit nieder und begannen, die Maschinen in der Fabrik zu beschädigen. Es dauerte nur Minuten, bis sich alle Tore zu den unterirdischen Werkhallen schlossen. Wenig später waren die Streikenden erstickt. Die übrigen Männer in der Marskolonie weigerten sich, die Leichen zu bergen und die Produktionsstätten zu reparieren. Doch nach gerade einmal zwei Strafwochen brach der Widerstand zusammen. Apoll empfand bis heute Frust, dass das Leben nach dem Streik so schnell wieder seinen gewohnten Lauf genommen hatte. Die Gyne hatten ein perfektes System von Abschreckung, Kontrolle und Angst erschaffen. Die Produktion der Rohstoffe sowie der Halb- und Zwischenprodukte lief wie ein fein geöltes Räderwerk. Denn wer auf dem Mars Luft, Lebensmittel und Wasser kontrollierte, hatte die Macht über alle, die dort lebten. Diese Kontrolle hatten die Gyne. Welchen Preis die Gefangenen dafür bezahlten, interessierte sie nicht.

Als Apoll und Merkur in der Hauptröhre ankamen, hörten sie Schreie. Wächter standen am Eingang eines Wohnquartiers über zwei Männern, die sich am Boden krümmten. Sie rissen einen von ihnen hoch und versetzten ihm einen Tritt ins Gesäß, der ihn in Richtung des Schlafsaals beförderte. Den anderen Kerl zerrten sie zu den Waschräumen. In weniger als dreißig Sekunden hatte sich die Szene aufgelöst.

Nahe der Abbiegung zum Wohnquartier lehnte ein auffallend großer Mann an der Wand, der die Wächter ebenfalls beobachtet hatte. Apoll kannte ihn. Mike trug kurze schwarze Haare und im Nacken einen geflochtenen Zopf, was ihn als Arenakämpfer kennzeichnete. Apoll lief zu ihm.

»Er hat wohl versucht, dem anderen verdorbenes Essen anzudrehen. Das hat der sich nicht gefallen lassen«, sagte Mike. Trotz der Gefahr zusätzlicher Sanktionen blühte während der Strafwochen der Schwarzhandel. Hunger und Durst waren stärker als Angst.

Apoll stieß protestierend die Luft aus. »Und deshalb nehmen die Wächter ihn mit? Diese Sadisten werden ihn brutal vergewaltigen! Hast du gesehen, wie jung er ist? Wahrscheinlich ist er erst vor ein paar Wochen angekommen.« Apoll packte Mike eindringlich an der Schulter. »Komm, wir müssen ihm helfen.«

Mike war noch muskulöser als Apoll und sein Körper mit Narben übersät. Seine dunkle Haut ließ sich zwischen den unzähligen Tattoos kaum ausmachen. Seit zwei Jahren lebte und trainierte er als Kämpfer in der Arena. Zuvor hatte er mit Apoll in der Mine gearbeitet, wo sie sich häufig begegnet waren. Dass Mike in der Arena so lange überlebt hatte, war der beste Beweis seiner Fertigkeiten. Er konnte einen Gegner mit bloßen Händen durch einen Kehlkopf- oder Genickbruch töten. Die Kämpfer genossen neben der Freistellung von der harten Arbeit in der Mine oder den Fabriken weitere

Privilegien. Sie erhielten höhere Essens- und Getränkerationen, die sie – wie Apoll vermutete – auf dem Schwarzmarkt verkauften. In unregelmäßigen Abständen beriefen die Gyne einen Mann der Kolonie als neuen Kämpfer. Manchmal hatte Apoll gedacht, wegen seiner Statur selbst ausgerufen zu werden, was ihm aber erspart geblieben war.

Apoll und Mike rannten zu dem Waschraum, in den die beiden Wächter mit dem Jungen verschwunden waren. Sie mussten nicht lange suchen. Aus einer der Toilettenkabinen drang ein erbärmliches Wimmern, das von einem rhythmischen Stöhnen begleitet wurde. Apoll riss die Tür der Kabine auf und Mike packte sich den Jungen. Die beiden Wächter schauten überrascht. Sie realisierten schnell, dass sie gegen ihre Gegner keine Chance hatten.

»Ihr Arschlöcher bleibt, wo ihr seid. Sonst spüle ich eure Einzelteile im Klo herunter«, sagte Mike mit bedrohlicher Stimme.

Die Wächter warfen ihnen hasserfüllte Blicke zu, rührten sich aber nicht. Einer von ihnen zeigte Mike den Mittelfinger. Als dieser einen Schritt auf ihn zuging, zog er den ausgestreckten Arm zurück und zischte etwas Unverständliches. Mike schlug die Kabinentür zu.

Im Waschraum zog der Junge seinen orangefarbenen Overall wieder an. Er weinte.

»Schon gut.« Apoll klopfte ihm auf die Schulter. »Sie tun dir jetzt nichts mehr.«

»Seit wann bist du auf dem Mars?«, fragte Apoll, als sie den Waschraum verließen.

Der Junge zögerte. »Seit acht Wochen.« Angst lag

in seiner Stimme.

»Erzählen die Gyne immer noch das Märchen, dass auf dem Mars Freiheit und Abenteuer warten?«

Der Junge heulte auf und erschauderte. Er antwortete Mike zwar nicht, aber er nickte.

»Diese miesen Lügnerinnen!«, rief Apoll.

Mike lachte spöttisch. »Namen antiker Götter, was Apoll? Ihr Narren!« Im Gegensatz zu Apoll und Merkur hatte er den Lügen der Gyne nie Glauben geschenkt und sich den Namen seines Vaters gegeben.

»In welchem Quartier wohnst du?«, fragte Apoll.

»In Quartier V.«

»Okay, geh jetzt dorthin und halte dich, so gut es geht, versteckt.« Apoll nahm ihn bei den Schultern. »Versuche, den Wächtern aus dem Weg zu gehen. Wenn du Hilfe brauchst, findest du mich im Schlafsaal I-A, okay?«

Der Junge nickte wieder. Auch Apoll würde sich in den kommenden Tagen vorsehen müssen, nicht am falschen Ort allein auf eine Gruppe Wächter zu treffen. Mit einem oder zweien von ihnen würde er fertig werden, aber wenn es mehr waren? Mike hingegen wirkte entspannt. Die Wächter vergriffen sich niemals an einem der Kämpfer.

»Ein Tipp fürs Überleben«, ergänzte Mike an den Jungen gewandt. »Versuche nicht, andere beim Schwarzhandel zu bescheißen. Das geht meistens übel aus.« Er gab ihm einen väterlichen Klaps auf den Hinterkopf. »Und nun ab mit dir.« Der Junge lief in Richtung seines Quartiers davon.

»Die Wächter sind eine Plage.« Mike machte eine abfällige Geste.

»Ja, das stimmt. Sie sorgen zwar für eine gewisse Sicherheit, wenn sie Straftäter erwischen. Aber andererseits ist es ein Sammelbecken für Sadisten und Arschlöcher.« Apoll hielt Mike die linke Hälfte seines Gesichts entgegen. »Von denen habe ich diese Narbe.«

Mike lachte. »Eine Narbe?« Der Kämpfer schaute an sich herab. »Bei mir sind es von den Auftritten in der Arena inzwischen ein paar Dutzend.«

Apoll schmunzelte, wurde aber direkt wieder ernst. »Was glaubst du, wie viele Wächter es in der Kolonie gibt?«

»Mehrere Hundert werden es wohl sein.«

Apoll spuckte mit einem abfälligen Gesichtsausdruck auf den Boden. Die Wächter waren nicht offiziell von den Gyne ernannt worden. Diese Parapolizei hatte sich wenige Monate nach seiner Ankunft in der Marskolonie von selbst gebildet. Doch Apolls Beobachtungen nach duldeten die Gyne das Treiben dieser Typen. Ihm schien es, als gebe es eine Art von stillschweigender Übereinkunft: Ihr sorgt für ein Mindestmaß an Disziplin in der Kolonie, und wir lassen euch in Ruhe. Apoll wunderte es nicht, dass sich besonders rücksichtslose Jugendliche den Wächtern anschlossen. Innerhalb ihrer Gruppe herrschte eine strenge Hierarchie und angeblich gab es brutale Aufnahmerituale. Sie trugen keine Schusswaffen oder Messer, da es in der Marskolonie keine gab. Jedoch verfügten sie über schwertartig geformte Stangen aus Holz und Peitschen mit Lederriemen, in die Steinchen eingearbeitet waren.

Mit den Wächtern hatte Apoll selbst üble Erfahrungen gemacht. Vor rund zwei Jahren war er in eine Schlägerei am Seeufer unter der Atmosphärenhülle geraten. Plötzlich erschienen vier Wächter und zerrten die Kämpfenden auseinander. Apoll bezichtigten sie als Anstifter und schlugen ihn brutal zusammen. Sie traten ihm in die Nieren, den Magen und den Unterleib. Von einem Stiefeltritt ins Gesicht trug er die Narbe auf seiner linken Wange davon. Wochenlang konnte Apoll nur unter Schmerzen arbeiten und schlafen.

Sie kehrten zu Merkur zurück, der in der Hauptröhre auf sie gewartet hatte.

»Konntet ihr dem Jungen helfen?«

»Ja, diese miesen Wächter haben keinen Mucks gemacht, als Mike und ich sie böse angeschaut haben.«

»Das glaube ich aufs Wort.«

»Der Junge wird in Zukunft hoffentlich vorsichtiger sein.« Mike schaute in Richtung der Waschräume zurück und rieb sich die Hände, als wünschte er sich, dass sie den Wächtern eine Tracht Prügel verpasst hätten.

»Mike, was machst du eigentlich hier oben? Du lebst doch in der Arena«, sagte Merkur.

»Ich wollte zum Tätowierer in eurem Quartier – ist einfach der Beste –, als die Irren wieder eine Strafwoche verhängten. So ein Gerenne.«

»Wo soll denn bei dir noch Platz für ein Tattoo sein?«

Mike grinste. Es entstand eine Pause, während Merkur mit den Händen in den Hosentaschen von einem Fuß auf den anderen trat. Offenbar beschäftigte ihn etwas. »Weißt du, wer aus der Kolonie verschwunden ist, Mike?«

Mike ließ sich mit seiner Antwort Zeit. »Ja, das weiß ich. Einer der Kämpfer.«

»Kanntest du ihn?«, hakte Apoll nach.

»Kümmert euch nicht weiter darum. Ich muss jetzt zum Tätowierer. Man sieht sich.« Mike wandte sich zum Gehen.

Merkur eilte an ihm vorbei und stellte sich ihm in den Weg. »Was weißt du über den Mann? Wer war er?«

Mike schaute Merkur von oben herab an. »Er heißt Plutus. Einer von dreien, die länger überlebt haben als ich. Er hat am längsten von allen überlebt. Über vier Jahre. Zum Glück musste ich nie gegen ihn ein Death Match bestreiten.«

Wieder entstand eine Pause. Spannung lag in der Luft. Apoll trat von hinten an Mike heran und flüsterte ihm zu: »Kennst du Mater Terra?«

Sein Ex-Kollege reagierte nicht, sondern blickte unverwandt geradeaus. Dann schob er den deutlich kleineren Merkur zur Seite. »Je weniger Fragen ihr stellt, desto besser für euch.« Er ging ohne ein weiteres Wort.

Apoll wollte ihm folgen, doch Merkur hielt ihn fest und presste ihm die Hand auf den Mund. »Lass, Apoll. Das bringt jetzt nichts.«

Sie blickten dem Kämpfer hinterher. Dann machten sie einige Schritte zur Seite, sodass niemand sie belauschen konnte. Merkur kniff die Augen zusammen. Offenbar dachte er angestrengt nach. Plötzlich schlug er sich mit der flachen Hand an die Stirn und atmete ruckartig aus.

»Apoll, ich glaube, ich weiß, was los ist. Warum bin ich da nicht schon früher draufgekommen?«

Apoll sah seinen Freund fragend an. »Wie? Was meinst du?«

Auf Merkurs Gesicht erschien ein herausforderndes Grinsen. Dann nahm er Apolls Kopf zwischen die Hände und flüsterte, wobei er jedes Wort kristallklar aussprach: »Plutus ist zu Mater Terra geflohen. Der Kern des Widerstands sitzt nicht *in* der Kolonie. Die verstecken sich *draußen.*«

Apoll zog seinen Kopf zurück und schüttelte ihn ungläubig. »Du meinst, jedes Mal, wenn jemand aus der Kolonie verschwindet, läuft er zum Widerstand? Also stimmt es gar nicht, dass sie alle tot sind, wie die Gyne behaupten?«

»Genau so muss es sein.« Merkur fuhr sich aufgeregt durch die Haare. »Die Widerstandskämpfer warten, bis das Malus-Meter auf fast 1 000 geklettert ist. Dann flieht einer von ihnen.«

»Aber wohin? Ohne Schutzanzüge sterben sie auf der Marsoberfläche binnen Sekunden! Wie sollen sie ohne Nahrung und Wasser überleben?«

»Gute Frage. Womöglich gibt es auf dem Mars noch Einrichtungen aus der Anfangszeit der Besiedlung. Vielleicht kennen sie sich gut aus und wissen, wo man sich verstecken kann.«

»Wir wissen so wenig«, sagte Apoll wütend. »Die Gyne halten uns dumm, damit wir uns nicht gegen sie wehren können.«

»Ja, das gehört zu ihren Prinzipien. Wer sich so wenig auskennt wie wir, kann keine Pläne schmieden.

Aber vielleicht wissen die Widerständler mehr über die Marskolonie als wir. Schließlich war sie schon Jahrzehnte in Betrieb, bevor die Gyne sie zu einem Gefängnis umbauten.«

Apoll griff sich mit der rechten Hand an den Hinterkopf und rieb sich über die Stoppel. In der Hauptröhre herrschte schummriges Licht. Es roch nach Schweiß, Metall und einer Mischung aus Abfall, Moder und Fäkalien. Das Transportband verursachte ein sonores Brummen.

»Merkur, wir müssen Mater Terra finden. Wir treffen uns nach der Schicht und machen uns auf die Suche.«

»Okay, einverstanden. Aber ich habe vorher noch eine Überraschung für dich. Geh in den Gemeinschaftsraum und warte an der Essensausgabe auf mich.«

Apoll zögerte. »Warum? Was hast du vor?«

»Vertrau mir, du wirst es nicht bereuen. Und hol dir noch einen Beutel, um ein paar Sachen unauffällig einzustecken.«

Apoll zog die Augenbrauen in die Höhe und blies die Backen auf. Merkur schaute ihn auffordernd an.

»Gut, wenn du es sagt. Ich werde an der Essensausgabe auf dich warten.«

Nachdem Apoll aus dem Schlafsaal einen leeren Beutel geholt hatte, steuerte er im Gemeinschaftsraum einen Wasserautomaten an. Doch nichts geschah, als er die Taste zum Füllen seines Bechers drückte. Eine mechanische Stimme erklang: »Die Wasserzuteilung für dieses Quartier ist aktuell nicht ausreichend.« Wütend stellte er den Becher zurück. Ein Mann näherte sich von hinten. »Ist alle«, sagte Apoll zu ihm. Andere waren schneller gewesen. Darauf würde er am nächsten Tag achtgeben müssen, denn die Schwarzmarktpreise für Wasser und Lebensmittel waren hoch und im Nachbarquartier würden die Männer ihn verprügeln, falls er versuchte, sich dort einen Becher zu zapfen.

Kurze Zeit später erschien Merkur. Er trug eine Tasche unter dem Arm und lief unauffällig auf ihn zu. »Hast du den Beutel dabei?«

Apoll hielt den kleinen Sack aus Polyester auf Brusthöhe.

»Gut, komm mit.«

Sie stellten sich in die Schlange vor der Essensausgabe. Nur wenige Männer warteten vor ihnen. Das Essen kam aus dem Schacht einer Maschine, an die man seinen Messenger hielt. Es handelte sich um abgepackte Fertigmahlzeiten, die aus einem nährstoffreichen Brei bestanden, ergänzt um hartes Brot und halb verdorbenes Obst oder Gemüse. Das Essen schmeckte fad und ließ sich nur mühsam zerkauen. Als sie an die Reihe kamen, warf Merkur seinem Freund einen verschmitzten Blick zu und griff mit der Hand in seine Tasche. Offenbar hantierte er darin heimlich an einem Gerät herum. »Halt deinen Messenger an den Sensor, jetzt.« Apoll stutzte kurz, tat aber, was Merkur verlangte. Die Maschine warf eine Portion Essen aus, dann noch eine und noch eine und noch zwei weitere. Apoll riss die Augen auf.

»Steck sie ein, schnell«, zischte Merkur. Apoll brachte ein trockenes Lachen hervor und verstaute die Pakete zügig in seinem Beutel. Merkur führte seinen Messenger ebenfalls an den Sensor. Wieder gab die

Maschine fünf Essensrationen aus. Er grinste breit. »Danke, liebe Gyne. Das ist sehr aufmerksam von euch«, flüsterte er und schubste Apoll vorwärts.

Nachdem sie sich abseits der anderen Männer einen Platz zum Sitzen gesucht hatten, lachte Apoll seinen Freund an und schlug ihm auf die Schulter. »Wie hast du das gemacht? Aktuell sind die Essenausgaben rationiert. Oft geben die elenden Geräte gar nichts her. Und du lässt Essen für uns regnen.« Er griff Merkur an die Wangen und tätschelte sie. »Du Teufelskerl!«

»Nicht so laut, Apoll.« Er schaute sich vorsichtig um, bevor er weitersprach. »Du weißt doch, dass ich das Terminal habe. Wir müssen uns um Essen und Trinken keine Sorgen machen.«

»Du meinst das Eingabeterminal, das du vor ein paar Monaten heimlich ausgebaut und geklaut hast?«

Merkur nickte. »Kein Wort zu irgendjemanden. Wenn die Gyne wissen, dass ich es war, bin ich tot. Und du wahrscheinlich gleich mit.«

Apoll lehnte sich zurück und blickte seinen Freund stolz an. »Du bist echt der Beste. Es ist mir ein Rätsel, wie du das hinbekommen hast.« Merkur verblüffte Apoll immer wieder mit seinem Geschick und seiner Auffassungsgabe. Er war ein genialer Tüftler und Hacker und konnte sich – anders als Apoll – über Stunden in eine Aufgabe vertiefen.

»Mit dem Ding sind noch ganz andere Sachen möglich. Die Gyne haben sicher getobt vor Wut, als die merkten, dass das Terminal weg ist. Apoll, damit können wir…« Er hörte abrupt auf zu sprechen und setzte sich aufrecht hin, als einige Männer am Ende des Tisches Platz nahmen.

»Okay, lass uns für den Moment Schluss machen. Ich muss eh los zur Schicht. Ich bin vor dir zurück. Komm zu meiner Pritsche. Ich werde dort auf dich warten. Bis später.« Merkur verließ seinen Freund, um sich auf den Weg zu seiner Arbeitsstätte in der Erzwäsche zu machen.

Apoll fühlte sich aufgeputscht und hatte das Bedürfnis, sich vor seinem Schichtbeginn abzulenken. Er steuerte den Kraftraum des Quartiers an, in dem mehrere hundert Männer trainieren konnten. Die Hantelbänke füllten sich mit Arbeitern, die von der Arena wiederkamen. Überall auf dem Boden lagen Blockgewichte, Kugelhanteln und schweißbedeckte Gummimatten. Apoll erinnerte sich daran, wie glücklich er gewesen war, als er zum ersten Mal die riesigen Gewichte gestemmt hatte. Sie hatten sich so leicht angefühlt. Denn die Gravitation des Mars betrug nur ein Drittel jener der Erde und eine Hantel mit fünfzig Kilogramm konnte er hier so einfach wie eine Getränkekiste heben. An Sprossenwänden, Reckstangen und von der Decke hängenden Seilen übten Männer. Boxsäcke und Punchingballs waren in Bewegung. Es roch noch stärker nach Schweiß als in der Hauptröhre.

Apoll bestückte eine Stange mit Gewichten und legte sich rücklings auf eine Bank. Er drückte die Hantel aus der Brust heraus nach oben, verharrte kurz und ließ sie sinken. Wenn es tatsächlich eine Widerstandsgruppe gab – und davon war Apoll nun überzeugt, dann würden Merkur und er sie finden. Er musste husten, als er die Übung wiederholte. Viele Männer im Trainingsraum räusperten sich und husteten wegen des sinkenden Sauerstoffgehalts. Morgen würde hier niemand mehr trainieren. Mit immer höherem Tempo drückte er die Hantel in die Luft, zwang sich, weiterzumachen. Durch seinen Kopf schwirrten die Worte *Mater Terra.* Als er den brennenden Schmerz in seinen Armen und der Brust nicht mehr ertrug, setzte er die Stange ächzend in die Halterung zurück. Er dachte an einen Satz, den Merkur fallen gelassen hatte: Einiges, das in der Kolonie passiert, sei kein Zufall. Was hatte sein Freund gemeint? Apoll ärgerte sich, dass er nicht direkt nachgefragt hatte. Ein Blick auf seinen Messenger zeigte ihm, dass es Zeit war, zu seiner Arbeitsschicht aufzubrechen.

Die Mine lag außerhalb des Atmosphärendachs und nahm den gesamten östlichen Bereich des Talkessels Hebes Chasma ein. Sie erstreckte sich über die Fläche einer großen Stadt. Vor den steilen Hängen zur Marsoberfläche fraßen sich Schaufelradbagger durch den Talboden und bauten täglich Tausende Kubikmeter Gesteins- und Sedimentschichten ab. Förderbänder transportierten das Material zur Erzwäsche, wo für Gaia Edel-, Schwer- und Leichtmetalle sowie Seltene Erden daraus gewonnen wurden.

Da Apoll zu den ersten Jungen gehörte, die von den Gyne zum Mars verfrachtet worden waren, hatte er es in der Mine zu einer gewissen Karriere gebracht und war zum Supervisor aufgestiegen. Seine Aufgabe bestand darin, vom Kontrollturm aus einen der Tagebaubagger und die zugehörigen Förderbänder zu überwachen. Von der Spitze des Turms hatte Apoll einen Überblick über das gesamte Abbaugebiet, sofern Staub und Sand in der

Luft es zuließen. Aus der Entfernung kamen ihm die Bagger wie Spielzeuge vor. Dabei waren ihre Ausmaße riesig. Sie ragten 150 Meter in die Höhe und ihre Länge betrug über 300 Meter. Zwei Containerschiffe hätten sich in diese Abmessungen hineinpacken lassen.

Doch aktuell bewegten sich die Bagger nicht.

»Wie weit seid ihr?«, fragte Apoll einen der anderen Supervisoren neben sich.

Der Mann verzog das Gesicht. »Dieser beschissene Sand sitzt dieses Mal wirklich in jeder Ritze. Ich denke, in ein bis zwei Stunden ist mein Junge wieder einsatzbereit.«

Ausfälle der Bagger galt es unbedingt zu vermeiden. Liefen sie nicht, versiegte der Strom an Abbaumaterial und wenig später käme die Arbeit in der Erzwäsche zum Stillstand und anschließend würden die Hochöfen und die weiterverarbeitenden Betriebe brachliegen. Irgendwann stünde die ganze Wirtschaft auf dem Mars still und die Produktion würde hinter die Vorgaben der Gyne zurückfallen. Die Folgen waren bekannt: Das Malus-Meter kletterte nach oben. In ihrer Heimat Gaia hatten die Gyne jede Form des Rohstoffabbaus beendet. Daher waren sie zwingend auf die Lieferungen vom Mars angewiesen und dies führte zu jener Kompromisslosigkeit, die das Leben auf dem Planeten prägte.

»An einen so schlimmen Sandsturm wie diesen kann ich mich nicht erinnern«, sagte Apoll und kratzte sich am Kinn. »Wirklich heftig.«

Die größte Gefahr für den Betrieb der Tagebaubagger ging von den Sandstürmen aus. Kleine gab es fast täglich. Sie waren kein Problem. Drei- bis viermal im Jahr entwickelten sich auf dem Mars jedoch gewaltige Winde, die über den gesamten Planeten wüteten und auch zum tiefen Talboden von Hebes Chasma vordrangen. Diese Stürme tobten tagelang mit Geschwindigkeiten von mehreren hundert Stundenkilometern. Besonders kraftvoll waren sie nicht, da die Atmosphäre des Mars so dünn war. Jedoch wirbelten sie ungeheure Mengen Staub und Sand auf, die sich in jeder Ritze, jedem Winkel und jeder Vertiefung ablagerten. Während dieser Sandstürme schalteten sich die Bagger ab und wichtige Stellen mussten vor ihrer Wiederinbetriebnahme vom Staub befreit werden. Das war ein mühsamer Job, was Apoll aus eigener Erfahrung wusste.

Er prüfte ein letztes Mal alle Statusanzeigen des Baggers, für den er zuständig war, und funkte den leitenden Monteur an, der mit rund hundert Arbeitern das stählerne Ungetüm reinigte.

»Alle Statusmeldungen sind okay. Seid ihr fertig?« Ein Knistern drang durch seinen Kopfhörer. Dann hörte er die Stimme des Chefmonteurs.

»Wir sind hier fertig. Gebt uns ein paar Minuten, sodass wir von deinem Baby absteigen können, bevor du wieder Gas gibst.«

»Verstanden. Schick mir ein finales Okay, wenn der letzte Mann aus dem Gefahrenbereich raus ist.«

»Wird gemacht.«

Bevor Apoll die Aufgabe im Kontrollturm zugewiesen bekommen hatte, hatte er selbst eine Gruppe von Monteuren für die Bagger geleitet. Die Monteure gehörten zu den wenigen Personen, die sich außerhalb der Kolonie auf dem Mars bewegen durften. Freiheit bedeutete dies jedoch nicht. Die Technik war darauf ausgelegt, jede eigenmächtige Fortbewegung auf dem Planeten zu unterbinden und tödlich enden zu lassen. Ein anschauliches Beispiel für dieses Prinzip boten die Schutzanzüge der Außentrupps. Sie hingen nicht in einem Spind am Haken und konnten von den Männern beliebig angelegt werden. Die Schutzanzüge waren von außen an einer Atmosphärenschleuse befestigt. Man schlüpfte von innen hinein, woraufhin das System dcn Anzug am Rücken schloss und den Mann von der Schleuse abkoppelte. Eine Rückkehr mit dem Anzug war ausschließlich über diese Schnittstelle möglich. Atemluft und Strom reichten nur für wenige Stunden. Die Anzüge waren außerdem mit einem Geotagging versehen. Apoll hatte miterleben müssen, wie ein Monteur seiner Gruppe bei einem Außeneinsatz das Gebiet der Mine verließ und sich in dem Moment Außenventile an seinem Anzug öffneten. Klirrende Kälte strömte hinein und die Atemluft entwich. Durch den Druckverlust kochte sein Blut. Er starb rasend schnell.

Es knisterte wieder in Apolls Kopfhörer. »Okay. Wir sind jetzt alle weit genug weg von deiner Süßen. Du kannst sie weiterfressen lassen. Wir kommen zurück zum Turm.«

»Verstanden. Kommt heile zurück.«

Ein tiefes Lachen drang aus dem Kopfhöher. »Klar, wir versuchen es.« Trotz Sicherheitsmaßnahmen galten die Außeneinsätze als gefährlich.

Apoll schmunzelte. Es klang seltsam, dass der

Chefmonteur den Bagger als *sein Baby* oder *seine Süße* bezeichnete. Viele Ausdrucksweisen auf dem Mars zeigten, dass sich keine Frauen in der Kolonie aufhielten. Apoll weckte den Bagger per Knopfdruck aus dem Schlaf. Als das gefräßige Trum aus Stahl sich wenig später wieder durch den Marsboden wühlte, wandte Apoll den Blick von den Kontrollmonitoren ab und blickte aus den Fenstern. Seine Schicht neigte sich dem Ende zu. Die Sonne war hinter dem Rand des Talkessels verschwunden. Dunkelheit breitete sich am Boden von Hebes Chasma aus. Die Schaufelradbagger waren durch ihre Positionslichter leicht auszumachen. Außerdem waren jene Bereiche hell erleuchtet, wo sich die großen Schaufeln an den gigantischen Rädern durch den Boden arbeiteten. Die Mine lief, wie alle Betriebe auf dem Mars, 24 Stunden täglich. Jede Stunde zählte für die Gyne.

Die kleinen unzähligen Lichter an den Baggern in der Ferne erinnerten Apoll an die Sterne aus einem wiederkehrenden Traum. Er saß an einem Sandstrand, der von raschelnden Palmen gesäumt war. Schäumende Wellen schwappten ans Ufer und flossen den Strand hinauf. Neben ihm lag ein Mädchen im Sand. Ihretwegen konnte er den Traum nicht vergessen. Er hatte sich die Szene auf seinen rechten Oberarm tätowieren lassen. Sie blieben so lange am Strand, bis die Sterne am Himmel erschienen. Das Mädchen deutete mit ausgestrecktem Zeigefinger auf einen rötlich schimmernden Himmelskörper. »Dort wirst du bald sein«, sagte sie, und Tränen liefen ihre Wangen hinab. Apoll erinnerte sich an seine Gefühle während des

Traums. Auch er war traurig, Gaia verlassen zu müssen. Gleichzeitig freute er sich auf die Reise zum Mars, auf dieses Abenteuer im Weltraum, für das er und die anderen Jungen von den Gyne trainiert wurden. »Ich komme zurück und hole dich. Dann zeige ich dir den Mars«, hatte er geantwortet. »Nein«, hatte sie gerufen und gelacht. »Du holst mich nicht. Ich komme zu dir.« Was für ein Dummkopf er in diesem Traum doch war.

Apolls Messenger an seinem Handgelenk vibrierte. Er erhielt vom System der Kolonie die Mitteilung, dass er die durch die Strafwoche verhängten zwei Stunden Mehrarbeit in der Erzwäsche abzuleisten habe – und zwar ab *Mitternacht.* Er fluchte und wischte die Nachricht genervt von dem kleinen Display fort. Schichten, die um diese Uhrzeit begannen, mochte niemand. Denn sie dauerten 37 Minuten und 22 Sekunden länger. Der Mars benötigte diesen Zeitraum gegenüber der Erde zusätzlich, um sich einmal um die eigene Achse zu drehen. Jeden Tag um Mitternacht standen daher alle Uhren für exakt 37 Minuten und 22 Sekunden still und zeigten 0:00 Uhr an. Erst nach dieser Pause liefen sie weiter.

Dieses Prinzip war ausnahmsweise keine Idee der Gyne, um die Männer zu drangsalieren. Die erste bemannte Mission von der Erde war 2048 auf dem Nachbarplaneten gelandet. Zwölf Pioniere kamen, um zu bleiben. Eine Rückkehr nach Hause hatten sie nicht geplant. Die acht Männer und vier Frauen bereiteten die Ankunft der 600 Siedler vor, die rund zwei Jahre später eintrafen. Bereits damals standen die Uhren um Mitternacht still, damit die Tage auf Erde und Mars im

Gleichschritt vergingen. Gemeinsam errichteten diese Menschen, die aus zahlreichen Nationen der Erde stammten, die ersten Teile der Marssiedlung in Hebes Chasma. Der Standort war von der internationalen Gemeinschaft ausgewählt worden. Der Talkessel tat sich am Äquator des Mars plötzlich in dessen Oberfläche auf. In Ost-West-Richtung erstreckte sich diese Depression genannte Vertiefung über eine Länge von etwa hundert Kilometern. Der Einschnitt drang rund 2 500 Meter tief in den Marsboden ein. In seiner Mitte erhob sich ein Tafelberg, der wiederum fast bis an den Rand der Marsoberfläche reichte. Diese charakteristische Erhebung machte Hebes Chasma zu einem einzigartigen Ort in der zerklüfteten Marsgeographie. Viele hielten den Talkessel für einen ausgetrockneten See. Ein Stück südlich lag das ausgedehnte Grabenbruchsystem Valles Marineris.

Apoll schreckte hoch. Der Messenger an seinem Handgelenk vibrierte erneut. Seine Schicht endete und ein Arbeitskollege näherte sich zur Ablösung. Apoll wies ihn kurz ein und übergab ihm die Checkliste für den Bagger. Mit dem Aufzug fuhr er ins Untergeschoss des Kontrollturms. Dort sprang er auf das Transportband, das zum Schichtwechsel seine Laufrichtung gewechselt hatte und ihn unterirdisch aus der Mine an der Erzwäsche und den Fabriken vorbei zurück zur Transferhalle brachte. Als an den Betrieben viele Männer zusätzlich auf das Band sprangen, kauerte sich Apoll zusammen, um keine Tritte ins Gesicht und auf die Hände zu bekommen. Die Bandfahrt vom Kontrollturm in der Mine bis zur Transferhalle am Fuß des Tafelbergs dauerte über eine halbe Stunde. Hinzu kam die Fahrt zurück in die Hauptröhre. Er fühlte sich hundemüde.

Apoll hatte sich gefragt, warum die Gyne nicht zwei Bänder in die Tunnel eingebaut hatten, die die ganze Zeit über entgegengesetzt in beide Richtungen liefen. Dann könnten die Männer ständig in die gewünschte Richtung fahren. Merkur hatte ihn verschmitzt angeschaut und ihm die Antwort geliefert: So stellten die Gyne sicher, dass die Männer pünktlich zu ihren Schichten aufbrachen. Denn wenn sich jemand zu spät auf den Weg machte, kehrte sich das Band während seines Arbeitswegs um und die Person musste den Rest des Weges zu Fuß zurücklegen. Auch das Band sorgte in der Kolonie für Disziplin.

Als Apoll die Schlafkammer betrat, in der Merkur seine Pritsche hatte, war seine Müdigkeit wie weggeblasen. Er brannte darauf, sich mit seinem Freund auf die Suche nach der Widerstandsgruppe zu machen, und ging zwischen den Reihen der mehrstöckigen Betten entlang zur Nummer 235.

Doch Merkurs Pritsche war leer und von seinem Freund keine Spur zu sehen. Apoll schaute sich um und zischte seinen Namen. Doch Merkur antwortete nicht.

»Ruhe«, sagte ein Mann in mürrischem Ton direkt neben Apolls Kopf. »Dein Kumpel ist nicht hier.« Der Kerl lag auf der Pritsche über Merkurs Bett und hatte offensichtlich schlechte Laune, weil Apoll ihn geweckt hatte.

»Ist mein Kumpel nach der Schicht nicht hergekommen?«

»Bist du taub? Er ist nicht hier«, sagte der Mann in unfreundlichem Ton.

Apoll drehte sich unvermittelt um. Es schien ihm, als sei an der Doppeltür zum Schlafsaal in dem Moment eine muskulöse Gestalt verschwunden – mit einem geflochtenen schwarzen Zopf im Nacken.

KAPITEL 2
LÜGEN IN GAIA

Das wie eine Mondsichel geformte Regierungsgebäude kannte Athene von früheren Besuchen. Sie schritt durch das weitläufige Foyer, in dem Hunderte Frauen in Gruppen zusammenstanden und sich in gedämpftem Ton unterhielten. Athene empfand nicht die geringste Lust auf diesen Abend. Doch ihre Mutter Abebi hatte sie gebeten, an dem Empfang zum Tag der Freiheit teilzunehmen.

Wie immer, ihre *Mutter*! Ein Gedanke an sie genügte, um Widerwillen in Athene aufsteigen zu lassen. Sie war es leid, dass Abebi nicht aufhörte, sich in ihr Leben einzumischen. Nach dem Abschluss ihres Politikstudiums – den Studiengang hatte ihre Mutter für sie ausgesucht – drängte diese sie, zügig einen ordentlichen Job anzunehmen. Sie sei schließlich bald 25 Jahre alt. Ihre Mutter konnte über das Schicksal der ganzen Bevölkerung mitentscheiden. Genügte ihr das nicht? Vielleicht ergab sich heute Abend die Gelegenheit, ihr endgültig verständlich zu machen, dass sie sich aus ihrer Zukunft heraushalten sollte.

Plötzlich griff jemand sie überraschend fest von hinten am Arm.

»Athene, wie schön, dass du gekommen bist.« Sie drehte sich um. Ihre Mutter stand vor ihr und musterte sie von Kopf bis Fuß.

»Offenbar erlaubten deine Termine es nicht, dir ausreichend Zeit für diesen Abend zu nehmen«, sagte sie mit einem feinen Lächeln auf den Lippen.

Mehrere Frauen umringten Abebi. Sie trugen elegante Kleider, wie es dem festlichen Ereignis angemessen war, und ließen ebenfalls ihre Blicke an Athene herabgleiten, die sie teils um einen ganzen Kopf überragte. Athene hatte sich für den Empfang im Regierungsgebäude weder umgezogen noch geschminkt. Sie trug ein schlichtes Top mit einem runden Ausschnitt, eine kakifarbene Hose mit aufgenähten Taschen sowie einen kleinen Rucksack. Ihre üppigen Dreadlocks hatte sie sich in einem wilden Schwung über den Kopf nach rechts gebürstet und verknotet. Abebis Begleiterinnen gewannen vermutlich den Eindruck, dass sie zu einem Abenteuerausflug ins Hinterland aufbrechen statt den offiziellen Empfang zum zwölften Jahrestag der Staatsgründung besuchen wollte.

Athene erwiderte das Lächeln ihrer Mutter eisig. »Solch einen besonderen Abend möchte ich nicht verpassen.« Sie blickte ihre Mutter an. Abebi war eine schöne Frau, groß und mit ebenmäßigen Zügen. Ihr Vater stammte aus China, ihre Mutter aus Afrika. Auffällig waren ihre Augen, die leicht schräg standen und mit denen sie andere durchdrang. Sie dominierte, wenn sie es darauf anlegte, jedes Gespräch. Meistens richteten sich alle Blicke auf sie. Empathie und wahre Herzlichkeit hatte Athene nur selten bei ihr erlebt.

Abebi lächelte zwar oft, doch erreichte das Lächeln nie ihre Augen. Athene hatte sich gefragt, ob Gaia sie zu diesem Menschen geformt oder sich Gaia nach ihr entwickelt hatte.

Sie schüttelte den Griff ihrer Mutter ab und drückte den Rücken durch. Das tat sie immer, wenn sie in ihrer Nähe war. Wann würde sie den Zwang ablegen, sich wie eine Vorzeigetochter zu benehmen?

»Magst du mich ein paar Schritte begleiten?«, fragte ihre Mutter. Die anderen Frauen lächelten verständnisvoll.

»Ich weiß, dass dir meine Klamotten nicht gefallen«, antwortete Athene mit einem Tonfall, der patziger ausfiel, als sie es beabsichtigt hatte. Das Verständnis – und das Lächeln – der umstehenden Frauen verschwand abrupt.

»Darum geht es nicht. Ich werde heute Abend eine wichtige Rede halten und möchte vorher mit dir einige Worte wechseln.« Sie nickte ihren Begleiterinnen zu und legte Athene die rechte Hand auf die Schulter, um sie aus der Gruppe herauszuführen.

Dass Abebis linker Arm fehlte, fiel Athene aus langer Gewohnheit gar nicht mehr auf. Ihre Mutter hatte ihn während der Weiblichen Revolution im Kampf eingebüßt. Viele sahen in ihr eine der Heldinnen des jungen Staates Gaia, und als Freiheits- und Sicherheitsministerin war sie Gastgeberin dieses Empfangs. Die wichtigsten Vertreterinnen des Parlaments und der Regionalregierungen waren anwesend, ebenso hohe Repräsentantinnen aus Kultur, Wissenschaft, Wirtschaft und Medien. Athene erwartete, dass ihre Mutter an diesem Abend zum ersten Mal den Anspruch formulieren würde, bei der nächsten Wahl zur Nachfolgerin der Obersten gewählt zu werden. Bisher hatte sie jegliche Fragen in diese Richtung mit ihrem berühmten kühlen Lächeln abgetan. Doch Athene wusste von den Ambitionen aus Gesprächen mit ihrer Mutter. Seit Jahren arbeitete sie im Stillen daran, und Athene schien es, als verfolge Abebi ihr Ziel auf kluge Weise, ohne dass ihre Gegnerinnen ihre Bestrebungen frühzeitig zunichtemachen könnten. Soweit Athene wusste, war die wichtigste Kontrahentin ihrer Mutter im Rennen um die Nachfolge von Gaias Regierungschefin die Wirtschafts- und Forschungs-ministerin Hoa. Ob sie ebenfalls anwesend war, um Abebis Pläne zu torpedieren? Was war die Politik doch für ein durchtriebenes Spiel, durchfuhr es Athene. Manches änderte sich auch nach Jahrtausenden nicht.

»Interessiert es dich nicht, was ich heute ankündigen werde?«, fragte ihre Mutter und hob erwartungsvoll ihre markanten Augenbrauen.

»Das kann ich mir denken. Du lässt dich als unsere neue oberste Herrscherin ausrufen«, sagte Athene abschätzig.

Ihre Mutter stieß die Luft durch die Nase aus und blickte mit einem leichten Kopfschütteln zu Boden. »Wir leben in einer Demokratie, Athene.« Sie legte eine Kunstpause ein. »Ich werde heute in meiner Rede bekanntgeben, mich bei der nächsten Wahl als Kandidatin für die Oberste unserer Partei zur Verfügung zu stellen.« Sie wandte den Kopf zu den Frauen im Foyer hin. »Es sind wichtige Reporterinnen und

Kommentatorinnen anwesend. Sie werden umgehend darüber berichten.« Ein zufriedenes Lächeln trat in ihr Gesicht.

Athene blies die Backen auf. »Wirst du über dein Wahlprogramm sprechen?«, fragte sie spitz.

»Sicher werde ich das. Du weißt, dass im Mittelpunkt meiner Arbeit allein die Weiterentwicklung von Gaia steht.«

Athene schnaubte verächtlich. »Weiterentwicklung, ja? Du meinst, deinen Plan zur Deandronisierung?« Wieder überkam Athcnc dic Wut. Ihr Mund formte sich zu einem Strich.

»Ja, Athene, ich werde auch unseren Plan zur Deandronisierung –« Abebi zögerte und schien einen Augenblick nachzudenken. Dann sprach sie weiter, während ihr Blick ein wenig umherwanderte. »Nun, ich werde diesen Plan *andeuten*. Ja, das ist wohl das korrekte Wort. Einige in unserem Land sind noch nicht bereit für die Wahrheit. Aber ich bin überzeugt, dass die Deandronisierung Grundlage für das Überleben der menschlichen Spezies ist. Sie verkörpert den Fortschritt. Wenn dir das lieber ist, siehe darin einen Prozess der Evolution.«

Athenes Augen wurden bei jedem Satz ihrer Mutter größer. »Das nennst du Fortschritt? Einen Prozess der *Evolution*?«, platzte es aus ihr heraus. »Es ist ein Massenmord! Hörst du dich eigentlich selbst reden? Hast du noch irgendein Gefühl in dir für das, worüber du da sprichst?«

Abebi atmete tief ein und aus und blickte um sich. Der Ausbruch ihrer Tochter in der Öffentlichkeit war ihr sichtlich unangenehm. Ein Gefühl, das Athene genoss.

»Ich werde das jetzt nicht schon wieder mit dir diskutieren. Du weißt, dass das Programm zur De…« Sie verschluckte das Wort, als eine laute Stimme durch das Foyer drang. Die Moderatorin des Abends hatte das Wort ergriffen. Abebi wirkte für einen Moment erleichtert, offenbar weil sie nun einen Grund hatte, das Gespräch mit ihrer Tochter zu beenden.

»Ich muss jetzt auf die Bühne. Es würde mich freuen, wenn du in der Nähe bleibst. Dann können wir später noch einmal miteinander sprechen.« Sie legte ihre Hand wieder auf Athenes Schulter. Athene schüttelte sie ab.

Abebis persönliche Assistentin Jinjin eilte herbei. Sie hatte ihre Chefin offenbar gesucht. »Ministerin?«, sagte sie und musterte Athene vorsichtig.

»Ja, natürlich, Jinjin, ich komme.« Abebi warf ihrer Tochter einen Blick zu, der für sie nicht schwierig zu interpretieren war. Sie wandte sich um und schritt neben Jinjin entlang zur Bühne.

Mitleidsvoll. So war der Blick ihrer Mutter gewesen, stieß es Athene übel auf. Sie strich über die Blätter einer Goldfruchtpalme, die üppig am Rand des Foyers wuchs, und rupfte eine Handvoll davon aus. Deandronisierung, Fortschritt, Evolution. Diese Begriffe schwirrten ihr durch den Kopf. Lügen, nichts als Lügen, dachte sie und zerdrückte die Blätter in der Faust. Sie zuckte zusammen, als hinter ihr die verstärkte Stimme ihrer Mutter aus den Lautsprechern erklang. Die

Ministerin begrüßte ihre Gäste. Athene wollte die Worte nicht hören. Sie musste hier weg und zwar schnell.

Tosender Applaus brandete durch das Foyer. Athene fühlte, wie sich ihr Magen zusammenkrampfte, und eilte zum Ausgang. Sie warf einen Blick zurück über die Schulter. Ihre Mutter sah ihr nach, während sie ihre Rede mit eindringlichen Worten fortsetzte. Athene hielt sich die Ohren zu, als sie aus dem Gebäude trat. Jedes Mal ließ sie sich von ihrer Mutter einschüchtern und scheiterte mit ihrem Vorsatz, sie öffentlich zu konfrontieren. Sie rannte auf den weiten Platz vor dem Regierungskomplex. Dort drückte sie sich die Hände fester an den Kopf und schrie ihre Wut hinaus. Ihre Stimme schallte weit. Noch einmal und noch einmal.

Sie drehte sich keuchend um und betrachtete das Regierungsgebäude. Ihre Mutter reagierte jedes Mal aufbrausend, wenn Athene den Bau als *Regierungspalast* bezeichnete. Die geschwungenen, lehmfarbenen Außenmauern neigten sich leicht nach innen. In unregelmäßigen Abständen waren Fensterschlitze in die Fassade eingelassen. Diese Konstruktion bewahrte das Innere vor der tropischen Wärme und der manchmal schwer zu ertragenden Luftfeuchtigkeit. Seine natürliche Außenform ließ kaum erahnen, wie groß das Gebäude in Wirklichkeit war. Es beherbergte sämtliche fünf Ministerien und den Sitz der Obersten, der Ministerpräsidentin. Athene war als Jugendliche oft durch die Flure gestreift, während sie auf ihre Mutter wartete, die eine Verabredung mit ihrer Tochter leicht mal um eine Stunde verschob oder das Treffen ganz versäumte. Das Innere dominierten Dächer aus hellen Segeltuchplanen und offene Hallen. Dieses Haus stellte den Nukleus der neuen Welt Gaia dar: einer gerechten, friedlichen und im Einklang mit der Natur lebenden Welt. Athene musste zugeben, dass das Bauwerk die politische Ideologie des Staates überzeugend repräsentierte.

Der Communicator an Athenes Handgelenk vibrierte und das Display leuchtete auf. Über dem Gerät erschien eine kleine 3D-Projektion ihrer Freundin Diana. Wobei es sich nicht um ein Abbild handelte, sondern um einen Avatar in Form einer comicartigen Katze, die Diana für ihre persönliche Kommunikation verwendete. Ihre Freundin war in solchen Fragen ein bisschen schräg. Das kleine bunte Hologramm machte über ihrem Handgelenk einen Purzelbaum und strahlte sie mit einem breiten Grinsen an.

»Was gibt's, Diana?«, brachte Athene mit gepresster Stimme hervor.

Das kleine 3D-Kätzchen drehte sich im Kreis und reckte den Kopf nach vorne. »Was ist denn mit dir los, Athene? Du klingst ja furchtbar.«

Diana hatte ihre Stimme zu einem Piepsen geändert. Kaum eine technische Spielerei erschien ihr zu albern.

Athene blies hörbar die Luft aus. »Ich weiß gar nicht, wo ich anfangen soll. Meine Mutter … weißt du … es ist einfach schrecklich.«

»Ich habe die Eilmeldung gerade gelesen. Deshalb rufe ich an. Deine Mutter will unsere nächste Oberste werden?«

Athene spürte einen Kloß im Hals. Sie konnte nicht antworten und lächelte nur gequält.

»Hatte ich mir schon gedacht, dass sie das früher

oder später ankündigen würde.« Die kleine Katze legte die linke Tatze an die Stirn und strich sich mit den Krallen durch ihr Fell.

»Du bist auf dem Platz der Freiheit vor dem Regierungspalast, stimmt's? Ich komme zu dir, bin in einer Viertelstunde da.«

»Danke, bis gleich«, flüsterte Athene. Das kleine 3D-Hologramm verschwand mit einem leisen Ploppgeräusch in ihrem Communicator. Sie setzte sich auf eine der vielen, aus dunklem Holz gefertigten Bänke. Sie atmete durch und ließ ihren Blick über den Platz vor dem Regierungsgebäude schweifen, auf dem sich nur wenige Fußgängerinnen allein oder in kleinen Gruppen aufhielten. Athene war erleichtert, dass sich ihre beste Freundin Zeit nahm und so spontan kam. Was würde sie nur ohne Diana machen.

Athene fühlte sich von ihren Gefühlen und Gedanken hin- und hergerissen. Sie prasselten aus allen möglichen Richtungen auf sie ein. Athene war sich bewusst, dass der Frieden, den sie seit der Gründung von Gaia vor zwölf Jahren erlebte, ein Geschenk war. Zuvor hatte der Große Krieg, den maßgeblich die Männer entfacht hatten, fast den gesamten Planeten unbewohnbar gemacht. Athene war damals zehn Jahre alt gewesen, und die Bilder dieses Schreckens hatten sich bis heute in ihre Seele gebrannt. All diese wunderschönen Länder außerhalb Afrikas hatten sich binnen weniger Tage, teils nur Stunden, in atomar verstrahlte Wüsten verwandelt, in denen kaum Leben zu finden war.

Die Menschheit zog sich nach dort zurück, von wo sie einst aufgebrochen war, den Planeten zu besiedeln: Afrika, Athenes Heimat. Der Kontinent war wegen der Neutralität seiner Länder in dem Krieg von den Einschlägen der vielen tausend Atomsprengköpfe und den nuklearen Tsunamis verschont geblieben. Dank des Vertrags von Pelindaba hatten die afrikanischen Länder während des globalen Wettrüstens nie Atomwaffen hergestellt oder stationiert. Athene erinnerte sich daran, wie sie jede Nacht weinte. Ihre Mutter war fast nie zu Hause, da sie schon damals als Politikerin in Nigeria tätig war und rund um die Uhr in Krisenstäben saß. Jahre später erlebte Athene mit, wie Afrika nach der Weiblichen Revolution in dem globalen Trümmerfeld einen neuen Staat gebar, der sich allein einem Ziel unterordnete: seinen Bürgerinnen Frieden und Freiheit zu schenken. Doch zu welchem Preis? Denn die Frauen, die diesen Krieg mit Milliarden Toten überlebt hatten, trafen eine Entscheidung, die kaum weniger grausam war. Sie waren sich weitgehend einig, dass für all dieses Leid ein Geschlecht verantwortlich zu machen sei: das des Mannes. Und dass ein Leben in Frieden dauerhaft nur möglich wäre, wenn sie die Männer verbannten. Athene fröstelte trotz der angenehmen Temperaturen. Wie hatte sich ein so grausames Urteil mit solch einer Einstimmigkeit unter den Frauen durchsetzen können?

Athene schloss die Augen und lehnte sich zurück. Die Bilder vom Großen Krieg schossen ihr in den Kopf und drückten Tränen in ihre Augen. Sie wusste nicht, wie lange sie so dagesessen hatte, als plötzlich ein Summen neben ihr erklang. Der Ton einer Hupe ließ sie hochschrecken. Als Diana von ihrem Hoverboard abstieg, sprang Athene von der Bank auf und fiel ihrer besten Freundin in die Arme.

»Es tut gut, dass du da bist.«

»Was ist denn mit dir los«, fragte Diana verwundert. Sie drückte Athene ein wenig von sich weg, um ihr in die Augen sehen zu können. »Findest du nicht, dass du dir die politische Karriere deiner Mutter zu sehr zu Herzen nimmst?«

»Das ist es nicht. Also, nicht nur, auch, irgendwie. Es ist so schlimm.«

»Was ist so schlimm, Athene? Kannst du mich aufklären, was dich so mitnimmt?«

»Sie werden sie alle töten, Diana, alle. Auf dem Mars, in den Flüchtlingslagern, auf den Booten.«

»Was meinst du? Wer will wen töten?«

»Deandronisierung. Das sagt dir doch etwas?«

»Ja, schöne wissenschaftliche Beschönigung, übersetzt: die Ausrottung des männlichen Geschlechts. Aber es gibt doch einen allgemeinen Konsens, dass das weder sinnvoll noch umsetzbar ist? Und auch nicht gerade moralisch korrekt.«

Athene antwortete nicht. Sie schaute ihre Freundin nur an. Ihre Lippen bebten.

»Seriously?« Es war eine Angewohnheit von Diana, immer mal wieder ein fremdsprachiges Wort zu benutzen.

Athenes Augen funkelten zornig. »Doch, das ist der Plan meiner Mutter. Sie will die Deandronisierung durchsetzen.«

Diana setzte sich auf die Bank und rieb sich langsam mit den Fingerspitzen das Gesicht. »Davon haben sie in den Eilmeldungen nichts berichtet.«

Athene stieß die Luft aus. »Meine Mutter hat es wohl nur *angedeutet*. Sie meinte, manche seien noch nicht bereit für die Wahrheit. Was auch immer das heißen soll. Aber sie hat es mir gesagt, sie will den Plan umsetzen. Sie nennt es Fortschritt, einen Prozess der Evolution. Was für ein Wahnsinn. Wir müssen etwas dagegen unternehmen.«

Diana nahm die Hände hinter den Kopf und schaute nach Osten in den Abendhimmel. In dem tiefen Blau schimmerte ein kleiner roter Punkt. »Ich glaube, dass wir als junge Frauen diesen damaligen Hass auf die Männer nie verstehen werden.«

Athene folgte ihrem Blick. »Ja, mir fiel das schon immer schwer. Als sie den Staat Gaia gründeten, haben Frauen in Afrika ihre eigenen Ehemänner und Söhne verstoßen. Überleg mal, wie krass das ist. Ich hätte das nicht gekonnt. Es waren doch nicht alle Männer Teufel.«

»Wir können uns nicht in diese Zeit zurückversetzen. Aber du weißt es selbst, Athene. Die Frauen entschieden so, weil viele von ihnen in den Jahrzehnten zuvor in etlichen Regionen der Welt unter Männern gelitten hatten, wie es für uns nicht mal denkbar ist. Ermordet, vergewaltigt, gedemütigt, geknechtet. Das war in nicht wenigen Ländern völlig normal. Jedem musste klar sein, wohin das führen würde.«

»Es gibt einen Satz, den meine Mutter so oder so ähnlich immer wieder sagt: ›Die Männer haben sich selbst vom Antlitz der Erde getilgt mit ihrer Brutalität, ihrer Machtgier sowie ihrer Unfähigkeit, globale Zusammenhänge zu erkennen und sich von den Folgen ihres Handelns leiten zu lassen‹.«

Die letzten Worte sprach Athene so, dass sie wie ihre Mutter klang. Sie ging einige Schritte vor der Bank auf und ab. Ihr Blick schweifte über den Platz zu einem Gebäude, das ähnlich gestaltet war wie der Regierungssitz, aber kleinere Ausmaße aufwies: das Friedensmuseum von Gaia. Athene kannte es gut, da sie auf Geheiß ihrer Mutter nach dem Schulabschluss dort einige Monate gearbeitet hatte. Auf drei Etagen zeigte das Museum, warum es zur Staatsgründung von Gaia gekommen war und welche politische Ideologie der neue Staat verfolgte.

Diana stellte sich neben sie und zeigte auf das Haus. »Erinnerst du dich an die Aktion, die wir uns dort erlaubt haben?«

»Klar, für keine andere unserer Ideen haben wir so großen Ärger bekommen.«

»Ich musste gerade an die Zwangshaube denken und daran, wie die Männer sie gegen Frauen eingesetzt haben.«

Die Zwangshaube gehörte zu den beklemmendsten Exponaten im Erdgeschoss des Museums und lag dort gesichert in einer Vitrine. Dank ihres Jobs hatte Athene gewusst, wie man die Vitrine öffnete. Also schlichen sich die beiden Freundinnen an Athenes letztem Arbeitstag in den Hauptsaal. Die Zwangshaube glich einem Kopftuch aus festem Stoff mit einem filigranen Metallgerüst im Innern. Man setzte sie auf und zog sie über die Ohren, sodass sie den Kopf vom Stirnansatz bis zum Nacken bedeckte. Die Haube enthielt eine aufwändige Elektronik. Was auf den ersten Blick wie ein modisches Accessoire mit einem Riemen unter dem Kinn wirkte, war in Wirklichkeit eine der furchtbarsten Waffen, die je für den Einsatz gegen Menschen erfunden worden war. Für sie gab es eine ganze Reihe von Ausdrücken wie Manipulator, Zwangshaube oder Willensbrecher. Zu welchem Zweck dieses Gerät am häufigsten verwendet wurde, erschloss sich eher durch den Begriff, mit dem manche Männer es untereinander bezeichneten.

»Weißt du, wie die Männer damals die Zwangshaube nannten?«, fragte Diana.

»Worauf willst du hinaus?«

»Sie nannten sie *Fickhelm.*«

Athene erinnerte sich mit Grauen an die Videos, die auf den Bildschirmen neben der Vitrine während der Ausstellungszeit in Dauerschleife liefen. Sie beschrieben, auf welch menschenverachtende Weise Männer die Erfindung missbraucht hatten. Ursprünglich war sie entwickelt worden, um Menschen nach Schlaganfällen oder schweren Unfällen ins Leben zurückzuhelfen. So war es möglich, Patientinnen und Patienten, die querschnittsgelähmt waren, wieder laufen zu lassen. Die spektakulären Ergebnisse der Neurologen machten weltweit Schlagzeilen. Es dauerte nur Wochen, bis in den Untergrundforen des Internets Anleitungen auftauchten, wie man die Hauben verwenden konnte, um

Menschen den eigenen Willen aufzuzwingen. Zunächst hatten nur Kriminelle, Diktatoren und Geheimdienste von diesen Möglichkeiten Gebrauch gemacht. Während in demokratischen Ländern die Geräte nach den ersten Missbrauchsfällen verboten und Herstellung und Verkauf unter hohe Strafen gestellt wurden, fand in anderen Regionen der Welt die neuronale Haube reißenden Absatz. Binnen weniger Jahre kamen Millionen Exemplare in Umlauf, um vorzugsweise Frauen ihres freien Willens zu berauben. Sexualverbrechen gegen Frauen und Mädchen jeden Alters gehörten fortan in einigen Ländern zum Alltag. Der überwiegende Teil der Hauben wurde während des Großen Kriegs zerstört. Alle übrigen sammelten die Frauen nach der Weiblichen Revolution ein und vernichteten sie.

Angeblich war die Haube im Museum das letzte existierende Exemplar. Auf Athene und Diana hatte sie großen Eindruck gemacht. Sie waren neugierig, ob sie funktionierte und wie es sich anfühlte, mit ihr zu manipulieren und manipuliert zu werden. Also nahmen sie die Haube an dem besagten Abend aus der Vitrine.

»Ich weiß es noch wie heute, Athene. Du hast die Haube aufgesetzt und ich nahm das Kontroll-Tablet, das daneben lag. Nachdem ich beide Geräte über eine Powerbank mit Strom versorgt hatte, schalteten sie sich tatsächlich ein.«

»Es war so ein seltsames Gefühl. Ich nahm meine Umgebung weiterhin wahr, konnte jedoch keine eigene Entscheidung treffen. So furchtbar. Ich konnte nicht mal einen Schritt nach vorn gehen, war wie gelähmt. Wenn ich mir dieses Gefühl vergegenwärtige, dann kann ich mir am ehesten vorstellen, was die Frauen damals vor der Weiblichen Revolution empfunden haben müssen.«

»Sei froh, dass ich dir nur befahl, ein paar Kniebeugen zu machen. Ich hätte dich zu allem zwingen können.« Diana erschauderte. »Naja, mitten in deiner ersten Kniebeuge stürmten Museumswächterinnen in den Raum, falls du dich nicht mehr erinnerst.«

Athene verzog das Gesicht. »Und ob ich das tue. Die Leiterin des Museums informierte sofort meine Mutter. Wahnsinn, war die sauer, als sie mich abholte. Es folgte die ausführlichste Strafpredigt, die ich je über mich ergehen lassen musste. Es ist zwar schon lange her, aber ich kann bis heute fühlen, wie sie mich demütigte. Unreif und respektlos waren noch ihre freundlichsten Wörter.«

Athene durchfuhr unvermittelt eine leichte Aufregung. Vielleicht machte es Sinn, heimlich zu der Vitrine zurückzukehren? Ob der Zahlencode für das Schloss noch derselbe war?

Diana riss sie aus diesen Gedanken. »Und wenn deine Mutter recht hat? Wenn das Ende des männlichen Geschlechts tatsächlich der Weg der Evolution ist? Die Männer tun schließlich seit Jahrtausenden alles dafür, sich gegenseitig umzubringen. Es wäre quasi ihr ultimativer Sieg.«

Athene schaute ihre Freundin empört an. »Spinnst du?«

Die biss sich auf die Lippen. »Entschuldige, das ist natürlich Quatsch. Das weiß ich. Just a thought.«

Diana ergriff Athenes Hände. »Lass uns einen Ausflug machen. Ich habe nämlich auch Neuigkeiten zu verkünden und möchte dir etwas zeigen. Es wird dich auf andere Gedanken bringen.«

Athene schaute leicht verwirrt. Aber womöglich war es ein guter Vorschlag, sich abzulenken. »Okay, was hast du vor?«

»Lass dich überraschen.« Diana tippte auf ihren Communicator, und das Hoverboard schwebte leise summend heran. »Let's go.« Sie schaute Athene verschmitzt an. »Lass uns auf dem Weg ein paar Verkehrsregeln missachten. Dieses Mal erwischt uns deine Mutter nicht.«

Athene lächelte. Dianas spontane Ideen hatten sie schon oft begeistert. Sie stellte sich hinter ihre Freundin auf das Hoverboard, legte die Arme um ihre Taille und drückte sich fest an sie. Sie würde heute Nacht vielleicht doch einen ersten Schritt gegen die Pläne ihrer Mutter unternehmen, dachte sie, als das Board mit einer kräftigen Beschleunigung nach vorne schoss.

Athenes beste Freundin war einen halben Kopf kleiner als sie. Sie hatte eine leicht dunkle Hautfarbe und mittellange rotbraune Haare. Sie war nach dem Großen Krieg aus dem früheren Deutschland nach Afrika gekommen. Auch ihre Großeltern waren Flüchtlinge gewesen: ihre Oma aus Syrien, ihr Opa aus der Ukraine.

Sie sausten die Hover-Lane an der Straße entlang, die das Regierungsviertel im Nordosten der Stadt mit dem Zentrum am Meer verband. Die Hauptstadt trug den Namen des Staates, über den sie wachte: Gaia City. Sie war der lebenswerteste Ort, den sich Athene vorstellen konnte. Jene Stadt, die einst Lagos geheißen hatte und die größte ressourcenfressende Megacity auf dem Planeten gewesen war. Nun war sie als einzige übrig, während Los Angeles, New York, Mexiko City, Sao Paulo, Tokio, Beijing, Shanghai, Berlin, Paris und London in Trümmern und unter hochradioaktiv verstrahltem Staub begraben lagen. Im Herzen Afrikas hatte sich das weibliche Geschlecht nach dem Großen Krieg seine Wiedergeburt erkämpft. Dorthin, wo Homo Sapiens das Licht der Welt erblickt und von wo aus sich dieses Wesen über den Planeten ausgebreitet hatte, war es zurückgekehrt – in eine zweite Wiege der Menschheit.

Gaia City war nicht nur die größte Stadt, sondern das kulturelle, politische und wirtschaftliche Zentrum der neuen Welt. Man hatte das Regierungszentrum und weitere Viertel der Stadt nach dem Großen Krieg auf höher gelegenen Flächen neu erbaut, da ein Teil von Lagos dem gestiegenen Meeresspiegel zum Opfer gefallen war. Die früheren Armenviertel waren im Wasser des Atlantiks versunken. Seit Gründung des Staates Gaia bestand kein Bedarf mehr für Elends- und Flüchtlingsviertel in dem Land. Ein Mindesteinkommen sowie eine Wohnung und Essen waren jeder Bürgerin verfassungsrechtlich garantiert. Athene hatte davon während ihres Studiums profitiert. Arbeit diente nicht länger der Daseinsfürsorge, sondern war Ausdruck der persönlichen Lebensentfaltung.

In Gaia lebte rund eine halbe Milliarde Frauen. Das Wort Gaia entstammte der griechischen Mythologie und bezeichnete die Göttin der Erde. Sie stand für Leben, Mütterlichkeit und Fruchtbarkeit. Gaia erschuf Leben und nahm es nach dem Tod wieder auf. Als die Klima- und Umweltkrisen im 21. Jahrhundert immer dramatischere Formen annahmen, gewann die sogenannte Gaia-Hypothese vor allem unter Frauen viele Anhänger. Die Hypothese unterstellte, dass die Erde inklusive der darauf lebenden und nicht lebenden Materie einen geschlossenen Organismus darstellt, der sich – sofern der Mensch dies nicht wesentlich stört – selbst reguliert. Diese Idee lag dem neu geschaffenen Staat Gaia zugrunde. Die Gründerinnen bezeichneten sich offiziell voller Stolz als *Gyne*, was dem griechischen Wort für *Frau* entsprach. Athene hatte sich in der Schule gewundert, dass die Frauen bei der Gründung griechische Begriffe wählten. Griechenland war – soweit sie wusste – kein Hort der Frauenrechtsbewegung gewesen. Aber das Land galt als Quelle der Demokratie – jener in der zweiten Hälfte des 21. Jahrhunderts zunehmend verpönten Staatsform, die die Frauen aus tiefer Überzeugung neu erblühen ließen.

Obwohl es spät und auf der Straße vergleichsweise dunkel war, mussten sich die beiden jungen Frauen um ihre Sicherheit keine Sorgen machen. Gewaltverbrechen gab es in Gaia so gut wie nie. Athene konnte sich nicht erinnern, seit Gründung des Staates jemals Zeugin einer Straftat geworden zu sein, geschweige denn deren Opfer. Sie hatte sich seither nie Sorgen um ihre körperliche Unversehrtheit machen müssen – egal zu welcher Zeit und an welchem Ort dieser Stadt oder dieses Landes.

Der Fahrtwind streifte ihre braunen Dreadlocks zurück. Ihre Mutter hatte für Athene entschieden, im

Rahmen der künstlichen Befruchtung ihre eigene afrikanisch-chinesische Abstammung um weitere Ethnien zu ergänzen. Athene wusste, dass dies ebenso wie ihr Name eine politische Aussage darstellte. Sie hatte dieselben schräg stehenden Augen über den hohen Wangenknochen wie ihre Mutter. Einen Vater hatte es in Athenes Leben nie gegeben. Zum Zeitpunkt ihrer Zeugung im Jahr 2070 lebten die meisten Frauen ohne Ehemänner. Die Ehe galt als Machtinstrument des Patriarchats. Die Geburtenrate war weltweit massiv zurückgegangen. Die Bevölkerung schrumpfte global. Immer weniger Frauen wollten Kinder in diese Welt setzen – und schon gar keine Jungen. Manche Schwangeren ließen gar eine Abtreibung vornehmen, wenn sie feststellten, dass in ihnen ein männlicher Fötus heranwuchs.

Der Konflikt der Geschlechter nahm im Laufe des 21. Jahrhunderts immer drastischere Folgen an. Rückblickend wirkte diese Entwicklung für Athene wie eine Märchenerzählung ihrer männerverachtenden Großmutter. Doch für ihre Mutter und deren Generation hatte es sich um keine Gruselgeschichte gehandelt, sondern erwies sich als bitterer und tödlicher Ernst. Abebi hatte Athene nie von ihren eigenen Erlebnissen aus dieser Zeit erzählt.

Es ließ sich kein Datum feststellen, an dem die Gewalt an Frauen weltweit derart abschreckende Ausmaße angenommen hatte. Es war ein schleichender Prozess, und manche männlichen Beobachter hatten behauptet, es handele sich um die Antwort des Patriarchats auf die Frauenrechtsbewegung. Was für ein Zynismus. Einig waren sich die Geschichtswissenschaftlerinnen Gaias, dass einer der wesentlichen Ursprünge in den sich ab Mitte der Zwanzigerjahre immer mehr ausbreitenden regionalen Konflikten lag. Athenes Geschichtslehrerin hatte den jugendlichen Mädchen im Unterricht Fotos von den systematischen Gräueltaten an Frauen im Nahen Osten und in der Ukraine gezeigt. In diesen Konflikten hatten die Männer Frauen zu Objekten der Kriegsführung gemacht. In vielen der beteiligten Länder breitete sich das Unrecht an Frauen in der Folge weiter aus. Männer an der Macht sahen wenig Gewinn darin, diesen Verbrechen Einhalt zu gebieten. Wie ein Krebsgeschwür wucherte die Gewalt und verästelte sich in immer mehr Bereiche des Lebens. Athene schluckte schwer. Sie zwang sich, die Bilder aus ihren Gedanken zu verdrängen. Ihre beste Freundin hatte offenbar gute Neuigkeiten. Sie steckte ihre Nase tief in Dianas Haare und sog deren blumigen Duft ein. Jetzt wollte sie ihre Aufmerksamkeit ihrer Freundin schenken, nicht den Gräueln der Vergangenheit.

Sie durchquerten auf dem Hoverboard einen Lichtkegel nach dem anderen, den die hohen Straßenlaternen auf die breite Straße warfen. Es waren nur wenige Fahrzeuge unterwegs. Leise summend schwebten sie vorbei. Auf den Verkehr musste Diana kaum achtgeben. Die Fahrzeuge bewegten sich autonom und vermieden jeden Unfall. Anders Diana: Sie hatte die Kontrolle über das Board selbst übernommen und vollführte einige Schlenker, was das Gerät zu lauten Warntönen veranlasste. Ihr Lachen mischte sich in das Kreischen von Möwen. Mit hohem Tempo bog Diana links ab, was das

Board in eine beeindruckende Schräglage versetzte. Sie erreichten den Hafen. Hier kamen die Metalle, Rohstoffe und Halbprodukte an, die der Weltraumlift über die Verbindung zum Mars nach Gaia brachte. Zig Frachtschiffe trafen täglich von der Basis des Orbitallifts ein, die sich rund 800 Kilometer südöstlich auf den Resten einer winzigen Äquatorinsel befand.

Diana bremste das Hoverboard ab.

»Der Hafen? Sind wir etwa da?«, fragte Athene ungläubig.

»Noch nicht ganz. Es ist noch ein kleiner Fußweg. Wir müssen uns anschleichen. Offiziell hast du dort nämlich keinen Zutritt. Wir wollen ja nicht, dass deine Mutter dich aus den Fängen der Justiz befreien muss.«

Nachdem sie abgestiegen waren, kramte Diana eine schwarze Box aus ihrer Weste hervor. Athene wusste, was sie zu tun hatte. Wie ihre Freundin nahm sie den Communicator an ihrem Handgelenk ab und beide steckten die Geräte in die kleine Kiste. Diana schaute ihre Freundin verschwörerisch an und legte den Zeigefinger an die Lippen. In der Box würde das Funksignal abgeschirmt und sie selbst von der allgegenwärtigen digitalen Welt Gaias abgeschnitten sein. Normalerweise trugen alle den Communicator rund um die Uhr. Es war nicht gesetzlich vorgeschrieben, jedoch funktionierte in Gaia ohne das Gerät so gut wie nichts.

Einige Minuten später standen sie vor einer Halle, die sich direkt hinter dem Zaun der Hafenanlage in die Höhe erstreckte. Sicherheitspersonal oder so etwas wie Stacheldraht gab es nicht. Athene war auf dem Fußweg aber aufgefallen, wie Diana mit ihr dem Licht der

Scheinwerfer, die das Hafengelände beleuchteten, auswich und außerhalb der Sichtweite der Überwachungskameras blieb.

Diana gab Athene erneut ein Zeichen, leise zu sein. Sie ging einige Schritte voraus zu einer Stahltür und schob eine Karte in das Schloss. Ein metallisches Schnappen erklang. Als Athene neben ihre Freundin trat, öffnete diese vorsichtig die Tür.

Kein Lichtschein drang in die Halle. Offenbar gab es keine Fenster, oder sie waren abgedunkelt. Kühle Luft strömte Athene entgegen, und ein leises Summen klang von der Klimaanlage herüber. Zu ihrer Rechten blinkte eine Vielzahl kleiner Leuchtdioden. Diana griff in ihren Rucksack und holte zwei Leuchtstäbe heraus. Als sie das Innere damit erleuchteten, stockte Athene der Atem.

Ein Blick genügte ihr, um zu erkennen, was sich bis unter die Decke der Halle erstreckte – hoch und mächtig wie ein zehnstöckiges Gebäude. Direkt vor ihr stand ein originalgetreues Modell der Orbitalstation 1, jener Station, die sich im geostationären Orbit oberhalb der Erdoberfläche befand, und die einerseits das Ende des Weltraumlifts von der Erde darstellte und andererseits als Raumhafen für die Pendelfähren vom Mars diente. Es war eine der Schnittstellen, die beide Planeten verbanden. Es bedurfte wenig Fantasie, sich vorzustellen, dass dieser Ort mehr war als die Haltestelle für Lift und Fähren. Seit Jahren beschwor dieses Ungetüm aus Stahl, das wie ein Hammerkopf an einem langen Band gemeinsam mit der Erde durch den Weltraum flog, Athenes Faszination herauf.

»Du kannst den Mund jetzt wieder zumachen.«

Athene klappte den Mund zu und schluckte. Sie musste das Modell wie ein kleines Mädchen angestarrt haben. Diana konnte ihre Gedanken vermutlich erraten: Wo sind wir hier? Warum steht das hier? Warum hast du eine Zugangskarte für die Tür?

»Heute zeige ich dir mein neues Home.«

Vor Athene erhob sich vom Boden bis zur Decke eine fünfzig Meter lange Röhre, um deren Umfang sie mit Diana nicht hätte herumgreifen können. Auf der Röhre steckten fünf graue Scheiben, deren unterstes Exemplar fast die gesamte Breite der Halle füllte. Von unten nach oben verringerte sich der Radius der Scheiben. Das Modell der Raumstation erinnerte Athene an einen Christbaum, wie die Menschen sie vor dem Großen Krieg in Europa und Nordamerika bei dem damals üblichen Weihnachtsfest aufgestellt hatten. Was für eine seltsame Tradition das war. In Gaia gab es keine Religionen. Sie galten als patriarchalische Machtapparate und waren mit allen zu ihnen gehörenden Traditionen durch die Weibliche Revolution abgeschafft worden.

Die unterste der fünf Scheiben befand sich dicht über dem Boden der Halle. Sie zu Fuß zu umrunden, würde fast zwei Minuten lang dauern. An ihrem äußeren Rand hafteten Dutzende kleine Boxen. Athene trat an das Modell heran und strich über die metallische Oberfläche.

»Das ist die Frachtebene. An ihren seitlichen Schleusen docken die Frachtcontainer der Pendelfähren zum Ein- und Ausladen an.« In Dianas Stimme klang ein wenig Stolz mit. »An dem Modell der Station wirken die Container winzig.« Tatsächlich wies ein Container gerade einmal die Größe von Athenes Hand auf. Sie griff nach einer der Boxen und zog sie mit ein wenig Kraft von der Schleuse ab.

»Mitnehmen verboten, Athene!«, hörte sie Diana hinter sich. »In der Realität ist jede der Transportboxen so groß wie zwei schwere Lastwagen. Und eine Fähre kann 11 000 davon auf einmal durchs All transportieren. Stell dir das vor.«

Diana nahm ihrer Freundin die Box aus der Hand und steckte sie an die Schleuse zurück. »Rate mal, wie große diese Frachtebene in echt ist.«

»Pffft«, machte Athene. »Woher soll ich das wissen? Tausend Meter?«

»Vier mal so groß. 4 000 Meter nämlich. Die Frachtebene zu Fuß zu durchqueren, würde über eine Stunde dauern. Einfach gigantisch.«

Dianas Stimme nahm einen dozierenden Charakter an. Athene spürte, wie sich ihre Freundin in ihrem Element fühlte. »Also, ganz unten die Frachtebene. Es gibt vier Pendelfähren zwischen Erde und Mars. Die Fähren docken an der zweiten Scheibe von unten an, die aus diesem Grund *Dockebene* genannt wird.«

Wieder erglomm dieser Stolz in Dianas Antlitz – dieses Mal noch stärker. »Und dann folgt das Paradies: *Ebene 3*, die Werft.«

Wenn Athene sich richtig erinnerte, diente die Werft zum Bau und Reparatur der interplanetaren Raumschiffe.

»Diese Pendelfähren können gar nicht auf der Erde

landen, oder?«

»Das stimmt. Ich sehe, du machst Fortschritte als Nachwuchsingenieurin. Die sind viel zu groß und von ihrem Aufbau her zu komplex. Sie würden in der Atmosphäre auseinanderbrechen und verbrennen. Außerdem wäre bei jedem Start ungeheuer viel Energie erforderlich. Die Fähren pendeln nur zwischen den beiden Orbitalstationen hin und her.«

Während Diana in ihrem dozierenden Ton die Funktion von Ebene vier und fünf erklärte, hörte Athene nicht mehr zu. Ihre Aufmerksamkeit galt dem oberen Ende der Röhre direkt unterhalb der Hallendecke. Denn sie beschlich der Eindruck, dass an dem Modell etwas fehlte. Die Symmetrie verlangte, dass es oben eine sechste Ebene gab. Doch über ihrem Kopf konnte sie eine solche letzte Ebene nicht erkennen.

»Entschuldige, Diana. Ich habe nicht zugehört. Wozu dienen die oberen Ebenen?«

Diana zog eine Schnute. »Ebene vier ist die Wohnebene, Ebene fünf die Kontrollebene.«

»Kontrollebene?« Der Begriff erregte Athenes Neugierde.

»Von dort aus steuern die Ingenieurinnen die Station und überwachen die Flüge der Pendelfähren.«

Athene legte die Stirn in Falten. »Kontrollieren sie von dort auch die Marskolonie?«

»Hmm, no idea. Eher nicht. Die Funksignale brauchen zeitweise über zwanzig Minuten bis zum Mars. Vielleicht haben sie in der Station einen allgemeinen Kontrollraum, wo Daten angezeigt und geprüft werden. Aber das sind geheime Informationen. Die bekomme ich nur, wenn ich eine begründete Anfrage stelle. Du weißt ja, dass der Lift und die gesamte Station Sperrgebiet sind.«

Diana ging an ihr vorbei und stieg über eine Leiter auf die Nachbildung der Frachtebene. Sie öffnete an der langen Röhre in der Mitte eine Luke und forderte Athene auf, mit ihr in das Modell hineinzusteigen.

»Sag mal, warum steht dieses Riesending eigentlich hier an einem so verlassenen Ort am Hafen?«, fragte Athene, während sie ihrer Freundin folgte.

»Du wirst dich hoffentlich erinnern, dass die Raumstation, der Lift und die Pendelfähren das Werk der Chinesen waren. Vor dem Großen Krieg galten sie über Jahrzehnte als die führende Weltraummacht. Sie haben auch dieses Modell gebaut.«

Diana verschwand in der Röhre, während sie weitersprach. Ihre Stimme bekam einen metallischen Echoeffekt. »Anfangs nutzten sie das Modell angeblich zu Werbezwecken für ihre Pläne, später dann simulierten sie hier die Logistik. Heute wird es nur noch zu Ausbildungszwecken genutzt.«

Athene erklomm die enge Wendeltreppe.

»Eigentlich darfst du das Modell gar nicht sehen. Aber zur Feier des Tages mache ich eine Ausnahme«, rief Diana von oberhalb.

Das Erklimmen der Leiter strengte Athene trotz ihrer Sportlichkeit an. »Spann mich nicht so auf die Folter. Jetzt erzähl schon. Warum *Feier*?«

»Gleich, wenn wir oben sind.«

Am Ende der Treppe traten sie rund vierzig Meter über dem Boden auf die oberste Ebene. Athene spürte die Höhe, als sie an den Rand herantrat. Schwindel empfand sie nicht. Ein dünnes Geländer schützte sie vor einem Absturz.

»Also, Diana, was meintest du vorhin damit, dass das dein neues Zuhause ist?«

»Ich habe die Zusage bekommen. Sie haben mich genommen!«

Athene schaute ihre Freundin mit aufgerissenen Augen an. »Was?! Du hast es geschafft? Der Job im Stab von Gaias Oberster Ingenieurin?«

»Yeaaah, ist das nicht großartig?« Sie strahlte über das ganze Gesicht und riss die Arme in die Höhe.

Athene fiel ihrer Freundin um den Hals. Sie drehten sich gemeinsam im Kreis und hüpften vor Freude. »Herzlichen Glückwunsch. Ich wusste, wenn es jemand schafft, dann du! Du bist einfach die Schlaueste im ganzen Sonnensystem!« Diana hatte ihr Studium in Luft- und Raumfahrttechnik an der Universität von Gaia als Jahrgangsbeste abgeschlossen und eine Reihe von Nachwuchsforscherinnen-Preise mit ihren Arbeiten über Weltraumantriebe eingeheimst.

»Jaa, großartig, oder? So eine Stelle wird nur alle paar Jahre frei, und meist bevorzugen sie erfahrenere Kolleginnen.« Diana holte zwei kleine Flaschen Sekt aus ihrem Rucksack. »Meine Noten waren schon gut, keine Frage. Aber die Personalchefin meinte, die Empfehlung von meiner Professorin hat noch mal viel gebracht. Und der Improvisationstest erst!«

»Impro-was?«

»Der Improvisationstest. Das war recht witzig. Sie haben uns hier in der Halle beim Auswahlverfahren eine

Kiste mit Elektronikschrott auf den Tisch gestellt. Wir hatten dreißig Minuten Zeit, aus dem Schrott einen Transmitter zu bauen und ein Wort an die Orbitalstation zu senden. Laut der Personalerin war ich die erste Bewerberin seit Jahren, die diese Aufgabe geschafft hat.«

»Welches Wort hast du gesendet?«

»Fortschritt. Ich weiß auch nicht warum, das fiel mir spontan ein.« Diana hielt Athene ihre Sektflasche entgegen. »Auf das Weltall!«

Doch Athene zögerte. Sie murmelte: »Fortschritt.« Das Wort hatte ihre Freude für Diana jäh durchkreuzt und sie an die Pläne ihrer Mutter erinnert. Und daran, dass sie etwas dagegen unternehmen musste.

»Was ist los, Athene? Entspann dich, noch haben wir genug Zeit, uns zu verabschieden. Ich starte in vier Wochen. In der Zeit bis dahin werde ich hier in der Halle mit anderen Neulingen einen Crashkurs zur Orbitalstation und zur Werft bekommen.«

Athene schwieg und schaute über das Geländer der Orbitalstation. Ihre Flasche hielt sie locker in der Hand. Es vergingen einige Sekunden. In der Halle herrschte Stille. Nur die Klimaanlage surrte.

»Warum sagst du nichts?«, fragte Diana ihre Freundin. »Bist du schon traurig, dich von mir verabschieden zu müssen?«

Plötzlich trat ein Lächeln auf Athenes Gesicht.

»Nein, denn ich werde mich nicht von dir verabschieden. Ich komme mit dir. Dorthin.« Athene zeigte mit dem Finger auf die Kommandoebene der Raumstation, auf der sie standen. »Ich werde nicht zulassen, dass meine Mutter ihre Pläne umsetzt.«

Ihre Freundin lachte prustend los. Ihr Lachen hallte von der Höhe durch die Halle. »Klar, Athene, machen wir. Wir schalten die Raumstation aus und befreien die Männer auf dem Mars.«

Glorreich rief sie aus: »Athene bekommt den schönsten aller Marsmänner! Dann feiern wir Hochzeit unter Palmen. Happy marriage!«

Athene lächelte, ohne etwas zu erwidern. Die beiden jungen Frauen standen einige Momente schweigend nebeneinander. Athene stieß ihre Sektflasche an die ihrer Freundin an und nahm einen tiefen Schluck. Dann drehte sie sich zum Ausgang in der Röhre um und sagte leise, aber für Diana gut hörbar: »Ja. Genau das machen wir.«

KAPITEL 3
MATER TERRA

Als Merkur zu sich kam, war sein Blick getrübt. Er saß auf einem Stuhl in einem dunklen Raum. Gegenüber gab es ein kleines Fenster. In seiner Erinnerung tauchten schemenhafte Bilder von zwei Männern auf. Sie hatten plötzlich neben ihm gestanden und ihn festgehalten, als er auf dem Rückweg von der Arbeit in seinem Wohnquartier angekommen war. Kannte er die Männer? Wo befand er sich überhaupt? Und wie war er hierhergekommen?

Wasser bildete rote Schlieren im Staub zu seinen Füßen. Er war klatschnass. Vor ihm stand ein Mann, der einen verbeulten Wassereimer in der Hand hielt. Vermutlich hatte er Wasser über ihn geschüttet, um ihn aus seiner Ohnmacht zu holen.

»Hallo Merkur. Schön, dich wiederzusehen«, sagte ein zweiter Mann, der links im Zwielicht auf einem alten umgedrehten Metallstuhl saß.

Die Stimme kam Merkur bekannt vor. Ja, das war Mikes Stimme. Die Konturen seines muskulösen Körpers ragten über dem Stuhl auf. Gesicht, Arme und Beine waren mit Narben und Tätowierungen übersät. Apoll hatte ihm erzählt, dass die Gyne ihn als Zwölfjährigen aus dem früheren Kongo verschleppt hatten.

»Wo bin ich? Was soll das, Mike?«

»Du bist im Keller der Arena. Du bist hier, weil wir mit dir reden möchten.«

»Aber warum entführt ihr mich?«

»Für dieses Gespräch hättest du uns vermutlich nicht freiwillig begleitet. Denn von deinen Antworten hängt eine Menge ab. Dein Leben übrigens auch.«

Merkur erbebte. Sein Leben? »Was soll der Scheiß, Mike. Lasst mich gehen, sofort«, brüllte er und sprang auf.

»Bleib locker und setz dich wieder hin.« Der andere Mann trat hinter Merkur und drückte ihn zurück auf den Stuhl. »Schreien hilft dir nicht weiter. In den Katakomben der Arena gehört das zum guten Ton. Das fällt hier niemandem auf.«

Merkur versuchte, seine Gedanken zu ordnen. Was war geschehen? Er erinnerte sich an sein Gespräch mit Apoll vor Beginn ihrer Arbeitsschichten und ihr Treffen mit Mike. Sie hatten sich über die Widerstandsgruppe ausgetauscht und wollten diese ausfindig machen. Konnten diese Unterhaltung und die Begegnung mit dem Kämpfer diesen Wahnsinn ausgelöst haben? Er blickte den anderen Mann an. Er war ein gutes Stück kleiner als Mike und hatte ebenfalls zahlreiche Narben. Sein Kopf war kahlgeschoren bis auf den Zopf im Nacken. Im Gegensatz zu Mike hatte er helle Haut. Seine polierte Glatze glänzte. Merkur hatte das Gefühl, den Mann schon einmal gesehen zu haben. Vermutlich bei einem Kampf in der Arena.

»Was weißt du über Mater Terra?«

Merkur lief es kalt den Rücken herunter. Offenbar hatten sie einen großen Fehler gemacht, als sie Mike auf die Widerstandsgruppe angesprochen hatten. Er musste versuchen, sich dumm zu stellen und so zu tun, als wisse er nichts – was ja nicht weit von der Wahrheit entfernt war.

»Über Mater Terra? Nichts. Warum?«

Mike lehnte sich auf dem Stuhl zurück. Er verschränkte die kräftigen Arme hinter dem Kopf.

»Verkauf uns nicht für dumm. Mater Terra, die Widerstandsgruppe auf dem Mars gegen die Herrschaft der Gyne. Was weißt du darüber?«

Merkur schluckte. »Mike, ganz ehrlich, ich weiß nichts. Gerüchte besagen, dass es irgendeine Widerstandsgruppe gegen die Gyne geben soll, die sich Mater Terra nennt. Darüber sprach ich mit Apoll, mehr nicht, ehrlich.«

Mike dehnte sich und prustete einen Schwall Luft aus seiner Lunge. Er wirkte genervt.

»Merkur, wir möchten dir nicht wehtun. Aber wenn du uns Lügen erzählst, bleibt uns nichts anderes übrig.«

»Ehrlich, Mann, ich habe nur Gerüchte gehört! Es ist doch nachvollziehbar, dass es hier so etwas wie einen Widerstand gibt«, sagte er zögerlich.

Der letzte Satz schien Mike hellhörig werden zu lassen. Er erhob sich von seinem Blechstuhl und tat einige Schritte auf Merkur zu. Er umrundete ihn und baute sich hinter ihm auf. Merkur spürte seine mächtigen Hände auf den Schultern. Er beugte sich hinab und flüsterte ihm ins Ohr: »Deinen Freund werden wir uns auch noch vorknöpfen.«

Merkur versuchte, sich vorzubeugen und Mikes mächtigen Hände abzuschütteln. Doch der hielt ihn auf seinem Stuhl fest.

»Ich verstehe nicht, was du von mir willst, Mike. Ich habe dir alles gesagt.«

»Das glaube ich dir nicht. Wenn du dich weiter weigerst, mir die Wahrheit zu sagen, lassen wir dich heute Abend als Kämpfer ausrufen. Dann darfst du dir aussuchen, ob du gegen mich oder meinen Freund hier zu einem Death Match antreten möchtest.«

Der andere Kämpfer grinste Merkur an und entblößte dabei seine Zähne, oder vielmehr das, was von seinem Gebiss noch übrig war. Mike nahm seine Hände von Merkurs Schultern und setzte sich wieder auf den alten Blechstuhl.

»Nehmen wir einmal an, es stimmt, was du sagst, und du und dein Freund, ihr wisst tatsächlich nichts über Mater Terra. Außer ein paar Gerüchten vielleicht. Aber sag mir jetzt nicht, dass es ein Zufall ist, dass du der beste Hacker in der Kolonie bist. Sag mir nicht, dass du nie darüber nachgedacht hast, dich dem Widerstand anzuschließen.«

Merkur wurde blass. Woher wussten sie das?

Mike lächelte. Er erriet offenbar seine Gedanken. »Wir beobachten euch schon eine Weile. Uns entgeht eigentlich nichts in der Kolonie. Und schon gar nicht, wenn sich jemand an den Computersystemen zu schaffen macht.«

»Aber … aber«, stammelte Merkur, »ich habe nichts getan! Also fast nichts, also zumindest nichts von Bedeutung!«

»Das mag stimmen. Trotzdem kennen wir niemanden auf dem Mars, dem es bisher gelungen ist, so unauffällig in die Systeme der Kolonie einzudringen und anschließend seine Spuren zu verwischen. Auch wenn deine größten Taten darin bestanden, die Essens- und Wasserausgabe zu manipulieren.«

Merkur presste die Lippen aufeinander. Das konnte doch nicht sein. Woher wussten sie das?

»Ich verstehe, dass es vielleicht schwerfällt, das zu glauben. Aber ich habe nur herumexperimentiert.«

Plötzlich lachte Mike laut auf. »Das ist rührend«, sagte er. »Du hast also bloß ein bisschen herumexperimentiert.« Er machte eine Pause. Die Sekunden vergingen für Merkur quälend langsam. »Wenn du nur halb so gut bist, wie mir berichtet wurde, kannst du mehr, als dir nur eine Extraportion Wasser zu spendieren. Aber zurück zum Thema. Wann hast du zum ersten Mal von Mater Terra gehört?«

Merkur spürte, dass er nicht damit durchkommen würde, so zu tun, als wisse er von nichts. Er würde Mike mit ein paar Details füttern müssen.

»Das wirst du mir nicht glauben.«

»Weshalb?«

»Ich hab zufällig ein Gespräch mitgehört von zwei Typen, die ich nicht mal kenne. Ich hab auch kaum was gehört, ehrlich. Nur diese zwei Worte sind hängengeblieben, Mater Terra. Sonst nichts, ich schwöre!«

»Wo war das?«

»An der Bar. Im Rocky Mountains vor ein paar Monaten.«

In der Marskolonie gab es keine Bars und offiziell keinen Alkohol. Der Konsum war verboten. Die Bar namens Rocky Mountains war ein bestimmter Tisch im

Gemeinschaftsraum von Wohnquartier III. Dort konnte man furchtbar schmeckenden Schnaps kaufen, den einige in der Kolonie heimlich brannten. An dem Tisch und drumherum ließen sich Gerüchte in Erfahrung oder in Umlauf bringen. Denn dort trafen sich jene, die es mit den Regeln der Gyne nicht so genau nahmen.

»Okay.« Mike nickte beiläufig. Würde er Merkur glauben? »Belassen wir es vorläufig dabei. Was ist mit dem Hacking? Wo hast du das gelernt?«

Merkur richtete sich auf seinem Stuhl ein wenig auf. Er fühlte sich geschmeichelt. Bisher wusste außer Apoll niemand von dieser Fähigkeit. Davon war er zumindest bis vor wenigen Minuten ausgegangen.

»Das habe ich mir selbst beigebracht.«

Mike schaute ihn an und hob eine Braue.

»Ach so.«

»Ihr müsst mir das glauben. Mit dem Wasserautomaten hat es angefangen. Ihr wisst doch selbst, wie wenig Wasser es für uns gibt und während der Strafzeiten ist es besonders schlimm. Dann lässt sich mit ein paar Litern Wasser eine Menge verdienen. Der nächste logische Schritt war natürlich die Essensausgabe. Wobei das schneller auffällt. Da musste ich vorsichtiger sein.«

»Woher hast du das Zugangsterminal?«

Merkur spürte, wie ihm der letzte Rest Farbe aus dem Gesicht wich. Er presste die Lippen aufeinander. Davon wussten sie auch?

»Wir wissen, dass du es geklaut hast. Wenn ich mich recht erinnere, haben die Gyne der Kolonie zwei Strafwochen für deinen kleinen Diebstahl aufgebrummt.«

Merkur blickte zu Boden. Sein Magen krampfte sich zusammen. Ihm war schlecht.

»Der Diebstahl dieses Terminals war ein Meisterstück. Mir ist nicht bekannt, dass es jemandem vor dir gelungen ist, ein Terminal aus der Kolonie auszubauen, ohne dass es sich dabei selbst zerstörte. Und noch besser: Es danach wieder in Betrieb zu nehmen. Es ist uns ein Rätsel, wie du das geschafft hast.«

Merkur empfand ein leichtes Gefühl der Hoffnung. War das seine Chance, sich und Apoll zu retten? Wollten sie nur das Terminal?

»Also, lass mich zusammenfassen: Du bist der vermutlich beste Hacker auf dem Mars. Und du besitzt das einzige funktionierende Eingabeterminal, das nicht die Gyne kontrollieren. Ansonsten weißt du von nichts. Bei deinem Kumpel ist es ähnlich. Niemand in der Kolonie hat mehr Erfahrung bei Außeneinsätzen oder kennt sich auf dem Gelände der Mine besser aus. Und du willst mir erzählen, dass das alles Zufall ist und du nichts über Mater Terra weißt.«

Merkur fragte sich, auf welcher Seite Mike stand. War er in Wirklichkeit ein Wächter oder gar ein Spitzel der Gyne? Was hatte Mike gemeint, als er sagte, sie würden ihn zum Kampf ausrufen? Wie konnte er behaupten, sie würden ihn *ausrufen*? Das entschieden doch die Gyne, oder etwa nicht? Merkur versuchte fieberhaft, seine Gedanken zu sortieren. Er rieb sich mit den Handrücken die Augen. Oder war es ganz anders und Mike gehörte zum Widerstand? War dieses seltsame Verhör ein Test seiner Loyalität? Wollten Sie herausfinden, ob sie ihm vertrauen konnten, bevor sie ihn in ihre Reihen aufnahmen?

»Beantworte mir einfach eine letzte Frage, Merkur.«

Merkur zuckte auf seinem Stuhl zusammen. Mikes Frage riss ihn aus seinen Gedanken.

»Bist du für oder gegen den Widerstand?«

Merkur schluckte abermals. Diese Frage dürfte über sein Schicksal entscheiden und das von Apoll gleich mit. Er wusste, dass die Kämpfer auf dem Mars eine Sonderrolle hatten und viele Privilegien genossen. War es möglich, dass sie den Kern des Widerstands bildeten? Waren sie Mater Terra? Von der folgenden Antwort hing vermutlich sein Leben ab.

»Was willst du hören, Mike?«

Mike löste seine hinter dem Kopf verschränkten Hände und schob sie vor der Brust zusammen. Er sah amüsiert aus.

»Die Wahrheit, Merkur. Einfach die Wahrheit.«

Merkur hielt die Augen geschlossen.

»Merkur, entweder du sprichst jetzt klar und deutlich deine Antwort aus oder dein Blut wird schon bald auf den Boden der Arena fließen.«

Merkur spürte ein Brennen in seinem Innern. Wann, wenn nicht jetzt, war der Zeitpunkt zu handeln und sein Leben nicht länger durch andere bestimmen zu lassen? Ruckartig erhob er sich von dem Stuhl und blickte Mike direkt an.

»Dafür«, sagte er mit fester Stimme. »Ich bin für den Widerstand. Das Regime der Gyne muss ein Ende finden.« Nach einem Zögern setzte er sich wieder.

»Hast du das gehört, Jack?« Mike wandte sich an den Mann, der die ganze Zeit mit dem Eimer in der

Hand schweigend neben ihm gestanden und Merkur finster beobachtet hatte.

»Er ist für den Widerstand und scheint die Gyne nicht zu mögen«, antwortete Jack und schob ein Grunzen hinterher, während ein schiefes Grinsen sein Gesicht zierte.

Mike trat direkt vor Merkur und beugte sich erneut zu ihm herab. Jede Faser in Merkurs Körper hatte sich angespannt. Er war bereit, wie von einer Sprungfeder angetrieben von seinem Stuhl zur Tür zu hechten. Er wusste, dass er nicht weit kommen würde. Aber niemals würde er sich den Wächtern oder den Gyne kampflos ergeben.

Mike lächelte ihn an und legte ihm eine Hand auf die Schulter. »Willkommen beim Widerstand, Merkur.«

Merkur lehnte sich zurück und atmete stoßweise aus. Er lachte vor Erleichterung. Glücksgefühle durchströmten ihn. Er musste nicht nach Mater Terra suchen. Mater Terra hatte ihn gefunden.

»Jack, hol den Prompter. Als Nächstes kümmern wir uns um Apoll.«

♂ ♂ ♂

Apoll rannte zum Eingang von Merkurs Schlafsaal, wo er den Schemen mit dem geflochtenen Zopf hatte verschwinden sehen. Oder war es Einbildung gewesen? Als er an der Doppeltür ankam, konnte er nichts Auffälliges erkennen. Im Durchgang stand eine Gruppe Männer und unterhielt sich lautstark. Einige husteten. Die Atemluft wurde durch die Strafmaßnahmen der Gyne im Stundentakt schlechter. Auch Apoll musste husten. Bei den Luftverhältnissen in der Kolonie zu rennen, glich einem Selbstmord.

Im Gang vor dem Schlafraum konnte er keine verdächtige Person entdecken. Er schaute in den Kraftraum, wo niemand mehr trainierte. Keine Spur von Merkur. Dafür schien er die Aufmerksamkeit von zwei Wächtern auf sich zu ziehen, die im Gang patrouillierten und ihn mit strengen Blicken fixierten. Wollten sie Rache, weil Mike und er am Morgen den Jungen befreit hatten? Zum Glück behelligten sie ihn nicht. Es wäre ungünstig, in diesem Moment in ihre Hände zu geraten. Apoll versuchte, sich zu entspannen.

Unauffälligen Schritts ging er zum Gemeinschaftsraum und überlegte, was Merkur zugestoßen sein konnte. Hatten ihn die Wächter mitgenommen, weil sie von ihrem Gespräch Wind bekommen hatten? Oder hatte Merkur die zwei Zusatzstunden Arbeit direkt nach seiner Schicht absolvieren müssen? Das wäre die einfachste Erklärung für seine Abwesenheit. Apoll hoffte, dass es die zutreffende war. In der Kolonie gab es keine Möglichkeit, außer im persönlichen Gespräch miteinander zu kommunizieren. Einen Communicator, wie die Frauen sie in Gaia verwendeten, gab es für die Männer auf dem Mars nicht. Die einfachen Messenger an ihrem Handgelenk dienten nur der Kommunikation mit dem System der Kolonie. Andere Bewohner waren darüber nicht erreichbar.

Als Apoll den Gemeinschaftsraum ihres Quartiers betrat, standen zwei Männer fluchend vor der Wasserausgabe und zogen unverrichteter Dinge ab. Wieder gab es kein Wasser. Er setzte sich an einen Tisch. Seine Gedanken wanderten zu seinem Freund. Wo konnte er nur sein? Hatte sein Verschwinden vielleicht mit dem Terminal zu tun? Auch wenn Apoll nicht viel von Merkurs Hackerleidenschaft verstand, war ihm klar, dass es extrem riskant sein musste, in die Computersysteme der Kolonie einzudringen. Hatten die Gyne seine Aktivitäten bemerkt und ihn aus dem Verkehr gezogen? Apoll wollte sich gar nicht ausmalen, was die Gyne mit seinem Freund anstellen würden.

Falls Apoll sich richtig erinnerte, war der Wasserautomat im Gemeinschaftsraum vor rund zwei Jahren das erste Opfer von Merkurs geheimen Aktivitäten. Sein Kumpel brachte es fertig, dass das Ding literweise Wasser ausspuckte, während die Rationen für alle anderen beschränkt blieben. Das zusätzliche Wasser hatte Merkur verkauft, wobei in den Strafperioden besonders viel damit zu verdienen war. Später hatte sich Merkur an anderen Einrichtungen der Kolonie vergriffen. Er versicherte Apoll, dass er bei diesen Manipulationen seine Spuren stets verwischte, sodass man diese nicht zu ihm zurückverfolgen konnte. Aber ob das wirklich zutraf?

Dann klaute Merkur das Terminal. Apoll zog sich der Magen zusammen. Was für ein Risiko. Die Terminals befanden sich in den Gemeinschaftsräumen der Wohnquartiere und dienten den Männern dazu, Anfragen an das Computersystem der Kolonie zu senden. Da man sich zum Versand der Nachricht mit seinem Messenger identifizieren musste, gab es nur wenig Missbrauch dieser Funktion. In der Regel meldeten die

Männer über die Terminals Schäden an der Kolonie oder defekte Geräte.

Wie Merkur es fertiggebracht hatte, so ein Terminal auszubauen und mitzunehmen, blieb Apoll ein Rätsel. Bis heute klaffte das Loch in der Wand des Gemeinschaftsraums von Quartier V. Niemand hatte das Gerät ersetzt. Laut Merkur zerstörten sich solche IT-Systeme beim Ausbau eigentlich sofort selbst. Die Gyne wollten um jeden Preis verhindern, dass die Männer Zugriff auf die Computer-Technologie der Kolonie erhielten und diese gegen die Machthaber von Gaia einsetzten. Apoll erinnerte sich, dass es für den Diebstahl reichlich Strafpunkte gegeben hatte.

Merkur hatte das Terminal lange Zeit versteckt und erst in den vergangenen Wochen angefangen, sich immer wieder kurz damit zu beschäftigen. Laut seinem Freund würde es ihm, sobald er alle Codes geknackt hätte, Zugriff auf das Computersystem der Kolonie und womöglich darüber hinaus geben. Merkur war vollkommen elektrisiert, wenn er über diese Möglichkeiten sprach. Apoll ermahnte ihn, sich auf keinen Fall erwischen zu lassen. Wo sein Freund das Terminal versteckte, wusste er nicht und wollte es auch nicht wissen. Solche Kenntnisse konnten einen auf dem Mars das Leben kosten.

Apoll erhob sich. Er kehrte in den Schlafsaal zurück, um nach Merkur zu sehen. Vielleicht war er inzwischen eingetroffen.

♂ ♂ ♂

Nach wenigen Augenblicken kam Jack zurück in den Raum, in dem sich Mike und Merkur auf den Stühlen gegenübersaßen. Mike fixierte Merkur, sagte aber nichts. Jack übergab ihm den Prompter. Das Gerät wies nur eine kleine Tastatur auf, auf der das Alphabet, Zahlen sowie einige Programmiercodes abgebildet waren.

Mike hielt ihm den Apparat entgegen.

»Was ist das? Was macht man damit?«, fragte Merkur.

»Das ist ein Prompter. Damit können wir einfache Befehle an das Computersystem der Kolonie senden. Leider nichts allzu Kompliziertes, wie es mit deinem Terminal möglich ist. Aber wir haben Wege gefunden, das Schicksal ein wenig zu unseren Gunsten zu beeinflussen.«

Merkur blickte auf den Prompter.

»Und was soll ich damit?«

»Nun, du wirst das Schicksal deines Freundes Apoll für uns ein wenig beeinflussen.«

Merkur schaute verdutzt und zögerte. Mike zog das Gerät wieder zurück und wandte sich Jack hin.

»Komisch, eben hatte ich noch den Eindruck, dass Merkur für den Widerstand ist. Dann macht es doch Sinn, dass wir seinen Freund herholen und mit ihm sprechen, oder?«

»Aber ihr habt mir überhaupt nicht gesagt, was ihr eigentlich von mir und Apoll wollt«, mischte sich

Merkur ein. »Wer seid ihr überhaupt und welche Ziele verfolgt ihr?«

»Merkur, du hast jetzt Gelegenheit, uns zu beweisen, dass du bereit bist, etwas für den Widerstand zu tun. Jack gib ihm die Instruktionen.«

Während Jack Merkur ein Blatt Papier reichte, drückte ihm Mike den Prompter in die andere Hand.

Merkur starrte auf das Blatt. Es dauerte nur einen Moment, bis er begriff, was er tun sollte. »Wie soll das funktionieren?« Seine Gedanken kreisten. In was war er da hineingeraten? Konnte er den Männern vertrauen?

»Merkur, wir haben nicht viel Zeit. Du hast jetzt die Chance, diese Befehle in den Prompter zu tippen. Wenn ihr euch beide als loyal erweist, könnt ihr euch uns anschließen. Wenn wir Zweifel daran haben, werdet ihr sterben. Und auch wenn wir wissen, dass du ein unglaublich schlauer Kerl bist, wird es hier keine andere Lösung geben. Hier bestimmen wir.«

Merkur verzog das Gesicht.

»Ich zähle jetzt bis zehn, Merkur. Bis dahin wirst du beginnen, diese Befehle in den Prompter einzugeben.« Mike begann, rückwärts zu zählen.

Merkur stieß protestierend die Luft aus, doch er übertrug die Befehle vom Blatt in den Prompter. Jack passte auf, dass ihm kein Fehler unterlief und er jede Zeile exakt so eintippte, wie sie auf dem Papier stand. Er sagte leise »Fuck«, als er fertig war und warf Mike den Prompter in den Schoß.

Im nächsten Moment erklangen in der ganzen Kolonie die Lautsprecher.

♂ ♂ ♂

Als Apoll die Worte der Durchsage vernahm, blieb er mit offenem Mund stehen. Das konnte nicht wahr sein.

»Die Gyne befehlen I-A-187, sich umgehend als Kämpfer in der Arena einzufinden.«

Verflucht! Sein Körper spannte sich an. I-A-187? Das war *sein* Code. Die Gyne meinten ihn mit ihrem Aufruf. Er, ein Kämpfer? Ausgerechnet jetzt, wo er Merkur suchte. Er konnte seinen Freund doch nicht im Stich lassen. Womöglich brauchte er dringend Hilfe.

Wieder erscholl der Aufruf durch die Lautsprecher der Kolonie. Wieso wurde er zum Kämpfer ausgerufen und das während einer Strafwoche? Er spürte das Verlangen, auf die Wand neben sich einzuschlagen. Im Gang drehten sich einige Männer zu ihm um, die ihn flüchtig kannten. Sie nickten ihm zu, warfen ihm aufmunternde Blicke zu. Sie ahnten, dass eben ein Todesurteil verkündet worden war.

Apoll lief, so schnell es die schlechte Atemluft zuließ, zurück in Merkurs Schlafsaal. Er kämpfte gegen das Brennen in seiner Lunge an. Doch von seinem Freund fand sich keine Spur. Er fluchte und schlug mit den Fäusten an das Gestell des Stockbetts. Der Mann, der ihn vorhin unfreundlich angesprochen hatte, drehte sich auf der Pritsche zu ihm um. »Geht's noch, du Idiot?«

Doch Apoll hatte sich schon auf den Weg zum Ausgang gemacht. Wenn er nicht sofort in der Arena erschien, würde er sich womöglich nur Ärger einhandeln und es ihm unmöglich sein, Merkur zu finden. Klüger war es, sich dort einzufinden und anschließend die Suche so schnell wie möglich fortzusetzen.

Normalerweise wurden neu ausgewählte Kämpfer in ihrem Wohnquartier abgeholt. Apoll wartete nicht auf seine Eskorte. Er warf hektisch seine Sachen in den Sack aus Polyester. Viel war es nicht, was man als Insasse der Marskolonie sein Eigen nannte. Drei Sätze der für alle Bewohner gleichen orangefarbenen Arbeitsbekleidung, ein Schlafsack mit Kissen, rudimentäre Hygieneartikel und ein Beutel mit einigen persönlichen Gegenständen. Apoll bewahrte darin eine Skizze auf, die den Traum von sich und dem Mädchen am Meer darstellte. Er schmiss sich den Sack über die Schulter und schritt zur Hauptröhre. Das Band lief zum Glück in Richtung der Transferhalle, sodass ihm der Fußmarsch erspart blieb.

Was würde ihn in der Arena erwarten? Apoll gehörte nicht zu den Männern, die jedes Match in dem Stadion verfolgten. Doch gelegentlich schaute er sich einen Kampf an, meist in Begleitung von Merkur, der ebenfalls nicht allzu viel für die martialischen Begegnungen übrighatte. Meistens kämpften zwei Männer ohne Waffen direkt gegeneinander. Jede Form der Attacke war erlaubt: schlagen, treten, mit dem Kopf oder Knie stoßen. Das Match endete durch K.O. Die Kämpfe sahen spektakulär aus, da die Männer durch die geringe Anziehungskraft des Mars akrobatische Einlagen vollbrachten. Sie sprangen über ihren Gegner hinweg, machten Salti und wirbelten durch die Luft. Manche Kämpfe wurden mit einfachen Waffen wie

Stöcken oder Peitschen ausgetragen. Das Highlight waren jedoch die Death Matches. Wer keine Arbeitsschicht hatte, kam, um sich das Spektakel anzuschauen. Das Publikum flippte aus, wenn am Ende ein Mann den anderen mit einem Genickbruch oder einer speziell dafür angefertigten Speerspitze tötete. Die Matches waren die einzige Form der Massenunterhaltung, die es in der Marskolonie gab, und die Männer verehrten die Kämpfer, sahen Helden in ihnen und bildeten Fanclubs.

Rund um die Kämpfe blühte ein illegaler Wettmarkt, der viele Männer bei den Veranstaltungen in seinen Bann zog. Offiziell gab es auf dem Mars kein Geld oder eine andere Form von Währung. Daher hatte es sich etabliert, dass man Zähne als Zahlungsmittel verwendete. Deren Menge war begrenzt und sie ließen sich mit den Möglichkeiten in der Kolonie nicht fälschen. Zähne konnten sich die Kämpfer von ihren Opfern in der Arena leicht besorgen. In der Kolonie gab es immer wieder Schlägereien, bei denen der Sieger dem Verlierer die Zähne ausriss, bestenfalls wenn er ohnmächtig oder tot war. Einige verzweifelte Männer zogen sich selbst einen Zahn, um illegal Wasser oder Essen zu kaufen – oder Alkohol.

Sollte Apoll schon direkt nach dem Ablauf der Strafzeit antreten oder bekam er die Chance, ausreichend zu trainieren? Bisher hatte er dem Schicksal einzelner Kämpfer keine große Aufmerksamkeit geschenkt. Er erinnerte sich aber an einen Fall, bei dem ein Mann am Tag seiner Berufung zu einem Death Match antreten musste und wenige Augenblicke später tot auf dem Sandboden der Arena lag. War nicht Plutus damals der Gegner gewesen? Apoll konnte sich nicht mehr genau erinnern. Immerhin konnte Plutus ihm nach seiner Flucht nicht mehr begegnen.

Apoll sah die Transferhalle näherkommen und bereitete sich vor, sich vom Band abzurollen. Als er bäuchlings auf dem staubigen Boden der Halle zum Liegen kam und aufstehen wollte, bemerkte er, dass zwei Männer vor ihm standen. Ihm genügte ein kurzer Blick, um zu erkennen, dass es sich um Kämpfer aus der Arena handelte.

»Meine Eskorte, vermute ich mal.« Er sprang auf die Füße und klopfte sich den Staub von Shirt und Hose.

»Du bist Apoll, richtig? Code I-A-187?«

Er nickte.

»Komm mit, wir sollen uns beeilen, keine Zeit für Schwätzchen.«

»Das kommt mir entgegen. Also los.«

Die beiden Männer runzelten die Stirn. »Du bist der Erste, der es eilig hat, zu seiner eigenen Hinrichtung zu gehen.«

»Keine Schwätzchen«, mahnte Apoll und drängte sie, mit ihm zügig zur Arena zu gehen. Auf dem Weg warf er einen Blick zum Dach der Atmosphärenhalle. Was würde aus ihrem Plan werden, sich dem Widerstand anzuschließen? Konnte er als Kämpfer etwas gegen die Gyne und dieses Gefängnis ausrichten? Und vor allem: Wie konnte er Merkur finden?

Sie betraten die Arena durch einen Nebeneingang. Über eine Treppe gelangten sie ins Untergeschoss, durch das sich ein langer Gang erstreckte, von dem auf beiden Seiten zahlreiche Türen abgingen. Einige standen offen, und Apoll konnte beim Vorbeigehen Männer unter Kunstlichtleuchten sitzen sehen. Plötzlich blieben seine Begleiter vor einer verschlossenen Tür stehen. Der Mann links neben Apoll klopfte an. Jemand öffnete von innen, und Apoll erkannte überrascht, dass Merkur in dem Raum gegenüber der Tür auf einem Stuhl saß. Er mühte sich ein Lächeln ab, als er seinen Freund erblickte.

Apoll zögerte. Seine Begleiter drängten ihn in den dunklen Raum, in den nur durch ein schmales Fenster an der Stirnseite Licht fiel. Gegenüber von Merkur saß Mike und blickte ihn erwartungsvoll an. Neben ihm stand ein Mann, der zahlreiche Narben am Körper aufwies, aber einen Kopf kleiner als Mike und hellhäutig war.

»Was machst du denn hier, Merkur?«, brachte Apoll verblüfft hervor.

»Dein Freund war so nett, dich zu uns zu bitten«, sagte Mike amüsiert.

»Was? So ein Unsinn! Die Gyne haben mich gerade als neuen Kämpfer ausgerufen.«

Mike sah ihn weiter an und schien sich noch mehr zu amüsieren. »Okay, wenn das so ist. Das spielt jetzt keine Rolle. Merkur hat seine erste Aufgabe erfüllt. Nun bist du an der Reihe.«

Apoll sah ihn verständnislos an. »Aufgabe? Was für eine Aufgabe hast du erfüllt, Merkur? Was ist hier eigentlich los?«

Mike kam einer Antwort von Merkur zuvor. »Ich stelle hier die Fragen, Apoll. Kommen wir gleich zur

Sache. Wärst du bereit, einen Auftrag für die Widerstandsgruppe Mater Terra zu erledigen? Zum Beispiel bei einem Außeneinsatz in der Mine eine Sprengladung auf einem der Schaufelradbagger zu platzieren?«

Apoll war völlig verwirrt. Bis vor wenigen Augenblicken war er noch davon ausgegangen, sich in diesem Keller auf seinen ersten Kampf in der Arena vorzubereiten. Jetzt stellte man ihm Fragen zu Mater Terra. Was war vorgefallen?

»Merkur«, rief Apoll mit einer Mischung aus Wut und Entsetzen an seinen Freund gewandt. »Was hast du getan? Was hast du diesen Irren erzählt?«

»Bei diesen Irren handelt es sich um Mater Terra«, antwortete ihm Merkur.

Apoll starrte ihn ungläubig an. »Was?!«

»Bevor wir hier weitere Zeit verlieren, beantworte bitte meine Frage: Wärst du bereit für einen solchen Auftrag?«

Apoll schluckte. Was würde passieren, wenn er nein antwortete? Und was bei einem Ja? Er wusste es nicht.

»Jetzt mal langsam für mich zum Mitkommen, Mike. Was ist hier los? Warum ist Merkur hier, und was hat das alles mit Mater Terra zu tun?«

Mike schaute mit gehobenen Brauen zu Jack, der leicht spöttisch lächelte. Dann wandte er sich Apoll zu. »Dein Freund Merkur fiel uns vor über zwei Jahren das erste Mal auf, als er größere Mengen Wasser auf dem Schwarzmarkt verkaufte, und wir gingen der Sache nach. Es stellte sich heraus, dass er ein talentierter Hacker ist, und daher behielten wir ihn im Auge. Natürlich fiel unsere Aufmerksamkeit auch auf dich, vor allem, als du die Stelle im Kontrollturm der Mine bekamst.«

Apoll konnte nicht fassen, was er da hörte.

»Als unser Meisterdieb schließlich das Terminal klaute und so klug und versiert damit umging, entschied unser Anführer, dass ihr künftig unsere Option für Team B sein würdet.«

»Team B?«, entfuhr es Apoll und Merkur gleichzeitig.

»Team B, genau. Die Ersatzmänner für die Hauptmission, die wir seit Jahren vorbereiten. Dazu kann ich im Moment nicht viel sagen. Nur so viel: Vor drei Tagen hat das Schicksal euch von Position B auf Position A befördert. Charles und Zed, das Team A, kehrten von ihrer Vorbereitungsmission in der Mine nicht zurück. Einer der schwersten Sandstürme der letzten Jahre überraschte sie. Sie müssen abgestürzt sein oder haben sich in dem dichten Sand und Staub verirrt. Sie sind jedenfalls nicht zurückgekehrt.«

Mike stockte kurz. Ihm war anzumerken, dass ihm der Tod seiner Kameraden naheging. »Verfluchte Scheiße, sie gehörten zu unseren Besten, in jeder Hinsicht. So ein Verlust.«

Apoll dachte an seine Schicht im Kontrollturm zurück. Sie hatten die Bagger nach dem Sturm, den Mike gerade erwähnt hatte, gereinigt. Zwei Tote hatten die Reinigungstrupps – soweit er wusste – nicht entdeckt. Der Widerstand hatte offenbar Glück gehabt. Aber was wollten die Widerständler in der Mine? Planten sie, einen Sprengsatz an einem der Bagger zu platzieren und waren gescheitert?

Mike atmete durch und überspielte seine Emotionen. »Also Apoll, wärst du bereit, Aufträge für Mater Terra zu übernehmen und dem Widerstand zu folgen?«

Apoll schob seine Gedanken an den Einsatz am Bagger beiseite. Welchen Sinn machte es, weiter in der Kolonie vor sich hinzuvegetieren? Den Gyne zu dienen? Irgendwann bei einem Unfall oder einer Strafmaßnahme zu verrecken? Er schaute Merkur in die Augen und – nachdem sich wenige Momente wie Minuten angefühlt hatten – erkannte, dass sein Freund diese Fragen für sich beantwortet hatte. Er spürte die richtige Antwort. Das machte *keinen* Sinn.

»Ja, dazu wäre ich bereit«, sagte er, Merkur fixierend, mit fester Stimme.

»Gut, dann hätten wir das geklärt. Ihr schließt euch dem Widerstand gegen die Gyne an.«

Mike trat vor Merkur und legte ihm die Hände auf die Schultern. »Tut mir leid, dass ich dich heute so hart rangenommen habe. Aber unser Anführer meinte, dass wir sicher sein müssen, dass du aus voller Überzeugung beim Widerstand mitmachst.« Er klopfte Merkur kräftig auf die Schultern und grinste dann Apoll an. »Bei dir waren wir uns sicher, dass du dich uns anschließt. Unser Spion in eurem Wohnquartier hatte da wenig Zweifel – allein schon wegen der Tattoos. Und dass du heute Morgen dafür gesorgt hast, dass wir den Jungen aus den Händen der beiden Wächter befreien konnten, hat mir persönlich besonders gefallen. Gute Aktion.« Er schaute anerkennend.

Dann machte Mike einige Schritte zurück und setzte eine feierliche Miene auf.

»Ballt eure rechte Hand zur Faust und streckt sie vor. Sprecht mir nach. Jack, bereit?«

Jack nickte und hielt ein kleines Gerät vor sich.

»Wir machen eine Aufzeichnung von eurem Schwur. Für die Nachwelt«, sagte Mike und grinste.

»Und zu unserer Sicherheit«, fügte Jack murmelnd hinzu und drückte einen Knopf an der Seite des Geräts, das kurz fiepte.

Mike streckte ebenfalls seine rechte Faust vor, sodass sich die Fingerknöchel der drei Männer berührten. Es herrschte gespannte Stille im Raum. Das Rauschen der Lüftung erschien überlaut.

»Ich gehöre Mater Terra, dem Widerstand gegen die Gyne auf dem Mars, an«, sagte Mike.

»Ich gehöre Mater Terra, dem Widerstand gegen die Gyne auf dem Mars, an«, wiederholten Apoll und Merkur.

»Ich bin bereit, mein Leben in den Dienst des Widerstands zu stellen und jedem Befehl des Ersten zu gehorchen.«

Merkur und Apoll blickten sich an. Wer war der Erste? War er der Anführer des Widerstands? Sie sprachen Mike nach.

»Ich werde den Widerstand niemals verraten, selbst wenn es mich mein Leben kostet.«

Auch diesen Satz wiederholten Apoll und Merkur.

»Apoll, Merkur, ihr gehört jetzt zu Mater Terra. Ihr habt euch für die richtige Seite entschieden. Es stehen große Aufgaben an und ihr werdet eine Schlüsselrolle spielen. Wir werden euch vorbereiten.« Einer der beiden Männer, die Apoll von der Transferhalle zur Arena begleitet hatten, kam zurück in den Raum. Er brachte zwei Schläuche mit Trinkwasser und einen Beutel mit Brot sowie etwas Gemüse. Er gab sie Apoll und Merkur.

Mike wandte sich Merkur zu: »Du gehst zurück zum Wohnblock und zu deiner nächsten Arbeitsschicht. Unternehme nichts und rede mit niemandem. Und lass vor allem das Terminal dort, wo du es versteckt hast. Du hältst dich streng an deinen Tagesablauf. Unternimm erst etwas, wenn wir dich dazu auffordern. Dies sind deine Befehle. Hast du das verstanden?«

Merkur nickte. Ihm war flau im Magen. Er sollte so tun, als hätte sich in den vergangenen zwei Stunden sein Leben nicht völlig verändert. Es würde ihm nicht leichtfallen.

Dann drehte sich Mike zu Apoll, und wieder trat dieses Grinsen auf sein Gesicht. »Apoll, du bleibst bei uns. Deinen Status im System haben wir geändert. Du bist jetzt Kämpfer und musst nicht mehr zur Arbeit erscheinen. Wir werden dich trainieren.«

»Okay, aber werde ich hier wirklich kämpfen?«

»Ja, das wirst du. Du wirst am ersten Tag nach der Strafzeit zum Death Match antreten – und zwar gegen mich.«

Apoll blickte Mike ungläubig an. »Wie soll ich euch helfen, wenn du mich bei der ersten Gelegenheit umbringst?«

»Genau so«, sagte Mike.

KAPITEL 4
VERSPRECHEN

Abebi stand hinter ihrem Schreibtisch, den Rücken ihrer Tochter zugekehrt. Sie schaute schweigend aus dem Fenster. Das Misstrauen, das sie Athene entgegenbrachte, war deutlich spürbar.

»Das ist eine bemerkenswerte Neuigkeit«, sagte Abebi. »Mir war bis eben nicht bewusst, dass du dich für eine Tätigkeit als Politikerin in Gaia interessierst. Bisher schien es mir, du hättest eher …« Sie machte eine Pause. »Eher *radikale* Ansichten, was für die Frauen in Gaia und für die Männer auf dem Mars richtig ist. Wie kommt es zu diesem Wandel?«

Solch ein distanziertes Statement war nicht die Reaktion, die sich Athene erhofft hatte. Aber wie hatte sie glauben können, mit einer fahrig vorgetragenen Lüge zu erreichen, dass ihre Mutter ihr die Transfer-Erlaubnis für die Reise zur Orbitalstation erteilen würde? Wegen dieser Dokumente hatte sie um das Gespräch gebeten. Denn Athene hatte an dem Abend beim Modell der Station entschieden, Diana zu begleiten. Während ihre Freundin den großartigen Job in der Weltraumwerft antrat, hatte sie andere Pläne. Sie wollte ihre Mutter aufhalten, wollte die Deandronisierung stoppen und irgendwie erreichen, dass die Gewaltherrschaft über die Männer auf dem Mars ein Ende fand. Sie war überzeugt, dass sie diese Vorhaben auf der Orbitalstation eher umsetzen konnte als unter den Augen ihrer Mutter in Gaia City. Die Idee, mit Diana ins All zu fliegen und gleichzeitig Abebi zu entkommen, klang wie Musik in ihren Ohren.

Sie vollendete den kleinen Vortrag, den sie sich für das Gespräch mit ihrer Mutter zurechtgelegt hatte. »Nach den Jahren an der Universität ist es Zeit, von der Theorie in die Praxis zu wechseln. Ein Besuch des Weltraumlifts und der Orbitalstation ist doch der beste Start dafür. Meinst du nicht? Sollte ich diese Einrichtungen nicht kennen, wenn ich eine fähige Politikerin Gaias werden will?«

Athene setzte ein einigermaßen überzeugendes Lächeln auf. Als Gaias Freiheits- und Sicherheitsministerin war Abebi für den Lift und die Station zuständig. Insofern war es für sie kein Problem, ihrer Tochter die gewünschten Unterlagen zu verschaffen. Athene zwang sich, nicht vor Nervosität auf ihrer Unterlippe zu kauen.

»So, so.« Mehr sagte ihrer Mutter nicht.

Eine Pause entstand, die Athenes Unwohlsein verstärkte, in das sich zunehmend Ungeduld mischte. Unter keinen Umständen durfte sie sich dazu hinreißen lassen, mit ihr über die Deandronisierung zu streiten. Sie riss sich zusammen, senkte ihren Kopf und strich mit dem Fuß verlegen über den Boden des elegant eingerichteten Arbeitszimmers im Haus ihrer Mutter.

»Nun ja, weißt du, sicher habe ich viele unterschiedliche Ansichten zu deinen. Aber das heißt ja nicht, dass ich mich nicht konstruktiv in den politischen Prozess einbringen kann. Meinungsfreiheit und Meinungsvielfalt stehen doch ganz oben in unserer Verfassung, oder nicht?« Was für ein armseliger Versuch, dachte Athene, sobald sie die Worte ausgesprochen hatte.

Ihre Mutter drehte sich zu ihr um und schmunzelte. »Ja, das tun sie und aus gutem Grund. Doch für Meinungsvielfalt gibt es Grenzen. Und diese Grenzen verlaufen dort, wo Meinungsfreiheit die Würde anderer Menschen verletzt oder unsere Demokratie angreift. Mir schien in den letzten Jahren, dass du eine Reihe von Ansichten vertrittst, die in die zweite Kategorie fallen.«

Abebi hob die Brauen und schaute Athene herausfordernd an. »Erinnere ich mich richtig, dass du mehrfach gefordert hast, dass wir die Lebensumstände der Männer auf dem Mars verbessern und ihnen eigene Rechte zugestehen sollten? Selbstbestimmung gar? Hast du dieses Wort nicht benutzt?«

Sie beugte sich über den Tisch und stützte sich auf die gespreizten Finger ihrer rechten Hand. »Manchmal schienst du sogar bereit, die Männer zurück auf die Erde kommen zu lassen, oder?«

Sie stieß sich von der Tischplatte ab und legte ihren verbliebenen rechten Arm auf den Rücken. Wie geschickt ihre Mutter ihren Körper, ihre Gestik und ihre Stimme einsetzte. Sie war eine Vollblut-Politikerin vom Scheitel bis zur Sohle.

Abebi fuhr lauter fort: »Das kannst du doch nicht ernst meinen. Hast du vergessen, welch unermessliches Leid die Männer uns angetan haben? Es ist die wichtigste Gründungsidee unseres Staates, dass in Gaia nur Frauen leben – in Einheit, Freiheit, Sicherheit und Würde. Du kennst doch die Statistiken. Die Zahl der gewaltsamen Tötungen von Frauen ging um 99,9 Prozent zurück, die Zahl der Vergewaltigungen um 99,7 Prozent, die Zahl von Fällen häuslicher Gewalt um 98 Prozent, die Fälle sexualisierter Gewalt um 97 Prozent. Athene! Endlich können wir frei leben. Endlich führen wir ein Leben ohne Angst und die ständige Bedrohung, Opfer von Gewalt zu werden.« Die Stimme ihrer Mutter erreichte eine bedrohliche Lautstärke und Schärfe. »Wir werden nicht zulassen, dass je wieder ein erwachsener Mann Gaia betritt. In dem Moment, in dem er es versucht, ist er tot.« Abebi schnaubte verächtlich.

Athene kannte die Statistiken. Jedes Kind, das eine Schule von Gaia besucht hatte, kannte sie auswendig. Sie leugnete diese Zahlen nicht. Doch sie schrieb sie den Umständen zu, die zur Zeit des Großen Kriegs und unmittelbar danach herrschten. Sie waren der maßgebliche Grund für diese entsetzlichen Exzesse der Gewalt, der so viele Frauen zum Opfer gefallen waren. In der Zeit vor dem Großen Krieg gab es auch ein Übermaß an Verbrechen gegen Frauen, jedoch nicht in solcher Anzahl. Das verschwiegen die Statistiken. Doch es wäre keine kluge Idee, sich jetzt in diese Diskussion mit ihrer Mutter zu verstricken. Sie wollte die Transit-Dokumente um jeden Preis und schluckte ihre Argumente herunter.

»Mama, ich bestreite nicht, dass ich in den vergangenen Jahren solche Ansichten geäußert habe. Doch inzwischen sehe ich viele Themen differenzierter. Ich bin mir im Klaren darüber, wie wertvoll der Frieden in Gaia ist. Und vielleicht hilft mir der Besuch des Lifts und der Orbitalstation, ein besseres Verständnis für deine Position zu entwickeln.«

Ihre Mutter drehte den Kopf leicht zur Seite und schmunzelte wieder. Würden Athenes Argumente bei ihr fruchten? Es verging einige Zeit, ohne dass eine der beiden etwas sagte. Abebi stand aufrecht vor ihr. Wie groß und anmutig sie mit ihren 61 Jahren wirkte. Ihre Mutter schaute sie direkt an. Ihr Blick drang in sie ein, ihre Stimme klang fest und verbindlich.

»Wenn ich die Dokumente ausstellen lasse, wirst du mir zwei Dinge versprechen. Erstens wirst du dich ohne Ausnahme an die Anweisungen des Stationspersonals halten. Du wirst dich außerhalb der Wohnebene nicht frei bewegen. Ich kann dir einen Besuch der Kontrollebene gewähren, aber nur in Begleitung der Kommandantin. Zweitens erwarte ich, dass du mir jeden Abend einen kurzen Bericht schickst, was du an dem Tag auf der Station gemacht hast. Ich werde dir die Aufenthaltsberechtigung für eine Dauer von vierzehn Tagen ausstellen lassen.«

Athene lächelte und nickte. Erleichterung durchfuhr sie. »Ich verspreche es. Danke für dein Vertrauen.«

»Gut. Ich werde dafür sorgen, dass die Dokumente rechtzeitig fertig sind, damit du mit deiner Freundin gemeinsam zur Station reisen kannst. Es ist großartig, was sie erreicht hat. Sie kann stolz auf sich sein.«

Athene spürte das Gift, in dem diese Worte schwammen. Denn was ihre Mutter wirklich gesagt hatte, war, dass sie ihre eigene Tochter für eine Versagerin hielt.

Ihr Magen zog sich zusammen. Sie hatte Angst, dass ihre Mutter ihre Gefühle erkennen würde. Mit größter Beherrschung unterdrückte sie ein Zittern. Gerade als sie gehen wollte, sprach ihre Mutter sie noch einmal an.

»Wenn du auf der Station in Schwierigkeiten gerätst, glaube nicht, dass ich dir helfe. Du allein bist für dein Tun verantwortlich. Die Sicherheitskräfte werden freie Hand haben.«

Athene schluckte. »Ja, ich verstehe. Aber sie werden keinen Anlass dazu haben. Ich werde keinen Ärger machen. Dann, danke, und bis bald.«

Sie drehte sich um. Ihre Beine wollten aus dem Raum rennen, sie wollte sich die Hände auf die Ohren pressen. Doch sie bewegte sich mit ruhigen und sicheren Schritten aus dem Arbeitszimmer. Als sie um die Ecke gebogen war und sich nicht mehr im Sichtfeld und in Hörweite ihrer Mutter befand, keuchte sie und legte sich beide Hände an den Bauch. Ihr war speiübel.

Sie hasste ihre Mutter. Es würde der Tag kommen, an dem Abebi erkennen würde, wie Unrecht sie hatte, ihre Tochter als Versagerin zu sehen. Und dieser Tag würde der Ministerin ganz und gar nicht gefallen.

♀ ♀ ♀

Als Athene das Arbeitszimmer verlassen hatte, gab Abebi dem Haus den Sprachbefehl, den Raum abhörsicher zu versiegeln. Mit einem leisen Zischen schlossen sich die Schiebetüren zum Flur. Abebi aktivierte ihren Communicator.

Als Erstes rief sie ihre Assistentin Jinjin an und bat sie, die Transfer-Dokumente für Athene ausstellen zu lassen. Jinjin verzichtete darauf, sich nach Hintergründen zu der Anweisung zu erkundigen. Sie war als Abebis rechte Hand pausenlos damit beschäftigt, die Wünsche der Ministerin weiterzuleiten oder selbst abzuarbeiten. Jedoch fiel Abebi auf, dass Jinjin auf die Aufforderung hin kurz gezögert hatte.

Anschließend kontaktierte Abebi die Kommandantin der Orbitalstation.

»Hallo Darija, gut, dass ich dich erreiche. Hast du ein paar Minuten für mich?«

»Selbstverständlich, Abebi. Was kann ich für dich tun?«

Abebi hielt es für angebracht, vor ihrem eigentlichen Anliegen einige unverfängliche Themen anzusprechen.

»Wie geht es dir? Alles okay bei euch im Orbit? Habt ihr einen guten Ausblick auf Gaia?«

»Klarer Blick auf die blaue Murmel.«

Abebi lächelte. Sie kannte Darija gut und schätzte sie. Sie stammte aus Marokko und hatte sich beim Beginn der Weiblichen Revolution sofort und voller Enthusiasmus den kämpfenden Frauen angeschlossen. Es dauert nicht lange, und sie wurde wegen ihres Scharfsinns und ihrer Zuverlässigkeit als junge Adjutantin Abebis Planungsstab zugeordnet. Da sie sich bei dieser Aufgabe bewährt hatte, erwählte Abebi sie nach der Staatsgründung zu ihrer persönlichen Assistentin. Sie machte wenig später zügig Karriere bei den Sicherheitskräften. Im vergangenen Jahr ernannte der Sicherheitsrat sie mit gerade einmal Ende dreißig zur Kommandantin der Orbitalstation 1.

»Hast du das letzte Sicherheitsdossier zum Mars gelesen?«

»Ja, habe ich. Es ist zwar nicht mein Verantwortungsbereich, aber ich mache mir durchaus Sorgen, wenn irgendwelche Unbekannten das Computersystem der Kolonie manipulieren. Sie haben schon wieder einen Kämpfer ausgerufen? Ich frage mich, wann wir diesen Missbrauch endlich stoppen werden.«

»Das frage ich mich auch. Ich habe das Thema von Jinjin auf die Tagesordnung der nächsten Sitzung des Sicherheitsrates setzen lassen. Wir brauchen dringend eine Lösung. Wer weiß, was sich in der Kolonie zusammenbraut. Den Männern ist alles zuzutrauen.«

Nach einer Pause kam Abebi zum eigentlichen Grund ihres Anrufs, dem Aufenthalt ihrer Tochter auf der Station. Sie klang formeller und erteilte der Kommandantin Anweisungen, wie sie den Besuch der Ministerinnentochter zu behandeln hatte. Als sie fertig war, herrschte Schweigen. »Hast du alles notiert, Darija?«, fragte Abebi mit einer gewissen Schärfe in der Stimme.

»Ja, wir werden deine Anweisungen umsetzen.«

»Gut, ich erwarte jeden Abend einen Bericht. Danke, Darija.«

»Selbstverständlich.«

Abebi beendete das Gespräch und rückte mit ihrem Stuhl zurück. »Abhörschutz aufheben«, sagte sie und streckte sich. Sie hatte immer noch kein gutes Gefühl bei der Sache.

♀ ♀ ♀

Einige Tage nach dem Gespräch im Arbeitszimmer ihrer Mutter trat Athene leise hinter einer Palme am Stadtstrand von Gaia City hervor. Sie ging langsam auf die Person zu, die wenige Meter vor ihr am Meeresufer saß. Jinjin zuckte zusammen, als sie Athene hinter sich bemerkte. Sie sprang auf und verlor in dem weichen Sand leicht das Gleichgewicht.

»Was soll das, Athene? Du hast mich erschreckt«, zischte sie und stemmte die Fäuste in die Hüften. »Warum treffen wir uns mitten in der Nacht am Strand?«

»Ich mag das Rauschen der Wellen und die nächtliche Einsamkeit. Allein am Strand kann uns niemand hören.«

Jinjin kniff die Augen zusammen, ihre Lippen formten sich zu einem dünnen Strich.

»Egal, was du von mir willst, vergiss es. Ich werde bei deinen wirren Ideen nicht mitmachen. Ich habe mich verändert. Ich führe jetzt ein völlig anderes Leben.«

»Stimmt, aber das hast du vor allem mir zu verdanken. Du bist mir etwas schuldig.«

Mit Befriedigung sah Athene, wie Jinjin schwer schluckte. Ihre Worte hatten bei ihrer ehemaligen Freundin einen schmerzhaften Stich in der Magengegend verursacht. Sie hatte offenbar vieles aus ihrem früheren Leben verdrängt.

Die beiden hatten sich an der Universität von Gaia für das Fach Politik eingeschrieben und saßen oft nach Vorlesungen auf dem Campus, um über die Arbeit der Regierung zu diskutieren. Sie beteiligten sich an Veranstaltungen, die sich kritisch mit der Behandlung der Männer durch die Gyne auseinandersetzten. Athene kannte keine andere Person mit Ausnahme von ihrer Mutter und Diana so gut wie Jinjin. Denn die Ereignisse der Nacht des 14. Juli 2091 und des folgenden Tages verbanden sie miteinander, und nicht nur das, sie machten sie zu einer Schicksalsgemeinschaft.

Es war der Tag, an dem Athene und Jinjin für sich im Geheimen die Aktion *Freiheit für die Männer* ausriefen. Zum Auftakt brachten sie mitten in der Nacht ein Transparent an der Fassade des Regierungsgebäudes an, auf dem der besagte Spruch aufgedruckt war: FREIHEIT FÜR DIE MÄNNER. Diese Aktion erwies sich als ziemlich harmlos. Sicherheitskräfte benötigten nur Minuten, das Spruchband zu entfernen, nachdem die ersten Regierungsmitarbeiterinnen es morgens voller Entsetzen entdeckt hatten.

Als zweite Tat sprühten sie in derselben Nacht das für Männer verwendete Gender-Symbol, das auch als Marssymbol galt, mit einem leuchtenden Farbspray auf die wichtigste Verkehrskreuzung von Gaia City. Auch dieses Unterfangen bewirkte wenig. Die weitgehend autonom fahrenden Autos suchten sich alternative Routen, während Reinigungskräfte die Farbe von der Straße entfernten.

Athenes und Jinjins folgenreicher Widerstandsakt fand einige Kilometer außerhalb von Gaia City statt, im Zentrum für Bildung und Entwicklung, und prägte über Wochen das politische Geschehen im Land. In den Zentren waren alle Kinder ab dem ersten Lebensjahr an untergebracht. Denn mit der Gründung des Staates Gaia führten die Gyne ein radikales Erziehungssystem ein. Nach der künstlichen Befruchtung und Geburt der Kinder blieben diese nur für zwölf Monate bei ihrer Mutter. Mit ihrem ersten Geburtstag wechselten sie dauerhaft in die Bildungs- und Entwicklungszentren. Bis zum fünften Lebensjahr betreuten die Gyne Jungen und Mädchen gemeinsam. Mit Beginn der Schule erhielten die Kinder getrennt Unterricht. Die Verantwortlichen waren überzeugt, dass die Mädchen so ihr volles Potenzial in intellektueller, sozialer und kultureller Hinsicht entfalteten. Die Schulbildung war vorzüglich. Der kostenlose Unterricht umfasste eine breite Wissensvermittlung in Naturwissenschaften, Politik, Wirtschaft und Ethik.

Die Jungen besuchten in Gaia nur bis zum vierzehnten Lebensjahr die Schule, wobei das letzte Jahr der Vorbereitung für die Reise auf den Mars und das Leben in der Kolonie vorbehalten war. Nur wenige erreichten ein akzeptables Bildungsniveau. Unmittelbar vor ihrer Übersiedlung in die Marskolonie musste jeder Junge, sofern er geschlechtsreif war, zehn Spermaproben abgeben. Denn trotz wissenschaftlicher Fortschritte war die Nutzung der natürlich erzeugten Spermien nach wie vor die beste Methode, die Genvariabilität in Gaia aufrechtzuhalten. Jedoch ließ man nur noch so viele Jungen zur Welt kommen, wie auf dem Mars benötigt wurden und diese männlichen Embryos wuchsen in künstlichen Gebärmüttern heran. Es galt für Frauen als nicht zumutbar, einen Jungen zur Welt zu bringen. Führende Genforscherinnen gingen davon aus, dass die Jungen für die Spermiengewinnung obsolet wurden.

Am Morgen nach den Aktionen mit dem Transparent und dem Farbspray verschafften sich Athene und Jinjin, als harmlose Lieferantinnen verkleidet, Zutritt zum Gelände des Zentrums. Sie schlichen sich in die Schlafsäle der Jungen und legten dort heimlich Flugblätter aus. Auf diesen Papieren berichteten sie über die Umstände, wie die Männer auf dem Mars behandelt wurden. Athene und Jinjin wollten den Jungen die Illusion nehmen, auf dem Planeten ein Abenteuer zu erleben, wie die Gyne es ihnen vorgaukelten. Obwohl die Betreuerinnen rasch versuchten, die Zettel einzusammeln, bekamen etliche Jungen sie in die Hände. Sie konnten nicht glauben, welche Wahrheit dort stand: Man hatte sie die ganze Zeit angelogen. Sie würden in ein Gefängnis verfrachtet werden und mussten bis zum Ende ihres Lebens in der Marskolonie wie Sklaven schuften. Rasch formierte sich Widerstand gegen das weibliche Personal im Zentrum. Es gab gewaltsame Auseinandersetzungen und in deren Folge zahlreiche verletzte Schüler und Lehrkräfte. Es dauerte fast 24 Stunden, bis die Gyne die Situation unter Kontrolle bekamen. Überschattet wurden die Ereignisse von der Tötung einer jungen Lehrerin. Trotz intensiver Recherchen gelang es den Sicherheitskräften nicht, die Identität des Täters oder der Täter festzustellen. Es folgten Strafen gegen alle Jungen, die sich an dem Aufstand beteiligt hatten. Wenig später brachten die Gyne sie ohne Abschluss ihrer Ausbildung zum Mars.

Für den Staat Gaia und seine Regierung wuchs sich der Aufstand im Bildungszentrum zu einer handfesten Krise aus. Wochenlang erbebte das Land durch eine

Debatte, ob die Behandlung der Jungen auf der Erde und vor allem der Männer auf dem Mars angemessen sei. Am Ende setzten sich die Hardliner um Athenes Mutter mit dem Argument durch, dass der spontane Aufstand doch einmal mehr bewiesen habe, wie gewaltbereit die Jungen waren. Abebi ließ die Sicherheitsvorkehrungen in den Bildungs- und Entwicklungszentren verschärfen.

Die Urheberinnen der Flugblätter konnten trotz monatelanger Fahndung ebenfalls nicht ausfindig gemacht werden. Athene und Jinjin hatten diese Zeit in großer Sorge verbracht. Diana war der einzige Mensch, dem Athene von ihrem Aktionstag erzählt hatte. Als die Schlagzeilen und Debatten um den Aufstand im Bildungszentrum abebbten, verloren Athene und Jinjin sich aus den Augen. Jetzt standen sie sich erstmals wieder gegenüber.

»Ich bin dir gar nichts schuldig. Ich will mit dir und deinen wirren Ideen nichts zu tun haben. Der *Aktionstag* war der größte Fehler meines Lebens.« Das Wort Aktionstag betonte sie abfällig und verzog das Gesicht dabei.

»Ich weiß, wie sehr dich die Erinnerung an unsere Zeit mit Scham erfüllt. Du hast unsere gemeinsamen Überzeugungen einfach über Bord geworfen. Hast du gar kein Rückgrat?«

Athene ging an Jinjin vorbei in Richtung der Brandung. »Wie ich hörte, gefällt dir der Job als Schoßhündchen meiner Mutter. Sie findet dich auch richtig toll. Ein Glück, dass ich damals ein gutes Wort für dich eingelegt habe. Weißt du das eigentlich? Meine Mutter hat mich gefragt, was ich von dir halte, als du dich bei ihr für den Job beworben hast.«

Sie erwartete keine Reaktion von Jinjin. Und es kam auch keine. Noch nicht. »Weißt du, was ich ihr gesagt habe? ›Sicher eine gute Kandidatin‹. Dann bin ich nach draußen in einen Park in der Nähe gerannt und habe vor Wut geschrien.«

»Was willst du von mir?«, fragte Jinjin mit heiserer Stimme.

Athene drehte sich zu ihr hin. Im Mondlicht sah das sonst so kräftige Gesicht der jungen Frau, die aus China stammte, bleich aus. »Ich werde zur Orbitalstation reisen. Und du wirst mir helfen, dorthin zu gelangen, wo ich hinwill.«

Jinjin atmete keuchend aus. »Was willst du denn da? Die Station ist Sperrgebiet. Da hast du nichts zu suchen.«

»Ach, meinst du.« Athene griff in ihre rechte Jackentasche und holte ein Blatt hervor, das sie in der Mitte gefaltet hatte. »Hier steht, was ich brauche und wie du die Daten verschlüsseln wirst.«

Jinjin griff zögernd danach.

»Mit Blättern kennst du dich doch aus?«

Jinjin hielt das Papier mit zitternden Händen ins Mondlicht und faltete es auf. Ihre Augen huschten über die wenigen Wörter, die Athene geschrieben hatte. Sie schien noch mehr in sich zusammenzusinken.

»Das kann ich nicht, das ist unmöglich«, sagte sie kaum hörbar. »An diese Daten komme ich nicht heran.«

Athene klopfte Jinjin mehrmals behutsam auf die Schulter. »Ich bin überzeugt, dass du das schaffst. Du hast so viel in deinem Leben erreicht, da wirst du auch diese Herausforderung bewältigen.« Athene nickte ihr lächelnd zu und drehte sich um, um zu gehen.

»Und was passiert, wenn ich es nicht tue?«

»Dann werde ich meiner Mutter erzählen, wer die Urheberinnen des Flugblatts sind, das den Aufruhr in dem Bildungs- und Entwicklungszentrum ausgelöst hat. Das wird dein schönes neues Leben von einem Tag auf den anderen auslöschen.«

»Das kannst du nicht machen!«, platzte Jinjin heraus. »Dann bist du genauso dran wie ich. Deine Mutter wird dich eigenhändig erwürgen.«

Athene zuckte mit den Achseln. »Meine Mutter und ich können ja ein Death Match im Olympia-Stadion von Gaia austragen. Wie auf dem Mars. Das wäre eine große Show.« Sie war sich gar nicht sicher, trotz ihres Altersvorteils und der Tatsache, dass ihre Mutter nur einen Arm hatte, einen solchen Kampf für sich zu entscheiden. Abebi galt als unerbittliche Gegnerin.

Ohne ein weiteres Wort schritt Athene über den Strand zurück in Richtung des Parkplatzes, wo sie ihren Scooter geparkt hatte. Als sie aus Jinjins Sichtweite war, durchfuhr sie ein Schauer. Sie hatte ihre frühere Freundin eigentlich nicht derart heftig attackieren wollen. Aber sie musste ihr genügend Angst um ihre Karriere einflößen, damit sie ihr die Daten sendete. War ihr das gelungen? Athene schloss die Augen und wünschte sich, dass ihr gewagter Plan aufging.

KAPITEL 5
PRIMUS

Mike sprang mit einem Salto über Apoll hinweg, drehte sich in der Luft und kam hinter ihm zum Stehen. Ohne den Bruchteil einer Verzögerung schlug der hünenhafte Kämpfer mit dem mächtigen Holzknüppel auf ihn ein. Apoll musste alle Kraft aufwenden, die Schläge abzuwehren. Wieder machte Mike einen weiten Satz und hieb dieses Mal im Flug nach ihm. Das Publikum in der Arena tobte.

Zunehmend gewann der erfahrene Kämpfer in dem Death Match die Oberhand. Seiner Akrobatik und seinem Geschick mit dem Knüppel hatte Apoll wenig entgegenzusetzen. Eine Woche Training hatte nicht ausgereicht, aus ihm einen ebenbürtigen Gegner zu schmieden. Aus einer Drehung heraus stieß Mike den Knüppel nach vorn in Richtung von Apoll und traf ihn am rechten Oberschenkel. Die Haut riss auf, Blut quoll hervor. Apoll stöhnte auf vor Schmerz und rollte sich seitlich ab, um Mikes nächstem Schlag auszuweichen. Er wischte das Blut mit der linken Hand von seinem Bein ab.

Die Sonne schien in rötlichem Ton durch das Atmosphärendach in die Arena. Die verschwitzten Oberkörper der beiden Kämpfer glänzten im Licht. Sie trugen neben ihren Stiefeln nur einen Lendenschurz und einen breiten Gürtel. Apoll versuchte, einen eigenen Angriff vorzubereiten. Er wollte Mike von hinten in die Kniekehle treffen und zu Boden strecken. Doch genau in dem Moment traf ihn ein blitzschneller Schlag auf das Schienbein und schleuderte ihn in die Luft. Mike hatte ihn mit einem gekonnten Lowkick vom Boden gefegt. Wie in Zeitlupe spürte Apoll, dass er durch die Luft flog und rücklings in den Sand der Arena krachte. Sein Knüppel flog ihm aus der Hand und landete einige Meter entfernt im Dreck. Die Männer auf den Rängen johlten. Apoll versuchte, auf dem Boden robbend zu entkommen. Doch Mike trat ihm mit seinem Stiefel auf den rechten Oberarm. Ein heftiger Schmerz durchfuhr ihn.

Apoll blickte am Boden liegend in Mikes mit Blut, Schweiß und Dreck verschmiertes Gesicht. Sein Gegner wies eine klaffende Wunde an der linken Schläfe auf. Dort hatte Apoll ihn mit dem Knüppel erwischt. Mike griff hinter sich und holte aus einer Scheide, die beide Kämpfer rückseitig am Gürtel trugen, eine lange Spitze aus Stahl hervor. Apoll versuchte, sich zur Seite zu drehen, doch Mike trat noch heftiger auf seinen Arm. Er steckte die Spitze in eine Halterung am unteren Ende seines Knüppels. Der stumpfe Prügel verwandelte sich in eine tödliche Stichwaffe.

Er brüllte aus voller Kehle: »Tod!«

»Tod, Tod, Tod,« schallte es von Tausenden Plätzen durch die Arena.

Der polierte Stahl blitzte über Apolls Brust in der Sonne. Mike stand hoch über ihm und richtete die Spitze auf sein Herz. Er riss den Knüppel in die Höhe und stieß ihn mit brutaler Wucht nieder. »Tod«, brüllte er noch einmal, und die rasende Menge in der Arena wiederholte seinen Ruf tausendfach. Während sich unter Apoll eine Blutlache im Sand ausbreitete, zog Mike den Speer nach oben und hielt ihn mit beiden Armen über den Kopf in die Höhe. Er sprang in die Luft, führte einen rituellen Siegestanz auf und brüllte mehr martialische Rufe. Die Menge raste und trommelte mit den Füßen. Ein tosender Lärm erfüllte das weite Halbrund.

Aus dem seitlichen Zugangstor zum Innenraum kamen vier Kämpfer mit einer Trage heran, unter ihnen Jack. Sie griffen Apoll an Armen und Beinen und wuchteten seinen Körper auf das Gestell. Seine Arme baumelten schlaff nach unten, seine Augen waren geschlossen. Er war endlich tot.

Die Kämpfer trugen Apoll durch den Gang im Keller unterhalb der Zuschauerränge. Sie erreichten den Raum, in dem eine Woche zuvor das Verhör stattgefunden hatte. Jack stieß die Tür mit dem Fuß auf. Die Trage setzten sie neben einen hüfthohen Tisch aus blankem Metall ab, der nun in der Mitte des Zimmers stand. Zwei der Kämpfer verließen den Raum.

»Du kannst jetzt aufstehen«, erklang eine Stimme aus dem Hintergrund. »Wir werden umgehend mit dem Eingriff beginnen. Wir haben nur wenig Zeit. Primus will dich so bald wie möglich treffen.« Apoll zog sich der Magen zusammen. Der Kampf gegen Mike war anstrengend und schmerzhaft gewesen. Doch das Schlimmste stand ihm noch bevor.

Jack setzte sich auf eine mannsgroße Feldkiste, die unter dem kleinen Fenster platziert war, und trommelte mit den Händen darauf. »Wahnsinn, was für ein Kampf, der Hammer. Ihr habt wirklich alles gegeben«, sagte er mit einem anerkennenden Nicken.

Apoll zog den leeren Beutel, in dem sich das Schweineblut befunden hatte, aus der Armbeuge. Er hatte ihn am Boden liegend heimlich dorthin gesteckt und Mike hatte ihn mit dem Speer durchbohrt.

»Eine Woche Training war echt zu wenig, Mike war mir so überlegen. Ich bin froh, dass es vorbei ist und die Zuschauer die Show offenbar geglaubt haben.«

»Das haben sie, da kannst du sicher sein. Zu hundert Prozent, sie haben es gefressen.« Jack grinste.

Apoll fasste sich an die linke Seite, wo Mikes Speerspitze kleine Schnitte zurückgelassen hatte. »Ich hatte echt Angst, dass Mike mit dem Speer nicht genau die richtige Stelle trifft. Ein bisschen zu weit rechts und er hätte mir den linken Oberarm zerfetzt. Und zu weit links?« Apoll schlug sich mit der flachen Hand auf die linke Brustseite. »Ich wäre jetzt tot.«

»Ihr habt es so oft geübt. Mike ist der Beste. Wenn es einer kann, dann er«, sagte der Mann im Hintergrund und trat nach vorne. Er war nicht groß oder besonders muskulös. Seine langen dunklen Haare hingen ihm bis über die Schultern herab. Seine helle Haut wirkte unrein. In den Händen hielt er Verbandsmaterial.

»Keine Sorge, die Wunden werden heilen. Ich werde sie nähen.« Er wickelte Apoll provisorisch einen Verband um den verletzten Oberschenkel und die Wunden an Oberkörper und Oberarm. Es handelte sich um Doc Daniel, der mit den Kämpfern in der Arena lebte und nach den Matches die Verletzten versorgte.

Ein richtiger Arzt war er natürlich nicht, denn es gab keine ausgebildeten Mediziner in der Kolonie.

Er machte eine Pause und sah Apoll dann mit ernstem Blick an. »Du weißt, dass wir uns jetzt um etwas anderes kümmern müssen. Ich hoffe, Mike hat dir nicht die ganze Wahrheit erzählt.« Er wartete keine Antwort ab und sprach zügig weiter: »Vermutlich nicht, sonst hättest du dich freiwillig von ihm umbringen lassen.« Daniel lachte krächzend. Er sprach mit einem seltsamen Nuscheln. Seine Bewegungen wirkten fahrig.

»Jetzt leg dich auf den Tisch. Wir haben nicht viel Zeit.«

Apoll wusste, was der Mann gleich tun würde. Er würde ihm das Implantat entfernen, das ihm die Gyne vor der Reise zum Mars eingepflanzt hatten und mit dem sie ihn und alle anderen Männer in der Kolonie verfolgen und – wenn sie es wollten – durch einen Nervenschock töten konnten. Mike hatte Apoll gestern gesagt, dass sie das Implantat entfernen müssten, damit er für den Widerstand die Kolonie verlassen könne. Leider fehlten ihnen das ärztliche Equipment und die Ausbildung, eine solche Operation nach regulären Maßstäben durchzuführen.

Jack griff eine Flasche aus dem Regal an der linken Wand.

»Damit hältst du es besser aus«, sagte er und reichte Apoll die geöffnete Pulle. Der scharfe Geruch von Selbstgebranntem stieg ihm in die Nase. Er schüttelte den Kopf. »Nein danke, kein Alkohol.«

Apoll legte sich rücklings auf den metallisch glänzenden Tisch. Der zweite Kämpfer, der ihn mit aus der

Arena geholt hatte, schob einen Beistelltisch an ihn heran und positionierte seinen Unterarm darauf, sodass die Armbeuge nach oben zeigte.

»Ist es so recht, Doc?«

Daniel nickte dem Kämpfer zu.

»Das Implantat sitzt zwischen Elle und Speiche. Es ist mit Widerhaken an den Knochen befestigt. Ich muss es samt den Haken entfernen. Und das muss schnell passieren. Denn das Implantat registriert, wenn es sich außerhalb eines warmen Körpers befindet, und schlägt nach ein paar Sekunden Alarm.«

Daniel drehte sich um. »Jack, bring die Kiste her.«

Die beiden Männer bückten sich nach der Feldkiste aus grauem Kunststoff, auf der Jack gesessen hatte. Sie mühten sich mit dem Gewicht sichtlich ab und stellten sie neben den provisorischen Operationstisch. Darin befand sich ein schwarzer Leichensack. Mit einem Ratsch zog Jack den Reißverschluss auf. Ein totes Schwein kam zum Vorschein, das die Männer offenbar erst kürzlich geschlachtet hatten, denn der Geruch nach frischem Blut verbreitete sich. »Schade um die Schnitzel und Steaks«, sagte Daniel. »Aber wir können ja statt dir keinen leeren Sack im Krematorium verbrennen.«

Er fuhr mit seinen Vorbereitungen für den Eingriff fort und holte eine kleine Box mit chirurgischen Geräten hervor, die er auf dem Operationstisch platzierte. Er legte sich ein Skalpell und Zangen zurecht. Jack erhielt von ihm zwei Haken, um den Schnitt in Apolls Unterarm offen zu halten. Der andere Kämpfer schaltete einen Lichtstrahler ein und hielt Tücher bereit.

»Damit du gleich nicht den Affen machst, werden

wir dich festschnallen.« Daniel nickte den beiden Kämpfern zu. Sie traten rechts und links neben Apoll und schnallten Gurte um seinen Oberkörper, seine Beine, seine Arme und seinen Kopf. Jack holte einen Plastikstab aus der Tasche und steckte ihn Apoll zwischen die Zähne. »Beiß besser da drauf statt auf deine Zunge«, sagte er mit seinem schiefen Grinsen. Apoll biss zu und konzentrierte sich auf seine Atmung. Er atmete ruhig ein und aus, ganz gleichmäßig. Er bereitete sich auf den Schmerz vor.

Der Doc blickte Apoll an, nahm ein Skalpell zur Hand und begann rückwärts zu zählen: »Fünf, vier, drei, zwei, eins.«

Bei *eins* riss es Apoll innerlich auseinander. Ihn durchströmte ein Schmerz, wie er ihn noch nie empfunden hatte. Er war nah daran, das Bewusstsein zu verlieren. Er versuchte, sich aufzubäumen und zu schreien. Doch seine Beine und sein Oberkörper spannten sich nur gegen die Gurte. Seine Stimme versagte, gutturale Laute brachen aus seiner Kehle hervor. Kalter Schweiß trat ihm ins Gesicht. Apoll nahm nicht wahr, was mit seinem Arm passierte. Die Stimmen der Kämpfer, ihre Bewegungen und die Umgebung drangen kaum zu ihm durch. Ihm wurde schwindelig.

Die Stimme des Docs ertönte, ohne dass Apoll verstand, was er sagte. Aus dem Augenwinkel nahm er wahr, wie Daniel mit der blutverschmierten Zange durch die Luft fuhr und sich in Richtung des Leichensacks herunterbeugte. Arme wischten durch sein Sichtfeld, hektische Bewegungen, alles ging blitzschnell. Apoll konnte den Schmerz in seinem Arm nicht genau lokalisieren, es war kein konkretes Gefühl, eher eine Urgewalt von Schmerz. Der Doc hantierte mit Nadel und Faden herum. Wenig später klarte sich Apolls Bewusstsein langsam wieder auf, einzelne Laute wandelten sich zu zusammenhängenden Worten, Schemen zu Dingen. Der unfassbare Schmerz zog sich aus dem Rest seines Körpers in seinen rechten Unterarm zurück, konkretisierte sich. Apoll versuchte, möglichst gleichmäßig ein- und auszuatmen und den Schmerz unter Kontrolle zu bringen.

Daniel zog die Nadel das letzte Mal durch Apolls Haut und verknotete den Faden. Er hatte auch die Wunden am Oberschenkel und an Apolls Oberkörper genäht. Überall klebte Blut. Der Doc behandelte die Wunden mit einem Desinfektionsmittel, bevor er sich die Hände an einem Tuch abwischte. Er sah aus wie ein Metzger nach dem Schlachten. Sich zu Apoll herabbeugend und ihm die Wange tätschelnd, sagte er: »Respekt mein Großer, du hast überlebt.« Jack und der andere Kämpfer lösten die Gurte. Apoll stützte sich schwerfällig auf dem linken Unterarm ab, um seinen Oberkörper hochzudrücken. Der unbekannte Kämpfer reichte ihm einen Wasserschlauch und eine Decke aus grobem Stoff.

»Unser Schweinchen fährt mit deinem Implantat und deinem Messenger ins Krematorium«, sagte Daniel mit seiner nuschelnden Art. Er reinigte die Instrumente mit einem Tuch und legte sie zurück in die Box. »Wir müssen uns jetzt um Mike kümmern. Dem hast du einen ordentlichen Schnitt verpasst. Das wird ein hübsches neues Exemplar in seiner Narbensammlung. Ruh dich aus, bis Jack zurückkommt.« Daniel verließ den Raum, während die beiden Kämpfer die Feldkiste mit dem Schwein auf einen flachen Rollwagen wuchteten. Sie schoben die Kiste in den Gang, hoben zum Abschied kurz die Hand, und die Tür knallte hinter den Männern ins Schloss.

Apoll rieb sich den Nacken. Sein Körper schmerzte und er fühlte sich erschöpft. Er streckte sich auf dem Tisch aus und wickelte sich in die Decke ein. Was taten sie hier eigentlich? War es diese Tortur wert, sich dem Widerstand anzuschließen? Gab es eine realistische Chance, etwas gegen die Gyne auszurichten? Die Möglichkeiten der Kämpfer in der Kolonie hatten Apoll beeindruckt. Doch was folgte jetzt, wo er tot war und die Kolonie verlassen würde? Müdigkeit überkam ihn.

Plötzlich sprang die Tür auf, und Jack streckte seinen Kopf herein. Apoll erwachte und brauchte einen Moment, um die Benommenheit zu vertreiben. Offenbar war er weggedämmert. Sein Arm pulsierte vor Schmerz.

»Ich bringe den Toten Nummer zwei dieses Tages.«

Er schob Merkur in den Raum, der mit Schnitten und Blutergüssen übersät war. Er sah aus, als sei er zu dicht an eine Explosion herangeraten. »Dein Freund starb vor ein paar Stunden bei einem Arbeitsunfall in der Erzwäsche.«

Merkur und Apoll schauten sich staunend an. Nach einigen Sekunden fragte Merkur: »Du hast es auch schon hinter dir?«

»Ja, war echt krass. Mein Arm schmerzt immer noch wie verrückt. Und wie geht's dir?«

»Mein Arbeitsunfall war schlimmer, als ich es mir

vorgestellt hatte. Sie haben direkt an meinem Arbeitsplatz einen Gasbehälter explodieren lassen.« Mit seinem linken Arm machte er eine ausladende Geste. »Die Explosion schleuderte mich mehrere Meter durch die Luft und ich konnte minutenlang nichts hören oder sehen. Mitglieder vom Widerstand haben mich zu einer dieser beschissenen Krankenkapseln gebracht.«

»Oje, nicht diese mörderischen Scheißdinger«, warf Apoll mit einer abschätzigen Geste ein. Während seiner zehn Jahre in der Kolonie hatte er es vermieden, sich je in eine der Kapseln zu begeben. Sie scannten den Körper und erstellten eine Diagnose. Kranke erhielten zwar Medikamente und Spritzen. Außerdem befand sich direkt daneben ein Makerbot, der automatisch passende Schienen oder andere medizinische Hilfsmittel herstellte. Regelmäßig vollstreckten die Kapseln jedoch ein Todesurteil. Kürzlich hatte ein Kollege von Apoll sich in eines dieser Dinger begeben, weil er Blut hustete. Als es sich wieder öffnete, war er tot. Wenn die Kapsel eine gefährliche Krankheit, die zusätzlich noch ansteckend war, diagnostizierte, tötete das System den Mann durch eine Injektion.

»Irgendwie ist es ihnen gelungen, die Kapsel mit einem Prompter zu manipulieren. Sie hat festgestellt, dass ich tot bin. Crazy, Mann.« Merkur lachte ungläubig. »In Mikes Trainingsraum haben sie mir dann das Implantat herausgeholt. Wahnsinn, mein Schreien müsstest du eigentlich bis hierher gehört haben«, sagte er mit einem gespielt theatralischen Gesichtsausdruck. Dann schüttelte er sich vor Lachen. »In meinem Sarg liegt ein totes Schwein.« Er machte eine Pause, um wieder zu Atem zu kommen. »Wie abgefahren ist das alles?«

»Und mit dir und deinem Terminal werden wir noch besser«, sagte Jack. Er grinste mal wieder und schwang den Beutel vor, den er an einem Gurt in der linken Hand hielt. »Danke, dass du uns das Versteck mitgeteilt hast. Primus wird begeistert sein, wenn wir das Teil endlich einsetzen können.«

Er klopfte Merkur freundschaftlich auf den Rücken. »Wartet hier. Ihr werdet abgeholt.«

Als sie allein in dem Raum waren, setzten sich Apoll und Merkur nebeneinander auf den provisorischen Operationstisch. Eine Weile lang schwiegen sie, atmeten einige Male schwer ein und aus.

»Jetzt sind wir beide tot«, sagte Merkur dann.

»Ja, irgendwie ein komisches Gefühl. Das ging heute alles so rasend schnell. Ich habe es noch gar nicht richtig verdaut. Unser normales Leben hier in der Kolonie ist vorbei. Jetzt sind wir im Widerstand.«

Merkur nickte. »Hast du Angst?«

»Für Angst hatte ich bisher keine Zeit.«

»Aber was passiert, wenn uns die Wächter erwischen? Die brauchen nur irgendwo unser Gesicht sehen und schon sind wir dran. Sie prügeln uns halb tot und liefern uns an die Gyne aus.«

»Vermutlich verlassen wir beide heute noch die Kolonie. Dann sind wir erst mal in Sicherheit.« Apoll schaute seinen Freund an. »Ich bin wirklich glücklich, dass du hier bist und wir gemeinsam aus der Kolonie abhauen. Die letzten Tage mit dem pausenlosen Training waren verdammt hart. Es tut gut, die nächste Zeit nicht allein mit diesen Irren sein zu müssen.«

Merkur lachte. »Diese Typen sind vielleicht irre, aber verdammt gut. Wenn die ein paar Hacker haben, die was können, übernehmen wir die Kolonie im Eiltempo.« Er sprang von dem Tisch und nahm eine Siegerpose ein. »Taataa. Tschüß Gyne, verpisst euch. Jetzt haben wir hier das Sagen.«

Jetzt musste auch Apoll lachen. »So einfach wird es wohl nicht werden. Glaubst du etwa, die Gyne schauen tatenlos zu, wie du Superhacker ihren Laden aufmischst und übernimmst?«

Merkur stellte sich vor Apoll und legte ihm die linke Hand aufs Knie. »Hauptsache, wir zwei kommen aus diesem elenden Dreckloch raus. Ich kann es gar nicht abwarten, endlich draußen frische Luft zu schnappen.«

»Oh, viel Spaß dabei. Ein oder zwei Atemzüge könntest du schaffen.« Sie brachen gemeinsam in Gelächter aus.

Merkur setzte sich zurück auf den Tisch und sie saßen wieder einen Moment lang schweigend nebeneinander, in eigene Gedanken vertieft.

»Sie wollen uns zu diesem Primus bringen, von dem sie die ganze Zeit reden, oder? Hast du eine Idee, wo der eigentlich steckt?«

Apoll zuckte mit den Schultern. »Offenbar lebt der Rest vom Widerstand irgendwo draußen. Aus Mike habe ich dazu kein Wörtchen herausbekommen. Er hat immer nur gesagt: Erst der Kampf, dann das Vergnügen.«

»Meinst du, dass wir wirklich etwas ausrichten können?« In Merkurs Stimme klang Unsicherheit mit.

»Ich bin ziemlich beeindruckt, was die Jungs hier

alles schaffen. Sie können in der Kolonie offenbar tun und lassen, was sie wollen. Die Wächter haben Angst vor ihnen und die Gyne scheinen bisher keine Ahnung zu haben.«

Merkur kräuselte die Stirn. »Das frage ich mich die ganze Zeit. Glaubst du, dass sie von all diesen Dingen in der Kolonie nichts mitbekommen?«

»Keine Ahnung, aber mir ist nicht aufgefallen, dass die etwas anderes tun als bisher: Uns mit dem Malus-Meter zu quälen.«

»Und sich ihre Hintern in der afrikanischen Sonne zu bräunen«, lästerte Merkur.

Apoll schnaubte. »Ist doch irgendwie seltsam. Ich habe während der ganzen zehn Jahre hier, außer in den ersten Monaten, nie eine Frau gesehen. Oder hast du jemals wieder eine in der Kolonie bemerkt?«

»Nee«, antwortete Merkur. »Sie kontrollieren offenbar alles von außen. Und wenn ihnen etwas nicht passt, drehen sie uns halt den Sauerstoff ab.«

Apoll strich sich mit der linken Hand über die Haarstoppel. »Das könnte ihre große Schwäche sein. Wenn sie nicht hier sind, merken sie vielleicht nicht, was hinter den Kulissen abläuft.«

»Na, hoffen wir das mal.«

Aus dem Raum nebenan erklang ein langgezogenes Kratzen wie von einem Stein, der über einen anderen Stein geschoben wird, dann Fußschritte und elektrische Motorgeräusche. Kisten krachten aufeinander. Plötzlich öffnete sich eine Verbindungstür zwischen den beiden Räumen, die Apoll zuvor nicht aufgefallen war, und ein Mann im Raumanzug trat ein. Er nahm den Helm ab.

»Plutus?«, platzte es aus Merkur heraus. Er starrte ihn mit offenem Mund an.

Der Typ war groß und hatte ein Gesicht voller Narben. In der Mitte seines Kopfes trug er einen schwarzen Haarstreifen auf der blassen Haut wie ein Indianer, die Seiten waren kahl geschoren. Den geflochtenen Zopf im Nacken hatte er nach seiner Flucht aus der Kolonie behalten. Apoll kamen Mikes Worte in den Sinn: Niemand habe länger als Kämpfer in der Arena überlebt, über vier Jahre.

»Yep, und ihr seid Apoll und Merkur, richtig?«

Die beiden nickten.

Plutus sprach auf eine Weise, dass er kaum zu verstehen war. Er öffnete beim Sprechen den Mund nicht richtig, sein Kiefer bewegte sich kaum. Vielleicht hat er sich bei einem Kampf verletzt, mutmaßte Apoll. Seine Stimme klang tief und heiser.

»Keine Fragen. Macht einfach, was ich euch sage. Ist das Eingabe-Terminal in dem Beutel?« Plutus zeigte auf den Beutel, den Jack bei Merkurs Eintreffen bei sich getragen und neben dem Operationstisch abgestellt hatte. Merkur nickte abermals. Der frühere Kämpfer griff sich den Beutel und ging zurück durch die Nebentür. »Kommt mit«, sagte er im Gehen.

Sie folgten ihm in den anderen Raum, der dem Widerstand offenbar als Lager und Umschlagplatz diente. Ein zweiter Mann in einem Raumanzug verstaute Kisten aus Kunststoff auf zwei flachen Transportfahrzeugen mit je sechs kleinen, breiten Rädern.

»Was guckt ihr so? Wollt ihr in den nächsten Wochen etwa nichts essen?« Der Mann grinste sie an.

Offenbar hatten Apoll und Merkur ungläubig eine der Boxen auf dem Boden angestarrt. Die obere Hälfte bestand aus einem Drahtgeflecht, über dem sich ein fester Deckel schließen ließ. In der Box befanden sich Stroh und Gemüsereste. Am Rand war eine kleine Trinkflasche befestigt. In der Box saß ein Dutzend Kaninchen. Der Mann winkte Apoll und Merkur heran. Unter einem der größeren Tiere lagen versteckt sieben winzige Jungen. »Süß, nicht wahr?«, sagte der Unbekannte mit einem Lächeln. »Mein Name ist Andrew. Ich bin im Team von Mater Terra für Logistik und Versorgung verantwortlich.« Er streckte ihnen die Hand entgegen. Andrew war vor seiner Flucht eindeutig kein Kämpfer gewesen. Weder wies sein Gesicht irgendwelche Narben auf noch trug er einen Zopf. Er hatte blonde Haare, die zu einer ordentlichen Frisur geschnitten waren, und einen Oberlippenbart.

»Leider werden sie nicht allzu lange überleben. Die Männer im Versteck haben immer großen Hunger, und Fleisch ist Mangelware.«

In einer anderen geöffneten Kiste lagen Dutzende von abgepackten Essensrationen, wie die Automaten in den Gemeinschaftsräumen sie ausspuckten. Offenbar verkauften die Kämpfer ihre zusätzlichen Portionen nicht auf dem Schwarzmarkt, wie Apoll gemutmaßt hatte, sondern zweigten sie ab, um die Männer vom Widerstand in ihrem Versteck zu versorgen.

Plutus drückte ihnen jeweils einen Raumanzug in die Hand. »Genug Kaninchenzoo geglotzt, zieht die hier an.«

Merkur strahlte. Zum ersten Mal in seinem Leben

schlüpfte er in einen Raumanzug. Für Apoll hingegen war das nichts Neues, da er lange zum Team der Monteure in der Mine gehört hatte. Doch diese Anzüge waren anders: Sie ließen sich unabhängig von der Kolonie verwenden. Sie hatten eine graue Farbe statt dem typischen Orange für die Arbeiter. Außerdem waren sie aus einem wesentlich einfacheren Material hergestellt und recht grob verarbeitet. Apoll beschlich das Gefühl, dass sie keine allzu große Sicherheit gewährten, in der toxischen Atmosphäre des Mars zu überleben. Apoll und Merkur halfen sich gegenseitig, die Raumanzüge anzulegen. Mit ihren Wunden eine schmerzhafte Prozedur.

»Wenn ihr noch was loswerden wollt, dann am besten jetzt«, sagte Plutus zu ihnen. »Der Funk in den Anzügen ist abgeschaltet, damit die Signale nicht geortet werden können.«

»Ähem, wohin gehen wir eigentlich?«, fragte Merkur.

»Das wisst ihr doch schon. Zu Primus.«

»Geht's etwas genauer?«

»Das seht ihr früh genug selbst. Los jetzt. Setzt die Helme auf.«

Mit den klobigen Handschuhen war es nicht einfach, das Scharnier des Helms mit dem Anzug zu verbinden, doch nach einigen Versuchen gelang es beiden. Die Atemluft roch verbraucht. Plutus trat auf sie zu und überprüfte, ob die Anzüge korrekt saßen und geschlossen waren.

»Andrew, fahr mit den beiden Wagen voraus, ich folge dir mit den Jungs.« Apoll konnte Plutus' Stimme durch den Helm nur gedämpft verstehen.

Andrew setzte ebenfalls den Helm auf und griff nach einer Fernbedienung. Die beiden Wagen setzten sich in Bewegung und verschwanden durch einen Durchgang in der Wand, hinein in tintenschwarze Dunkelheit. Die Wand musste sich mit den kratzigen Geräuschen geöffnet haben, die sie vom anderen Raum aus gehört hatten. Als Andrew und die beiden Wagen verschwunden waren, traten Apoll und Merkur in den Tunnel. Plutus rückte hinter ihnen noch Kisten an die richtige Stelle und nahm einen Besen, mit dem er ihre Fußspuren verwischte. Anschließend kam er zu ihnen in den Gang und drückte einige Knöpfe auf einem Terminal. Die Wand schloss sich.

Sie standen in einer Luftschleuse. Apoll hörte ein kräftiges Zischen, und einen Moment später öffnete sich das Luftschott an der anderen Seite. Er war sprachlos. Der Widerstand besaß eigene Tunnel in der Kolonie, um sich heimlich fortzubewegen. Wie konnte das sein?

Plutus schaltete eine Leuchte ein und ging voraus. Der unterirdische Gang war gerade breit genug, dass die Transporter sich darin vorwärts bewegen konnten. Apoll musste wie Plutus in geduckter Haltung gehen. Die Wände bestanden aus unbearbeitetem Regolith, der Boden aus festgetretenem Staub. Sie beeilten sich und folgten dem Gang etwa eine Stunde lang. Er führte leicht ansteigend Richtung Westen. Abzweigungen und Kurven gab es keine. Wenn Apoll richtig gerechnet hatte, mussten sie sich längst außerhalb der schützenden Atmosphärenhülle befinden.

Nachdem sie noch eine Weile durch den Tunnel

marschiert waren, weitete sich der Gang vor ihnen, und sie kamen in eine Halle von der Größe von drei bis vier Klassenzimmern. Gegenüber dem Zugang befanden sich ein Tor und zwei schmale Fenster. Der Raum schien großteils in der Erde versenkt zu sein. Durch die Fenster konnte Apoll sehen, dass inzwischen die Nacht hereingebrochen war. Plutus gab Andrew ein Zeichen und dieser öffnete das Tor.

Sie traten auf die Oberfläche des Mars, die sich in der Dunkelheit vor ihnen erstreckte. Der Boden gab knirschend und knackend unter Apolls Stiefeln nach. Er bestand aus verhärtetem Sand, der bei jedem Schritt einige Zentimeter einbrach. Merkur hüpfte mit beiden Beinen nach vorn. Zum ersten Mal in seinem Leben betrat er den Mars außerhalb der Kolonie. In der Dunkelheit konnte Apoll sein Gesicht hinter dem Visier nicht sehen, doch er war sich sicher, dass sein Freund breit grinste und vor Vergnügen lachte.

Sie befanden sich am Fuß des Tafelbergs, der sich aus der Mitte des Talkessels Hebes Chasma erhob. Apoll drehte sich um, konnte die Atmosphärenhülle aber nicht in der Dunkelheit erkennen. Sie schien hinter einem hohen Bergrat verborgen zu liegen, denn im Rücken der felsigen Formation, weit im Osten, stieg mattes Licht in den Himmel. Sie befanden sich außerhalb des Blickfelds der Marskolonie, was vermutlich kein Zufall war. Über ihnen Wolken in enormer Höhe, die leicht orange schimmerten. Offenbar schien die Sonne noch durch sie hindurch. Ein schneller Wind blies. Er wirbelte rötlichen Staub auf, der sich in den Ritzen des Raumanzugs sammelte.

Apoll konnte nur mit Mühe den Boden vor sich ausmachen. Mondlicht gab es auf dem Mars nicht. Zwar begleiteten zwei Monde den Planeten auf seiner Sonnenbahn. Phobos und Deimos taugten allerdings nicht als Lichtquellen. Sie waren mit Durchmessern von gerade einmal 12 und 22 Kilometern viel zu klein.

Er richtete den Blick auf den Hang des Tafelbergs. Er sah schemenhaft, dass sich vor ihnen ein Pfad in Serpentinen hinaufschlängelte. Andrew hatte mit den beiden Roboterfahrzeugen den Aufstieg begonnen. Apoll wurde beim Anblick mulmig. Mussten sie bis zur Oberfläche aufsteigen? Das wären über 2 000 Höhenmeter.

Plutus gab ihnen ein Zeichen, den Wagen durch die empfindliche Kälte zu folgen. Minus 72 Grad Celsius Außentemperatur zeigten kleine Ziffern auf der Innenseite seines Helmvisiers an. Die Raumanzüge waren mit Heizungen ausgestattet, sonst wären sie binnen Minuten erfroren.

Schritt für Schritt stiegen sie den Pfad hinauf, wobei kein Ende in Sicht kam. Zwar war die Fortbewegung wegen der geringeren Gravitation leichter, als es auf der Erde der Fall gewesen wäre, doch Apoll schwitzte und hatte Durst. Mittlerweile sorgte er sich mehr darum zu verdursten, als zu erfrieren oder an den Folgen einer hohen Strahlendosis zu sterben.

Nachdem sie rund zwei Stunden den Hang hinaufgestiegen waren, erreichten sie eine kleine Anhöhe. In der Dunkelheit ragte ein Rohr aus dem Berg heraus. Andrew war mit den Fahrzeugen vor ihnen angekommen. Er zog zwei Rampen aus einem Versteck, legte sie an den Einstieg und ließ die beiden Transportroboter hineinfahren. Nachdem er die Auffahrten wieder verborgen hatte, folgte er den Fahrzeugen. Plutus wies Apoll und Merkur an, in die Röhre zu klettern, die einen Durchmesser von rund drei Metern aufwies. Apoll fühlte sich erschöpft von dem Aufstieg und stützte sich mit den Händen auf den Oberschenkeln ab. Seine Wunden bereiteten ihm Schmerzen, sein rechter Unterarm pochte heftig, sein Puls ging schnell. Plutus schaltete wieder die Leuchte ein, da es in der Röhre sonst keine Lichtquelle gab.

Apoll verlor zunehmend sein Zeitgefühl, während er mechanisch einen Fuß vor den anderen setzte. Die Zunge klebte ihm am Gaumen und er spürte immer noch furchtbaren Durst. Langsam entwich ihm die letzte Kraft. Merkur kämpfte mit ähnlichen Problemen. Er taumelte die Röhre entlang und verlor einige Male das Gleichgewicht. Plötzlich spürte Apoll, wie Plutus ihm mit der flachen Hand einen Schlag auf die Schulter gab. Er deutete mit dem ausgestreckten Zeigefinger mehrmals nach vorne und formte dann mithilfe des Daumens ein kleines O – alles in Ordnung. Sollte das etwa bedeuten, sie würden bald ankommen? Ein Gefühl der Erleichterung durchströmte Apoll. Die Transporter vor ihnen blieben stehen. Er wäre so dankbar für eine Flasche Wasser. Sie standen an einer Luftschleuse, die seitlich aus der breiten Röhre hinausführte. Sie durchquerten das Außenschott, das sich hinter ihnen und den beiden Transportrobotern schloss. Apoll beobachtete benommen, wie sich über und unter ihnen Ventile öffneten. Offenbar strömte Atemluft in den Raum und verdrängte das vorige Luftgemisch.

In der Schleuse befand sich eine weitere Tür und darüber ein Signallicht, das aktuell im grellen, warnenden Rotton leuchtete. Nach einigen Sekunden wechselte diese Leuchte auf die Farbe Grün. Der Boden bebte leicht, als die Verschlussriegel der Tür zurückschnellten. Langsam öffneten sich die massiven Flügel und gaben den Blick auf einen breiten Gang frei. Dort standen zwei Personen, die sie offenbar erwarteten. Sie trugen weder Raumanzüge noch waren sie bewaffnet.

Die Unbekannten nickten Andrew zur Begrüßung kurz zu. Er ging um sie herum, während die Transportroboter hinter ihm herfuhren. Der rechte der beiden Männer bedeutete Apoll und Merkur mit einer Geste, ihre Helme abzunehmen. Apoll drehte sich zu Plutus um, der seinen bereits unter dem Arm trug. Sie folgten seinem Beispiel und sogen die Atemluft in großen Zügen ein. Der andere Mann trat vor und reichte Apoll, Merkur und Plutus je eine Flasche Wasser. Apoll riss sie ihm aus der Hand, drehte den Schraubverschluss hastig auf und setzte sie an die Unterlippe an. Gierig trank er, sodass ihm das Wasser in kleinen Strömen von den Mundwinkeln troff und über Kinn und Hals lief. Das kühle Wasser auf der Haut fühlte sich gut an. Er schloss die Augen und setzte die Flasche schließlich ab. Er atmete lange aus. Ihm war, als hätte er nur noch wenige Minuten durchgehalten.

Als Apoll die Augen wieder öffnete und nach vorne schaute, standen die beiden Männer weiter ungerührt vor ihm. Der Linke, der ihnen das Wasser gereicht hatte, sah Merkur ähnlich, eher klein und schlank. Er wirkte unsicher und blickte Apoll nur kurz an, bevor er seinen Blick wieder zu Boden senkte. Neben ihm stand ein Mann, wie ihn Apoll seit einer gefühlten Ewigkeit nicht mehr gesehen hatte. Der Mann war *alt*.

Seit seiner Rettung aus Nordamerika im Alter von elf Jahren hatte Apoll nur Jungen beziehungsweise Männer getroffen, die höchstens einige Wochen oder Monate älter waren als er selbst. Der Senior, der wenige Meter vor ihm stand, schien aus einem anderen Zeitalter zu stammen. Apoll fragte sich, wie er so alt hatte werden können. Alle Männer in seinem Alter waren doch tot? Der Große Krieg, die darauffolgenden Auseinandersetzungen, die Seuchen und tödlichen Krankheiten und schließlich die Rache der Frauen hatten sie dahingerafft, oder nicht? Das war bis zu diesem Augenblick eine unerschütterliche Gewissheit für Apoll gewesen. War die Erscheinung vor ihm vielleicht gar nicht echt? War es ein Hologramm oder eine Projektion?

»Sei versichert, lieber Apoll, du bist nicht der erste junge Mann, der mich anschaut, als stünde ein außerirdisches Wesen vor ihm. Doch ich bin ein Mann aus Fleisch und Blut genau wie du.«

Er betrachtete den Alten. Früher war er vielleicht breit und kräftig gewesen, doch nun stand er vornübergebeugt, stützte sich mit der rechten Hand auf einen Gehstock und hatte keinerlei Haare, weder auf dem Kopf noch im Gesicht, nicht einmal Augenbrauen. Er schien asiatischer Abstammung zu sein. Seine Haut war faltig, seine Wangen eingefallen. Sein Kopf wirkte auf seinem Körper überproportional groß. Doch eines überraschte Apoll mehr als alles andere: seine Augen.

Sie leuchteten mit einer Kraft, als würden sie ein inneres Strahlen wiedergeben. Sie wirkten wie die Augen eines aufgeregten Jungen, der zum ersten Mal verliebt war. Es war ein bemerkenswerter Kontrast, in welchem gesundheitlichen Zustand sich der Mann befand und welche Ausstrahlung er hatte.

»Plutus, danke, dass ihr unsere beiden Helden zu uns gebracht habt. Ihr habt das gut gemacht. Du kannst jetzt gehen und dich weiter um unser Projekt kümmern.« Er wandte sich Apoll und Merkur zu. »Zieht eure Raumanzüge aus. Hier braucht ihr sie nicht.«

Mit bedächtigen Bewegungen zogen sie die Anzüge aus und legten sie auf den Boden. Der alte Mann lächelte sie an. »Ich habe mich noch gar nicht vorgestellt. Die Männer nennen mich Primus, manchmal auch Erster. Es ist meine Aufgabe und Ehre, den Widerstand der Männer auf dem Mars gegen das Regime der Gyne anzuführen. Seid willkommen bei Mater Terra.«

Primus trat an Apoll und Merkur heran, reichte Apoll seinen Gehstock und legte jedem eine Hand auf die Schulter. »Dies ist ein besonderer Tag. Ich bin froh, dass ihr hier seid.«

Er griff nach dem Stock und ging, bei jedem Schritt darauf gestützt, voraus. Er legte trotz seines Alters ein erstaunliches Tempo an den Tag. Sie liefen durch verschiedene Gänge und eine Treppe hinauf. Apoll fiel es nicht leicht, sich zu orientieren. Wo waren sie überhaupt? Sie erreichten eine Flügeltür. Primus stemmte sich gegen den rechten Türflügel, schob ihn langsam auf und wies Merkur und Apoll dann mit einer Geste in einen schmucklosen Raum. In der Mitte stand ein Tisch mit einem Dutzend Stühlen. Auf dem Tisch befanden sich eine Kanne mit Wasser, drei Becher und eine Platte mit Brot sowie etwas trockenem Obst. Primus setzte sich an ein Ende und stellte seinen Gehstock ab. Er bat Apoll und Merkur, rechts und links von ihm Platz zu nehmen.

»Primus«, platzte Apoll ungeduldig heraus. »Wer bist du? Wie kannst du so alt sein? Warum sind Merkur und ich hier? Und wo befinden wir uns überhaupt?«

Primus lächelte wieder freundlich. Dann zeigte er mit der Hand auf das Wasser und das Essen. »Bedient euch, ihr werdet hungrig sein. Solange ich deine Fragen beantworte, Apoll, könnt ihr euch in Ruhe satt essen.«

Primus legte die Hände auf den Tisch und nahm eine, für seine Verhältnisse, aufrechte Haltung ein. Seine Handrücken waren voller Altersflecken und Falten.

»Mein tatsächlicher Name lautet Ko Tsung-Tsong, ich bin 74 Jahre alt und stamme aus der Nähe von Taipeh, das in einer Provinz der früheren Volksrepublik China lag. Zum Glück weiß das niemand außer ein paar Dutzend Männern auf dem Mars, zu denen ihr nun gehört.«

Apoll hielt beim Essen inne. Er blickte Primus wortlos an.

»Die Gyne haben mich vergessen. Sie glauben, ich bin lange tot. Andernfalls hätten sie mich wie ein Tier gejagt und irgendwann zur Strecke gebracht.«

Primus räusperte sich. »Ich gehörte zu jenen zwölf Menschen, die im Jahr 2048 zur ersten bemannten Reise zum Mars aufgebrochen waren.«

»Du bist einer der Pioniere? Einer der ersten zwölf

ohne Rückflugticket?«, platze Apoll ungläubig heraus.

»Ich befehligte diese Reise als Kommandant und durfte als erster Mensch den Mars betreten.«

Merkur blieb beim Kauen der Mund offen. Ohne den Bissen herunterzuschlucken, sagte er: »Du warst der erste Mensch auf dem Mars?«

»Ja, ich lebe nun seit fast 47 Erdenjahren hier, was ich selbst und alle führenden Wissenschaftler angesichts der toxischen Lebensbedingungen für unmöglich hielten. Doch das Schicksal meint es gut mit mir.«

Apoll und Merkur fiel es schwer, während Primus sprach, weiterzuessen. Gebannt starrten sie ihn an, sogen jedes Wort auf. Gelegentlich schüttelte einer von ihnen ungläubig den Kopf.

»In den Fünfzigerjahren folgten die großen Versorgungsflüge zum Mars mit Material, dann kamen die Siedler und sie errichteten die Fabrik für die sich reproduzierenden Roboter. Die Roboter machten sich sofort an den Bau der Kolonie. Später errichteten die Chinesen mithilfe Tausender Roboter die Orbitalstation und anschließend den Lift. Während dieser Zeit hatte ich das Kommando auf dem Mars, war eine Art *Präsident des Planeten*, jedenfalls hielt ich mich dafür. Der Große Krieg jedoch veränderte alles. Die Erde hatte keine Zeit und keine Mittel mehr für uns. Unsere Wirtschaft kam zum Erliegen. Wir waren uns selbst überlassen. Die Kolonie verfiel in eine Art Dornröschenschlaf.«

Primus blickte zwischen Apoll und Merkur hindurch auf die Wand gegenüber. Eine Mischung aus Zorn und Traurigkeit spiegelte sich in seinem Gesichtsausdruck. Er knirschte mit den Zähnen. Es verging einige Zeit, bis er weitersprach.

»All das änderte sich, als der neue Staat Gaia entstand und der Mars auserkoren wurde, die Erde mit allen benötigten Rohstoffen zu versorgen. Zu dem Zeitpunkt waren wir noch rund 500 Menschen auf dem Mars, die meisten von uns Männer, aber auch einige Frauen. Wir unterstützten diese Pläne, schließlich gab es unserem Leben einen neuen Sinn. Von der Erde aus kamen fast 5 000 Ingenieure und Bauarbeiter zu uns. Sie bauten die unterirdische Kolonie im Tafelberg in rasantem Tempo aus und vollendeten mit den Baubots dieses gigantische Bauwerk der Atmosphärenhülle. Schließlich sorgten sie dafür, dass die Produktion der Rohstoffe vervielfacht wurde. Wir waren zunächst natürlich erfreut, dass es wieder aufwärtsging auf dem Mars.«

Primus schüttelte, in seinen Erinnerungen schwelgend, leicht den Kopf. Apoll schenkte ihm ein Glas Wasser ein. Primus nickte ihm zu und trank einige Schlucke. Der Bericht schien ihn aufzuwühlen.

»Bekamst du denn von den Plänen der Gyne nichts mit?«, fragte Apoll.

Primus verzog den Mund. »Am Ende wurde ich misstrauisch. Ich spürte, dass etwas nicht stimmte. Niemand sagte uns, wann die vielen Menschen auf den Mars übersiedeln würden. Es gab keine Timings, keine Vorbereitungen. Sukzessive verließen die Frauen den Mars. Als ich erkannte, dass man mit uns überhaupt nicht plante, ließ ich unbemerkt von einem Arbeitstrupp, dem ich vertraute, den Fluchttunnel und die Halle bauen, durch die ihr heute hierhergekommen seid.«

Primus hielt inne und massierte sich das Gesicht.

»Was passierte mit den Männern, die mit dir in der Kolonie lebten?« Apoll zögerte. »Sie leben nicht mehr, oder?«

Der alte Mann schaute ins Leere. »Als die Frauen schließlich am 14. September 2084 kamen, war ich vorbereitet. An dem Tag landete das Kampfschiff auf dem früheren Raumhafen, in dem wir uns jetzt befinden. Das Schiff öffnete seine Bodenluke, und eine Armee von Kampfrobotern strömte heraus. Es waren Hunderte. Die letzten Frauen, die sich auf dem Mars befanden, wurden evakuiert. Die Roboter durchkämmten systematisch die Kolonie und töteten jede männliche Person, die sie finden konnten. Die Roboter benutzten dazu keine Schusswaffen. Die Kolonie und ihre wertvollen Einrichtungen sollten nicht beschädigt werden. Sie brachen den Männern mit bloßer Gewalt das Genick. Über 5 000 starben. Das Massaker muss Tage gedauert haben. Mit Scannern durchsuchten die Kampfroboter jeden Quadratmeter der Kolonie, der Atmosphärenhalle und der Mine.«

Tränen traten in Primus' Augen. Seine Stimme wurde Satz für Satz ein wenig leiser. »Die Menschen, unter ihnen langjährige Freunde und Kollegen von mir, versuchten, sich in jedem nur denkbaren Winkel der Kolonie vor den Robotern zu verstecken. Sie gruben sich in der Erde ein, nutzten Gänge und Katakomben als Verstecke. Einige kletterten hoch oben ins Atmosphärendach. Doch es nützte nichts. Die Roboter waren schneller und besser ausgestattet. Sie entdeckten jeden. Auch eine Flucht nach draußen war nicht möglich. Die Gyne hatten die Raumanzüge deaktiviert. Sie ließen sich nicht mehr nutzen. Ich war der einzige Mann, der den Massenmord überlebte. Ich musste tatenlos zusehen, wie sie alle starben.«

Er vergrub das Gesicht in den Händen und murmelte einige nicht verständliche Worte. Ein Seufzer entfuhr ihm. Dann wurde es still. Apoll und Merkur trauten sich kaum zu atmen. Nach einer Weile hob der Alte das Kinn und nahm wieder Haltung an.

Mit einer brüchigen, dennoch entschlossenen Stimme sagte er: »Sie werden dafür bezahlen. Sie haben alle ermordet, die Gyne haben uns abgeschlachtet wie Tiere. Wir Siedler und Pioniere hätten auf dem Mars weiterleben können. Vermutlich versuchten sie, auf diese Weise alle Erinnerungen und Kenntnisse, die sie nicht kontrollieren konnten, aus der Welt zu schaffen. Zum Glück misslang ihr Plan, denn ich überlebte.«

Primus' Gesicht nahm einen beherrschten Ausdruck an und er blickte auf seine Hände.

»Wie bist du entkommen?«, wollte Merkur wissen. Es war seiner Stimme anzumerken, wie ihn Primus' Bericht schockierte.

»Ich entkam, weil ich aus nostalgischen Gründen meinen Raumanzug aufgehoben hatte, den ich bei der ersten Ankunft im Jahr 2048 getragen hatte. Er war noch intakt. Während des Gemetzels floh ich durch den Tunnel und versteckte mich zunächst im Tal östlich der Atmosphärenhülle. Den Tunnel hatten die Roboter zum Glück nicht entdeckt. Ich fühlte mich furchtbar, ich war ganz allein.«

»Du warst der Einzige, dem die Flucht gelang?«, warf Apoll ein. »Wie hast du überlebt?«

»Durch meine lange Zeit als Kommandant der Marskolonie kannte ich Hebes Chasma in- und auswendig. Ich wusste, was ich tun musste, um zu überleben. Ich wanderte zu den lange verwaisten Wohncontainern, in denen wir zwölf Pioniere in den Monaten nach der ersten Landung gelebt hatten. Genügend Lebensmittel trug ich bei mir. Dort blieb ich sechs Wochen, bevor ich vorsichtig zur Kolonie zurückkehrte.«

»Da war niemand mehr am Leben, richtig?« Apoll stellte sich die gigantische Kolonie ohne einen einzigen Menschen vor.

»Was ich dort entdeckte, war gespenstisch. Die Kolonie war leer. Die Roboter hatten die Leichen und alle Spuren ihrer Menschenjagd beseitigt. Bemerkenswerterweise hatte man etliche Umbauten an der Kolonie vorgenommen. Zum Beispiel war der Kommandotrakt durch eine dicke Betonmauer von den Wohnquartieren abgetrennt. Dadurch gab es keinen Zugang mehr zu den Versorgungseinrichtungen für Wasser, Luft und Energie.«

Apoll kannte diese undurchdringbar scheinende Wand am Ende der Hauptröhre. Er hatte sich bereits gedacht, dass dahinter die Versorgungseinrichtungen lagen. »Sie haben die Kolonie zum Gefängnis umgebaut.«

»Mir wurde mit jedem Schritt durch die Gänge klarer, dass ich mich nicht länger in einer Weltraumkolonie befand, sondern in einem Hochsicherheitstrakt. Die Systeme der Kolonie waren bis auf einen Stromsparbetrieb heruntergefahren. Nur die automatischen Brennkammern des Krematoriums liefen. Noch immer waren nicht alle Toten verbrannt. Ansonsten war es vollkommen dunkel in den Röhren und Quartieren. Die Kampfroboter waren fort, ihr Raumschiff vom Raumhafen verschwunden. Alle meine Freunde und Kollegen waren tot. Ich habe tagelang geweint.«

Primus blickte Apoll und Merkur an, und langsam verdrängte ein freundliches Lächeln den traurigen Ausdruck aus seinem Gesicht. »Und einige Wochen später seid ihr gekommen. Erst ein paar Tausend von euch, dann immer mehr und mehr und mehr. Ich zog es vor, meinen eigenen Weg zu gehen, und nistete mich im alten Raumhafen ein. Dort schwor ich den Frauen Rache.«

»Unglaublich«, flüsterte Apoll.

»Nicht zu fassen«, entfuhr es Merkur leise. »Großartig, dass du so lange überlebt hast.«

»Danke«, sagte Primus und machte eine Pause. »Nun zu euch. Aus verständlichen Gründen hast du gefragt, Apoll, warum ihr für unsere Mission zur Erde ausgewählt wurdet.«

Primus schmunzelte und rieb die faltigen Hände aneinander. »Wir haben ein Anforderungsprofil erstellt, welche Eigenschaften für den Erfolg der Mission am wichtigsten sind. Sechs Kriterien kristallisierten sich als entscheidend heraus: Mut, Kraft, Ausdauer, Intelligenz, Improvisationsvermögen und Auffassungsgabe. Ihr erfüllt diese Anforderungen unserer Einschätzung nach von allen am besten. Wir beobachteten euch schon lange. Wobei ich sagen muss, dass ihr die Anforderungen nur als Team erfüllt. Einzeln betrachtet, gilt dies nicht. Daher ist es zwingend für den Erfolg der Mission, dass ihr gemeinsam startet und beide möglichst lange überlebt. Sollte einer von euch ums Leben kommen, wird der andere aller Voraussicht nach scheitern.«

Merkur hob die Brauen, legte den Kopf leicht schräg und grinste Apoll an. »Lass mich raten, welche Eigenschaften du verkörperst.«

Doch Apoll hörte seinem Freund nicht zu. Ihn beschäftigte ein anderer Gedanke. Warum hatte Primus nichts von Charles und Zed erzählt, dem Team A, das für die Mission angeblich ausgewählt worden und in der Mine vor rund einer Woche ums Leben gekommen war? So ganz schien Primus ihnen nicht zu vertrauen. Hatte er Sorge, dass es sie verletzen oder entmutigen würde, nur die zweite Wahl zu sein?

Primus stand auf, griff nach seinem Stock und blickte sie an. »Über zehn Jahre nach dem Massenmord beginnt unsere Mission, unsere Rückkehr zur Erde, Mutter Erde. In vier Wochen fliegt ihr los.«

KAPITEL 6
IM MUSEUM

Athene öffnete die Tür des kleinen Abstellraums und schaute vorsichtig nach rechts und links. Da sich niemand näherte, schob sie den Wagen mit den Putzutensilien durch die Tür in den Flur, der zum Hauptsaal im Erdgeschoss des Friedensmuseums von Gaia führte. Sie schritt zügig in den Ausstellungsraum, wo ein Roboter den Fußboden reinigte.

Das Museum lag in der Nähe des Regierungsgebäudes am Platz der Freiheit und wies drei Stockwerke auf. Das Erdgeschoss führte die Besucher durch die Zeit vor der Weiblichen Revolution. Die Ausstellung stellte den Großen Krieg mit dem Tod von Milliarden Menschen und die unerträglichen Misshandlungen der weiblichen Bevölkerung dar. Die mittlere Etage beschäftigte sich mit der Revolution der Frauen, die kurze Zeit nach dem Großen Krieg begonnen und mit der Gründung des Staates Gaia ihren Höhepunkt erreicht hatte. Das Dachgeschoss war den Errungenschaften Gaias gewidmet und den Freiheiten, die die Frauen mit der Errichtung ihres Staates erlangt hatten. Das Museum zählte über eine Million Besucherinnen pro Jahr.

Athene kannte die Ausstellungen auswendig. Nach dem Abschluss der Schule hatte sie dort sechs Monate als Aushilfe gearbeitet. Diesen Job anzunehmen, war eine Idee ihrer Mutter gewesen, die ihr die Stelle mit einem kurzen Anruf verschafft hatte. Abebi meinte, es täte ihrer Tochter gut, sich mit der Geschichte ihres Landes zu beschäftigen, bevor sie sich für einen Studiengang und Berufsweg entscheiden müsste.

Doch wegen der Landesgeschichte brach Athene nicht in das Museum ein. Ihr Ziel lag in einer Glasvitrine im Hauptsaal. Sie schob den Wagen mit den Putzutensilien weiter. Sie erkannte die Zwangshaube und das Kontrollpad unter der Scheibe sofort wieder. Die Gegenstände waren in der Vitrine genau so angeordnet wie an jenem Abend, als sie sich ihrer gemeinsam mit Diana aus Neugierde bemächtigt hatte und sie dabei erwischt worden waren. Dieses Mal würde sie klüger vorgehen und nicht die Wächterinnen leichtsinnig auf den Plan rufen.

Der Hauptsaal wurde nachts durch Bewegungssensoren überwacht, die aber wegen der Reinigungsarbeiten noch nicht aktiviert waren. Die Vitrine ließ sich mit einem vierstelligen Zahlencode öffnen. Athene hoffte, dass der Code seit der Aktion mit Diana nicht geändert worden war. Sie blickte sich um, hörte plötzlich Schritte in dem Flur, aus dem sie mit dem Putzwagen gekommen war. Sie verharrte neben der Vitrine und lauschte. Die fremde Person stoppte. Hatte Athene womöglich die Tür der Putzkammer offen gelassen? Sie vernahm das Schließen einer Tür. Dann ging die Unbekannte weiter und blieb abermals stehen. Athene atmete nervös, Schweiß trat ihr auf die Stirn. Zitternd fuhr sie mit dem Staubwedel über die Vitrine und wischte mit einem Lappen das Glas ab. Die Frau setzte ihren Rundgang fort, die Schritte entfernten sich.

Sie packte die Putzutensilien in den Wagen. Dann tippte sie die Zahlen auf dem Ziffernfeld ein, und das Schloss öffnete sich. Athene freute sich, dass der Code von damals funktionierte, schüttelte aber den Kopf über solche Sorglosigkeit. Andernfalls hätte sie den Verschluss aufbrechen müssen, was vermutlich den Alarm ausgelöst hätte. Sie nahm die Haube und das Tablet aus der Vitrine und steckte sich beides durch den Ausschnitt ihrer selbst genähten Putzuniform in den Hosenbund. Aus einer Kiste auf dem Putzwagen holte sie eine Nachahmung der Geräte hervor. Äußerlich ließ sich ihre Nachbildung nicht vom Original unterscheiden. Das komplexe technische Innenleben fehlte, doch das würde für eine Weile niemand bemerken. Athene hatte die Fälschungen anhand von Bildern und Dokumentationen mit einem 3D-Drucker erstellt, der über einen Assistenten mit künstlicher Intelligenz verfügte und verschiedene stoffliche Oberflächen produzieren konnte. Das Ding hatte sie ein Vermögen gekostet. Nach einer Reihe von Versuchen war sie schließlich mit dem Ergebnis zufrieden gewesen. Ein Blick in die Vitrine bestätigte ihr dies. Sie hätte selbst nicht sagen können, ob das Original oder die Fälschung dort lag.

Sie verschloss den Glasdeckel und schob den Wagen zurück durch den Saal, wobei sie den Kameras an der Decke, so gut es ging, auswich und ihr Gesicht unter einer breiten Schirmmütze verbarg. Eine Viertelstunde später trat sie aus dem Mitarbeitertor des Museums ins Freie. Sie sog die Abendluft ein, die nach Meer und Pflanzen roch. Sie fühlte sich stolz, hatte es geschafft.

Ein weiteres Puzzleteil ihres Plans lag am richtigen Platz.

Athene nahm mit ihrem Hoverscooter die Verbindungsstraße, auf der sie mit Diana vor einigen Tagen zum Hafen gefahren war. Dieses Mal bog sie nicht in Richtung Meer ab, sondern folgte der Straße ins Zentrum, sodass sie wenig später auf den Boulevard der Natur kam. In dem Abschnitt hatten die Stadtplanerinnen auf beiden Seiten neben der Fahrbahn einen Dschungel anpflanzen lassen. Zwischen den Bäumen überspannten fünf dreidimensionale Projektionen nacheinander die Fahrspuren. Sie zeigten die Entwicklung der wichtigsten Umweltindikatoren seit der Gründung des Staates Gaia vor zwölf Jahren. Die Schaubilder wechselten mit Fotos von früher und heute, die direkt gegenübergestellt die Verbesserungen anschaulich machten. Abebi spottete stets, wenn sie mit Athene den Boulevard entlangfuhr, über die *Umwelttanten*, die ja keine Ahnung hätten, was wirklich für Gaia von Bedeutung sei. Doch Athene erkannte den Wert dieser Fortschritte an. Der Schutz der Natur genoss in Gaia Verfassungsrang. Im Obergeschoss des Friedensmuseums lag die Originalversion der Verfassung, die von den Gründungsmüttern im Februar 2083 unterzeichnet worden war. Unter den Unterschriften fand sich auch jene von Abebi. Athene argwöhnte, dass es ihrer Mutter einfach missfiel, dass das Ministerium für Umwelt und Natur von vielen im Land als wichtiger erachtet wurde als Abebis Ressort.

Die Prinzipien des Umweltschutzes lernten die Mädchen von klein auf in der Schule. Die Gyne hatten die Nutzung und die Regeneration der Ressourcen in Gaia ins Gleichgewicht gebracht. Der Abbau von nicht nachwachsenden Rohstoffen wie Erzen, Baustoffen oder Seltenen Erden war verboten. Die Verfassung bestimmte, dass die Gyne der Natur lediglich so viel entnehmen durften, wie auf natürliche Weise nachwuchs. Das funktionierte bei einer Bevölkerung von einer halben Milliarde Menschen jedoch nur, wenn man sich an einem anderen Ort die fehlenden Ressourcen beschaffte. Wir tun das auf dem Mars, ging es Athene durch den Kopf, ohne Rücksicht auf Verluste. Was für eine Heuchelei, gestand sie sich ein.

Die fünf Projektionen, unter denen Athene jetzt auf ihrem Hoverscooter entlangglitt, zeigten, wie sich die Natur erholte. Die Durchschnittstemperatur sank, der Meeresspiegel fiel, die CO2-Konzentration in der Atmosphäre ging zurück, der Ressourcenverbrauch war rückläufig und die vom Großen Krieg verursachte Radioaktivität und Eintrübung der hochgelegenen Luftschichten, der sogenannte atomare Winter, nahmen ab. In den Jahren vor dem globalen Konflikt hatten die Auswirkungen des Klimawandels und der Umweltzerstörung immer dramatischere Formen angenommen. Afrika war besonders stark davon betroffen. Gerade die Chinesen hatten Besserung versprochen. Da sie, wie die meisten Nationen, sämtliche Ziele zur Reduzierung der CO2-Emissionen verfehlt hatten, brachten sie eine technische Lösung ins Spiel. Mithilfe des Lifts und der Orbitalstation transportierten sie gigantische Sonnenblenden in den Weltraum, die die Erde vor einem Teil der Sonnenstrahlung schützten.

Es würde zwar noch lange dauern, bis sich die in Afrika gewachsenen Wüsten zurückentwickelt hätten, andere Regionen auf dem Kontinent erholten sich hingegen schneller. Während Lagos als Hauptstadt von Nigeria an den Folgen des Klimawandels und der Umweltzerstörung vermutlich untergegangen wäre, entwickelte sich Gaia City prächtig. Die Stadt bot eine Lebensqualität, wie sie seit Jahrzehnten nirgends auf der Erde mehr geherrscht hatte: ein gut erträgliches Klima, keine Luftverschmutzung, kein Verkehrskollaps, kaum Kriminalität, sauberes Wasser und gesunde Lebensmittel, keine Elendsviertel. Die Verfassung des Staates garantierte den Menschen Frieden, Freiheit, Gleichheit und die freie Entfaltung ihrer Persönlichkeit – zumindest sofern sie weiblich waren.

In dem Kontext hatte eine Frage in Gaia neu an Bedeutung gewonnen: Wie mit Personen umgehen, die trans oder nicht-binär waren? Gaia trennte die Geschlechter strenger als je zuvor. Sie lebten weitgehend auf zwei Planeten. Menschen, die nicht in dieses binäre Schema passten, erlebten nach dem Großen Krieg und der folgenden Revolution nun die nächste Grausamkeit. Denn die Verfassung von Gaia erkannte sie nicht an, bot ihnen keinen respektierten Platz in der Gesellschaft. Athene wunderte es nicht, dass es von dieser Community regelmäßig Proteste in der Hauptstadt gab. Eine Lösung war bis heute für diese Menschen nicht gefunden. Abebi hatte ihnen einmal ein zynisches Angebot gemacht. Falls sie Frauen seien und als Mann leben wollten, könnten sie ja auf den Mars umziehen. Seither galt Athenes Mutter als Hassfigur.

Athene erlebte in Gaia City eine Jugend, wie sie Mädchen und jungen Frauen jahrzehntelang zuvor nicht möglich gewesen war. Sie genoss ein unbeschwertes Leben ohne Gefahr, Opfer von Gewalt oder sexuellem Missbrauch zu werden. In der Stadt war nicht mal eine richtige Polizei erforderlich. Bei Konflikten rief man nach den Mediatorinnen, psychologisch geschulten Frauen, die Streit schlichteten, Betrugsvorwürfen nachgingen oder Ruhestörungen unterbanden.

Athene konnte mit ihren Freundinnen nach Herzenslust Aktivitäten und Ausflüge unternehmen. Mit ihrer Mutter hatte sie viele Länder des ehemals afrikanischen Kontinents bereist und war überall herzlich empfangen worden. Eine dieser gemeinsamen Reisen führte sie in den Heimatort Abebis, ein Dorf in der Nähe der Stadt Enugu, nordöstlich vom Nigerdelta. Dort erlebte Athene, wie viele Igbo – die Heimatethnie ihrer Großmutter – Abebi verehrten. Eine Großnichte Abebis vertraute ihr an, dass ihre Mutter einen bemerkenswerten Spitznamen habe. Die Menschen nannten sie ehrfurchtsvoll *Égbé*, was Habicht bedeutete und ausgesprochen für Athene klang wie das Schnattern einer Ente. Änderte man die Betonung des letzten Buchstabens, ergab sich das Wort *Égbè* und das hieß übersetzt Pistole. Wenn Athene ihre Mutter aus ihrer Selbstbeherrschung locken wollte, schnatterte sie wie eine Ente und imitierte mit den Armen das Schlagen der Flügel.

Die Welt von Gaia bot solch einen kaum vorstellbaren Kontrast zu jener Zeit vor dem Großen Krieg, als Frauen täglich um ihr Überleben kämpfen mussten. In den meisten Ländern waren sie zum Freiwild geworden, all ihrer Chancen beraubt und weitgehend schutzlos den hemmungslosen Bedürfnissen der Männer ausgesetzt.

Es versetzte Athene einen Stich ins Herz. War es richtig, diesen Errungenschaften zu schaden? Durfte sie einen solchen Plan schmieden? Wie konnte sie glauben, dass die Welt eine bessere würde, wenn die Männer zurückkehrten? Würde dies nicht der Anfang sein, dass die grausame Zeit von vor dem Krieg wieder auflebte? Athene hielt den Hoverscooter am Straßenrand an. Sie griff in ihre Tasche und fühlte nach der Zwangshaube. Wie furchtbar war es, gezwungen zu werden, diese Haube zu tragen? Womöglich von dem Mann, der sie lieben und ihr Geborgenheit spenden sollte, fremdbestimmt und für seine Fantasien missbraucht. Athene schluckte. Ihre Gefühle schnürten ihr den Hals zu.

Sie schob den Hoverscooter auf den Gehweg. Sie wollte den restlichen Weg zu ihrer kleinen Wohnung in der Innenstadt zu Fuß gehen. Sie war direkt nach dem Schulabschluss aus dem eleganten Wohnhaus ihrer Mutter am nordöstlichen Stadtrand ausgezogen. Sonst wären Abebi und sie sich eines Tages an die Gurgel gesprungen.

Sie war in der Innenstadt angekommen, wo eine bunte Mischung aus Geschäften, Büros, Cafés und Restaurants vorherrschte. Sie setzte sich auf eine Bank auf dem Bürgersteig. Vor und hinter ihr gingen Frauen einzeln oder in Gruppen entlang. Das milde Wetter lockte viele nach draußen. Es herrschte eine gelöste Atmosphäre, die Menschen plauderten miteinander, Athene hörte einige von ihnen lachen. Wollte sie diese Welt zerstören?

Sie schüttelte den Kopf. Fühlte sich unwohl. Spürte, wie verschiedene Überzeugungen an ihr rissen. Da war einerseits die Realität, die sie in Gaia City umgab und die von vielen glücklichen Frauen bevölkert war. Andererseits forderte dieses Leben einen hohen Preis. Denn ihre Sicherheit und ihr Wohlstand beruhten auf der Ausgrenzung und Ausbeutung des männlichen Geschlechts. Keiner der Männer auf dem Mars hatte eine Straftat gegen Frauen begangen. Sie waren die Nachkommen der Täter. Allein ihr Geschlecht wies ihnen ihre Schuld zu. Solange die Warenkette zur Erde funktionierte, fragte kaum jemand nach dem Schicksal der Männer. Doch wie konnte ein Staat, der Freiheit und Gleichheit als seine höchsten Werte betrachtete, auf solchen Missständen aufbauen?

Athene blickte in den Himmel über ihr. Sie atmete tief aus und wieder ein. Ihr Kopf fühlte sich schwer an. Es war eine wolkenlose Nacht, doch das Streulicht der Stadt verbarg den Großteil der Sterne. Sie richtete ihren Blick nach Osten, wo ein rötlich schimmerndes Lichtlein das tiefblaue Firmament zierte, zurzeit rund sechzig Millionen Kilometer entfernt und daher gut sichtbar. Athene spürte, wie dieses Licht sie anzog.

♀ ♀ ♀

Abebi wischte verärgert durch den Bericht auf ihrem Bildschirm. »Was soll ich damit anfangen, Natalia?«, fragte sie die Frau, die breitschultrig in einer eleganten Militäruniform vor dem Schreibtisch in ihrem Büro im Ministerium stand. Die Generalstabschefin hatte die

Hände hinter dem Rücken verschränkt.

»Das hilft uns nicht weiter«, fuhr Abebi mit einem genervten Unterton in der Stimme fort. »Wir wissen doch schon länger, dass etwas auf dem Mars nicht stimmt. Warum finden unsere Leute nicht heraus, wer dafür verantwortlich ist, und ziehen diese Typen aus dem Verkehr? Das kann doch nicht so schwierig sein.«

Der Bericht stammte von den Verantwortlichen der Orbitalstation 2 über dem Mars. Er fasste eine Reihe von Unregelmäßigkeiten zusammen, die sich in der jüngeren Vergangenheit in der Marskolonie ereignet hatten wie die unautorisierte Ausgabe von Wasser und Essen, den Ausruf von Kämpfern für die Arena oder den Zugriff auf eine Krankenkapsel. Womöglich stünden diese Vorfälle in Zusammenhang mit dem Diebstahl eines Eingabeterminals vor einigen Monaten, hieß es in dem Dokument.

Abebi verzog den Mund und rieb die Fingerspitzen aneinander. »Haben sich die Sicherheitskräfte der Orbitalstation wenigstens mal ein Bild vor Ort in der Kolonie gemacht?«

»Nein«, erwiderte die Generalstabschefin. »Zuletzt waren unsere Leute nur für Wartungsarbeiten am Lift und den Versorgungseinrichtungen auf der Marsoberfläche.«

Abebi stieß missmutig die Luft aus.

»Willst du meine persönliche Meinung hören, Abebi?« Natalia beugte sich zu ihrer Ministerin vor.

»Gern, sofern sie uns weiterhilft.«

»Man hat uns gehackt, unsere Systeme werden manipuliert. Wir sehen nicht mehr, was auf dem Mars wirklich passiert. Ich glaube, dort hat sich eine Widerstandsgruppe gebildet und die breitet sich aus wie eine gefährliche Infektion.«

Abebi musterte ihre höchste Soldatin von Kopf bis Fuß. Mit fast eins neunzig war sie eine beeindruckende Erscheinung und noch etwas größer als Abebi. Sie gehörte zu den Frauen, die auf eigene Faust während der Weiblichen Revolution nach Afrika gekommen waren, um sich dem Kampf für den neuen Staat anzuschließen. Sie stammte aus einem vom früheren Russland eroberten Nachbarland. Abebi hatte den Namen des Landes vergessen, weil die Russen alle annektierten Gebiete in Provinzen umgewandelt und deren ursprüngliche Bezeichnungen ausradiert hatten. Hieß ihre Heimat Lettland? Oder Litauen? Natalia war nach der Annexion durch Russland geboren worden und hatte sich dem Widerstand gegen die Aggressoren angeschlossen. Sie verfügte entsprechend über viel Kampferfahrung und unterstützte nach ihrer Ankunft in Afrika die Soldatinnen im Maghreb. Schnell stieg sie dank militärischer Erfolge in der Hierarchie auf.

Abebi schaute auf Natalias Augen. Wenn sie genau hinsah, konnte sie die etwas unnatürlichen Bewegungen der Augäpfel erkennen. Denn es waren nicht Natalias natürliche Augen. Kurz vor dem Ende der Kämpfe im Maghreb geriet sie mit ihrem Bataillon in einen Hinterhalt. Sie kämpfte heldenhaft, jedoch waren die Männer zahlenmäßig überlegen. In der Gefangenschaft stachen ihr ihre Bewacher beide Augäpfel aus. Wenig später wurde sie befreit und erhielt schon bald nach der Staatsgründung in einer Klinik in Gaia City die künstlichen

Augen. Viele Frauen hatten schwere Verletzungen während des Großen Kriegs oder der Revolution erlitten und trugen Prothesen. Abebi hingegen hatte sich gegen einen nachgebildeten Arm entschieden. Sie empfand Stolz auf ihren linken Armstumpf.

»Was meinst du damit, dass wir nicht mehr sehen, was passiert? Und haben wir Belege dafür, dass sich eine Widerstandsgruppe gebildet hat?«, fragte Abebi.

»Die Täter agieren recht geschickt. Sie verwischen ihre Spuren im Computersystem, so dass wir nicht zurückverfolgen können, wie und wo die Manipulation erfolgt ist. Die Aktionen richten sich zum Beispiel darauf, Personen zu Kämpfern zu machen, die dann später aus der Kolonie flüchten. Sie scheinen auf diese Weise eine Gruppe ganz bestimmter Personen zu rekrutieren und außerhalb der Kolonie zusammenzuziehen. Vermutlich bisher keine große Gruppe, vielleicht ein paar Dutzend? Aber das passiert alles nicht zufällig, sondern ist langfristig geplant und gut durchdacht. Dahinter steckt kein verrückter Einzeltäter, der uns provozieren will. Wir haben es mit einem ernst zu nehmenden Gegner zu tun.«

»Und was sollen wir deiner Ansicht nach tun?«

»Wir sollten uns darauf vorbereiten, zurückzuschlagen. Und das nicht mit ein paar einzelnen Kampfrobotern und Stoßtrupps. Wir müssen uns vorbereiten, unser Land und unsere Freiheit gegen einen gefährlichen Angriff zu verteidigen.«

»Worauf genau willst du hinaus, Natalia?«

»Du hast immer gesagt, eine wahre Demokratie muss in der Lage sein, sich gegen ihre Feinde zu verteidigen. Ich denke, diese Zeit ist gekommen. Gaia wird vom Mars aus angegriffen. Wir wissen es nur noch nicht. Abebi, aktiviere die sechste Ebene.«

Die Freiheits- und Sicherheitsministerin sah ihre Generalstabschefin eindringlich an. Die Existenz der obersten Ebene der Orbitalstation 1 über der Erde war nur wenigen Geheimnisträgerinnen bekannt, und Natalia und Abebi gehörten als höchste Verantwortliche für die innere und äußere Sicherheit zu diesem Personenkreis dazu.

»Natalia, Ebene sechs ist seit Jahren inaktiv.«

»Die Zeiten ändern sich. Und es dauert vermutlich einige Wochen, bis alle Systeme der Ebene wieder einsatzbereit sind. Ich möchte vorbereitet sein.«

Abebi lehnte sich in ihrem Stuhl zurück und atmete einige Male langsam ein und aus. Sie schaute die höchste Soldatin Gaias an, schürzte die Lippen und nickte.

»Gut, Natalia, ich spreche mit der Obersten. Wir rufen den Sicherheitsrat zu einer Dringlichkeitssitzung zusammen.«

Abebi stand von ihrem Schreibtisch auf und trat direkt vor die Generalstabschefin. Eindringlich blickte sie ihr in die künstlichen Augen.

»Natalia, ich erwarte, dass du persönlich zur Orbitalstation reist und die Arbeiten an der Ebene und den Kampfrobotern überwachst.«

Die Generalstabschefin salutierte. »Selbstverständlich, Abebi. Ich benötige lediglich die Zugangscodes.«

»Ich lasse sie direkt nach der Genehmigung durch den Sicherheitsrat erstellen. Jinjin leitet sie an dich weiter, wenn sie mir vorliegen.« Sie legte Natalia die rechte Hand auf die Schulter. Die oberste Soldatin gehörte zu ihren wichtigsten Weggefährtinnen. Vermutlich gab es keinen Menschen, dem Abebi eher die Sicherheit von Gaia anvertrauen würde – außer sich selbst natürlich.

»Ich verlasse mich auf dich.«

Natalia setzte eine entschlossene Miene auf. »Ich breche umgehend auf. Du kannst dich auf mich verlassen.«

»Gut, dann wäre das geklärt.«

Natalia zögerte einen Moment. »Ministerin, noch ein persönliches Wort?«

»Natürlich. Was gibt es?«

»Versteh mich nicht falsch. Du weißt, dass ich eine Bedrohung auf dem Mars sehr ernst nehme. Doch wäre aktuell mein Rat, nicht kurzfristig loszuschlagen. Wir sollten die Lage analysieren, Lösungen erarbeiten, uns vorbereiten. Kurzfristig zu agieren, könnte«, sie hielt kurz inne, »womöglich von politischen Gegnern hier in Gaia als nicht verhältnismäßig angesehen werden.«

Auf Abebis Gesicht erschien ihr kühles Lächeln, das so etwas wie ihr Markenzeichen war. »Verhältnismäßigkeit war schon immer mein Anspruch. Danke für deine Anmerkung.«

Es bedurfte keines weiteren Hinweises, dass das Gespräch beendet war.

KAPITEL 7
AUFBRUCH INS ALL

Als Apoll im Kojenraum des alten Raumhafens erwachte, war die Pritsche neben ihm leer. Merkur war vor ihm aufgestanden. Apoll blickte auf die einfache Digitaluhr, die auf der Kunststoffkiste rechts von seinem Schlafplatz stand. Drei Stunden bis zum Start ihrer Mission. Er wälzte sich auf den Rücken.

Ein Gefühl von Selbstvertrauen durchströmte ihn. Plutus und er hatten gestern den schwierigen Einsatz in der Mine, bei dem Zed und Charles vom Team A vor einigen Wochen ihr Leben gelassen hatten, hinter sich gebracht. Er bewegte seinen rechten Fuß, mit dem er bei der Aktion umgeknickt war. Der Knöchel schmerzte kaum noch. Erleichtert schloss er die Augen und erinnerte sich an die zwei Tage zurück, die er mit Plutus unterwegs gewesen war.

Um vom Raumhafen zur Mine zu kommen, wanderten sie viele Stunden. Sie mussten nach dem Abstieg vom Tafelberg dessen Flanke auf der längeren südlichen Route passieren, da im Norden die Atmosphärenhalle den Weg versperrte. Sie hatten den Funk wieder deaktiviert, sodass es für beide Männer ein einsamer Marsch durch die Ödnis war. Bei Einbruch der Dunkelheit kamen sie am Rand der Mine an, die sich ungeschützt vom Atmosphärendach über den gesamten Boden östlich des Tafelbergs erstreckte. Apoll kannte das Terrain von seiner langjährigen Arbeit als Monteur und Supervisor gut, und die Wetterbedingungen spielten ihnen in die Karten. Es herrschte starker Wind, der die Sicht behinderte und ihre Fußspuren zügig verwischte. Sie suchten in einem unterirdischen Notraum, von denen es rund ein Dutzend in der Mine gab, Unterschlupf. Die Räume waren bereits vor dem Großen Krieg eingerichtet worden, damit sich die Arbeiter bei einer Notlage in Sicherheit begeben konnten. Die Gyne hätten solche Schutzräume für die Männer sicher nicht gebaut. Doch sie waren bis heute in Betrieb. Apoll und Plutus stärkten sich und gingen den weiteren Ablauf noch einmal durch.

Als vollständige Dunkelheit den Talkessel einhüllte, ließen sie ihren Transportroboter versteckt hinter dem Notraum zurück und brachen zu dem Tagebaubagger auf, der sich am nächsten zu ihrer Position befand. Apoll behielt den Kontrollturm im Auge, in dem in diesem Moment seine Ex-Kollegen an den Monitoren und durch die Fenster die Bagger und Förderbänder der Mine überwachten. Apoll kannte das Labyrinth von Treppen, Stegen und Gängen auf dem gigantischen Bagger auswendig und es fiel ihm leicht, sich trotz der Finsternis und dem Staub in der Luft zu orientieren. Ihr Ziel lag im hinteren Bereich der Maschine, wo dicke Stahlkabel, die von der Spitze des Arms über den Turm ans Ende verliefen, verankert waren. Diese Trossen hielten den Arm des Baggers und mit ihnen ließ sich der Ausleger, an dessen Vorderteil sich das Schaufelrad drehte, auf und ab bewegen.

Kurz bevor sie ihr Ziel erreichten, ging ein Ruck durch den Bagger und ein metallisches Ächzen ließ die Luft vibrieren. Apoll wusste sofort, was das zu bedeuten hatte. Die Maschine hatte ihre Arbeit eingestellt. Es musste irgendein technisches Problem geben. Oder fuhr das Gerät nur zu einer neuen Stelle, um den Abbau dort fortzusetzen? Wie gern wäre Apoll jetzt im Kontrollturm und wüsste Bescheid, warum der Bagger gestoppt hatte. Egal, dachte er, was auch immer der Grund war, sie hatten nur wenig Zeit. Womöglich würde schon in wenigen Minuten ein Trupp von Monteuren erscheinen. Ihnen zu begegnen, konnten sie auf keinen Fall riskieren.

Apoll gab Plutus ein Zeichen, dass sie sich beeilen mussten, und rannte auf dem Steg weiter zum hinteren Ende des Baggers. Sie erreichten die breiten Trommeln, auf denen die Kabel zum Bewegen des Arms aufgerollt waren. Sie holten die Pakete mit dem explosiven Material und die Zünder aus den Rucksäcken und platzierten sie vorsichtig hinter den Winden. Als sich alle Ladungen an Ort und Stelle befanden, aktivierten sie die Zünder und prüften den Countdown. Dann blickte Apoll wieder zum Kontrollturm. Scheinwerferlichter näherten sich. Der Monteurstrupp kam. Scheiße, fluchte Apoll in den Helm seines Raumanzugs und schlug Plutus auf die Schulter. Er zeigte auf das Fahrzeug, das auf den Bagger zuhielt.

Im Kopf ging Apoll ihre Optionen durch. Den Weg zu nehmen, über den sie gekommen waren, war zu gefährlich. Womöglich liefen sie seinen früheren Kollegen in die Arme. Doch vom hinteren Ende des Stahlkolosses gab es, soweit Apoll wusste, keinen Abstieg zum Boden der Mine. Er schauderte, denn er ahnte, dass es für sie nur einen Weg gab, unbemerkt vom Bagger herunterzukommen. Er blickte in die Tiefe, wo er wegen der Dunkelheit und dem aufgewirbelten Sand nichts erkennen konnte. Wenn er sich nicht irrte, betrug die Entfernung deutlich mehr als fünfzig Meter. Dieser Weg war verdammt riskant.

Er packte seinen Rucksack und lief den Steg in Richtung des Turms zurück. Plutus folgte ihm. Bevor sie das Ende erreichten, nahm er eine senkrecht verlaufende Leiter nach unten. Etliche Richtungswechsel auf den Metallstegen später kamen sie auf einer Wartungsplattform an. Wenn Apoll sich richtig erinnerte, schwebte die Plattform knapp zehn Meter frei über dem Boden.

Das Fahrzeug mit den Monteuren war am Bagger angekommen. Die Männer schwärmten mit ihren Helmleuchten aus. Apoll zermarterte sich den Kopf. Wie hoch war die Wahrscheinlichkeit, dass sie den Sprung überlebten? Auf der Erde wäre ein Sturz aus solcher Höhe extrem gefährlich und womöglich gar tödlich. Aber auf dem Mars? Die Fallbeschleunigung war so viel geringer. Während er sich zwang, sich an die Konstruktion des Baggers zu erinnern, huschte ein großer Schatten an ihm vorbei, machte eine Hockwende über das Geländer und stürzte in die Tiefe. Sprachlos stand Apoll an der Kante der Plattform und schaute nach unten. Plutus war einfach gesprungen. Ist der Typ vollkommen irre? Er schob seine Gedanken beiseite und sprang hinterher.

Apoll richtete seinen nackten Oberkörper von der Pritsche im Kojenraum des Raumhafens auf. Er schüttelte den Kopf und schmunzelte. So ein verrückter Typ, dieser Plutus. Aber er hatte ihnen mit seinem Wagemut das Leben gerettet. Nach dem Sprung, bei dem Apoll umgeknickt war, hatte er ihm zurück ins Lager von Mater Terra geholfen. Apoll schlug die grobe Wolldecke zur Seite und blickte an sich herunter. Die Wunden vom Kampf gegen Mike schmerzten immer noch.

Ihm schwirrte der Kopf von all den Dingen, die ihm die Mitglieder des Widerstands erklärt hatten. Wieder und wieder waren sie die verschiedenen Etappen durchgegangen, die er und Merkur auf ihrer Mission zu bewältigen hatten. Ein Fehler konnte das ganze Vorhaben zu Fall bringen und Mater Terra enttarnen. Alle waren sich einig, dass solch eine Entdeckung ihr Ende bedeutete. Die Gyne würden Primus und seine Leute auslöschen.

Apoll hatte nach seiner Ankunft im Raumhafen schnell realisiert, von welch unschätzbarem Wert es war, dass der Alte noch lebte. Ohne ihn wüssten sie so gut wie nichts über die Herausforderungen, die ihnen auf ihrer Reise bevorstanden. Primus lieferte die entscheidenden Details zu den Orbitalstationen, den Pendelfähren und den Weltraumliften. Apoll und Merkur hatten diese imposanten Gebilde nur einmal in ihrem Leben gesehen, nämlich als die Gyne sie mit vierzehn Jahren von Gaia zum Mars geschickt hatten. Das lag lange zurück, und Apoll hatte nur flüchtige Erinnerungen daran. Ihm waren jene Eindrücke im Gedächtnis geblieben, die Jugendliche beeindruckten: die Beschleunigung der Kapsel an dem Weltraumlift, die Größe der Frachtebenen oder die Geschwindigkeit der Pendelfähre. Bei Primus war das anders. Als langjähriger Kommandant der Marskolonie hatte er sich für technische Details interessiert und sich bis zum Angriff der Gyne umfassend über die Funktion der Lifte, Stationen und Fähren informiert. Für ihn hatte es zum Selbstverständnis seiner Arbeit gehört, nicht nur den eigenen Bereich zu kennen, sondern auch mit den übergeordneten Zusammenhängen vertraut zu sein. Diese nicht nachlassende Neugier hatte maßgeblich zu seinem Erfolg als Kommandant beigetragen. Nun profitierte der Widerstand von diesem Wissen. Was wäre passiert, wenn die Gyne ihn bei dem Massaker in der Kolonie getötet hätten? Es ist unwahrscheinlich, dass die Männer ohne ihn etwas ausrichten könnten.

Apoll wuchtete die Beine mit einem Schwung aus dem Bett. Die Tür flog auf und Merkur kam in den Raum.

»Na Schlafmütze, auch wach?«

»Wie? Schon zurück von der Erde, Superheld?«

»Klar, alles erledigt. Gyne besiegt, Männer befreit und deine Traumfrau vom Strand in der Hosentasche.« Merkur kramte umständlich in seiner Hosentasche herum. Er warf Apoll einen schwarzen Gegenstand zu.

»Hier, für dich. Bitte schön.«

Apoll betrachtete das kleine Gerät in seiner Hand. Es handelte sich um einen Messenger. Er legte ihn am rechten Arm an, wo er die frische Narbe überdeckte, unter der Doc Daniel das Implantat entfernt hatte.

»Beeil dich. Primus erwartet uns im Tower.«

Nachdem Merkur den Raum verlassen hatte, putzte sich Apoll an dem Waschtisch aus Kunststoff die Zähne und wusch sich das Gesicht. Er betrachtete sich in einem kleinen gesprungenen Wandspiegel. Primus und die anderen Männer hatten ihm in den vergangenen Wochen Selbstvertrauen gegeben. Sie glaubten an ihn. Sie setzten ihre Hoffnung in ihn. Ob er ihre Erwartungen erfüllen konnte? Nie zuvor hatte er in so kurzer Zeit so viele neue Dinge gelernt. Mehrmals beschlich ihn die Sorge, er könne wesentliche Informationen für ihre Mission vergessen oder verwechseln. Es beruhigte ihn, dass er die Reise mit Merkur gemeinsam antrat. Auf die Fähigkeiten seines Freundes konnte er sich verlassen. Der vergaß nie etwas und fand immer einer Lösung. Zusammen würden sie es schaffen.

Als Apoll den Towerraum des alten Raumhafens betrat, waren Primus, Merkur und Plutus bereits anwesend. Mit ihnen stand Viktor an dem Kontrollpult, der im Widerstand die IT verantwortete und die wichtigsten Beiträge zur Planung der Mission lieferte. Er hatte die Prompter erfunden – was für eine geniale Idee. Merkur hatte in den vergangenen Wochen jeden Tag mit ihm zu tun gehabt. Viktor hatte einen akkurat gezogenen Seitenscheitel, durch den seine helle Haut hervorschien, und das am ordentlichsten rasierte Gesicht, das Apoll kannte.

Primus stützte sich mit der rechten Hand auf seinen Gehstock. »Wie geht es dir, Apoll? Wie fühlst du dich?«

Apoll wiegte den Kopf hin und her. »Es geht mir gut, danke. Meine Wunden verheilen. Der Fuß ist okay.

Ich bin bereit. Aber es fühlt sich seltsam an, diesen Ort nach gerade mal vier Wochen schon wieder verlassen zu müssen.«

Primus lachte. »Ich hause jetzt seit über zehn Jahren hier. Ich kann dir aus Erfahrung sagen, dass es irgendwann auch langweilig wird.«

»Gelangweilt habe ich mich in den letzten Wochen nicht, im Gegenteil. Aber es fühlt sich halt einfach gut in dieser Gemeinschaft an. Ist komisch, wieder gehen zu müssen.«

Primus zögerte und sein Blick traf den von Apoll. Den anderen Männern fiel es vielleicht nicht auf, aber Apoll spürte, was ihr Anführer gerade nicht gesagt hatte. Nämlich, dass sie sich vermutlich nicht wiedersehen würden. Apoll und Merkur ahnten, wie unwahrscheinlich es war, dass sie von ihrer Mission zurückkehrten. *Ohne Rückflugticket*, ging es Apoll durch den Kopf.

»Naja, in den ersten drei Jahren war es schon hart, da war ich schließlich ganz allein. Aber ich habe diese Zeit genutzt und mir überlegt, wie ich den Widerstand organisiere. Das hat mich am Leben gehalten. Außerdem habe ich die Räume hier wieder in einen nutzbaren Zustand versetzt. Der Raumhafen war schließlich jahrelang verlassen.«

»Wie hast du das eigentlich hinbekommen?«, fragte Merkur.

»Es gelang mir recht schnell, den Strom der Kolonie anzuzapfen und die lebenserhaltenden Systeme des Raumhafens in Betrieb zu nehmen. Als größtes Problem erwies sich von Beginn an die Versorgung mit Lebensmitteln. Anfangs hatte ich noch nicht die Gewächshäuser im alten Hangar.«

»Wie hast du dich dann versorgt? Die Vorräte von der Flucht waren ja wahrscheinlich bald aufgebraucht, oder?«

»Ich bildete mich zum Meisterdieb aus, so wie du.« Primus nickte Merkur anerkennend zu. »Ich kannte ja wirklich jedes noch so kleine technische Detail der Kolonie. Ich habe mich immer durch den Tunnel, den ihr auch benutzt habt, in die Arena geschlichen und dann die Obstbäume geplündert. Der erste interstellare Mundraub sozusagen. Bei jedem Beutezug stahl ich Material, das ich benötigte. So war ich bald weitgehend unabhängig von der Kolonie.«

»Irgendwie schon erstaunlich, dass die Gyne seit über zehn Jahren nicht bemerken, dass wir in dem alten Raumhafen stecken«, sagte Apoll und runzelte die Stirn.

»Wir geben uns ja auch alle Mühe, dass sie es nicht merken«, erklärte Viktor. »Wir vermeiden alles, was ihnen unsere Anwesenheit verraten könnte wie Licht, Radiowellen oder andere Signale, starke Erschütterungen.«

Primus nickte und blickte auf die Uhr an der Stirnseite des Raums. »So, ihr neugierigen Sabbeltanten. Noch 2 Stunden und 41 Minuten. Dann startet mal mit den letzten Vorbereitungen. Wir sehen uns.« Er gab Viktor ein Zeichen, dass er die weiteren Instruktionen übernehmen solle, und ging.

»Apoll, Merkur, aktiviert eure Messenger«, forderte Viktor die beiden auf.

»Auf den Geräten ist der zeitliche Ablauf der Mission abgespeichert, sonst natürlich nichts. Wir haben die wichtigen Zeitpunkte für jeden Ort, den ihr erreichen werdet, hinterlegt. Ihr wisst, dass ihr euch auf die Minute an den Zeitplan halten müsst. Wenn ihr zu schnell oder zu langsam werdet, können wir nur noch wenig für euch tun. Ihr müsst dann damit rechnen, dass die Gyne euch entdecken. Wir haben den Ablauf übrigens an zwei Orten noch mal modifiziert.«

»Oh, habt ihr einen Zwischenstopp in der Karaokebar der Gyne-Station eingeplant?«, fragte Merkur grinsend.

Viktor überging die Bemerkung ohne das kleinste Zucken seiner Mundwinkel. »Dank deinem Terminal konnten wir noch einige Unklarheiten ausräumen und den Ablauf der Mission weiter optimieren.«

Viktor drehte sich zu Plutus. »Gehst du den Ablauf mit den beiden noch mal Schritt für Schritt durch? Schaut euch jeweils das Timing im Lift und an der Fähre genau an. Da kann jeder Fehler sofort tödlich enden.« An Apoll und Merkur gewandt fuhr er fort: »Ich treffe euch später an der Schleuse zum Flugfeld. Holt vorher eure Anzüge und Rucksäcke bei Andrew in der Materialkammer ab.« Ohne einen Abschiedsgruß verschwand Viktor in dieselbe Richtung, in die Primus gegangen war.

»Der hat seinen Humor offenbar bei der Flucht in der Kolonie vergessen.« Merkur ahmte Viktors starren Gesichtsausdruck nach.

»Können wir uns jetzt auf die Details der Mission konzentrieren?«, sagte Plutus mit seiner kaum verständlichen Art zu sprechen und schaute leicht genervt.

Rund zwei Stunden später standen Apoll, Merkur und Plutus im Raum mit der Materialausgabe. Andrew bückte sich zu einer der vielen Kisten hinter einem länglichen Tisch hinunter.

»Wo sind nur die neuen Luftwandler? Die funktionieren deutlich besser, seit wir das Design mit dem Terminal optimiert haben.« Er durchsuchte eine andere Kiste.

»Ahh, gefunden. Hier sind sie ja.« Er schaute die kompakten Geräte entzückt an und trat an den Tisch, auf dem die drei vorbereiteten Raumanzüge lagen. »Hier sind eure Schätzchen, alles vollständig und geprüft.«

Apoll ließ seinen Blick über die Anzüge gleiten. Neben ihnen waren ihre Helme aufgereiht. »Danke, sieht gut aus.« Er hob eines der drei Paar Stiefel auf dem Boden an und nickte zustimmend.

»Sag mal, du und Viktor, ihr seid schon lange hier, oder? War Viktor schon immer so« – Merkur überlegte kurz – »steif?«

Andrew schmunzelte und strich sich über seinen Oberlippenbart. »Du meinst, dass er in den Keller geht zum Lachen?« Andrew drehte sich um und nahm drei Funksets aus einer Kiste, die er zu den Helmen legte. »Ja, das war schon immer seine Art. Wir beiden sind übrigens die ersten Mitglieder des Widerstands – nach Primus natürlich. Wusstet ihr das?«

»Ach. Das höre ich zum ersten Mal.« Merkur schaute Andrew interessiert an, der gerade seine Frisur richtete, denn durch das viele Herunterbeugen waren seine blonden Haare in Unordnung geraten.

»Viktor hätte Primus bei unserem ersten Kennenlernen beinahe erwürgt.«

»Was, ist der nicht nur humorlos, sondern auch verrückt? Warum das denn?«, entfuhr es Merkur.

»Wir haben Primus in der Kolonie zufällig bei einem seiner heimlichen Streifzüge getroffen. Sein Gesicht hatte er unter einer Kapuze verborgen. Er nuschelte irgendwelche Ausflüchte. Als wir ihn nicht gehen ließen, versuchte er, Viktor aus dem Weg zu schubsen und abzuhauen. Viktor nahm ihn von hinten in den Schwitzkasten und zog ihm die Kapuze vom Kopf. Ich kann euch sagen, wie wir erschrocken waren! Uah, plötzlich steht dieser alte kleine Mann vor uns und schaut uns an, als ob er uns mit seinen Blicken aus diesen blitzenden Augen töten will.«

»Aber ihr habt ihn nicht verraten.«

»Ich glaube, dass Viktor das im ersten Moment tatsächlich überlegt hatte. Aber zum Glück haben wir das nicht gemacht. Als Primus klar war, dass er nicht entkommen konnte, rückte er mit der Wahrheit raus und hat uns bequatscht, dass wir uns ihm anschließen.«

»Und das habt ihr dann sofort gemacht?«

»Wir sind in der nächsten Nacht mit ihm durch den Tunnel aus der Kolonie geflüchtet. Die beste Entscheidung unseres Lebens. Das war im dritten Jahr nach seiner eigenen Flucht.«

»So, genug Gequatsche. Wir müssen weiter. Können wir die Raumanzüge jetzt anlegen?«, mischte sich Plutus ein.

Andrew kramte die Verschlüsse für die Helme aus einer Kiste. »So, dann mal rein in die Stinkedinger. Sagt Bescheid, wenn ihr Hilfe braucht. Und vergesst die

Rucksäcke nicht. Ist alles drin, was ihr brauchen werdet.« Andrew sortierte die Kisten, während die drei Männer die Anzüge und Stiefel anzogen und ihre Ausrüstung prüften.

Bald standen sie mit den Helmen und Handschuhen unter dem Arm vor der Außenschleuse des Abfertigungsbereichs. Ihnen gegenüber stützte sich Primus auf seinen Gehstock, Viktor und Andrew an seiner Seite. Dahinter bildeten mehr als dreißig weitere Männer ein Halbrund. Sie hatten in den vergangenen Monaten Tag und Nacht für diesen Moment geschuftet. Sie hatten Informationen beschafft, Ausrüstungsgegenstände hergestellt, die Route bis ins letzte Detail geplant und bei gefährlichen Außeneinsätzen Apolls und Merkurs Reise vorbereitet. Ohne ihren Fleiß wäre die Mission bereits vor dem Start zum Scheitern verurteilt. Andrew und Viktor hatten den Großteil der Arbeiten koordiniert. Sie waren Primus wichtigste Helfer. In keiner Nacht hätten sie mehr als drei oder vier Stunden Schlaf gefunden, wie sie Apoll sagten. Jedes Problem, das sie lösten, schuf mindestens zwei neue. Doch in der eben mit Primus abgehaltenen Abschlussbesprechung hatten die beiden für den Start gestimmt. Es war unmöglich, jedes Risiko auszuschalten. Deshalb hatten sie Merkur ausgesucht. Sein Improvisationsvermögen und seine Auffassungsgabe waren einmalig, was sogar Männern im Raumhafen aufgefallen war, die in den vergangenen Wochen nur kurz mit ihm zu tun gehabt hatten. Viktor hatte die Erfolgswahrscheinlichkeit ihrer Mission schließlich mit über fünfzig Prozent bewertet. Primus hatte genickt und gesagt: »Das muss reichen.«

Der Alte trat nun einige Schritte auf Apoll und Merkur zu. Er wechselte seinen Gehstock von der rechten in die linke Hand und blickte zu Apoll auf.

»Unser Schicksal liegt in euren Händen.«

Er schaute nacheinander Merkur und Plutus an.

»Erkämpft unsere Freiheit«, sagte er mit lauter werdender Stimme. »Befreit uns aus dem Joch der Gyne! Sorgt dafür, dass wir wieder so leben können, wie wir es verdienen«, rief er und wandte sich den Männern hinter ihm zu. »Befreit den Mars!«, schrie er aus voller Leibeskraft.

Die Männer verfielen in ein zustimmendes Gebrüll und klatschten laut.

Primus ergriff Apolls rechte Hand und drückte sie. Er schaute ihm in die Augen und nickte ihm zu. Dasselbe wiederholte er bei Merkur und Plutus. Er trat einige Schritte zurück und verbeugte sich vor den dreien. Nachdem er sich wieder aufgerichtet hatte, breitete er die Arme aus.

»Viel Erfolg, meine Freunde.«

Apoll, Merkur und Plutus traten in die Luftschleuse, die aus dem Abfertigungsgebäude nach draußen zum Start- und Landebereich führte.

Sie legten die rechten Hände aufeinander und riefen zeitgleich: »Befreien wir den Mars!«

Die Schleuse schloss sich hinter ihnen, während sie ihre Helme aufsetzten und die Handschuhe überzogen. Sie reckten die von den Fäusten abgewinkelten Daumen in die Höhe, um dem Mann am Bedienterminal zu signalisieren, dass sie bereit waren. Plutus überprüfte den sechsrädrigen Transportroboter und signalisierte abermals ein Okay. Ventile öffneten sich am Boden und in der Decke der Schleusenkammer. Die Signalleuchte oberhalb der Tür wechselte von grün zu rot. Das Licht erlosch. Mit einem leisen Zischen schoben sich die Torflügel auf der anderen Seite auseinander.

Plutus schritt als Erster hinaus auf den Start- und Landeplatz, während der Transportroboter ihm wie ein treuer Hund folgte. Es war Nacht. Die Visiere ihrer Helme verstärkten das Restlicht, doch Apoll konnte seine Umgebung trotzdem nur schemenhaft erkennen. Der Raumhafen befand sich in einem Meteoritenkrater auf dem Rücken des Tafelbergs. Sie entfernten sich zügig vom Hangar und Kontroll- und Abfertigungsgebäude, die zum Schutz gegen die Strahlung unterirdisch in die Kraterwand eingebaut worden waren. Sie überquerten den weiten Start- und Landebereich mit den vier runden Launchpads für die Raumfähren, die jeweils aus einer massiven Bodenplatte sowie kreisförmig am Rand angeordneten Schutzwänden bestanden. Zuletzt war hier ein Raumschiff am 14. September 2084 gelandet, und seine Fracht hatte tausendfachen Tod über die Marskolonie gebracht, erinnerte sich Apoll mit Bitterkeit an Primus' Bericht. Jetzt überdeckten Staub und Sand die verwaisten Launchpads. Ohne die unermüdliche Arbeit von Reinigungsrobotern versank auf dem Mars alles unter der allgegenwärtigen rötlichen Last.

Während der ersten Jahre der Kolonialisierung spielte der Raumhafen eine zentrale Rolle. Immer wenn ein gutes Reisefenster zwischen Erde und Mars bestand, die Entfernung zwischen beiden Planeten also vergleichsweise gering war, brachten Raumfähren Menschen und von ihnen benötigte Ausrüstungsgegenstände. Nach der Inbetriebnahme des Lifts verlor der Raumhafen binnen weniger Monate seine Bedeutung. Die verantwortlichen Chinesen gaben ihn auf und er geriet in Vergessenheit. Der Transport mithilfe der Weltraumlifte und Pendelfähren erwies sich als günstiger, zuverlässiger und schneller als mit Raumschiffen, die auf Mars und Erde landeten.

Ihre kleine Gruppe verwendete aus Sicherheitsgründen keine Leuchten. Sogar die LED am Transportroboter hatten sie zur Tarnung abgeklebt. Plutus ging voraus. Er kannte den Weg, der sie zur Bodenstation des Weltraumlifts führte. Sie lag im Osten, in der Mitte der Wegstrecke zwischen dem alten Raumhafen und den unterirdischen Wohnbereichen der Marskolonie. Der Weg war leicht abschüssig und relativ eben. Sie kamen gut voran. Es dauerte nicht lange, bis sich vor den orange schimmernden Höhenwolken die parallelen Graphenbänder des Weltraumlifts abzeichneten.

Sie schritten schweigend über den bei jedem Schritt leicht nachgebenden Marsboden. Den Funk hatten sie deaktiviert, damit die Gyne die Radiowellen nicht aufspüren konnten. Nach rund zwei Stunden erreichten sie die Bodenstation. Ihre enormen Ausmaße ließen sich von außen nur erahnen. Der Großteil der Anlage befand sich unter der Erde.

Es war noch immer Nacht. Trotz ihrer luftdichten Helme und der dünnen Atmosphäre, die Geräusche nur schwach weiterleitete, konnten sie den Lift hören. Das Druckluftkatapult schoss in regelmäßigen Abständen eine Transportkapsel aus dem Innern der Station in die

Höhe, wo sie sich in die supraleitenden Schienen einklinkte und kraftvoll weiter zur Orbitalstation beschleunigte. Im gleichen zeitlichen Abstand rasten Kapseln aus dem Himmel auf die Basis zu. Ein beständiges Zischen, Klacken und Schnappen drang zu ihnen herüber. Aus der Mine und den Fabriken der Marskolonie strömten rund um die Uhr die von Gaia begehrten Rohstoffe und Halbprodukte heran. Der Lift war ein riesiger Umschlagplatz für alles, was vom Mars zur Erde geschafft wurde: tausende Tonnen jeden Tag. Verladung und Löschung der Güter erfolgten vollständig automatisiert. In der gesamten Anlage hielt sich laut Primus kein Mensch auf. Roboter erledigten die Arbeit zuverlässiger und durchhaltender, als ein Mensch es je hätte tun können. Die Männer aus der Kolonie hatten zu diesem Bereich keinen Zutritt. Alle Wege aus der Marskolonie waren dauerhaft versperrt worden. Der Transport der Waren zum Lift hin erfolgte mit Förderbändern unter freiem Himmel.

Der Anblick des Weltraumlifts vermittelte Apoll ein Gefühl der Ehrfurcht. Millionen von Kilometern entfernt von der Erde hatten die Menschen ihn errichtet. Eine Meisterleistung menschlicher Ingenieurskunst. Vor allem chinesischer Ingenieurskunst, wie Primus in Gesprächen gern betonte. Apoll blickte an den Graphenbändern empor in den Himmel. Sein Messenger, den er am Handgelenk über dem Raumanzug befestigt hatte, zeigte ihm mit schwach leuchtendem Display an, dass sie zur geplanten Zeit am Lift angekommen waren. Plutus hatte den Transportroboter bereits in Richtung der rund zehn Meter hohen Außenwand der Basisstation gelenkt. Dort befanden sich Sprossen. Die Männer griffen sich die Rucksäcke von der Ladefläche und erklommen die Leiter.

Vor ihnen klafften zwei runde Löcher im Dach. Aus ihnen heraus verliefen die beiden Graphenbänder bis in unermessliche Höhen. Die Transportkapseln jagten durch die eine Öffnung in die Basis hinein und durch die andere aus ihr heraus. Jede Kapsel war zwanzig Meter lang und wies einen Durchmesser von fünf Metern auf. Sie rasten mit dem Abstand von gerade einmal einer halben Armlänge am Rand der Öffnungen vorbei. Apoll zog sich der Magen zusammen. In diesen Schlund würden sie hinabsteigen. Als sie sich der linken Öffnung auf wenige Meter genähert hatten, spürte er den Abwind einer in die Basis eintauchenden Kapsel. Er blickte in Richtung der Marskolonie. Dort waren nur die Transportbänder sichtbar, die oberirdisch auf dem Tafelberg von den Fabriken zum Lift verliefen und pausenlos neues Material brachten. Der schwindende Nachthimmel färbte sich langsam heller. Die Sonne würde bald aufgehen, ebenfalls im Osten wie auf der Erde, aber in ihrer Gestalt rund ein Drittel kleiner.

Plutus legte seinen Rucksack dicht am Rand der Öffnung nieder und holte ein Kletterseil, ein Gurtset und Karabiner heraus. Er band das Seil an einem Haken auf dem Dach fest und warf es in das Loch hinunter. Apoll und Merkur taten es ihm gleich. Sie legten sich die Gurtsets an und hakten die Karabiner ein. Mit den klobigen Raumanzügen und Handschuhen war das keine einfache Aufgabe. Sie hatten es in den vergangenen Wochen im alten Raumhafen wieder und wieder geübt.

Von oben schoss die nächste Kapsel heran und rauschte weniger als einen Meter von ihnen entfernt in den Schacht. Apoll schätzte, dass sie in dem Moment noch so schnell war wie ein Auto auf einem Highway. Laut Andrews Berechnungen hatten sie für den Abstieg zwischen zwei Kapseln eine Minute und sieben Sekunden Zeit. Er hatte den Weg in die Tiefe und zurück mit Plutus im Zuge ihrer Vorbereitungen zwei Mal erfolgreich bewältigt.

Unmittelbar nachdem die nächste Kapsel vorbeigezischt war, drehten sie sich um, sprangen rückwärts ab und ließen sich an den Seilen in die finstere Tiefe gleiten. Der Schacht führte rund fünfzig Meter senkrecht nach unten. Am Boden konnte Apoll die Umrisse der Kapsel sehen, die kurz zuvor in die Öffnung eingedrungen war und nun vom Lift ausgeklinkt und stehend zur Seite bewegt wurde. Sie verschwand unter ihnen in einem Tunnel. Seit ihrem Absprung waren 27 Sekunden vergangen.

Plutus erreichte den Boden als Erster. Er löste seinen Karabiner vom Seil und rollte es hastig zusammen. Später würde er es wieder verwenden, um mit einer Turbowinde zur Oberfläche zurückzukehren. Apoll traf wenige Sekunden nach ihm ein. Er befreite sich ebenfalls von dem Seil. Doch wo blieb Merkur? Apoll blickte den Schacht hinauf. Sein Kumpel hatte erst drei Viertel der Strecke geschafft. Offenbar hatte er Schwierigkeiten mit der Karabinerbremse. Noch zwölf Sekunden. Das hatten sie doch oft genug geübt. Sein Freund kam näher. Apoll erkannte bereits die nächste heranschießende Transportkapsel über ihnen. Er griff nach dem Seil, an dem Merkur hing, und riss daran. Er sah, wie Merkur an der Karabinerbremse herumhantierte. Was macht er da?, fluchte er in Gedanken. Nur noch drei verdammte Sekunden. Die Transportkapsel drang mit hohem Tempo in den Schacht ein. Er spürte den Luftdruck, den sie auslöste, und schrie in seinen Helm.

Merkur fiel ihm aus mehreren Metern Höhe entgegen. Er krachte auf ihn und riss ihn mit sich zu Boden. Instinktiv stieß Apoll ihn von sich herunter, während von oben die Kapsel auf sie niederging. Deren Unterseite wurde größer und größer und nahm bald sein ganzes Blickfeld ein. Er schien das Metall mit der Hand berühren zu können und schloss – seinen Tod erwartend – die Augen.

Null Sekunden, ging es ihm noch durch den Kopf.

Die Kapsel war weniger als einen halben Meter über ihm ruckelnd und kreischend zum Stehen gekommen. Apoll hörte ein metallisches Klacken. Das Monstrum aus Stahl bewegte sich direkt über ihm aufrecht stehend zur Seite. Er musste die ganze Zeit die Luft angehalten haben und rang jetzt nach Atem. Hatten sie überlebt? Zentimeter hatten zwischen Leben und Tod entschieden.

Apoll spürte Schmerzen in der Brust und im Rücken, konnte sich aber bewegen. Sein Rucksack hatte Merkurs Sturz abgefedert. Er drehte sich auf den Bauch und stemmte sich mühsam hoch. Merkur lag reglos neben ihm. Plutus eilte zu ihm und riss ihn von dem Boden des Schachts zur Seite. Apoll ging gebeugt zu ihnen. Sein Freund hob langsam den rechten Arm, er lebte. Aber war er verletzt? Konnte er die Mission fortsetzen?

Plutus schaute Apoll grimmig an. Hektisch prüfte er die Raumanzüge der beiden. Ein Leck in der Hülle des Anzugs könnte sie genauso das Leben kosten wie eine auf sie zurasende Transportkapsel. Im Lift herrschten Temperaturen deutlich unter null Grad Celsius, und die Luft enthielt keinen Sauerstoff zum Atmen. Plutus versicherte mit einem Handzeichen, dass die Raumanzüge intakt waren. Merkur blutete leicht aus der Nase. Seine Augen öffneten sich. Apoll fühlte Erleichterung.

Gemeinsam mit dem früheren Kämpfer griff er Merkur unter die Arme, und sie hievten ihn auf die Füße. Sein Freund war leicht benommen, sodass er sich nur schwer auf den Beinen halten konnte. Plutus nahm ihm den Rucksack ab und wies mit der rechten Hand in den Gang, da sie den Funk weiter abgeschaltet ließen. Dort bewegten sich die Transportkapseln hinein, die von zwei massiven Greifern gehalten wurden. Die drei Männer nutzten eine Lücke zwischen den Kapseln und folgten den sich langsam fortbewegenden Behältern tiefer ins Innere der Bodenstation hinein.

Nach einigen Minuten kamen sie in eine Halle, die in ein schummriges Licht getaucht war und sich weit in alle Richtungen erstreckte. Vor den wenigen Lichtquellen schimmerte der rötliche Marsstaub. Am äußeren Rand befanden sich unzählige Rolltore. Die Transportkapseln bewegten sich zunächst in die Mitte der Halle und liefen von dort in massiven Gestängen zu einem der Tore weiter. Einige Meter davor stoppten sie, und ihre Seitenverkleidungen schwenkten nach außen. Kurze Zeit später öffnete sich das Rolltor. Ein Gabelstapler fuhr mit übereinandergestapelten Paletten heraus und schob seine Fracht in die Kapsel. Mit Tempo setzte er zurück, verschwand in dem nicht einsehbaren Lagerraum und erschien mit der nächsten Ladung. Da über fünfzig Kapseln in der Halle gleichzeitig beladen wurden, war es ein ununterbrochenes Hin und Her – Kapseln und Gabelstapler bewegten sich wie ein unsichtbar dirigiertes Ballett. Gaias Hunger nach Rohstoffen musste gestillt werden, dachte Apoll. Er spürte einen Impuls, zwischen die Transportkapseln zu rennen und das System mit bloßen Händen zu zertrümmern.

Merkur konnte wieder allein laufen. Er schien seine Benommenheit überwunden zu haben und blickte Apoll mit einem leicht gequälten Lächeln durch sein Helmvisier an. Wird schon, wollte er ihm offenbar signalisieren. Plutus ging zu dem Tor, das mit einer Sieben beschriftet war. Geschickt wichen sie den vor- und zurücksausenden Staplerrobotern aus. Apoll war sich nicht sicher, ob sie einen Menschen erkennen und abbremsen würden. Doch das herauszufinden, war genau, was es zu vermeiden galt. Um keinen Preis wollten sie die Aufmerksamkeit der Gyne erregen – noch nicht.

Die Halle wurde von Kameras überwacht. Viktor sorgte gerade durch speziell programmierte Befehle dafür, dass die Bilder aller Aufnahmegeräte genau zu diesem Zeitpunkt einfroren. Sollte jemand die Halle beobachten, würde er anderthalb Minuten lang ein Standbild sehen. Binnen dieser Zeit mussten die drei Männer aus dem Blickfeld der Kameras verschwunden sein.

Apoll warf einen prüfenden Blick auf seinen Messenger: noch drei Sekunden, dann würde Viktor mit weiteren Befehlen Tor Nummer sieben für sie öffnen. Zwei, eins. Nachdem die Torlamellen nach oben gefahren waren, raste ein Staplerroboter heraus. Sie konnten sich mit einem Sprung zur Seite retten. Verdammt, schrie Apoll in seinen Helm. Ist diese Drecksmaschine denn verrückt? Es ist doch gar keine Transportkapsel in Sicht! Der Roboter rollte, so plötzlich wie er erschienen war, in den Lagerraum zurück. Die drei Männer hechteten hinter ihm her, um aus dem Sichtfeld der wieder aktiven Kameras zu kommen. Das Rolltor schloss sich in dem Moment, als Apoll über die Schwelle schlitterte. Die Lamellen krachten auf seinen Stiefel. Plutus sprang zu ihm und riss seinen Fuß unter dem Metall heraus, das sofort darauf auf den Boden krachte. Apoll schaute auf seinen Stiefel und atmete auf. Zum Glück schütze eine Stahlplatte in der Sohle den Fuß. Sonst hätte das Tor seine Knochen zertrümmert.

In dem Lagerraum war es dunkel. Der Staplerroboter verriet seinen Standort durch einige grüne und rote Leuchtdioden. Plutus zog eine Taschenlampe aus seinem Anzug hervor und schaltete sie ein. Schnell fand er in einem der zahlreichen Schwerlastregale, wonach er suchte. Gemeinsam mit Andrew hatte er zwei Tankbehälter so umgebaut, dass Apoll und Merkur darin mitfahren konnten. Sie hatten die Seitenwände mit einem Schweißgerät aufgeschnitten und die Teile mit Scharnieren wie eine Tür wieder montiert. Die Behälter dienten zum Transport von Edelgasen, die auf dem Mars gewonnen wurden, und in ihrem Innern konnte ein Mann aufrecht stehen. Ein äußerer Stahlrahmen um den zylinderförmigen Tank sorgte dafür, dass sich die Behälter aufeinanderstapeln ließen.

Apoll blickte wieder auf seinen Messenger: 4 Minuten und 28 Sekunden. Im Lichtkegel von Plutus' Taschenlampe öffneten Apoll und Merkur die Rucksäcke. Sie enthielten unter anderem Behälter mit zusätzlicher Atemluft, Wasser und Lebensmittel. Merkur holte aus seinem Rucksack außerdem eine stabile Kiste hervor, über die er behutsam mit dem Handschuh strich. Das Eingabeterminal hatte den Sturz auf den Boden des Schachts hoffentlich überstanden. Auch Apoll zog eine Kiste aus seinem Rucksack, die zwei Pistolen und zwei kleine Granaten enthielt. Er hatte die Pistolen auf dem Mars getestet. Sie boten keine große Reichweite, funktionierten auf kurze Distanz aber effektiv. Apoll nahm eine der Waffen aus der Kiste, lud sie, prüfte die Sicherung und steckte sie in die seitliche Beintasche. Mit den Handschuhen war die Handhabung erschwert. Er hatte sich beim Ausprobieren daran gewöhnt.

Plutus ließ an einem der manipulierten Gastanks ein verstecktes Schloss aufschnappen. Auf dem Behälter stand in Großbuchstaben XENON. Er öffnete die seitliche Wand. Apoll hatte die geheime Luke zuvor gar nicht erkannt. Plutus und Andrew hatten erstklassige Arbeit geleistet. Der Ex-Kämpfer wies ihn an, in den Tank zu klettern, und öffnete beim Behälter direkt daneben ebenfalls die Seitenwand. Merkur stieg in diesen Drucktank. Plutus reichte den Männern ihre Rucksäcke. In den Stahlbehältern konnten sie recht bequem stehen. Sie hatten eine lange Fahrt vor sich.

Plutus verabschiedete sich von seinen Begleitern. Er

klopfte Apoll aufmunternd auf die Schulter und zeigte ihm den nach oben gestreckten Daumen. Apoll nickte. »Befreit den Mars!«, riefen sie in ihre Helme, ohne sich gegenseitig hören zu können. Apoll zog die Seitenwand des Behälters zu sich heran und verriegelte sie mit dem inneren Verschluss, den Andrew und Plutus dort angebracht hatten. Es wurde schwarz um ihn herum. Nur die rot leuchtende Diode am Helmrand und der Messenger gaben ein schwaches Licht ab.

Der aktuelle Countdown betrug noch eine Minute und fünf Sekunden, dann würden die Behälter verladen. Apoll tippte auf das Display und wechselte das Anzeigemenü. Er hatte noch Atemluft für sechs Stunden. Mit dem Zusatztank konnte er den Zeitraum auf rund zehn Stunden verlängern. Apoll schloss die Augen und atmete ruhig und langsam. Es galt, sparsam mit der wertvollen Atemluft umzugehen.

Plötzlich spürte Apoll eine Erschütterung. Der Staplerroboter hob den Transportbehälter an, schien dann zurückzusetzen, vorwärts zu beschleunigen und eine Kurve zu fahren. Apoll wiegte bei den Fahrmanövern hin und her. Er fühlte einen kräftigen Stoß. Der Stapler hatte den Behälter in eine Transportkapsel geladen, das hoffte Apoll jedenfalls. Er spürte einige weitere Stöße, der Gastank wackelte heftig. Die Transportkapsel fuhr zum Weltraumlift zurück. Dann kehrte Stille ein. Nichts bewegte sich. Apoll spannte den Körper an und machte sich bereit. Mit einer Urgewalt traf ihn ein Schlag. Die Kraft drückte ihn nach unten. Sie stauchte sein Skelett und seine Organe zusammen. Das Druckkatapult hatte die Transportkapsel in die Höhe geschossen. Auf den

Magnetleitern des Graphenbands raste sie weiter. Primus hatte ihnen gesagt, dass sich die Orbitalstation 17 000 Kilometer oberhalb der Marsoberfläche befand. Die Kapseln benötigten fünf Stunden bis dorthin. Nach einigen Minuten zerrte die Beschleunigung weniger an seinem Körper, offenbar näherte sich die Kapsel ihrer Reisegeschwindigkeit. Apoll versuchte, die Muskeln zu entspannen. Fünf Stunden waren eine lange Zeit, während er mit dem Rücken an die Innenwand des Druckbehälters gelehnt war und sich kaum bewegen konnte.

In Gedanken kehrte er auf die Erde zurück – auf die Erde, die er als Kind kennengelernt hatte. Er kam im November 2070 in Austin im US-Bundesstaat Texas zur Welt. Seine Eltern gaben ihm den Namen Jim. Der Vater arbeitete als Ingenieur, die Mutter als Krankenschwester. Die 70er-Jahre waren von einem fatalen wirtschaftlichen Abstieg der USA geprägt. In den beiden Jahrzehnten zuvor hatte China die USA dauerhaft als erste Führungsmacht auf dem Planeten abgelöst. Historiker verorteten den Anfang dieser langen Krise der USA in der Präsidentenwahl des Jahres 2024, nach der in dem Land demokratische Prinzipien zunehmend an Bedeutung verloren. In den folgenden Jahrzehnten blockierte eine Politik, die ihr Handeln immer stärker nach der alternden Bevölkerung ausrichtete, Reformen und Investitionen in die Zukunft. Die steigende Anzahl der Rentner und eine niedrige Geburtenrate führten in eine Abwärtsspirale.

Apoll hatte schmerzhafte Erinnerungen daran, wie sich die wirtschaftliche Situation seiner Familie verschlechterte. Erst verlor sein Vater die Arbeit, dann seine Mutter. Sie konnten sich keine Krankenversicherung leisten, mehrfach zogen sie um, weil die Mieten zu hoch waren. Die Grundschulen, die Jim besuchte, verwahrlosten von Jahr zu Jahr mehr, Unterricht fand immer seltener statt, da die Lehrer kein Gehalt bekamen. Seine Eltern brachten ihm zu Hause bei, woran sie sich aus ihrer eigenen Schulzeit erinnerten. Die USA verwandelten sich in einen *failed state*. Als Jim zehn Jahre alt war, brach der Große Krieg aus. Er überlebte, weil er sich im Moment der atomaren Angriffe nicht in Austin, sondern wegen der Sommerferien rund 250 Kilometer entfernt auf dem Land bei seiner Großmutter aufhielt.

Apoll ging davon aus, dass seine Eltern am Tag der Atomschläge in Austin in den hundert Millionen Grad heißen Feuerstürmen gestorben waren. Eine Bestätigung hatte er nie erhalten. Von wem hätte sie auch kommen sollen? Die nuklearen Schläge der Chinesen, Inder und Russen hatten alle amerikanischen Großstädte zerstört. Die atomar ausgelösten Tsunamis hatten die Küstenregionen an Atlantik und Pazifik teils Hunderte Kilometer bis ins Landesinnere dem Erdboden gleichgemacht.

Sein Überleben verdankte Apoll der Klugheit und dem Mut seiner Großmutter. Mit ihr schlug er sich in den Trümmern des nordamerikanischen Kontinents durch. Sie waren auf sich allein gestellt. Es gab kein Staatswesen und keine Infrastruktur mehr, es herrschte Anarchie. Einige Wochen lang blieben sie auf der Ranch der Großmutter. Doch eines Nachts kam eine Gruppe Männer. Sie stahlen alles, vergewaltigten seine Oma und ihn immer wieder und zündeten die Ranch an.

Sie ließen Apoll und seine Großmutter am Leben. Damals wäre Apoll lieber gestorben. Als sie nichts mehr zu essen fanden, wanderten sie in Richtung Süden. Unterwegs trafen sie andere Flüchtlinge und schlossen sich ihnen an. Viele im Treck waren krank, Seuchen verbreiteten sich rasant unter den Überlebenden. Es gab keine medizinische Versorgung. Sie litten Hunger und Durst, aber die große Gruppe von Menschen gewährte ihnen ein wenig Sicherheit. Tausende hatten sich dem Treck angeschlossen und jeden Tag kamen Neuankömmlinge hinzu.

Sie hielten sich von der zerstörten und ausgebrannten Stadt Houston fern. Die radioaktive Strahlung dort war immens, wie Flüchtlinge berichteten. Einige von ihnen wiesen Narben oder noch immer schwelende Wunden schrecklicher Verbrennungen auf. Der Treck zog Richtung Osten nach Beaumont weiter. Diese Stadt war offenbar nicht direkt mit Atomwaffen angegriffen, sondern *nur* von einem künstlich ausgelösten Tsunami überschwemmt worden.

Einige Wochen später kamen sie in den Ruinen der Stadt an, die Sitz der Verwaltung von Jefferson County gewesen war. Die meterhohen Wassermassen hatten nur wenige feste Gebäudestrukturen aus Stein und Stahl stehen gelassen. Der Rest von Beaumont bestand aus einer betonharten Schicht aus Sand und Lehm. Im früheren Zentrum des Orts stand eine provisorisch aus Planen und Baumstämmen errichtete Zeltstadt.

Dort herrschten katastrophale Zustände. Jeden Tag starben unzählige Menschen an den Folgen der Strahlenkrankheit, Hunger, Seuchen oder der allgegenwärtigen Gewalt. Die frühere Bürgermeisterin der Stadt bemühte sich nach Kräften, Ordnung herzustellen. Sie bildete eine Bürgerwehr, organisierte eine zentrale Lebensmittelausgabe und ließ ein Krankenlager errichten. Doch als schwierigste Aufgabe erwies es sich, die täglichen Berge von Leichen fortzuschaffen und zu verbrennen. Dank der Klugheit und Durchsetzungskraft seiner Großmutter überlebten sie in dem Chaos rund ein Jahr lang.

Am Morgen eines warmen Sommertages tauchte vor der Küste ein Schiff auf. Kräne an Deck ließen ein Dutzend Schlauchboote zu Wasser, die sich zügig auf das Meeresufer am Rand der Zeltstadt zubewegten. In den Booten saßen Menschen in Militäruniformen, die offensichtlich nicht aus den USA stammten. Sie landeten am Strand und forderten mit ihren Waffen im Anschlag alle dazu auf, sich in der Mitte der Zeltstadt zu versammeln. Männer und Jungen ab zwölf Jahren hatten sich auf dem linken Teil des Platzes einzufinden, Frauen und alle anderen Kinder auf der rechten Hälfte. Die Schlauchboote kehrten währenddessen zum Schiff zurück und brachten Kisten mit Ausrüstung. Jim stellte nach einiger Zeit überrascht fest, dass alle Soldaten Frauen waren.

Die Soldatinnen führten die Männer und älteren Jungen aus der Stadt heraus. Es gab nur noch wenige zusammengehörige Familien unter den Menschen in Beaumont. Einige riefen nach ihren Frauen und Kindern und diese antworteten mit verzweifelten Stimmen. Jim beobachtete einzelne Fluchtversuche, die jedoch von den Soldatinnen mit Warnschüssen unterbunden wurden. Er sah wenig später Flüchtende tot zu Boden stürzen.

Rund eine halbe Stunde später befanden sich keine Männer und älteren Jungen mehr in der Zeltstadt, und nach und nach legte sich eine gespenstische Stille über den Ort. Die Soldatinnen hinderten die Frauen und Kinder daran, das Lager zu verlassen. Gleichzeitig luden sie die Kisten aus den Schlauchbooten aus. Lebensmittel, Kleider und Hygieneartikel stapelten sich auf dem Platz zwischen den Zelten. Die Soldatinnen verteilten Essen und Trinken und bauten eine mobile Krankenstation auf. Sie selektierten die Kranken, und Ärztinnen begannen umgehend, in dem Operationssaal faulende Gliedmaßen zu amputieren, Knochenbrüche zu richten und klaffende Wunden zu nähen. Sie sprachen mit einem Akzent, den Jim nicht kannte. Untereinander unterhielten sie sich in verschiedenen Sprachen, die Jim allesamt nie zuvor gehört hatte. Viele Frauen versuchten, von ihnen zu erfahren, was vor sich gehe und was die Trennung von den Männern zu bedeuten habe. Doch sie erhielten keine Antworten von den Soldatinnen.

Die Schlauchboote kehrten noch einige Male zurück zu dem großen Marineschiff in der Bucht und brachten für die Nächte Zelte, Feldbetten und Schlafsäcke. Am fünften Tag der Ankunft der Soldatinnen entdeckte Jim morgens nach dem Aufstehen ein zweites noch größeres Schiff. Es handelte sich um eine Fähre. Ohne weitere Erklärung begannen die Fremden, die Frauen und Kinder mit den Schlauchbooten zu dem Schiff zu bringen. Als sich alle Flüchtlinge an Bord befanden, konnte Jim von Deck aus beobachten, wie die Soldatinnen das provisorische Lager abbrachen und die gesamte Ausrüstung zurück zu dem Marineschiff brachten. Wenig später legte die Passagierfähre ab und fuhr einige Stunden an der Küste entlang, bis sie in einer anderen Bucht vor Anker ging. Dort kamen weitere Frauen und Kinder an Bord. Dies wiederholte sich etliche Male, bis das Schiff vollständig belegt war. Nachdem es das letzte Mal von der nordamerikanischen Küste abgelegt hatte, fuhr es aufs offene Meer hinaus.

Am nächsten Abend versammelten sich alle Flüchtlinge im Saal des Schiffs. Eine Soldatin trat vor ihnen ans Mikrofon. »Liebe Frauen, liebe Kinder, ihr seid nun in Sicherheit. Ab heute seid ihr Bürgerinnen des neuen Staates Gaia. Dieser Staat schenkt euch Freiheit, Sicherheit und Würde. Die Frauen der Erde haben ihn gegründet, um auf diesem von den Männern fast völlig zerstörten Planeten überleben zu können. Ihr habt das Glück, Teil von Gaia zu werden. Wir fahren an die Westküste des afrikanischen Kontinents, wo sich die Hauptstadt des neuen Staates befindet. Wir werden euch helfen, dort in Freiheit und Sicherheit ein neues Leben zu beginnen. Wir garantieren euren Schutz.«

Nichts in Apolls Leben hinterließ eine so tiefe Wunde wie dieses *Euch*, von dem er damals angenommen hatte, dass es sich auf alle Personen im Saal des Schiffs beziehen würde. Er hatte geglaubt, gerettet worden und mit seiner Großmutter auf dem Weg in ein sicheres Leben zu sein. All das sollte sich als bitterer Trugschluss erweisen. Seine Oma starb während der Überfahrt auf dem Schiff. Und die Soldatin hatte nur zu den Mädchen und Frauen gesprochen und sie zu Bürgerinnen erklärt – er war nicht eingeschlossen gewesen. Denn rund zwei Jahre nach seiner Ankunft in Gaia brachten die Gyne ihn auf den Mars, wo ihn statt Freiheit ein lebenslanges Gefängnis erwartete. Nun kam Apoll sich in dem engen Transportbehälter wie bei einer Wiedergeburt vor. In der Raumstation würde sein Leben neu beginnen.

Apoll zuckte erschrocken zusammen. Die Fliehkraft drückte ihn an den oberen Rand des Behälters. Offenbar bremste die Transportkapsel ab, da sie in der Orbitalstation angekommen waren. Apoll musste weggedämmert sein. Wenig später verringerte sich der Druck und er sank auf den Boden des Tanks zurück. Er blickte auf den Messenger, auf dessen Display der Countdown etwas über drei Minuten anzeigte. Wie es Merkur ging? Hoffentlich gab es keine Komplikationen mit seiner Sauerstoffversorgung. War er fit genug, trotz seines Unfalls in der Bodenstation die Mission fortzusetzen? Der nächste Abschnitt ihrer Reise stand bevor. Sie mussten schnell sein, verdammt schnell.

Apoll ging die kommenden Schritte im Kopf durch. Sie hatten ab jetzt keine Begleitung mehr. Plutus war in der Bodenstation geblieben und hoffentlich unbemerkt in die Basis des Widerstands im alten Raumhafen zurückgekehrt. Die Transportkapsel hielt an. Dann wackelte und vibrierte der Behälter und bewegte sich. Der Messenger zeigte zwölf Sekunden an. Apoll entriegelte den inneren Verschluss der Seitenwand. Was erwartete sie in der Orbitalstation? Er legte eine Hand auf die Beintasche mit der Pistole.

Null Sekunden. Apoll drückte gegen die seitliche

Wand des Tanks und streckte seinen linken Fuß nach draußen. Der Behälter schaukelte. Seine Gelenke und Muskeln schmerzten wegen der mangelnden Bewegung während der letzten Stunden. Schummerlicht drang zu ihm. Er zwängte das andere Bein durch die Öffnung und versuchte, mit den Füßen Halt zu bekommen. Gerade als er aus dem Behälter gekraxelt war, spürte er einen Schlag auf den Hinterkopf. Er drehte sich ruckartig zur Seite, hob seinen Blick und entdeckte direkt über sich: die Profilseite von Merkurs Raumstiefeln. Dieser hatte inzwischen bemerkt, dass sein Freund unter ihm ausgestiegen war, und hob, um Entschuldigung bittend, die Hand.

Ihre Gasbehälter waren aufeinandergestapelt und bewegten sich nach der Entladung auf einer Stahlpalette von der Mitte der riesigen Frachthalle auf den Rand zu. Merkur hing in zwei Metern Höhe über Apoll an seinem Behälter und griff hastig nach dem Rucksack im Innern. Mitten in dieser Bewegung brach die Stahlstrebe ab, an der Merkur sich festgehalten hatte, und er stürzte samt Rucksack Apoll entgegen. Sie landeten rücklings auf dem Boden. Ruckartig hob Apoll den Kopf. Er sah im Augenwinkel, wie ein Stapel auf sie zurollte. Sie mussten hier weg, sofort.

Apoll rutschte nach links, während sich Merkur nach rechts rollte. Der tonnenschwere, mit Metallbarren beladene Stapel schob sich zwischen ihnen hindurch. Apoll warf sich herum und blickte zu Merkur. Der riss den Arm in die Höhe und zeigte zuerst auf den Palettenstapel und dann auf seinen Rucksack. So ein Mist, fluchte Apoll in Gedanken. Sein Rucksack! Er steckte in dem Gastank! Er sprang auf und rannte den Transportbehältern hinterher. Der vier Meter hohe Stapel bewegte sich zügig durch die Halle. Apoll machte große Sätze und sprang auf die sich bewegende Palette. Er öffnete die Seitenwand des wankenden Behälters, in dem er in die Station gekommen war, und griff mit einem Arm hinein. Als er die Riemen seines Rucksacks in der Hand hielt, riss er ihn heraus.

Apoll bemerkte, wie sein Stapel auf eine Lücke zuraste. Er sprang mit dem Rucksack in der Hand rückwärts von der Palette ab. Einen kurzen Augenblick später krachten die Behälter zwischen die anderen Stapel. Die offen stehende Seitenwand des unteren Tanks knallte scheppernd zu. Apolls Herz raste. Eine Sekunde länger, und er wäre zerquetscht worden. Er stand auf, klopfte sich den Staub ab und inspizierte die Behälter. Die Stapel hatten sich verkeilt. Nichts bewegte sich mehr. Die Seitenwand seines Gastanks war, völlig verbeult und halb abgerissen, zwischen den Stapeln eingeklemmt. Apoll versuchte, sie zu lösen und den Behälter zu verschließen. Doch das erwies sich als aussichtslos. So eine verfluchte Scheiße, durchfuhr es ihn. Es war für jeden sofort erkennbar, dass mit dem Ding etwas nicht stimmte. Für eine Reparatur hatte Apoll weder Zeit noch Werkzeug.

Er blickte zurück zu Merkur. Dieser hatte sich bis zum Sockel einer der hohen Stützen geschleppt, die zwischen dem Boden und dem Dach der Lagerhalle eingebaut waren. Apoll eilte zu ihm. Er schaute auf seinen Messenger, der 1 Minute und 58 Sekunden anzeigte. »Verfluchter Mist«, sprach Apoll in seinen

Helm. Die Zeit lief ihnen davon. Sie operierten schon jetzt außerhalb des vorgesehenen Zeitfensters. Sobald der Countdown vorüber war, würden die Kameras wieder Livebilder aus der Frachtebene der Orbitalstation zeigen und die Gyne vermutlich ziemlich überrascht auf ihre Kontrollbildschirme starren. Zwei Männer in Raumanzügen? Das dürfte ihr Ende bedeuten.

KAPITEL 8
JAGD

»Kommandantin, das solltest du dir ansehen«, sagte eine der wachhabenden Ingenieurinnen im Kontrollraum der Orbitalstation 2 über dem Mars. Emma blickte von dem Bericht auf, den sie gerade verfasste.

»Wieder die Kameras?«

»Ja. *Wieder* ein Ausfall. Wir haben nur ein Standbild.«

»Wo ist es dieses Mal?«

»Bei uns auf der Frachtebene.«

Emma schritt zügig zum Kontrollpult der stämmigen Ingenieurin aus dem früheren Japan. Vor ihr leuchteten vier Bildschirme. Auf den Rändern der Monitore und der Konsole saß eine Reihe von Tieren und Phantasiewesen aus Papier. Joko liebte Origami, die Kunst, Blätter zu falten. Zu ihrer Arbeit im Kontrollraum brachte sie oft eine neue Figur mit, die sie mit stundenlanger Geduld bastelte.

»Joko, geh in der Aufzeichnung zu dem Moment zurück, wo das Bild einfriert.« Die Ingenieurin wischte mit flinken Bewegungen über den Bildschirm links unten.

»Warte, gleich, hier. Genau hier friert die Übertragung ein. Gleichzeitig bei allen Kameras auf der Frachtebene.«

Der Monitor stellte parallel zwölf Bilder von der Frachtebene dar. Die Aufnahmegeräte deckten die gesamte runde Halle ab, in der schummriges Dämmerlicht herrschte. Jede Kamera zeigte jeweils einen Abschnitt vom Lift bis zu den Rolltoren an der Außenwand. Joko wischte wieder auf dem Bildschirm vor und zurück. Zunächst bewegten sich die Kapseln, Transportbehälter und Stapler in der Halle, dann blieben sie plötzlich alle stehen. Der Timer am unteren Bildschirmrand lief hingegen weiter.

Joko blickte auf ihren Communicator am Arm. »Der Freeze passierte vor zwei Minuten.«

»Wie lange sind die beiden Ausfälle der Kameras in der Bodenstation vom Lift her?«, fragte Emma.

Joko kniff die Augen leicht zusammen und presste die Lippen aufeinander. »Das ist«, begann sie, »ziemlich genau fünf Stunden her.« Sie riss die Augen auf und öffnete den Mund vor Schreck. »Das heißt, nein, das kann doch nicht wahr sein.«

»Doch Joko, genau fünf Stunden braucht eine Transportkapsel mit dem Lift von der Boden- bis zur Orbitalstation. Wir haben womöglich ungebetenen Besuch vom Mars.«

»Anjay!«, rief Emma durch den Kontrollraum. »Aktivier zwei Kampfroboter und überprüf gemeinsam mit Hadya die Frachtebene. Informier mich sofort, wenn euch irgendetwas auffällt. Es sieht so aus, als ob Männer vom Mars in die Station eingedrungen sind. Nehmt Aufzug Nummer eins. Beeilt euch.«

Die Unteroffizierin salutierte und verließ den Raum.

Emma wandte sich der anderen wachhabenden Ingenieurin zu. »Deaktivier sofort alle Aufzüge mit Ausnahme von Aufzug eins und verriegel die Verbindungstüren zwischen den Ebenen. Räum die Dockebene und bring alle Frauen auf unsere Ebene.« Die Ingenieurin nickte und begann zügig, die Befehle ihrer Kommandantin umzusetzen. »Und schalt sofort den Marslift ab. Nicht, dass noch mehr von diesen Barbaren hier raufkommen.«

Genau für solch eine Situation hatte Emma immer wieder trainiert. Es war ihr erster Einsatz als Kommandantin der Orbitalstation 2 und sie hatte am Vorabend mit Kolleginnen ihr *Bergfest* gefeiert. Die Hälfte ihres sechsmonatigen Aufenthalts auf der Station war vorüber.

Doch Emma fühlte sich vorbereitet für einen Angriff. Drei Jahre lang hatte sie als stellvertretende Kommandantin auf der Orbitalstation 1 über der Erde gedient. Die Führungsakademie hatte sie mit Bestnoten ausgezeichnet und die Generalstabschefin hatte ihr Beförderungsgesuch persönlich abgezeichnet. Angeblich soll sie sogar der Ministerin von ihr berichtet haben. Die Ministerin, die Heldin ihrer Kindheit, die sie bis heute für ihren Kampfeswillen verehrte. Gerüchtehalber ist Abebi ja auch recht impulsiv und neigt zu Wutanfällen, wenn ihr etwas nicht gelingt. Ob sie je Gelegenheit bekommen wird, sie zu treffen? Emma strich sich über ihre kurzen braunen Haare. Womöglich lag die beste Chance für solch eine Begegnung direkt vor ihr. Ein paar Draufgänger waren aus der Kolonie in die Station eingedrungen und irrten auf der Frachtebene umher. Wenn sie die Männer festnahm – und wie sollte das ihr mit ihrem Team nicht in kürzester Zeit gelingen?, wäre das ein guter Anlass für eine Auszeichnung durch die Ministerin.

♂ ♂ ♂

Apoll legte seinem Freund die Hand auf die Schulter. Merkur lächelte gequält hinter dem Visier des Helms. Die kleine Diode an seiner Helminnenseite leuchtete rot. Gut, dachte Apoll. Hätte sie geblinkt, wäre die Atemluftversorgung nicht in Ordnung gewesen. Rot zeigte an, dass sie sich in einer lebensfeindlichen Atmosphäre befanden. Primus hatte vermutet, dass die Frachtebene der Station nicht mit Atemluft versorgt würde. Hier hielten sich für gewöhnlich keine Menschen auf. Die Logistik lief vollständig automatisiert.

Apoll nahm beide Rucksäcke und wies mit einem Nicken in die Richtung von Schleusentor siebzehn. Er blickte sich um, ob gerade neue Transportpaletten anrollten. Zusammen rannten sie zwischen den fahrenden Stapeln hindurch. Mehrmals mussten sie nach rechts oder links ausweichen. Der Countdown lief unerbittlich ab. Sie hätten bereits aus der Halle verschwunden sein sollen. Apoll schätzte die restliche Strecke bis zum Tor auf rund hundert Meter. Er blickte sich noch einmal um. In der Mitte konnte er unter der Decke Überwachungskameras sehen. So ein Mist, fluchte er in Gedanken und machte eine Geste zu Merkur, damit er sich beeilte.

Vor ihnen erstreckte sich mit einem Mal eine freie Fläche. Sie stoppten ruckartig und verharrten zwischen zwei mannshohen Stapeln. Von rechts schritt ein hochbeiniger Wartungsroboter auf dem freien Bereich vorbei. Beinahe wären sie ihm mitten vor die Beine gestolpert. Sie zogen sich neben einem Palettenstapel in die Dunkelheit zurück und bedeckten mit der Hand die schwach leuchtenden Messenger. Durch einen kleinen Spalt beobachtete Apoll, wie der Roboter weiterschritt. Rund zehn Meter entfernt von ihnen blieb er stehen und drehte sich langsam auf der Stelle. Er stand auf sechs hohen Beinen, die mehr als vier Meter lang sein mussten, da er in der Lage war, mühelos über die gestapelten Transportbehälter hinwegzuschreiten. An der Vorderseite drehte sich ein Kopf mal in die eine, mal in die andere Richtung.

Die Maschine bewegte sich auf sie zu und fuhr an der Unterseite zwei Greifarme aus. Apoll hielt die Luft an. Waren sie entdeckt worden? Der Roboter blieb plötzlich über einem Palettenstapel stehen, der offenbar seine vorgegebene Position verlassen hatte. Die Arme griffen den Stapel und schoben ihn an den vorgesehenen Platz zurück. Der Roboter schritt davon und positionierte seine sechs Beine so, dass sie sich zwischen den Rollbahnen für die Paletten befanden. Plötzlich rollten sämtliche Stapel wieder los. Der verdrehte Stapel hatte den Betrieb aufgehalten. Deshalb war das hochbeinige Monstrum gekommen, dachte Apoll. Die metallene Gestalt entfernte sich. Apoll hoffte, dass sie ihr nicht noch einmal begegnen würden.

Das geöffnete Schleusentor siebzehn befand sich rund dreißig Meter vor ihnen. Gabelstapler luden die ständig ankommenden Paletten mit exakt koordinierten

Abläufen in den Frachtcontainer ein, der an der Außenseite der Schleuse verankert war. Er war mit Hunderten Behältern und Paletten bereits fast vollständig gefüllt. Verdammt, sie mussten sich beeilen. Er blickte auf seinen Messenger, noch sechzehn Sekunden.

Apoll gab Merkur ein Zeichen. Er atmete tief ein. Dann rannten sie in Richtung des Tors. Direkt daneben befand sich in der Außenwand eine Stahltür zu einer Personenschleuse. Apoll legte mit beiden Händen den Riegel um, und sie warfen sich durch den Zugang in die Schleuse. Apoll riss die Tür hinter ihnen mit einem Knall zu. Der Countdown war in jener Sekunde abgelaufen.

♀ ♀ ♀

»Kommandantin, die Kameras im Frachtraum laufen wieder«, sagte Joko im Kontrollraum der Orbitalstation 2. Emma blickte mit ihr auf den Bildschirm. In der Halle schien es keine Auffälligkeiten zu geben.

»Keine Staus, Ausfälle, Besonderheiten?«

Joko prüfte Zahlenkolonnen auf einer anderen Anzeige. »Ein Stau, den einer der Serviceroboter gerade behoben hat, und noch ein Stillstand mit einigen Paletten in Sektor zwei. Das kommt allerdings häufiger vor. Sonst keine Auffälligkeiten. Die Transportkapseln, Stapel und Roboter bewegen sich ordnungsgemäß.«

»Wie weit ist die Fähre beladen? Wann dockt sie ab?«

Joko schaute wiederum auf einen anderen Bildschirm.

»Beladung steht bei 99,9 Prozent. Es fehlen noch neun Container. Die Fähre dockt in weniger als zehn Minuten ab.«

Emma trat ans tiefe Panoramafenster der Station und blickte zu dem riesigen Frachtraumschiff hinunter, das am langen Ausleger der Dockebene ankerte. Drohnen brachten die letzten Container zum hintersten Frachtmodul. Neben der Fähre sahen die einzelnen Frachtcontainer wie Spielzeugbausteine aus.

»Okay, lasst die Fähre abdocken. Gaia braucht die Rohstoffe dringend. Die Lagerbestände dort sind niedrig. Wenn euch irgendetwas auffällt, stoppt das Abdocken.«

♀ ♀ ♀

In ihren Schutzanzügen betraten Anjay und Hadya mit den beiden Kampfrobotern Aufzug Nummer eins, der die Kontrollebene der Raumstation mit den unterhalb liegenden Dock- und Frachtebenen verband.

Hadya fröstelte, jedoch nicht vor Kälte. Es war ihr erster Einsatz mit den Kampfbots. »Bin gespannt, ob sich tatsächlich ein paar von den Kerlen hierher verirrt haben. Ein bisschen angespannt bin ich ja schon.«

»Ich glaube, das Ganze entpuppt sich mal wieder als Fehlalarm. Emma wird schnell nervös«, sagte Anjay mit abgebrühter Stimme. Sie gehörte zu den erfahrensten Soldatinnen auf der Station und im Gegensatz zu Hadya verfügte sie über reichlich Kampferfahrung. Sie leistete in den ersten Jahren nach der Gründung von Gaia ihren Dienst beim Grenzschutz im Maghreb ab. Dort galt der

Gebrauch von Waffen als Regel, nicht als Ausnahme.

Anders auf dem Mars. Seitdem die 100 000 Jungen in die Kolonie gebracht worden waren, hatte es einige Zwischenfälle gegeben. Dazu zählten ein größerer Hungerstreik, ein Streik in der Erzwäsche und einige Aufstände in den Wohnquartieren. Beim letzten Vorfall hatten sich Männer in ihrem Quartier verbarrikadiert und bessere Lebensbedingungen gefordert. Die Antwort der Gyne kam schnell und brutal. Sie reduzierten die Atemluft in der Kolonie drastisch und stoppten die Wasser- und Essensausgabe. Binnen 24 Stunden war der Aufstand beendet. Männer aus anderen Quartieren räumten kurz vor dem Bewusstseinsverlust die Barrikaden beiseite, Wächter ergriffen die Rädelsführer und bestraften sie. Die Wachsoldatinnen in der Orbitalstation hatten seit Einrichtung des Lagers auf dem Mars kein einziges Mal persönlich oder mit den Kampfrobotern in der Kolonie eingegriffen. Die Kollektivstrafen hatten sich als ausreichend erwiesen, um die Ordnung und Disziplin unter den Männern aufrechtzuerhalten.

Der Aufzug kam auf der Frachtebene an. »Dann wollen wir mal. Kopf hoch, Süße. Du wirst sehen: Wir checken die Frachtebene und sind in einer Stunde zurück.« Sie küsste ihre Freundin kurz und setzte ihren Helm auf. Dann drückte sie die Freigabetaste auf dem Bedienpanel, damit sich die druckfesten Türen öffneten. Augenblicke später traten sie auf eine hochgelegene Plattform in der Mitte der Frachthalle. Von dort oben bot sich ihnen ein Rundumblick.

Die beiden Kampfroboter neben Anjay und Hadya sahen Menschen nicht unbedingt ähnlich. Sie hatten zwar zwei Beine und zwei Arme sowie einen massiven Rumpf. Jedoch fehlte ihnen ein Kopf, und sie bestanden aus Metall und anderen künstlichen Werkstoffen. Die Arme der Bots enthielten auf beiden Seiten verschiedene Waffensysteme, darunter Taser, Schuss- und Stichwaffen. Sie waren in der Lage, sowohl im Nahkampf als auch auf größere Entfernung Gegner effektiv zu bekämpfen. Die beiden Frauen trugen jeweils eine Handfeuerwaffe. Sie waren wie die Schusswaffen der Roboter auf der Station aus Sicherheitsgründen mit nichttödlicher Munition bestückt – Löcher in der Außenhülle hätten fatale Folgen.

Anjay ließ ihren Blick durch die Halle schweifen.

»Siehst du etwas Verdächtiges?« Sie blickte zu ihrer Kameradin, die gebannt in eine Richtung starrte. »Hadya, ist da etwas?«

Hadya zeigte mit dem Finger zu einem der hochbeinigen Roboter, der vergeblich versuchte, einen zwischen zwei Tankbehältern verkeilten Stapel zu bewegen.

»Kontrollraum«, sagte Anjay über Funk, »deaktiviert Sektor zwei der Lagerhalle. Es gibt dort etwas, das wir uns ansehen müssen, und ich möchte nicht, dass uns ein Palettenstapel überrollt.«

»Klar, wird gemacht. Truppführerin, Aktion bestätigt und ausgeführt. Ihr habt freie Bahn in Sektor zwei.«

Anjay stieg, gefolgt von Hadya und den beiden Kampfrobotern, die Wendeltreppe von der Plattform zum Boden der Halle hinab. Sie bahnten sich den Weg zwischen den Stapeln hindurch zu dem hochbeinigen Wartungsroboter.

Als Anjay sich ihm näherte, traute sie ihren Augen

nicht. Die Maschine stand über einem Stapel aus zwei Druckbehältern. An deren Seite stand in Großbuchstaben XENON geschrieben. Beim unteren Behälter war eine Seitenwand wie eine Tür nach außen abgespreizt und hatte sich in einer danebenstehenden Transportpalette verkeilt. Der Roboter hatte versucht, die Stapel zu trennen. Nun stand er still da. Die Abschaltung des Sektors hatte auch ihn lahmgelegt.

»Charlie, du schusseliger Roboter!«, schimpfte Anjay mit betont strenger Stimme. »Machst du unsere Behälter schon wieder kaputt, aus, Charlie, böser Charlie.« Die Frauen in der Orbitalstation hatten es sich zur Gewohnheit gemacht, den Robotern männliche Vornamen zu geben und sie wie unartige Hunde zu behandeln. Manchmal kam sich Anjay dabei albern vor, aber irgendwie passte es.

Sie griff nach der abstehenden Seitenwand des Druckbehälters und versuchte, sie zu bewegen. Sie erstarrte.

»Anjay, was ist los?«, fragte Hadya, die einige Meter entfernt von ihr stand.

»Hadya, das musst du dir ansehen. Komm her. Ich fasse es nicht.«

»Truppführerin, hier spricht die Kommandantin. Lagebericht. Was ist bei euch los? Braucht ihr Verstärkung?«

»Kommandantin, schau dir die Bilder meiner Helmkamera an. Ich zeige es dir.«

Anjay filmte den Behälter mit der verbeulten und festgeklemmten Seitenwand. Dann kletterte sie an den Stahlstreben zu dem oberen Tankbehälter. Während sie sich mit einer Hand festhielt, strich sie mit der anderen an der Außenhaut entlang. Es dauerte nicht lange, bis sie den verdeckt angebrachten Verschluss ertastete und ihn aufschnappen ließ. Sie zog die Seitenwand auf und blickte in den leeren Transportbehälter.

»Anjay, ist es wirklich das, wonach es aussieht?«

»Ja, Kommandantin. In diesen Gastanks sind Männer vom Mars in die Station eingedrungen. Schicke uns sofort Verstärkung – und zwar bewaffnet.«

Anjay hatte sich geirrt. Dies war kein Fehlalarm.

♂ ♂ ♂

Als Apoll und Merkur, vor Anstrengung und Stress keuchend, durch die Schleuse auf die kleine Arbeitsplattform außerhalb der Frachtebene traten, bot sich ihnen ein überwältigender Anblick: Unter ihnen ging es 17 000 Kilometer in die Tiefe bis zur Oberfläche des Mars. Über ihnen erstreckte sich der Weltraum. Doch Apoll blickte weder nach unten noch nach oben. Er schaute mit weit geöffneten Augen nach vorn. Dort ankerte die Pendelfähre am Ausleger der Dockebene. Bei seiner Reise von der Erde zum Mars vor über zehn Jahren hatte er das Raumschiff nicht von außen gesehen. Die Jungen waren in fensterlosen Frachtcontainern transportiert worden, die man mit einer Druckkammer und einfachen Sanitäreinrichtungen für den Transport zum Mars umgerüstet hatte.

Den vorderen Teil der Fähre bildete ein Trichter aus einem dünnen, metallisch schimmernden Material. Er zog sich schier endlos in die Länge. Apoll schätzte, dass man im Dauerlauf eine halbe Stunde von der Spitze bis zum Ende benötigen würde. Auch die Öffnung hatte unvorstellbare Ausmaße. Dort hätte wohl ein Hochhaus mit sechzig Stockwerken hineingepasst. Zum restlichen Teil des Raumschiffs hin verjüngte sich der Trichter auf einen Durchmesser von wenigen Metern. Von Apolls Position aus erschien diese Stelle winzig und zerbrechlich. Primus hatte ihm das Prinzip des Trichters erklärt: Er fing elektrisch geladene Teilchen im Weltall ein und schleuste sie zu einem Fusionsreaktor. Dieser Reaktor wiederum wandelte die Teilchen in einen kraftvollen Antriebsstrahl um, der die Fähre bei der Überfahrt zwischen Mars und Erde auf mehr als 250 000 Stundenkilometer beschleunigte und bei Ankunft an der Orbitalstation wieder abbremste. Zwar hatte der Bau der Fähren Unsummen verschlungen, doch langfristig sollte sich der Aufwand durch die gesparten Treibstoffkosten rentieren. Denn die Konstruktion hatte einen entscheidenden Vorteil: Das Raumschiff betankte sich laut Primus während der Fahrt von selbst.

Soweit Apoll erkennen konnte, schloss sich an den Trichter ein Kommando- und Passagiermodul an, gefolgt von zahlreichen Frachtmodulen. Primus behauptete, die Raumschiffe flögen automatisch, eine Crew an Bord sei nicht erforderlich. Das Kommando- und Passagiermodul habe nicht mal Fenster. Das gesamte Ding erinnerte Apoll an ein riesenhaftes Insekt mit einem überdimensionierten Rüssel.

Er spürte einen Schlag auf die Schulter und drehte sich um. Merkur machte ihm mit hektischen Gesten deutlich, dass er sich beeilen solle. Plötzlich ruckelte der

Transportcontainer neben ihrer Plattform, der außen am Schleusentor siebzehn angedockt war. Offenbar war die Beladung abgeschlossen und der Container wurde versiegelt. Tor Nummer siebzehn würde sich schließen. Apoll griff nach den beiden Rucksäcken, kletterte auf das Geländer, ging in die Knie und sprang mit voller Kraft ab. Dank der geringen Anziehungskraft glitt er leicht mehrere Meter durch die dünne Luft und landete auf dem Oberteil des Transportcontainers. Er zog den Karabiner am Seil von seinem Hüftgurt und befestigte ihn an einer Öse am Rand der Stahlbox. Der Container ruckelte abermals, und das Andockmodul der Schleuse zog sich zurück. Er schaute zu Merkur. Dieser war ebenfalls auf das Geländer geklettert. Er ging in die Hocke und sprang ab. Doch Merkur war nicht kräftig genug gesprungen. Anders als Apoll schaffte er es nicht bis auf den Container hinauf. Er knallte gegen die Außenhaut und klammerte sich mit beiden Händen an der oberen Kante fest. Der Container setzte sich in Bewegung. Eine Transportdrohne, die sich an seiner Unterseite befestigt hatte, bugsierte ihn in Richtung der Pendelfähre. Der Container beschleunigte. Apoll kroch, so schnell er konnte, auf allen vieren bis an den Rand.

Merkurs linke Hand fand keinen Halt mehr und rutschte ab. Apoll warf sich auf den Bauch und packte seinen rechten Unterarm. Er sah, wie Merkurs Finger sich von der Kante lösten. Sein Freund hätte sich keine weitere Sekunde aus eigener Kraft mehr festhalten können. Apoll zog ihn auf den Container herauf und befestige seinen Karabiner an der Öse. Durch das Visier konnte Apoll die sich langsam verflüchtigende Panik in

Merkurs Gesicht sehen. Ihn hatten nur Bruchteile von Sekunden vom sicheren Tod getrennt. Apoll klopfte seinem Freund auf die Schulter.

Zusammen kletterten sie zum gegenüberliegenden Rand des Containers. Sie setzten die Rucksäcke auf und ließen sich an dem Sicherungsseil hängend über den Rand ein kurzes Stück nach unten gleiten. Unter ihnen erstreckte sich die Tiefe bis zur Oberfläche des Mars. Zwar war die Fallbeschleunigung durch die geringe Gravitation deutlich niedriger, doch aus 17 000 Kilometern Höhe wäre ein Sturz auf den Mars genauso tödlich wie auf die Erde. Sie hingen nebeneinander an der Außenhaut des Containers und damit außerhalb der Sicht der Kontrollebene der Station. Sie konnten durchatmen, zumindest für einige Minuten.

♀ ♀ ♀

»Anjay«, rief Kommandantin Emma über die Funkverbindung. »Tor siebzehn! Ein Roboter hat dort ein ungewöhnliches Geräusch registriert, ein metallisches Scheppern. Vielleicht die Personenschleuse!«

Anjay und Hadya rannten mit beiden Kampfrobotern zum Tor siebzehn. Das große Schleusentor, durch das der Transportcontainer befüllt worden war, war geschlossen. Sie schauten sich um. Anjay sah nichts, was auf die mögliche Anwesenheit der Männer hindeutete. Sie befahl den Kampfbots, die Umgebung des Tores zu scannen. Hadya zeigte auf die Personenschleuse, die sich rund zehn Meter entfernt von ihnen in der Außenhülle befand. Anjay nickte. Sie streckten beide ihre Waffen vor und näherten sich vorsichtig der Tür. Sie schritten durch die Schleuse und gelangten auf die kleine Arbeitsplattform außerhalb der Frachtebene. In rund 200 Metern Entfernung schwebte vor ihnen der Transportcontainer, der kürzlich an Tor siebzehn beladen worden war, zur Pendelfähre. Anjay blickte sich um. Außen an der Hülle der Frachtebene konnte sie niemanden sehen.

»Wo sind sie hin?«, fragte Hadya. »Sie können sich doch nicht in Luft aufgelöst haben.«

»Wir werden jeden Winkel der Frachtebene durchsuchen. Irgendwo müssen sie sich verstecken.«

Eine Soldatin meldete sich: »Truppführerin, ich bin mit zehn Soldatinnen und zwei Robotern als Verstärkung auf der Frachtebene eingetroffen.«

»Gut«, sagte Anjay. »Hier draußen sind sie nicht. Machen wir uns drinnen auf die Suche.«

♀ ♀ ♀

Emma stand neben Joko im Kontrollraum. Sie hatte als Kommandantin der Station jeden Schritt von Anjay und Hadya verfolgt und ihnen sofort Verstärkung geschickt, nachdem sie die manipulierten Transportbehälter entdeckt hatten. Sie ging nochmals zum Außenfenster des Kontrollraums und blickte zur Fähre. Sie fixierte den Container, der sich vom Tor siebzehn zum hinteren Ende der Fähre bewegte und dort in Kürze ankommen würde. Konnten die Männer in dem Container stecken? Das war eigentlich unmöglich, da jeder Container bis auf wenige Zentimeter Platz am Rand eng und voll beladen war. Waren Sie vielleicht in andere Behälter umgestiegen? Hätten sie dafür überhaupt Zeit gehabt? Am besten würde Emma den Start der Pendelfähre abbrechen. Sie war in diese Überlegungen vertieft, als plötzlich ein Alarm im Kontrollraum ertönte.

Die andere wachhabende Ingenieurin rief: »Kommandantin, einer der Bagger! In der Mine.« Emma eilte zu ihr. Auf dem Bildschirm war einer der Schaufelradbagger auf dem Mars zu sehen. Sein Arm mit dem großen Schaufelrad lag abgeknickt auf dem Boden. Die Stahltrossen, an denen der Arm befestigt gewesen war, waren in verschiedene Richtungen weggerissen. Rauch stieg aus den Trümmern auf.

Emma fluchte laut und schlug mit der Faust auf den Tisch. Ihr wurde allmählich bewusst, dass sie es nicht mit ein paar Draufgängern aus der Kolonie zu tun hatte, die in der Frachtebene herumirrten. Das war ein strategisch geplanter Angriff von Terroristen. Sie wollten einen Kampf. Den sollten sie bekommen. Und sie ihre persönliche Auszeichnung von der Ministerin.

KAPITEL 9
RETTUNGSMODUL

Von außen an dem Frachtcontainer hängend richtete Apoll den Blick in die Tiefe. Trotz der Entfernung erkannte er den Talkessel Hebes Chasma mit dem markanten Tafelberg. Von dessen Rücken aus erstreckten sich die parallelen Graphenbänder bis zur Orbitalstation. Der Countdown auf seinem Messenger betrug eine Minute und zwei Sekunden. Wenn die Sprengstoffe wie geplant gezündet hatten, müsste sich in der Mine im Talkessel soeben eine Explosion ereignet haben. Dann würde sich bald zeigen, ob die Zerstörung des Tagebaubaggers die Gyne hinreichend ablenkte. Würde die Fähre ablegen und planmäßig Richtung Erde aufbrechen? Oder würden die Frauen das gigantische Gefährt stoppen und nach ihnen durchsuchen?

Der Container erreichte seine finale Ladeposition im Frachtmodul der Fähre, und die Transportdrohne an seiner Unterseite manövrierte ihn zentimetergenau an die richtige Stelle. Das Befestigungssystem schloss automatisch die Drehriegel. Die Drohne löste sich und flog zur Frachtebene der Orbitalstation zurück. Apoll blickte ihr nach. Die letzten Frachtboxen befanden sich im Anflug auf die Fähre. In wenigen Minuten war die Beladung abgeschlossen.

Über ihnen erhob sich eine rund hundert Meter hohe

Wand aus Containern. Es war ein wuchtiger Anblick. Apoll und Merkur verbanden sich mit ihren Sicherungsseilen. Sollte einer von ihnen beim Klettern abrutschen, würde der andere sie beide hoffentlich vor einem Absturz bewahren. Andernfalls schlügen sie nahe der Marskolonie wie ein Sack Mehl auf dem Boden auf. Wie hoch die Aufprallgeschwindigkeit wohl wäre? Was wäre, wenn sie auf das Atmosphärendach über der Arena und dem See krachten? Ob die dünne lebensbewahrende Hülle der Wucht standhielt? Apoll verdrängte diese Gedanken, die ihm ein flaues Gefühl in der Magengegend verursachten.

Merkur und er kletterten an dem Stahlträgerskelett des Frachtmoduls nach oben. Zwar strengte ihn der Aufstieg kaum an. Hoch über der Oberfläche des Mars war die Anziehungskraft des Planeten nochmals spürbar geringer. Doch in den klobigen Raumanzügen bestand ständig die Gefahr, dass sie ins Leere griffen oder den Halt verloren. Als sie die Hälfte der wuchtigen Wand aus Containern bewältigt hatten, gelangten sie zum Hauptstrang der Pendelfähre. Sie führte über die gesamte Länge von 500 Metern vom Teilchentrichter durch das Kommandomodul und durch sämtliche Frachtmodule bis zur abschließenden Antriebseinheit. Die Röhre stellte die Hauptstruktur der Fähre und ihre Lebensader dar. Durch sie verlief die Supraleiterbahn für die eingefangenen Teilchen, auf der sie in den Fusionsreaktor schossen. Apoll dachte wieder an das Bild des riesenhaften Insekts.

Sie kletterten von den Stahlträgern auf den Hauptstrang. Ein Blick auf seinen Messenger verriet Apoll, dass sie innerhalb des Timings lagen, wenn auch nur knapp. In vierzehn Sekunden sollte die Fähre gemäß ihrem Fahrplan abfliegen. Viktor hatte ihm die Logbuch-Dateien aus dem System gezeigt, demnach in den vergangenen Jahren keine einzige Pendelfähre verspätet aufgebrochen war. Die Warenkette zwischen Mars und Erde lief mit einer faszinierenden Präzision. Apoll drückte auf das Minidisplay des Messengers und die Anzeige wechselte vom Countdown zur verbleibenden Atemluft. Er hatte einen Rest für 32 Minuten. Sie hatten die Luft durch das Rennen und den Stress schneller verbraucht als geplant.

♀ ♀ ♀

Emma starrte auf den Bildschirm der wachhabenden Ingenieurin, der die Trümmer des Schaufelradbaggers zeigte. Sie aktivierte ihren Funk.

»Anjay, wie ist die Lage bei euch? Habt ihr auf der Frachtebene etwas gefunden?«

Nach einem kurzen Augenblick meldete sich die Truppführerin. »Negativ. Außer den beiden manipulierten Gasdruckbehältern haben wir bisher nichts entdeckt. Es gibt keine Spur der Männer.«

»In der Marsmine wurde offenbar gerade einer unserer Bagger attackiert. Ich glaube nicht, dass es ein Unfall war. Womöglich haben die Männer eine Bombe eingesetzt. Wir haben es nicht mit irgendwelchen Dilettanten zu tun, die versuchen, aus der Marskolonie abzuhauen. Dies ist ein geplanter Angriff.«

In der Funkverbindung herrschte kurzes Schweigen.

»Anjay? Die Typen sind gefährlich.«

»Ja, Emma. Verstanden.«

»Teilt euch auf und erweitert die Suche auf die äußeren Bereiche der Frachtebene. Es ist möglich, dass sie sich draußen versteckt halten. Dreht zur Not jeden Transportbehälter um. Beeilt euch. Wir müssen sie finden!«

Als sie die letzten Worte ausgesprochen hatte, wurde sich Emma bewusst, dass sie am Ende fast geschrien hatte. Sie atmete tief durch und verschränkte die Hände hinter dem Rücken. Auf dem Mars schien sich heimlich eine Terrorzelle gebildet zu haben. Wie hatten sie das nicht bemerken können? Wer war ihr Anführer? Wie viele Mitglieder hatten sie? Was war ihr Plan? Emma musste Antworten auf diese Fragen finden und den Angriff schnell unter Kontrolle bringen.

Sie wandte sich der wachhabenden Ingenieurin zu. »Joko, hast du irgendetwas Auffälliges auf der Fähre festgestellt?«

»Nein, alles normal. Die Fähre ist vollständig beladen und legt in –« Sie schaute auf den Bildschirm. »Korrigiere, die Fähre hat vor wenigen Sekunden abgelegt.«

Emma presste die Lippen aufeinander und knetete ihre Hände. Sie wandte sich der anderen Ingenieurin zu. »Was ist in der Mine und der Kolonie los? Tut sich dort etwas?«

»Ganz ehrlich, ich verstehe es nicht. Seit der Explosion an unserem Bagger ist nichts weiter passiert. Es ist ruhig in der Kolonie. Die Männer halten die Beschädigung des Baggers offenbar für einen Unfall. Im Kontrollturm der Mine stellen sie einen Reparaturtrupp für einen Außeneinsatz zusammen, um sich ein Bild von der Situation zu machen.«

Emma schwieg. »Kommandantin, sollen wir eine Strafaktion auslösen? Wir sollten mindestens zwei Wochen verhängen, oder?«

Ihr Communicator vibrierte. Natalia, die Generalstabschefin, hatte geantwortet. Aktuell betrug die Zeit, die eine Nachricht zur Übertragung zwischen Mars und Erde benötigte, rund dreieinhalb Minuten. Sie ging zu ihrem Kontrollpult, nahm das Pad, das aus einem durchscheinenden Bildschirm bestand, und öffnete die Videomitteilung. Natalia äußerte ihre Beunruhigung über die Situation und bat Emma, ihr regelmäßig Berichte zur aktuellen Lage zu senden. Sie würde den Sicherheitsrat und die Oberste informieren und benötige detaillierte Angaben zu den Geschehnissen auf dem Mars und in der Orbitalstation.

Emma atmete durch und setzte sich. »Joko, wie lang ist die Flugzeit der Fähre?« Die Ingenieurin holte sich die Flugpläne auf einen ihrer Bildschirme. »Die Flugstrecke beträgt gemäß der gegenwärtigen Position von Erde und Mars rund sechzig Millionen Kilometer. Die Flugzeit beträgt zehn Tage und drei Stunden.«

Emma lehnte sich in ihrem Stuhl zurück. Sie rieb sich das Gesicht mit den Händen und sagte leise zu sich selbst: »Was für ein Chaos.«

Bei den Sicherheitsübungen in den vergangenen Jahren hatten die Gyne zig Angriffsszenarien der Männer simuliert. Doch keines ähnelte den Geschehnissen des heutigen Tages. Der Generalstab hatte angenommen, die Männer in der Marskolonie würden gegen die Strafmaßnahmen oder die schlechten Lebensbedingungen rebellieren. Sie hatten Planspiele geprüft, in denen die Männer streikten, Geiseln nahmen, die Bodenstation des Lifts stürmten oder die Einrichtung der Kolonie demolierten. Sogar einen von ihnen herbeigeführten Einsturz des Atmosphärendachs hatten sie durchgespielt. Für jedes dieser Szenarien lag eine Blaupause parat. Doch jetzt? Was sollte sie mit diesen offenbar nicht zusammenhängenden Ereignissen anfangen?

»Kommandantin?«, meldet sich Joko von ihrem Platz aus.

»Was ist? Gibt es etwas Neues?«

»Aktuell nicht. Ich frage mich aber, wie wir weiter vorgehen sollen.«

Bevor Emma antwortete, ging sie im Kopf noch einmal die nächsten Schritte durch. Hatte sie an alles gedacht?

»Anjay und Hadya suchen mit dem Team und den Kampfrobotern die Frachtebene samt Außenhülle ab. Sollten sie dort niemanden finden, setzen wir die Suche in der Dockebene und dann in der Wohn- und Kontrollebene fort. Wobei ich mir beim besten Willen nicht vorstellen kann, wie diese Barbaren dorthin gekommen sein sollen.«

»Alle Zugänge sind verriegelt, die Aufzüge deaktiviert, die Treppenhäuser bewacht. Da kommen die nicht durch«, sagte Joko zustimmend, während Emma ein wenig Erleichterung in der Stimme der Ingenieurin wahrnahm. Sie schätze die Kollegin für ihr Wissen über die Station und die Kolonie. Auf sie konnte sie sich verlassen, eine fähige Frau. Doch als Soldatin wäre sie kaum geeignet, würde sicher schon bei der kleinsten Gefahr die Nerven verlieren.

Emma würde zur Not die gesamte verdammte Station auf den Kopf stellen, bis sie die Terroristen entweder festgenommen hatte oder zu hundert Prozent sicher war, dass sich kein Mann auf einer der Ebenen befand. Falls Letzteres zutraf, hatten sie es auf die Fähre geschafft und waren auf dem Weg zur Orbitalstation über der Erde. Diesen Gedanken sprach Emma gegenüber Joko erst einmal nicht aus. Das würde sie zuerst mit der Generalstabschefin klären. So wie Emma ihre oberste Chefin einschätzte, hatte die nichts dagegen, den blinden Passagieren einen herzlichen Empfang auf der Orbitalstation zu bereiten – und sie direkt in die Mündungen ihrer Waffen schauen zu lassen.

»Ich frage mich, was eigentlich in der Kolonie und der Mine los ist«, sagte die andere Ingenieurin, die an dem Pult links von Joko saß. »Der Ausfall des Baggers war sicher kein Unfall. Man konnte die Explosion klar erkennen. Aber warum? Wollen sie unsere Produktion lahmlegen?«

»Vielleicht ist das ein Grund. Womöglich diente dieser Angriff aber auch als Ablenkung. Sie beschäftigen uns, während sie im Hintergrund ihre perfiden Pläne umsetzen. Wir sollten darauf vorbereitet sein, dass sie uns noch an anderen Stellen unerwartet angreifen.«

Auch Emma kam es seltsam vor, dass sie in der Marskolonie keine Auffälligkeiten beobachten konnten. Dort ging alles – mit Ausnahme der Aufregung im

Kontrollturm der Mine – seinen gewohnten Gang. Keine Versammlungen von wütenden Minenarbeitern, keine Angriffe, keine Proklamationen, keine Loyalitätsbekundungen mit den Terroristen. Wusste in der Kolonie wirklich niemand von den Geschehnissen? Befand sich die Terrorgruppe gar nicht dort drinnen, sondern draußen? Emma war überzeugt, dass die Männer, die in die Orbitalstation gelangt waren, nicht allein handelten. Die Manipulationen am Überwachungssystem waren durch andere gesteuert worden. Für solch eine Aktion bedurfte es einer Reihe von klugen Köpfen. Sie musste dieses Terrornest finden und ausräuchern, bevor das Problem außer Kontrolle geriet.

Sie ballte die Fäuste. Es wurde Zeit, dass sie den Bericht an die Generalstabschefin schickte und sich an die Arbeit machte. Diese Barbaren auf dem Mars, dieser Haufen widerwärtiger Verbrecher würde Gaia keinen Schaden zufügen. Das würde sie nicht zulassen. Sobald die Fahndung auf der Station beendet war, würden sie zum Mars hinabfahren und sich dort auf die Suche nach den Terroristen machen.

♂ ♂ ♂

Die Frachtfähre setzte sich so sanft mit ihren Steuerdüsen in Bewegung, dass Apoll den Start zunächst gar nicht spürte. Der Countdown hatte ihm den Moment auf die Sekunde genau angezeigt. Die Automatisierung erlaubte es dem Computersystem, jeden Schritt zeitlich exakt zu planen und auszuführen. Versagen, Verspätung oder Vergessen – klassische Ergebnisse menschlichen

Handelns – kannte das System nicht. Das hatte Primus und seinem Team die Möglichkeit gegeben, ihre Mission ebenfalls auf die Sekunde genau zu planen. Die Perfektion hatten sie als entscheidende Schwäche der Gyne ausgemacht. Sie kannten jeden Schritt im Voraus.

Apoll und Merkur liefen auf dem Wartungssteg des Hauptstrangs entlang nach vorne in Richtung des Kommandomoduls. Die Strecke betrug rund 400 Meter, eine ganze Sportplatzrunde. In wenigen Minuten würde sich die Fähre weit genug von der Station entfernt haben, um mit voller Kraft zu beschleunigen. Bis dahin sollten sie sich besser in Sicherheit befinden. Die Fähre löste sich zunächst mit ihren Energiereserven von der Anziehungskraft des Mars. Im freien Weltraum nutzte sie die gewonnene Energie aus dem Teilchenkollektor, um ihre Geschwindigkeit zu erhöhen. Ihr war es nicht möglich, die Reise zu unterbrechen und auf dem Weg zwischen den Orbitalstationen anzuhalten. Wie ein erschöpfter Marathonläufer würde sie liegenbleiben und könnte aus eigener Kraft nicht neu bis zur Reisegeschwindigkeit beschleunigen. Sie würde nach Hause schleichen müssen, und ihre Reise sich um Monate verzögern. Dieser *Point-of-no-Return* begann bereits wenige Minuten nach dem Start. Die Chinesen hatten bei der Entwicklung auf maximale Effizienz gesetzt und keine Reserven eingeplant.

Apoll geriet beim Laufen auf dem Wartungssteg plötzlich ins Straucheln. Die Fähre hatte ihre Drehung beendet und entfernte sich nun langsam von der Orbitalstation in Richtung des Weltraums. Apolls Messenger zeigte 2 Minuten und 17 Sekunden an. Dann würde die

Fähre beschleunigen, und Apoll und Merkur würden von der Wucht ins All geschleudert werden, von wo aus sie – anfangs wie in Zeitlupe – auf die Oberfläche des Mars stürzten.

Sie erreichten das Kommandomodul am vorderen Ende. Diesen Abschnitt der Mission hatten sie mit Primus, Viktor und Andrew intensiv geplant. Sie hatten schnell die Idee verworfen, das Kommandomodul selbst für die Reise zu nutzen. Erstens bestand das Risiko, dass bei dem Flug Frauen in dem Modul zur Erde unterwegs waren. Ihnen wären sie direkt in die Arme gelaufen. Zweitens ging Viktor davon aus, dass die Gyne in dem Kommandomodul leicht die Heizung oder die Versorgung mit Atemluft abschalten könnten. Sie würden am Ziel der Reise ankommen – allerdings tot. Viktor hatte daher eines der beiden Rettungsmodule als Transportmittel vorgeschlagen. Sie waren autark vom System der Fähre, boten eine eigene Bordkontrolle und eine Außenschleuse.

Apoll und Merkur kletterten flink die Leiter empor, die vom Wartungssteg zum oberen Rettungsmodul führte. Die Außenschleuse wies zwei Drehverschlüsse auf. Apoll brach die Wartungssiegel, entriegelte die Verschlüsse und drehte sie auf. Die Luke ins Innere erwies sich als klein und eng. Er blickte zu Merkur. Dieser hatte seinen Rucksack geöffnet und ein elektronisches Bauteil in der Größe eines Schuhkartons herausgezogen, die Schnittstelle. Aus dem Gerät hingen Kabel mit Anschlussklemmen. Merkur kroch zu der Stelle, an der Rettungs- und Kommandomodul verbunden waren.

Apoll, in seinem unförmigen Raumanzug, zwängte sich in die Schleuse und schaltete seine Helmlampe ein. Rechts befand sich ein Hebel. Er schloss den oberen Deckel und betätigte den Hebel, woraufhin die Luke nach unten aufschwang. Das Rettungsmodul wies keine Fenster auf und war daher vollkommen dunkel mit Ausnahme eines roten Blinklichts. Er schloss die Luke über sich und begab sich zum Kommandoterminal. Unter einer Abdeckung fand er einen Kippschalter mit der Beschriftung »Main«. Er kippte den Schalter nach vorn, und das gesamte Modul erwachte zum Leben. Sein Messenger zeigte 47 Sekunden an.

Verdammt, sie waren wieder knapp dran. Apoll drehte sich um und schaute zur Schleuse. Ein leichter Ruck ließ das Modul erzittern. Das Haupttriebwerk zündete. In wenigen Augenblicken würde die Fähre beschleunigen. Dann sollte sich Merkur besser nicht mehr kletternd auf der Außenseite des Rettungsmoduls befinden und an der Schnittstelle herumhantieren. Nur noch sieben Sekunden. Apoll überlegte hektisch, wie er seinem Freund helfen konnte. Vielleicht mit dem Gurtset? Konnte er ihn damit sichern? Er hechtete zurück zu der Luke. Plötzlich riss ihn die Beschleunigungskraft nach hinten. Er erwischte eine Griffstange und hielt sich daran fest. In dem Moment schwang die Innenluke der Schleuse auf. Ein Paar Stiefel erschien, und der Rest von Merkur folgte. Sein Freund stürzte direkt auf ihn. Apoll prallte gegen die Innenwand des Moduls, bevor er Halt auf einem Sitz fand. Merkur landete auf ihm und schaute ihn durch das Helmvisier an. Er war blass und verschwitzt. Seine Augenlider zitterten – und dann erschien ein breites Grinsen auf seinem Gesicht. Apolls Herz machte einen Sprung, sie hatten es geschafft. Sie waren in Sicherheit und die Schnittstelle installiert. Merkur schloss vor Erschöpfung die Augen und sein Grinsen ging in ein zufriedenes Lächeln über.

♂ ♂ ♂

Rund 17 000 Kilometer unter ihnen aktivierte Plutus den Ventilator im Towerraum des alten Raumhafens. In den vergangenen Stunden hatten sie ihre letzten Ausrüstungsgegenstände verpackt und auf Wagen geladen. Sie hatten sämtliche Spuren ihrer Anwesenheit in der Anlage verwischt, die Stromzufuhr gekappt und die Lüftungsfilter ausgebaut. Als finalen Schritt verteilte Plutus in allen Hallen und Räumen mit dem Ventilator reichlich Marsstaub. Primus war sicher, dass die Gyne den Ort gründlich nach ihnen absuchen würden.

Er trug einen Raumanzug mit Helm. Schon vor Stunden hatten sie die Atemluft aus dem Gebäude abgelassen. Die Temperatur sank rapide. Plutus fühlte sich gut. Sie hatten zwar keinen Funkkontakt zu Apoll und Merkur, doch alle Anzeichen sprachen dafür, dass ihre Freunde es wie geplant bis ins Rettungsmodul der Fähre geschafft hatten. Das Raumschiff hatte planmäßig abgelegt, das war ein gutes Zeichen. In der Orbitalstation suchten die Frauen noch nach den Eindringlingen. Primus' Plan funktionierte. Es war ein verdammt schlauer Plan. Doch nun würden die Gyne zurückschlagen. Darauf hatten sie sich vorzubereiten.

Plutus verteilte den Staub in den letzten Gängen. Er

durfte keinen Raum vergessen und musste gründlich arbeiten. Er kam schließlich in der Entlüftungs- und Evakuierungsröhre an, die er gemeinsam mit Apoll und Merkur vor rund vier Wochen durchquert hatte. Mehrere Tage hatte die Räumung des Raumhafens gedauert. Sie hatten ihre gesamte Ausrüstung wie Betten, Geräte und Vorräte durch die Röhre in Sicherheit gebracht. Es handelte sich um einen unterirdischen Notausgang, falls das Kontroll- und Abfertigungsgebäude Feuer fangen sollte. Außerdem waren früher über die Röhre nach Starts oder Landungen die Abgase und der Staub vom Flugfeld weggeblasen worden. Plutus schnallte sich den Ventilator auf den Rücken und schritt zum Ausgang. Hinter ihm verwirbelte der Luftstrom den Staub und tilgte die letzten Anzeichen ihrer Anwesenheit.

♀ ♀ ♀

»Das ist unmöglich« sagte Emma, die Kommandantin der Orbitalstation. Sie stand, mit hinter dem Rücken gekreuzten Händen, vor dem tiefen Panoramafenster und überblickte unter sich die rote Weite des Mars. Ein Sandsturm tobte abseits von Hebes Chasma über die Planetenoberfläche. »Wie sollen die Männer das geschafft haben? Sie können nicht auf die Fähre gelangt sein. Wie?«

Anjay, die als Truppführerin das Kommando über die Suchaktion auf der Station hatte, sog die Luft ein und stieß sie laut hörbar wieder aus. Ihr Frust war ihr anzumerken. »Nach allem, was wir bisher wissen, sind sie durch die Wartungsschleuse am Tor siebzehn der

Frachtebene entkommen. Vermutlich sind sie von der Arbeitsbühne auf einen Frachtcontainer gesprungen, der sie zur Pendelfähre gebracht hat, und verstecken sich jetzt dort irgendwo.«

»Nicht zu fassen.« Emma schüttelte den Kopf und fuhr sich durch die kurzen Haare. »Einfach nicht zu fassen. Woher haben sie die ganzen Informationen für so eine Aktion?«

»Kommandantin«, erklang eine vorsichtige Stimme. Sie drehte sich um. Joko stand vor ihr.

»Was gibt es? Noch mehr schlechte Nachrichten?«, fragte Emma die Ingenieurin mit gereiztem Ton.

»Kommandantin, du hattest darum gebeten, über alle Unregelmäßigkeiten auf der Pendelfähre informiert zu werden. Das Wartungssiegel der Außenschleuse am Rettungsmodul wurde aufgebrochen. Ich fürchte, das ist keine Fehlermeldung.«

Emma stieß einen lauten Fluch aus. Das war die Bestätigung, die sie nicht hatte erhalten wollen. Die Männer waren auf der Fähre.

Joko zuckte zusammen. Nach einer Pause sagte sie vorsichtig: »Auf diesem Flug sind zumindest keine Frauen an Bord. Es befinden sich nur Wartungsroboter auf der Fähre.«

»Dann übernehmt die Kontrolle über das Rettungsmodul, schaltet die Sauerstoffversorgung ab und die Heizung. Und den Kochtopf.« Sie schrie die letzten Worte.

Trotziges Schweigen herrschte im Kommandoraum.

»Die Datenverbindung zwischen Fähre und Rettungsmodul wurde offenbar gekappt«, kam eine Stimme hinter einem der Monitore hervor.

Emma rang um Fassung. Sie presste die Lippen aufeinander, sagte dann mit beherrschtem Ton: »Habt ihr den Strom abgeschaltet?«

»Ja, haben wir. Beim Rettungsmodul bringt das allerdings nichts. Es hat eine autonome Stromversorgung.«

Emma stützte sich mit gespreizten Fingern auf dem Tisch vor sich ab. »Dann muss ich mir das jetzt so vorstellen: Da sitzen irgendwelche Typen im Rettungsmodul unserer Pendelfähre und lassen sich den Hintern wärmen und zur Erde chauffieren.«

Emma richtete sich auf. Sie schürzte die Lippen und blickte wieder aus dem Fenster. Die Fähre entfernte sich mit hoher Geschwindigkeit von der Orbitalstation und erschien nur noch so groß wie ein ausgestreckter Finger. Emma konnte sie nicht mehr anhalten, ohne immense Verzögerungen in der Warenkette zu verursachen. Das Raumschiff hatte den Point-of-no-Return längst erreicht.

Sie wandte sich an Joko. »Was können die Terroristen mit dem Rettungsmodul anfangen? Welche Möglichkeiten haben sie?«

»Das Rettungsmodul dient zur Evakuierung von bis zu vierzig Personen. Es hat Energie für die maximal mögliche Strecke zwischen Mars und Erde, also für bis zu 400 Millionen Kilometer.«

Emma rieb sich das Gesicht. »Dann können sie zu zweit ja eine Ewigkeit in dem Ding hocken, bis ihnen der Sprit oder das Fressen ausgehen.« Sie überlegte einen Moment. »Kann das Modul auf der Erde oder dem Mars landen?«

»Nein, das ist nicht möglich. Das Modul hat keine ausreichenden Hitzeschilde und Bremseinrichtungen. Es kann nur an einer der Orbitalstationen andocken.«

Emma nickte langsam und blickte abermals durch das Fenster nach draußen. Immerhin würden diese Terroristen als Nächstes nicht direkt vor dem Regierungsgebäude in Gaia City landen. Obwohl: Am besten würden sie es versuchen und beim Eintritt in die Erdatmosphäre verglühen. Wie auch immer, sie würden die Erdoberfläche niemals lebend erreichen.

»Werden wir es mitbekommen, wenn das Modul von der Fähre abdockt?«

»Ja. Das Abdocken wird von der Fähre registriert.«

»Okay, Joko. Ich schicke jetzt einen Statusbericht an die Generalstabschefin. Leite mir bitte alle wichtigen Informationen zu dem Rettungsmodul weiter. Ich möchte alles darüber wissen.«

»Jawohl, wird umgehend erledigt.«

Joko kehrte an ihr Kontrollpult mit den vielen Bildschirmen zurück. Die Kommandantin wandte sich ihrer Truppführerin zu, die während des Gesprächs geschwiegen hatte, und gab ihr ein Zeichen, sich mit ihr einige Schritte von den anderen zu entfernen.

»Anjay, da sich nach unseren aktuellen Erkenntnissen keine weiteren Terroristen in der Raumstation befinden, werden wir auf dem Mars nach ihnen suchen. Wir müssen die Rädelsführer ausfindig machen und ausschalten. Ich gehe davon aus, dass diese Aktion von langer Hand und einer ganzen Gruppe von Tätern geplant worden ist. Ich bin überrascht, wie gut sich die Männer auf der Station und mit der Fähre auskennen.

Wie konnten sie an diese Informationen gelangen? Und noch schlimmer: Sie sind in der Lage, das Computersystem der Orbitalstation zu infiltrieren.«

Anjay nickte. »Vielleicht hatten sie Hilfe dabei?«

»Ja, der Gedanke ist mir auch schon gekommen. Wir sollten Augen und Ohren offenhalten. Behalte das aber vorläufig für dich. Ich möchte keinen Aufruhr auf der Station.«

Mit normaler Lautstärke fuhr sie fort: »Anjay, wie viele Soldatinnen und Kampfroboter kannst du mit Hadya einsatzbereit machen, um so schnell wie möglich zum Mars hinunterzufahren? Vier Soldatinnen und je zwei Kampfroboter müssten weiter die Frachtebene und die Liftausgänge in der Kontroll- und Wohnebene bewachen. Wir können nicht völlig ausschließen, dass sich noch Männer auf der Station befinden. Du musst so schnell wie möglich aufbrechen. Joko wird euch in Personenkapseln nach unten zur Oberfläche schicken.«

»Ich kann eine Gruppe von dreißig Soldatinnen und zehn Kampfrobotern mobilisieren. Hadya und ich werden mit ihnen in weniger als einer Stunde aufbrechen.«

»Gut«, sagte Emma. Sie wandte sich Joko zu, die einige Meter entfernt vor ihren Kontrollbildschirmen saß und pausenlos Befehle diktierte. »Joko?« Die Ingenieurin blickte zu ihr. »Mache bitte umgehend die Personenkapseln für Anjay startklar. Und sorge dafür, dass alle Kapseln, die von der Marsoberfläche hier ankommen, von den Kampfrobotern gescannt werden. Verlangsamt falls nötig die Geschwindigkeit des Lifts. Sollte eine dieser Kapseln auch nur zucken: Feuer frei.«

♀ ♀ ♀

Erschöpft stand Anjay in der Mitte ihrer Kameradinnen im Frachtraum der Bodenstation des Weltraumlifts auf dem Mars. Sie blickte Hadya an. Auch ihre Freundin sah müde aus. Stundenlang hatten sie die Bodenstation des Lifts auf der Suche nach den Terroristen durchkämmt. Sie hatten nichts und niemanden gefunden. In der gesamten Anlage gab es keine Spur von Eindringlingen oder gar der Kommandozentrale einer Terrorgruppe. Der einzige Hinweis auf das Eindringen der Männer waren die fehlenden Aufzeichnungen der Videokameras. Doch wie waren die Terroristen in die Bodenstation hineingelangt? Die Außentüren zur Oberfläche des Mars waren mit Schlössern und Sensoren versehen. Ein Öffnen dieser Türen wäre aufgefallen. Ebenso war ausgeschlossen, dass die Männer über die Transportbänder, die die Rohstoffe und Halbprodukte aus der Erzwäsche und den Fabriken zum Lift brachten, gekommen waren. Erstens führten diese mehr als zwanzig Kilometer ungeschützt durch die lebensfeindliche Atmosphäre des Mars. Zweitens wurde alles, was auf den Bändern transportiert wurde, bei der Einfahrt in die Bodenstation von Scannern durchleuchtet. Anjay und ihre Kameradinnen standen vor einem Rätsel. Es war klar, dass Männer von hier aus über den Lift zur Fähre gelangt waren. Doch wie sie das fertiggebracht hatten, lag im Dunkeln.

Sie funkte ihre Kommandantin in der Orbitalstation an.

»Emma, wie lauten unsere weiteren Befehle? Es

bleibt dabei, in der Bodenstation des Lifts ist nichts, was uns weiterhilft. Wie ist die Lage in der Kolonie? Gibt es dort neue Entwicklungen?«

»In der Kolonie ist es ruhig. Es gibt keine Auffälligkeiten. Ein Reparaturtrupp ist zu dem Tagebaubagger, der angegriffen wurde, aufgebrochen und erstellt einen Schadensbericht. Alle anderen Systeme laufen einwandfrei.«

»Hat sich die IT gemeldet? Wissen sie, wie das Computersystem manipuliert wurde?«

»Auch die Ergebnisse sind ernüchternd. Die Spuren der Manipulation sind gründlich verwischt worden. Das Einzige, was wir mit Sicherheit sagen können, ist, dass die Angreifer direkt auf das Computersystem zugegriffen haben. Sie haben Zugang zu einer Schnittstelle, über die sie die Befehle in das System eingeben.«

»Wo wäre das möglich?«, fragte Anjay und ging laut denkend etwaige Orte durch: »In der Basisstation vom Lift. Aber hier sind sie nicht. In der Kolonie sind die Kontrollräume hinter einer dicken Betonwand abgesperrt.« Sie schaute zu Hadya, die mit den Achseln zuckte.

»Die abgesperrten Kontrollräume kommen meiner Meinung nach nicht infrage«, erwiderte Emma. »Wir nutzen sie regelmäßig selbst für die Wartung und Reparaturen in der Kolonie. Da wäre uns doch etwas aufgefallen. Aber es gibt eine dritte Möglichkeit, und langsam erscheint es mir immer wahrscheinlicher, dass der Angriff von dort erfolgte.«

Anjay hielt den Atem an. »Der alte Raumhafen«, sagte sie. »Dass ich da nicht draufgekommen bin.«

»Begebt euch sofort dorthin. Aber seid verdammt vorsichtig, dass ihr in keine Falle lauft. Sie werden damit rechnen, dass wir dort nach ihnen suchen. Bisher waren sie ziemlich gut vorbereitet.«

»Kommandantin, geht klar. Wir werden diesen elenden Haufen aufstöbern.«

Anjay gab den Soldatinnen den Befehl zum Aufbruch und änderte ihren Funk auf eine private Frequenz mit Hadya.

»Dann wollen wir mal. Alles okay bei dir?«

»Ich habe kein gutes Gefühl. Irgendwie kommt es mir so vor, als wollten die Männer, dass wir im Raumhafen nach ihnen suchen. Diese Typen haben einen Plan, einen gefährlichen Plan.«

»Wir müssen aufpassen und lassen die Kampfroboter an der Spitze marschieren. Die werden mit ihnen fertig. Ich kann es kaum abwarten, diese Terroristen zu Emma zu bringen – ob tot oder lebendig.« Sie warf ihrer Freundin durch das Visier ein Lächeln und einen Kuss zu.

Anjay führte ihre Soldatinnen aus der Frachthalle der Bodenstation durch die Arbeits- und Aufenthaltsräume, die sie vorhin gründlich durchsucht hatten. Sie schritten eine Stahltreppe hinab und kamen in die Fahrzeughalle. Eine dicke Staubschicht bedeckte die Transporter. Anjay und Hadya wischten die gepanzerten Scheiben von zwei Fahrzeugen frei und setzten sich ans Steuer. Die übrigen Soldatinnen nahmen auf den Sitzbänken Platz, während sich die Außentore der Garage öffneten. Die beiden Frauen steuerten die Wagen in Richtung Westen. Die Scheinwerfer durchschnitten die dunkle Nacht. Hohe Staubwolken stiegen hinter den Transportern auf, neben denen die Kampfroboter herliefen. Sie konnten das Tempo auf der Verbindungsstraße zum Raumhafen ohne Probleme halten.

Die beiden Fahrzeuge bahnten sich auf ihren breiten Rädern den Weg durch den Meteoritenkrater, in dem der alte Raumhafen lag. Sie fuhren zwischen den Launchpads hindurch. Anjay und Hadya schalteten die Suchscheinwerfer ein und hielten ein hohes Tempo, um mögliche Gegner zu blenden und zurückzudrängen. Das Licht gleißte über den Platz vor den Toren des Kontroll- und Abfertigungsgebäudes. Sie stoppten mit einer Vollbremsung und die Soldatinnen sprangen ab, um hinter den Türen in Deckung zu gehen, ihre Waffen im Anschlag. Anjay hatte sie instruiert, bei ihrer Ankunft im Raumhafen äußerste Wachsamkeit walten zu lassen. Sie wollte nicht in einen Hinterhalt geraten. Gemeinsam mit ihren besten Kameradinnen und zwei Kampfrobotern bildete sie die Vorhut. Sie rannte zum Zugangstor für den Frachtbereich und gab einen Code ein, um das Stahltor zu öffnen.

Hinter dem Tor öffnete sich eine langgezogene unterirdische Halle, in der man früher Fracht aus den Raumschiffen zwischengelagert hatte. Anjay befahl, mit den Transportern hineinzufahren, um für mehr Licht zu sorgen. Doch in der Halle befand sich nichts als Staub. Feine Partikel schwebten in der Luft und trübten die Sicht. Das ferne Ende des Raums ließ sich nur schwer ausmachen.

Anjay teilte ihre Soldatinnen und die Kampfroboter auf. Zwei Gyne bewachten die Frachthalle und die

Fahrzeuge. Hadya sollte mit einer Gruppe den Raumschiffhangar durchsuchen. Den übrigen Frauen und Robotern befahl Anjay, ihr zu folgen. Sie wandte sich in der Halle nach rechts und lief zur verwaisten Passagierabfertigung. Sie gaben sich gegenseitig Deckung und drangen tiefer in den alten Raumhafen vor. Die an ihren Helmen befestigten Lampen warfen sich kreuzende Lichtkegel durch die dunklen Räume.

Über Funk meldete sich die Kommandantin der Orbitalstation. »Wie ist die Lage? Habt ihr etwas gefunden?«

»Noch nicht. Den Frachtraum und die Abfertigung haben wir gerade gesichert. Fehlanzeige. Wir nehmen uns als Nächstes den Verwaltungsbereich und den Towerraum vor.«

»Gut, bleibt weiter vorsichtig und achtet auf mögliche Sprengfallen. Beim Bagger haben die Terroristen bewiesen, dass sie mit Sprengstoff umgehen können.«

»Verstanden. Wir sind vorsichtig.«

Sie stiegen, die Kampfroboter stets einige Meter voraus, eine Treppe hinauf und betraten den Towerraum. Auch hier erwartete sie eine dicke Schicht Marsstaub auf den Kontrollpulten, Bildschirmen, Stühlen und Schreibtischen. Sie schwärmten in die angrenzenden Nebenräume aus, während sie sich gegenseitig Deckung gaben. Sie achteten auf versteckte Stolperdrähte und Lichtschranken, um keine Sprengfallen auszulösen.

»Kommandantin, der Verwaltungs- und Towerbereich ist leer. Alle Instrumente sind tot, es gibt nur Notstrom, keine Atemluft. Überall dicker Staub.«

»Wo stecken sie nur? Sie sind dort gewesen, ganz

sicher. Es muss irgendwelche Spuren geben.«

Anjay blickte sich nochmals um. Alle Soldatinnen, die sie anblickte, schüttelten den Kopf. Sie hatten keine Anzeichen entdeckt, dass in den vergangenen zwanzig Jahren jemand diesen Raum betreten hatte.

»Emma, ich fürchte wir müssen mit der Suche von vorn beginnen. Womöglich halten sich die Terroristen doch irgendwo in der Kolonie versteckt, vielleicht in der Arena oder der Erzwäsche. Sie dort zu finden, wird dauern. Wir müssen einen Plan B entwickeln.«

»Okay, geht alle Räume noch mal durch und kehrt dann in die Basisstation des Lifts zurück. Bis dahin sammeln wir Ideen, wie wir die Marskolonie am besten durchsuchen können.«

»Verstanden, Kommandantin.«

In dem Moment, als Anjay ihrem Trupp befehlen wollte, den Towerraum zu verlassen, drehte sich blitzartig einer der Roboter um und gab einen Schuss ab. Sie brüllte: »Stopp, Feuer einstellen!« Der Kampfbot blieb ruckartig stehen. Nach dem Knall des Kunststoffgeschosses war es still. Anjay schritt auf die Stelle an der Seitenwand des Towerraums zu, auf die der Roboter gefeuert hatte. Sie streckte die Hand aus und griff in die Nische zwischen einem Kontrollpult und der Stahlwand. Sie zog ein Kaninchenjunges hervor und hielt das kleine Tier mit dem braunen Fell an den Hinterläufen in die Höhe. Offenbar hatte der Scanner des Kampfbots das organische Material erkannt.

»Kommandantin, die Terroristen waren hier. Sie haben offenbar gewusst, dass wir kommen, und sind geflüchtet. Ich bin überzeugt, dass sie von hier aus den

Angriff vorbereitet und anschließend alle Spuren vernichtet haben. Alle Spuren bis auf ein totes Kaninchen.«

Es folgte ein Moment des Schweigens, bevor Emma mit ungläubigem Ton fragte: »Bis auf was, bitte?«

»Wir haben ein Kaninchen gefunden.« Sie hielt das Tier vor ihr Helmvisier, um es genauer zu betrachten. Durch die Kälte war es steifgefroren. Nach einer Pause ergänzte sie: »Das Tier hat vermutlich bis vor kurzem noch gelebt. Offenbar ist den Terroristen ihr Abendessen ausgebüxt.«

»Anjay«, sagte die Kommandantin. »Neben den Haupttoren zum Start- und Landebereich existiert noch ein weiterer Ausgang. In nördlicher Richtung führt eine Evakuierungs- und Lüftungsröhre aus dem Raumhafen bis an den Abhang des Tafelbergs. Es ist möglich, dass die Männer durch diese Röhre entkommen sind.«

»Das macht Sinn. Wir werden die Lüftungsröhre überprüfen.«

Anjay befahl zwei Soldatinnen, den Towerraum besetzt zu halten und weiter gründlich zu durchsuchen. Vielleicht hatten die Männer noch andere Spuren hinterlassen. Sie warf das tote Kaninchen auf den Tisch neben sich. Mit den übrigen Frauen und den Kampfrobotern verließ sie den Raum und aktivierte wieder die private Funkfrequenz. »Hadya, wie ist die Situation bei euch? Etwas im Hangar entdeckt?«

»Eindeutige Spuren gibt es hier auch nicht. Trotzdem kommt es mir komisch vor. Es sieht irgendwie … perfekt unberührt aus, wenn du verstehst, was ich meine? So arrangiert, weißt du?«

»Du hast eben mitgehört? Dass wir das Kaninchen

gefunden haben? Sie waren hier. Dein Eindruck ist absolut richtig.«

»Ihr prüft jetzt die Lüftungsröhre?«

»Ja, machen uns gerade auf den Weg, muss jetzt Schluss machen.«

»Warte, Anjay, noch kurz. Gib acht, ja? Wenn sie euch eine Falle stellen, dann spätestens auf ihrem Fluchtweg. Liebe dich.«

»Liebe dich auch.« Anjay beendete die Verbindung. Wir kriegen euch, ihr Scheißkerle, dachte sie, und stürmte mit ihrer Gruppe zur Lüftungsröhre.

♂ ♂ ♂

Plutus tappte leise und in völliger Dunkelheit aus seinem Versteck in die geöffnete Luftschleuse, durch die wenige Augenblicke zuvor der Trupp Soldatinnen mit den Kampfrobotern gelaufen war. Er schloss das Außenschott und blockierte den Riegel, sodass es sich von der anderen Seite nicht mehr öffnen ließ. Er verharrte kurz. Von den Frauen war nichts zu sehen. Sie waren zügig durch die Röhre Richtung Ausgang gerannt. Er legte sich die Abschussvorrichtung mit der Rakete auf die Schulter. In schnellen Schritten folgte er den Soldatinnen. Er plante, die Gruppe so weit entfernt vom Raumhafen wie möglich zu treffen. So würden ihre Kameradinnen die Explosion nicht mitbekommen. Nach etwa 500 Metern konnte er vor sich in der Röhre Lichter sehen. Plutus betätigte einen Kippschalter am Abzug und machte die Rakete bereit für den Abschuss. Er folgte der Gruppe weiter. Rund eine Minute später blieb der Trupp stehen. Die Lichtkegel zeigten zuckend in verschiedene Richtungen.

Plötzlich blitzte in der Ferne ein Ziellaser auf, und kurz darauf sah Plutus einen grünen Punkt auf seiner Brust tanzen. Ohne den Bruchteil einer Sekunde zu zögern, drückte er den Auslöser der Rakete. Das Geschoss flog mit einem Feuerschweif los und jagte in Richtung der Frauen. Er taumelte nach hinten, während die Kugeln seinen Körper durchschlugen. Im selben Moment detonierte rund hundert Meter vor ihm die Rakete. Mit einem seiner letzten Atemzüge beobachtete Plutus, wie in der Dauer eines Wimpernschlags die Frauen ihr Leben verloren und sich die Kampfroboter in Trümmer verwandelten.

♂ ♂ ♂

Andrew und seine Helfer sprangen hinter den Felsen hervor und stürmten den Rest der Anhöhe hinauf. Ein halbes Dutzend Fahrzeuge erklomm die letzten Höhenmeter zum Ausgang der Röhre. Den Männern bot sich ein Bild des Schreckens. Abgetrennte Körperteile wie Arme, Beine und Köpfe lagen überall auf der Anhöhe verteilt. Sie steckten teilweise in den zerfetzten Raumanzügen und Helmen. Blut und andere Körperflüssigkeiten sickerten in den rötlichen Marssand. Primus hatte die Männer auf dieses Szenario eingeschworen. Doch es zu erleben, versetzte ihnen trotz der Abstumpfung in der Kolonie einen ziemlichen Schock. Zögernd sammelten sie mit Kisten und Säcken die Überreste der Frauen und die Trümmer ein und schaufelten den von Blut getränkten Sand auf. Einige schlüpften mit Reinigungsgeräten in die Röhre. Sie mussten sich beeilen.

Primus stand am Rand der kleinen Anhöhe. Er ging davon aus, dass man schon bald nach den vermissten Frauen suchen und die verschlossene Luftschleuse gewaltsam öffnen würde. Falls sie die Röhre nach ihren Kameradinnen absuchten, sollten sie möglichst wenig Spuren des Angriffs vorfinden. Am Ende würde Andrew in der Röhre wieder den allgegenwärtigen Marsstaub verteilen.

Primus überkam das befriedigende Gefühl, endlich Rache an den Gyne zu nehmen. Zum ersten Mal ließ er sie für ihre Taten büßen, für die tausenden von Männern, die sie auf dem Mars massakriert hatten.

Andrew kam zu ihm. »Plutus ist tot. Sie haben ihn abgeknallt. Offenbar hat er in letzter Sekunde auf die Frauen gefeuert.«

Primus spürte einen Anflug von Bedauern für seinen tapferen und gut ausgebildeten Kämpfer. »Das ist traurig. Bergt seine Leiche und nehmt sie mit.«

♀ ♀ ♀

Emma stand reglos neben Jokos Kontrollpult. »Was soll das heißen? Wir haben keine Verbindung zu ihnen? Wie kann das sein?«

Die Ingenieurin wischte nervös auf dem Bildschirm vor sich hin und her und hob verzweifelt die Arme. Sie ging die Daten aller Frauen von Anjays Stoßtrupp durch. 24 von 32 waren verschwunden, Anjay eingeschlossen. Acht der zehn Kampfroboter offline. Mit immer hektischeren Bewegungen strich Joko über den Monitor, doch die Angaben blieben dieselben: Kontakt verloren, keine Verbindung möglich, Daten nicht vorhanden. Joko schlug mit der flachen Hand auf den Bildschirm, der daraufhin für einen Moment bunte Streifen anzeigte. Eine der gefalteten Origamifiguren, ein Rabe aus schwarzem Papier, fiel vom Rahmen des Monitors herunter. Die stämmige Frau brach schluchzend über dem Kontrollpult zusammen.

Emma legte ihr eine Hand auf die Schulter. Ihre Lippen bildeten einen schmalen Strich.

»Hadya, bitte kommen.«

Nach einem kurzen Moment meldete sich die Soldatin, die gemeinsam mit vier Kameradinnen den Hangar des Raumhafens durchsuchte. »Ja, Kommandantin?«

»Wir haben den Kontakt zu Anjay sowie zu 24 Soldatinnen und 8 Robotern verloren, die sie begleitet haben. Hast du Verbindung zu ihnen?«

Es blieb still, Hadya antwortete zunächst nicht. Zögernd sagte sie: »Ich kann auch keinen Kontakt zu Anjay herstellen. Was ist passiert?«

»Wir müssen im Moment das Schlimmste befürchten. Womöglich sind sie in einen Hinterhalt geraten. Ihr zieht euch alle sofort aus dem Raumhafen zurück und fahrt zur Basisstation des Lifts.«

Wieder blieb es still in der Leitung. »Hadya, hast du meine Befehle verstanden? Bitte bestätige. Ich schicke euch Verstärkung.«

Nach einigen Sekunden antwortete Hadya. Ihre Stimme zitterte, die Worte klangen abgehackt. »Aber wir müssen sie suchen, vielleicht benötigen sie Hilfe.«

»Hast du meine Befehle verstanden?«, bellte Emma durch den Funk. »Rückzug, und zwar sofort! Der Raumhafen ist eine Falle!«

Wieder eine Pause. »Ja, verstanden. Wir kehren zum Lift zurück und warten auf Verstärkung.«

Emma trat zum Panoramafenster und lehnte sich mit der Stirn an die Scheibe. Unter ihr der Mars, auf dem die Terroristen eben ihre Soldatinnen ermordet hatten. Sie schlug mit der Faust gegen das Panzerglas. Einmal, zweimal, nochmal, bis ihre Hand schmerzte. Sie bebte vor Wut, die Adern an ihrem Hals traten hervor. »Scheiße, so eine verdammte Scheiße!«, schrie sie. Sie drehte sich um und ließ ihren Blick durch den Kontrollraum schweifen. Nach einigen tiefen Atemzügen sagte sie mit ruhigerer Stimme mehr zu sich selbst als zu den anderen: »Das werden sie büßen, jeder Einzelne von ihnen.«

KAPITEL 10

LIFT IN DEN HIMMEL

Warten war genau das, was Athene gerade am wenigsten konnte. Ungeduldig wechselte sie von einem Fuß auf den anderen und nestelte mit den Händen an dem leeren Umschlag herum, aus dem sie eben einige Dokumente genommen und der Wachfrau übergeben hatte. Der Transitbereich des Hafens von Gaia City war stärker geschützt, als sie es erwartet und je zuvor gesehen hatte. Ein hoher doppelter Zaun mit Stacheldraht hielt Unbefugte ab. Drohnen patrouillierten auf dem Gelände, und die einzige Zufahrt, an der Athene jetzt stand, war von bewaffneten Soldatinnen und mit einem Tor sowie einer Schranke gesichert. Diese Umstände nährten ihren Verdacht, dass Gaia nicht so friedlich war, wie die Offiziellen es gern verlautbaren ließen. Es war früh am Morgen und die Luft im Hafen feucht und kühl.

Ihre Dokumente wurden von den Soldatinnen schon seit Minuten im Innern des Wachgebäudes überprüft. Sie musste an der Schranke warten. Es war vermutlich ungewöhnlich, dass einer Zivilistin wie Athene Zutritt zu diesem Sperrgebiet gewährt werden sollte. Doch ihre Papiere trugen die elektronischen Siegel des Sicherheits- und Freiheitsministeriums.

Bei ihrem nächtlichen Ausflug mit Diana, als sie das riesige Modell der Orbitalstation besucht hatten, hatte Athene den Entschluss gefasst, etwas gegen die Herrschaft der Gyne über den Mars zu unternehmen. Nun ja, sie würde es halt versuchen. Jetzt stand sie womöglich am Beginn des größten Abenteuers ihres Lebens und ihr war flau im Magen. Hoffentlich endete der Trip nicht bereits an dieser Schranke.

In dem Wachhäuschen regte sich immer noch nichts. Die Soldatinnen standen um einen Schreibtisch herum und sprachen in einen Communicator. Vermutlich überprüften sie die Echtheit der Unterlagen. Plötzlich nahm eine der Frauen eine kerzengerade Haltung an und blickte durch das Fenster zu Athene. Sie konnte der Frau ihr Unwohlsein ansehen und schmunzelte. Offenbar hatte die Wachsoldatin mitgeteilt bekommen, dass die junge Person mit dem wilden Haarschopf an ihrer Schranke die Tochter der Ministerin war. Sie sammelte die Dokumente hastig vom Tisch ein und kam durch den Ausgang auf Athene zu.

»Herzlich willkommen im Transitbereich«, sagte sie und las noch einmal den Namen auf den Unterlagen. »Es freut mich, Athene, dass du den Lift und die Station besuchst.« Sie drückte ihr die Dokumente mit einer freundlichen Geste in die Hand.

»Du kannst durchgehen, Gate 1C. Brauchts du sonst noch Hilfe?«

»Nein, danke« entgegnete Athene, während sie die Papiere verstaute. Hinter ihr warteten weitere Frauen. Sie durchquerte das Tor und näherte sich mit zügigen Schritten einigen Gebäuden, die an der Kaimauer standen. Unauffällig blickte sie sich um. Unter dem Dach eines länglichen Schuppens parkte eine größere

Anzahl von geländegängigen Fahrzeugen, wie Athene sie bisher in Gaia nicht zu Gesicht bekommen hatte. Die Militärwagen trugen eine Tarnlackierung, und Planen verdeckten die Aufbauten. Was steckte darunter? Waffensysteme? Von der Hafeneinfahrt her näherten sich vier grau angestrichene Schiffe. Marineschiffe. Offenbar kehrten sie von einem Einsatz auf dem Atlantik zurück.

Bei den Abfertigungsgebäuden handelte es sich um drei unscheinbar wirkende Hallen, die direkt an die Kaimauer angrenzten. An einem Steg neben den Gebäuden waren vier Tragflächenboote festgemacht. Mit ihrem Communicator schickte sie Diana eine Nachricht, dass sie angekommen war. Umgehend erhielt sie Antwort: »Gate 1C«, schrieb Diana und sendete ein Herzsymbol hinterher. Athene freute sich, ihre beste Freundin wiederzusehen, nachdem sie sich in den letzten Wochen wegen Dianas Vorbereitungen auf den neuen Job nicht hatten treffen können.

Gate 1C befand sich in dem Terminalgebäude, dass der Einfahrt und damit Athene am nächsten lag. Es sah moderner und komfortabler aus als die beiden anderen Abfertigungshallen, die einen schäbigen Eindruck machten. Da kam ihr unvermittelt der Gedanke, dass die beiden Terminals vermutlich genutzt worden waren, um nach dem Großen Krieg die 100 000 Jungen Schiff für Schiff zum Lift, von dort zur Orbitalstation und schließlich auf den Mars zu verfrachten. Athene fröstelte. Auch der Junge, der sie in der Schule immer wieder durch den Zaun angesehen hatte, war durch diese Gebäude gegangen. Er hatte auf ein großes Abenteuer auf dem Nachbarplaneten gehofft.

Athene hatte in den vergangenen Wochen so viele Informationen über die Marskolonie und das Leben der Männer gesammelt, wie sie nur finden konnte. In öffentlich zugänglichen Quellen ließ sich nur wenig von Bedeutung entdecken. In zahlreichen Beiträgen war die Rede von der Notwendigkeit, das männliche Geschlecht zu verbannen, um dauerhaft Frieden und Freiheit zu sichern. Sie las Berichte über die Grausamkeit, mit denen Männer während und nach dem Großen Krieg Frauen behandelt hatten. Unzählige, die laut den Beschreibungen misshandelt, vergewaltigt und ermordet worden waren. In einigen Ländern waren Vergewaltigungen von Mädchen und Frauen derart zur Selbstverständlichkeit geworden, dass sie von der Polizei nicht mehr verfolgt wurden. Männer trafen sich zu Massenvergewaltigungen und reichten wehrlose Frauen wie Wegwerfware von einem zum anderen weiter. Sie verstümmelten ihre Geschlechtsorgane und entstellten ihre Gesichter. Die Autorinnen vermuteten, dass man vermutlich über die Hälfte der Männer in diesen Ländern für ihre Straftaten an Frauen hätte hinter Gitter bringen müssen. Sie alle einte eine unbändige Wut und sie kamen zu dem Schluss, dass das Leid kein Ende finden würde, solange die Männer auf der Erde lebten und ihrem offenbar angeborenen Anspruch folgten, das andere Geschlecht zu beherrschen.

Athene war eigentlich auf der Suche nach anderen Informationen gewesen: technischen Beschreibungen der beiden Orbitalstationen, der Weltraumlifte oder der Pendelfähren. Die erwiesen sich als Mangelware. Etwas erfolgreicher verliefen die heimlichen Recherchen in den Unterlagen ihrer Mutter, aus denen sie einige streng vertrauliche Informationen erfahren hatte. Offenbar hatten die Frauen nach der großen Exilierung der Männer ein durchdachtes Sicherheitssystem errichtet, das ausschließen sollte, dass jemals ein erwachsener Mann Gaia betreten würde.

Statt direkt zur Abfertigungshalle und damit zu Diana zu gehen, blieb Athene an der Kaimauer stehen. Während sie nach dem Abend mit ihrer Freundin beim großen Modell der Raumstation voller Zuversicht und Tatendrang gewesen war, waren diese Gefühle mittlerweile Ernüchterung gewichen. Sie blickte auf das Meer hinaus, das sich hinter der Hafenmauer erstreckte. Machte es überhaupt Sinn, dass sie zur Station reiste? Was wollte sie dort erreichen?

Mitten in diesen Gedanken spürte sie einen Stoß, der sie Richtung Wasser stürzen ließ. Im selben Moment packten zwei Arme sie von hinten und zogen sie zurück. Ein schallendes Lachen erklang.

»Diana! Geht's noch? Du hast mich zu Tode erschreckt«, sagte sie und spürte ihr Herz heftig pochen.

»Relax, just kidding.« Diana umarmte ihre Freundin kräftig und küsste sie auf die Wange. »Schön, dass du mitkommst. Hatte zwischendurch nicht gedacht, dass dir dein Oberbossy die Reisepapiere ausstellt.«

Es tat Athene gut, ihre beste Freundin an sich zu drücken. Dianas Nähe ließ sie wieder ein wenig Hoffnung empfinden. Vielleicht konnte sie Diana überzeugen, ihr zumindest zu Beginn ihrer Mission in der Orbitalstation zu helfen.

Athene hakte ihre Daumen unter die Riemen und schob den halb heruntergerutschten Rucksack zurück auf ihre Schultern.

»Seit wann bist du hier?«

»Ich bin vor zwei Stunden angekommen. Ich habe es zu Hause nicht mehr ausgehalten.« Diana ballte die Hände zu Fäusten und sprang vor Freude auf und ab. »Ich freue mich, endlich in diesen Lift einzusteigen und tausende Kilometer hoch in den Himmel zu rasen.«

Solch ungeteilte Freude konnte Athene nicht empfinden, aber sie wusste, was ihrer Freundin der Job in der Station bedeutete. Ihr ganzes Studium lang hatte Diana auf eine derartige Position hingearbeitet, war von einer Bestnote zur nächsten geeilt, hatte sich in Forschungsthemen und Entwicklungsarbeiten gestürzt und sich kein Privatleben gegönnt.

»Für dich geht dein größter Traum in Erfüllung, stimmt's?«

Diana strahlte. »In weniger als 24 Stunden treffe ich meine künftige Chefin persönlich. Die Oberste Ingenieurin Gaias, die leitende Ingenieurin der OS 1. Mailin, eine lebende Legende.«

»Nicht mehr lange, und du löst sie ab. Wenn sie deinen neuen Dingsda-Antrieb in die Pendelfähren einbauen, sitzt du ratzfatz auf ihrem Stuhl.«

Trotz des liebevollen Spotts ihrer Freundin fühlte sich Diana geschmeichelt. In ihrer Abschlussarbeit hatte sie eine neuartige Konstruktion für den Antrieb der Pendelfähren vorgeschlagen. Die Arbeit hatte unter den Raumfahrtingenieurinnen für Aufsehen gesorgt. Diana hatte behauptet, der Antrieb könne technisch vereinfacht werden. Das würde sowohl den Aufwand beim Bau als auch die Kosten für Betrieb und Unterhalt reduzieren.

»Immerhin hat mir die Idee Mailins Aufmerksamkeit beschert. Sie hat mich in ihren Forschungsstab berufen.«

»Und das mit 24 Jahren. Ich wette, du bist da mit Abstand die jüngste.«

Athene versetzte das Gespräch über Dianas rosige Karriereaussichten einen Stich. Denn vor diesem Hintergrund war es kaum wahrscheinlich, dass Diana all das aufs Spiel setzte, um sich ihren verrückten Ideen anzuschließen. Athene hatte eine Unterhaltung darüber seit dem Abend in der Halle mit dem Modell vor vier Wochen vermieden. Sie empfand Angst bei dem Gedanken, dass ihre beste Freundin ihr eine Absage erteilen oder sich gar von ihr abwenden könnte oder noch schlimmer: Ihre Pläne verriet. Zwar wusste Athene aus Gesprächen mit Diana, dass sie Kritik am politischen System von Gaia übte und die Behandlung der Männer für ungerecht hielt. Aber würde sie dafür ihre einmalige Karriere riskieren, ihr Leben in Gefahr bringen?

Rund 300 Frauen warteten in der Abfertigungshalle auf den Schiffstransfer zur Bodenstation des Lifts. Athene und Diana suchten sich eine Bank abseits der anderen, um in Ruhe weiterreden zu können.

Sie schreckten aus ihrem Gespräch auf, als ein Signalton durch den Wartebereich schallte und neben dem Tor zum Gate gelbe Lichter aufblinkten. Eine elektronische Stimme forderte sie zum Einsteigen auf. Die beiden warteten, bis die ersten Passagierinnen am Gate eincheckten und auf die Gangway traten, bis sie sich der

Warteschlange anschlossen. Das Tragflügelboot wippte im Wasser leicht auf und ab. Sie hielten jeweils ihren Communicator an den Sensor, und das Drehkreuz gab den Weg frei.

Wenige Minuten später bewegte sich das Boot langsam durch den Hafen aufs offene Meer zu. Die Entfernung bis zur Insel São Tomé, an deren südlichem Ende die Basisstation des Weltraumlifts lag, betrug rund 800 Kilometer. Als das Boot den Hafenbereich verlassen hatte, nahm es kräftig Fahrt auf und hob sich auf seinen Tragflügeln aus dem Wasser, um darauf über das Meer zu gleiten. Trotz des hohen Tempos würde die Reise rund sechs Stunden dauern. Fliegen wäre schneller, doch diese Art des Transports zur Liftbasis war wichtigeren Personen vorbehalten.

»Wie ist deine Mutter drauf nach ihrer Ankündigung?« Diana nahm sich ein paar Gemüsesticks aus der Packung vor ihnen und sprach mit halbvollem Mund weiter: »Organisiert sie schon die Wahlparty?«

»Die letzten Tage habe ich nicht mit ihr gesprochen. Die Ereignisse auf dem Mars nehmen sie total in Beschlag.«

»Ereignisse auf dem Mars?«

»Ich weiß auch nicht genau, was los ist. Meine Mutter sagt immer: Geheimsache. Aber die Männer bereiten ihnen wohl Schwierigkeiten, manipulieren das Computersystem.«

»Bisher nichts von gehört.«

»Wie gesagt, sie halten es geheim. Jedenfalls ist meine Mutter deswegen ständig im Ministerium.«

»Und von ihrem Plan zur« – Diana schaute sich um,

ob sie jemand belauschte, bevor sie weitersprach – »Deandronisierung?«

»Sie hat es bei den vagen Andeutungen zur *Weiterentwicklung der Prinzipien von Gaia* belassen. Kein Wort in der Öffentlichkeit darüber, was sie wirklich plant.«

»Bei dem Gedanken wird mir anders in der Magengegend.«

»Ich finde es absolut inakzeptabel, einfach ein unfassbares Verbrechen.«

»Glaubst du denn, dass die Deandronisierung überhaupt möglich ist?«

»Ganz klar ist das nach wie vor nicht. Vor einigen Monaten hat meine Mutter erzählt, dass grundsätzlich drei Bedingungen für die Umsetzung erforderlich sind.«

»Und die wären? Nein, warte, lass mich raten.« Diana schaute, als ob sie angestrengt nachdenken würde. »Kein Fußball, keine Oben-ohne-Bars, keine Steaks. Right? Dann läuft das von selbst.«

»Das ist nicht witzig.« Athene blickte grimmig.

»Oops, sorry. Aber wie soll man deine Mutter anders ertragen als mit Humor?«

Nun musste Athene doch kurz lachen. »Im Ernst, Diana, womöglich ist die Forschung inzwischen so weit, auch die dritte und letzte Bedingung zu erfüllen.«

»Okay, dann jetzt *im Ernst*. Die erste Bedingung ist natürlich, dass die Produktion auf dem Mars weitgehend automatisiert wird. Das ist ein rein technisches Problem. Halte ich für lösbar, sogar gut lösbar.«

»Richtig. Und kennst du die zweite Bedingung auch?«

Diana überlegte. »Also, ja klar, die Sache mit der Genvariabilität. Das müsste man lösen.«

»Yep, laut meiner Mutter ist das so gut wie erledigt. Die Spermien der Jungen werden sie bald nicht mehr benötigen.«

Diana hustete unvermittelt los. »Verschluckt«, keuchte sie.

»Sag mal, wirklich. Jedenfalls gibt es heute schon fast keine … Wie soll man das ausdrücken … Aufzucht? – Nee … Also, neue Jungen-Babies halt. Man braucht für den Mars ja fast keine mehr, seitdem die Kolonie voll belegt ist. Also wie gesagt, da gibt es inzwischen wissenschaftliche Methoden, die gut funktionieren ohne die Samenspenden.«

»Und Bedingung Nummer drei?«

Athene machte eine Pause, sprach in recht distanzierter Weise weiter. »Dass die Frauen von Gaia keinen Sexualtrieb und kein Bedürfnis nach Nähe zu Männern mehr empfinden.«

»Nicht dein Ernst, oder?«

»Und wie das mein Ernst ist. Dieses Thema rüttelt seit dem Tag der Gründung von Gaia an den Grundfesten des Staates. Viele nehmen ja heute schon Medikamente dagegen, aber längst nicht alle.« Wieder unterbrach sie sich. Über Sexualität zu sprechen, war in Gaia ungewöhnlich, galt als unangenehm. »Ich zum Beispiel nicht.«

Diana nickte, ein wenig Schamesröte im Gesicht. »Ich auch nicht«, bemerkte sie leise.

»Meiner Mutter ist es total wichtig, diese *Geißel des Menschen*, wie sie es nennt, *auszumerzen.* So hat sie es mir gegenüber ausgedrückt.«

»Aber wie soll das gehen? Sie können uns ja nicht allen die Gehirne ausbauen und umprogrammieren?«

»Genschere.«

»What?« Diana riss die Augen auf.

»Wenn es nach dem Plan meiner Mutter geht, wirst du das nicht selbst entscheiden. Die Forscherinnen wissen inzwischen, welche Gene für diesen Drang in uns verantwortlich sind. Und es ist kein Schnippeln. Wir schlucken alle eine Pille.«

»Eine Pille? Einwerfen und fertig?«

»Genau. Meine Mutter will, dass die Pillen blau sind, das hat wohl mit den Männern früher zu tun und den Vergewaltigungen. Es gab mal ein Potenzmittel, das sie benutzt haben, um besonders lange durchzuhalten.«

»Trotzdem, auch wenn es nur eine Pille ist. Das können sie doch nicht erzwingen. Mein Körper gehört mir.«

»Mir brauchst du das nicht erzählen. Ich sehe es genauso wie du. Ein No-Go, absolut.«

Athene überlegte, ob dies der richtige Moment wäre, ihre Freundin in ihre Pläne einzuweihen. Sie blickte aus dem Fenster des Schiffs und sah plötzlich, eine hohe Welle auf sie zurollen. Während des Gesprächs mit Diana war ihr nicht aufgefallen, dass der Seegang zugenommen hatte. Das Boot hatte aus Sicherheitsgründen seine Geschwindigkeit verringert und sein Rumpf war mit den Tragflügeln zurück ins Meer getaucht. Die Welle traf das Schiff und brachte es in Seitenlage. Sie gerieten in ein Unwetter. Durchsagen erfolgten, sich anzuschnallen und alle losen Gegenstände zu verstauen.

Mist, dachte Athene, nicht jetzt, und nahm sich vor, das Gespräch spätestens nach der Ankunft in der Orbitalstation zu führen.

Nachdem sich die See wieder beruhigt hatte, stand Athene von ihrem Sitz auf und ging Richtung Bug des Schiffs. Diana las auf ihrem Pad, völlig darin vertieft, in ihren Vorbereitungsunterlagen für die Station und die Werft. Durch die Fenster hatte Athene freie Sicht aufs Meer. Von der Basisplattform des Orbitallifts war trotz ihrer gigantischen Ausmaße nichts zu sehen. Die Erdkrümmung verbarg sie hinter dem Horizont. Doch wenn Athene die Augen zusammenkniff und ihren Blick auf den Himmel fokussierte, erschien oberhalb des Dunsts über dem Meer eine graue Linie, die sich in die Höhe zog und in der Unendlichkeit verschwand. Auf ihr schienen kleine Pünktchen auf und ab zu schießen.

Athene ging in Gedanken die Schritte durch, die sie nach Ankunft auf der Orbitalstation als Erstes tun wollte. Am Anfang stand das Gespräch mit Diana. Sie hoffte, dass ihre Freundin sich ihr anschließen würde. Anschließend galt es herauszufinden, wie sie unbemerkt auf die Kontrollebene gelangen konnte. Athene vermutete, dass Sicherheitsschleusen Unbefugten den Zugang versperrten, womöglich sogar Soldatinnen oder Drohnen. Die Wachsoldatinnen am Hafen und die Absperrungen hatten diesen Eindruck bei ihr verstärkt. Ihre Mutter hatte ihr eine Besichtigung der Kontrollebene mit der Kommandantin verschafft. So würde sich Athene einen ersten Überblick verschaffen können. Sie schmiedete in Gedanken weiter an ihren Plänen.

Als sie das nächste Mal auf den Horizont blickte,

zeichneten sich in der Ferne die Vulkangipfel der Insel São Tomé über dem Meer ab. Um die Zwillingsgipfel lagen dunkle Wolken. Ein wenig später erschien hinter den beiden Gipfeln eine schmale Felsenspitze. Es handelte sich um den Pico Cão Grande, das Wahrzeichen der Insel. Die Nadel aus Vulkanstein streckte sich fast 400 Meter aus dem Regenwald dem Himmel entgegen. Dominiert wurde der Anblick jedoch von dem grauen Band des Weltraumlifts, das sich immer deutlicher südlich der Felsnadel von dem Himmel abhob. Athene konnte den Blick nicht von dieser Kulisse abwenden, bis sie bemerkte, dass Diana neben ihr stand. Sie trat näher an die Frontscheibe und spürte die angenehme Kälte, die von dem Glas ausging. Sie sah die Wellen unter dem Bug des Tragflächenboots verschwinden. Und dann stieg wie eine betongraue, aufgehende Sonne die Plattform des Orbitallifts, Stück für Stück, aus dem Horizont hervor.

»Magic. Nicht zu fassen, wie groß die Plattform ist«, entfuhr es Diana. »Stell dir vor: Etliche Bohrinseln, mit denen man früher Öl und Gas aus dem Meeresboden geholt hat, würden nebeneinander darunter passen.«

»Keine Frage, die Chinesen wollten für immer und ewig deutlich machen, dass es auf dem Planeten nur eine Supermacht gab: sie selbst.«

»Ihre Fortschritte auf den Gebieten der Nano-, Bio- und Quantentechnologie haben alles andere in den Schatten gestellt.« Nach einer kurzen Pause sagte Diana: »Wusstest du, dass die Oberste Ingenieurin Mailin auch aus China stammt?«

»Woher auch sonst. Aber was hat es ihnen gebracht? China besteht wie alle früheren Weltmächte aus einer radioaktiven Schutthalde.« Athene schauderte es bei dem Gedanken. »Unter der eine Milliarde Tote liegen. Einfach unvorstellbar.«

»Manchmal klingst du wie deine Mutter«, sagte Diana. »Vielleicht wirst du ja doch noch eine solide Politikerin.«

Die elektronische Stimme erklang erneut aus den Lautsprechern und bat die Frauen, ihre Plätze einzunehmen. Athene und Diana kehrten in ihre Sitzreihe zurück, von wo aus sie weiter die Plattform betrachteten. Die Säulen, auf denen der Lift über dem Meer thronte, erhoben sich rund hundert Meter hoch aus dem Wasser. Darunter befand sich die winzige Schwesterinsel von São Tomé, das Eiland Rólas. Nun war dieses Inselchen mit seinen paradiesischen Stränden und Riffen unter den Stützen der Plattform einbetoniert.

»Irgendwie erstaunlich, dass die Chinesen den Lift hier im Atlantik und nicht bei sich in Asien gebaut haben.« Athene schüttelte leicht den Kopf.

»Muss wohl Schicksal sein, dass die Äquatorlinie direkt über diese kleine Insel führt. Für den Bau des Weltraumlifts ist das entscheidend gewesen.«

»Ach so? Warum?«

»Nur exakt am Äquator können der Lift und die geostationäre Raumstation eine dauerhaft stabile Position zueinander einnehmen.«

Athene merkte, wie etwas Lehrerhaftes in ihrer Freundin zum Vorschein kam. Sie wusste so vieles und teilte es eben gern.

»Das mit dem Äquator verstehe ich. Aber warum

hier, so nah an Afrika? Warum nicht irgendwo im Indischen Ozean? Dort wird es doch auch solche Inseln geben.«

»Das habe ich gerade in meinen Vorbereitungsunterlagen gelesen. Die Chinesen wollten ihren Führungsanspruch in Afrika zementieren. Und außerdem ist es der Geldgier des damaligen Diktators des Zwergstaats zu verdanken. Er hat sich nicht lange darum bitten lassen, den Weltraumlift, die größte Errungenschaft der menschlichen Zivilisation, auf *seinem* Grund und Boden errichten zu dürfen. Die Entscheidung, die Inseln mit ihren Bewohnern an die Chinesen zu verhökern, hat ihn nicht nur in die Geschichtsbücher eingehen lassen.«

»Sondern vermutlich auch sehr reich gemacht«, vervollständigte Athene den Satz.

»Typisch Männer. Macht, Führungsanspruch, Geld, immer dieselbe Mischung«, sagte Diana und vertiefte sich wieder lesend in ihr Pad.

An der nordwestlichen Seite der Plattform schwamm neben einer der Säulen eine Landungsbrücke im Meer. Das Boot verlangsamte sein Tempo und der Rumpf mit den Tragflügeln sank zurück ins Wasser. Nachdem das Schiff vertäut worden war, verließen Athene und Diana es mit den Frauen über die Gangway. Auf der Landungsbrücke standen Soldatinnen, die die Ankömmlinge musterten und sie aufforderten, sich zügig zum Ende des Stegs zu begeben. Containerschiffe, Tanker und Schüttgutfrachter lagen an Terminals auf der anderen Seite. Im Meer ankerten Marineschiffe. Durch eine Schleuse gelangten sie in eine Halle im Fuß der mächtigen Säule, in der Aufzüge warteten.

Der Fahrstuhl erreichte die oberste Ebene der Plattform. Nackter Stahl dominierte den Bereich und ließ erkennen, dass der Transport von Menschen nicht der eigentliche Zweck des Lifts war. Das Innere wies wenig Komfort auf. Immerhin gab es breite Fenster, von denen eines in die Decke eingelassen war. So konnte Athene zum ersten Mal einen genaueren Blick auf die berühmte Konstruktion werfen.

»Kurze Vorlesung für meine angehende Nachwuchsingenieurin?« Diana schaute sie mit einem schelmischen Gesichtsausdruck an. Athene nickte, ohne die Augen von den Graphenbändern abzuwenden.

»Also, listen up, Einführung in die Nanotechnologie.«

»Nein, nein, jetzt kein ellenlanger Vortrag. Bitte die Kurzversion«, fuhr Athene lächelnd dazwischen.

Diana machte eine Schnute und grinste dann. »Der Lift besteht aus zwei parallelen Bändern aus Graphen, einem hochfesten und leichten Nanomaterial. Die Bänder selbst bewegen sich nicht. Sie dienen als Haltekonstruktion für die magnetischen Antriebsschienen mit Supraleitern.«

»Wie bitte? Verstehst du, wovon du da redest?«

Diana rümpfte die Nase und schaute Athene mit einer Grimasse an. »Das ist Stoff aus der Einführungsveranstaltung der Materialwissenschaften.«

»Ach so, natürlich, hätte ich mir denken können.«

»Das untere Ende der Graphenbänder führt durch die Plattform hindurch und reicht tief in den Boden, wo die Bänder verankert sind. Das obere Ende«, Diana zeigte durch das Fenster in den Himmel, wo sich die

Bänder senkrecht in der Unendlichkeit verloren, »mündet exakt 35 786 Kilometer oberhalb von uns in die Orbitalstation 1.«

Athene legte den Kopf etwas zur Seite. »Erinnert mich irgendwie an … einen Hammerkopf an einem langen Seil.«

»Ähm, so ähnlich vielleicht. Die Orbitalstation bewegt sich mit 11 000 Stundenkilometern und bleibt damit stets exakt am selben Punkt oberhalb des Äquators. Geostationär eben, sie verändert niemals ihre Position. Sie folgt sowohl der Rotation der Erde um sich selbst als auch dem Flug der Erde um die Sonne. Sonst würde der Lift abreißen oder die Station in die Tiefe ziehen.«

Sie machte eine Pause und ließ den Blick an den Graphenbändern entlanggleiten. »Und willst du den Trick des Jahrhunderts erfahren?«

»Der Trick des Jahrhunderts?«, wiederholte Athene und machte große Augen.

»Eigentlich müssten die Graphenbänder des Weltraumlifts viel breiter und fester sein, um solch eine Länge erreichen zu können. Plattform und Station hätten ein ungeheures Gewicht zu tragen. Technisch geht das nicht.« Diana schaute bedeutungsschwanger. »Daher der Jahrhunderttrick: Denn die Graphenbänder treten aus der Orbitalstation oben wieder heraus und reichen noch viel weiter in den Weltraum. Ihre Länge ist so bemessen, dass ein perfektes Gleichgewicht entsteht und sich der Lift selbst stabilisiert.«

»Und das hält?«

»Außer den Chinesen hatte das vor dem Bau auch

niemand geglaubt. Aber es hält seit über dreißig Jahren.«

Aus der Nähe erkannte Athene sofort, worum es sich bei den Pünktchen handelte, die sie aus der Ferne auf den Graphenbändern gesehen hatte: Es waren die Transportkapseln, die Minute für Minute, Stunde für Stunde, Tag für Tag die ungeheuren Mengen Rohstoffe und Halbprodukte vom Mars zur Erde brachten. Beladen schossen sie pausenlos von oben in die Basisstation des Lifts hinein und wurden nach der Entladung wieder aus ihr herauskatapultiert. Durch die Scheiben drang Lärm, und die Plattform vibrierte leicht unter Athenes Füßen.

In dem Wartebereich für die Passagiere war ein schlichtes kaltes Buffet aufgebaut. Das würde für längere Zeit die letzte Möglichkeit sein, etwas Ordentliches zu essen. Die Fahrt mit dem Lift dauerte fast zehn Stunden, und währenddessen gab es nur Snacks. Der Transport zur Orbitalstation war keine Vergnügungsreise. Nach der Stärkung ruhten sie sich aus, dann folgte ein obligatorisches Bewegungsprogramm. Die Übungen taten Athene gut und dienten der Gesundheitsvorsorge für die anstehende Fahrt. Eine Stimme forderte die Reisenden auf, sich in die Umkleiden zu begeben und Raumanzüge anzulegen. Im Fall einer Havarie sollten die Anzüge sie zumindest einige Zeit lang am Leben halten. Sie erwiesen sich als überraschend bequem. Die Helme mussten sie erst zum Start aufsetzen.

»Es geht los«, sagte Diana mit einem freudigen Ausdruck. »Endlich, Weltall, ich komme.«

»Wir kommen«, verbesserte Athene. »Oder willst

du ohne mich starten?«

Diana grinste und hakte sich bei ihrer Freundin unter. »Never, my dear!«

Die Rucksäcke geschultert folgten sie den gelb leuchtenden Pfeilen auf dem Boden. Aufzüge brachten sie und ihre Mitreisenden nach unten in eine hohe Halle, in der acht silberglänzende Passagierkapseln nebeneinanderstehend auf sie warteten. Athene und Diana mussten zu der rechts außen stehenden Kapsel. Eine Treppe führte vom Boden zu einer Einstiegsluke.

Das Innere der Kapsel präsentierte sich ebenfalls ohne jeden Luxus. Zum Glück gab es wenigstens bequeme Sitze, die in drei halbrunden Reihen angeordnet waren. Eine Wendeltreppe verband die vier Passagierdecks. Athene und Diana hatten ihre Plätze auf dem zweiten. Sie verstauen das Gepäck an der Außenwand in Fächern und nahmen ihre Sitze ein. Wenige Minuten später trug eine Stimme die Sicherheitsmaßnahmen vor. Es war Mittag, und die Reise so geplant, dass sie nachts in der Orbitalstation eintrafen.

Die Beleuchtung in der Kabine wurde gedimmt. Durch die kleinen runden Fenster drang schummriges Sonnenlicht herein. Athene spürte, wie sich die Kapsel über den Boden des Hangars bewegte. Zeitgleich mit Diana stülpte sie sich den glockenförmigen Helm über den Kopf. Nach einigen Augenblicken kam die Kapsel zum Stehen. Die Decks rotierten, sodass alle Passagierinnen eine um 45 Grad geneigte, bequeme Position einnahmen. Arme und Beine lagen fest auf. Der Helm war durch die Kopfstütze fixiert. Die Sicherheitsansage hatte sie wiederholt aufgefordert, wegen der enormen

Beschleunigungskräfte keine Gliedmaßen zur Seite oder nach oben zu strecken. Es erklangen eine Reihe von metallischen Schlägen und ein lautes Zischen.

Diana lächelte sie an. Ihre weit offenen Augen glitzerten vor Erregung hinter dem Visier des Helms. Athene erwiderte ihr Lächeln mühsam, doch sie empfand anders. Sie hatte Angst. Angst vor dem Lift, Angst vor dem Gespräch mit Diana, Angst vor der Kommandantin, Angst vor sich selbst.

Athene traf ein gewaltiger Schlag. Lärm umgab sie. Die Kapsel vibrierte heftig. Brach sie auseinander? Explodierte das verdammte Ding mitten in der Liftstation? Ihr Gesicht zitterte, ihre Haut wurde nach hinten gezogen, die Augäpfel in die Höhlen gedrückt. Sie fühlte sich wie an den Sitz genagelt und konnte kaum einen Finger heben. Ein Druckkatapult hatte die Kapsel beschleunigt. Mit halsbrecherischem Tempo schoss sie aus der Plattform. Auf der Magnetschiene des Graphenbands nahm sie weiter an Geschwindigkeit zu. Athene konnte kaum atmen, so schwer war ihre Brust. Ihr Mund trocknete aus. Ihr war schlecht. Alle Passagierinnen hatten Windeln an. Im Weltraum war für Eitelkeit kein Platz.

Nach einer Weile verringerte sich die extreme Beschleunigung und die Decks fuhren wieder in ihre waagerechte Ausgangsposition. Immer noch war es durch die Windgeräusche recht laut in der Kapsel. Athene konnte den Kopf wieder neigen und aus den kleinen Bullaugen gucken. Wolkenfetzen rasten in unglaublicher Geschwindigkeit vorbei. Sie atmete erleichtert aus. Viel länger hätte sie diese brutale Temposteigerung nicht ausgehalten. Sie hatte das Gefühl, dass ihre Organe nicht mehr am richtigen Ort waren. Sie blickte zur Seite zu ihrer Freundin. War es zu glauben? Diana grinste so breit, dass ihr Mund fast von einem Ohr zum anderen reichte. »Wow, cool«, hörte Athene sie durch den Helm sagen und schüttelte den Kopf über so viel Abgebrühtheit.

»4 000 Stundenkilometer«, rief Diana. Da die Beschleunigung nicht länger zu spüren war, hatte die Kapsel offenbar ihre Reisegeschwindigkeit erreicht und raste an der Schiene aus supraleitenden Magneten empor.

Nach rund einer halben Stunde teilte ihnen die Ansagestimme mit, dass sie sich ohne Helm auf dem Deck bewegen durften. Entsprechend genoss es Athene, sich die Füße zu vertreten und an der kleinen Theke einen Becher Wasser zu zapfen. Zum Glück hatte sie ihr Essen bei sich behalten. Sie hatte eine Passagierin Richtung Waschraum torkeln sehen, der das offenbar nicht gelungen war. Unter dem Helm sicher kein schönes Erlebnis. Ob die Jungen in diesen Kapseln zur Orbitalstation gereist waren? Hatten sie dieselben Anzüge und Helme getragen?

Athene betrachtete die anderen Passagierinnen. Viele trugen Militärkleidung, die meisten waren in ihre Pads vertieft oder hatten die Augen geschlossen und hörten vermutlich Musik. Die Reise zur Station war für sie offenbar Routine. Diana hatte einen Blick aus dem Bullauge geworfen und saß, wieder lesend mit Pad auf dem Schoß, auf ihrem Sitz. Konnte sie an nichts anderes denken als an ihren neuen Job?

Athene trat ebenfalls an eines der kleinen runden Fenster. Unter sich die graue Wolkendecke, über ihr der Himmel in einem dunklen Blau. Hatte die Schwerkraft schon ein wenig nachgelassen? Oder waren das Glückshormone? Sie empfand einerseits Unsicherheit, andererseits war das Gefühl, in den Weltraum zu fliegen, buchstäblich erhebend. Sie kehrte zu ihrem Sitz zurück und dämmerte ein.

Ein Schütteln an ihrer Schulter weckte Athene. Sie blinzelte.

»Schlafmütze, komm mit.«

Athene brauchte einen Moment, um sich in der ungewohnten Umgebung zu orientieren.

»Dort, schau«, rief Diana und tippte mit dem Finger von innen an die Scheibe des Bullauges.

Athene trat neben sie. »Was meinst du? Ich sehe nichts.«

»Versuch es mal mit deinen Augen. Oben auf zwei Uhr.«

»Zwei Uhr? Es ist nicht zwei Uhr.«

Diana prustete los. »Honey, das ist eine Richtungsangabe. Halb rechts.«

Athene stieß ihrer Freundin den Ellbogen in die Rippen. Diese ging giggelnd zu Boden. Die Frauen warfen ihnen halb missbilligende, halb amüsierte Blicke zu.

Auf zwei Uhr entdeckte Athene dann, was Diana gemeint hatte: In der Ferne schwebten die riesigen Sonnenblenden, die die Chinesen zur Reduzierung der Erderwärmung im All installiert hatten. Dann kämen sie bald an.

Tatsächlich forderte die bekannte elektronische Stimme sie wenig später auf, ihre Plätze einzunehmen, sich anzuschnallen und die Helme wieder aufzusetzen. Kurz vor der Orbitalstation wurde Athene in die Sicherheitsgurte gedrückt, als die Kapsel abrupt bremste und auf dem Graphenband von unten in die Station eindrang.

Ihr Weltraumabenteuer konnte beginnen.

♀ ♀ ♀

Abebi stand vor dem breiten 3D-Bildschirm, der an der Stirnwand ihres Büros im Regierungsgebäude von Gaia hing. Durch das Panoramafenster schien die Morgensonne herein.

»Wie können unsere Sicherheitssysteme und Protokolle so versagen?«, sagte sie wütend und ballte ihre rechte Faust.

Natalia und Darija war es anzusehen, dass sie sich unwohl fühlten. Die Generalstabschefin und die Kommandantin der Orbitalstation 1 saßen 36 000 Kilometer entfernt im Lagezentrum der Station. Der aktuelle Bericht vom Mars war eingetroffen. Der Inhalt erwies sich als äußerst unerfreulich.

Abebi fuhr wütend fort: »Offenbar sind die Terroristen mit unserer Pendelfähre auf dem Weg zu uns. Wobei: Genau wissen wir es nicht. Vielleicht verstecken sie sich auch noch auf der Orbitalstation? Und wie viele sind es überhaupt? Das wissen wir auch nicht!«

»Emma geht davon aus, dass sich zwei Männer auf der Fähre –«, begann Natalia zu antworten. Doch Abebi unterbrach sie unwirsch.

»Geht davon aus. Was soll das heißen? Warum wissen wir immer noch nicht, was los ist? Es gibt nichts als Vermutungen. Womöglich läuft ein breit angelegter Angriff gegen uns und wir sitzen hier und diskutieren über Vermutungen. Mehr als zwanzig unserer Soldatinnen gelten als vermisst, womöglich von diesen Terroristen ermordet, und wir haben keine Ahnung, was passiert!«

»Abebi, wir sprachen bereits in Gaia City darüber. Man hat uns gehackt, unsere Systeme manipuliert«, sagte Natalia.

»Ministerin, wir bereiten uns vor. Wir können jede Art von Angriff abwehren«, ergänzte die Kommandantin der Station.

»Wie weit seid ihr mit der Aktivierung von Ebene sechs? Ist die Morgenröte einsatzbereit?«

Die Stationskommandantin rutschte nervös auf ihrem Stuhl hin und her. Man erwartete eine Antwort von ihr. »Die Vorbereitung läuft, Ministerin. Das Schiff wird bald einsatzbereit sein.«

»Bald? Was heißt bald? Warum dauert das so lange?«

»Ministerin, es ist Jahre her, dass die Morgenröte das letzte Mal geflogen ist. Sie ist zwar grundlegend gewartet und instandgehalten worden, aber für einen Kampfeinsatz? Dafür müssen die Systeme aktualisiert und die Waffen montiert werden. Manche Handbücher liegen nur in chinesischer Sprache vor. Wir müssen jeden Kampfroboter testen. Die haben über zehn Jahre nur in ihren Wartungsmodulen geschlummert. Das fängt schon mit dem Getriebeöl an.«

Abebi hob ihre rechte Hand in die Luft und verdrehte die Augen. »Seid ihr euch im Klaren, wie ernst die Lage ist? Womöglich sehen wir uns schon in wenigen Tagen einem massiven Angriff welcher Art auch immer ausgesetzt. Wir haben keine Zeit für Handbücher und Getriebeöl!« Sie zischte einige unverständliche Worte. Abebi drehte sich zur Seite und ging vor dem Bildschirm auf und ab. Dann sagte sie mit der festen und lauten Stimme einer obersten Befehlshaberin: »Das Kampfschiff ist in zwei Tagen einsatzbereit. Schickt unsere besten Frauen dorthin. Ist das klar?«

Natalia und Darija nickten zögernd.

»Außerdem werden wir der Pendelfähre einen würdigen Empfang bereiten. Alle Fahrstühle und Treppen werden bewacht, ebenso alle Schleusen und wichtigen Verbindungstore. Frauen, die wir nicht zwingend für den Betrieb der Station und unseren Einsatz benötigen, werden in den kommenden Tagen nach Gaia City evakuiert. Das gilt natürlich auch für meine Tochter.« Abebi blieb vor dem Bildschirm stehen und blickte Natalia und Darija an. »Habt ihr die Befehle verstanden?«

Die beiden nickten abermals.

»Gut, ich werde morgen auf der Station eintreffen.«

Natalia blickte überrascht zu Darija und sagte nach einem kurzen Zögern: »Abebi, wir werden alles wie von dir angeordnet umsetzen und erwarten dein Eintreffen.«

Abebi schürzte die Lippen, entgegnete zunächst nichts. Dann nur: »Gut, bis morgen.«

Sie beendete die Videokonferenz und ging zu ihrem

Schreibtisch. Sie tippte auf ihren Communicator: »Sprachnachricht an Athene senden.« Nach einem kurzen Augenblick erschien die Diktierfunktion. »Athene, leider müssen wir aus Sicherheitsgründen die Orbitalstation evakuieren. Bitte folge den Anweisungen des Personals und kehre so bald wie möglich nach Gaia City zurück. Mama.« Ein kurzer Ton bestätigte Abebi, dass die Nachricht versendet worden war. Sie wusste, dass ihre Tochter nichts mehr liebte als Abenteuer. Doch dieses Abenteuer konnte sich zu einer unkontrollierbaren Katastrophe entwickeln.

♀ ♀ ♀

Athene saß mit zu einem Schneidersitz gekreuzten Beinen auf dem Bett in ihrem winzigen Zimmer. Diana lehnte mit dem Rücken an der Tür und schaute missmutig drein. Es war ihr anzumerken, dass sie wenig Lust auf das Gespräch hatte. Sie wollte die Station erkunden und sich auf das Kennenlernen mit ihren künftigen Kolleginnen vorbereiten.

Athene holte tief Luft. Mit geschlossenen Lidern sagte sie leise, aber eindringlich: »Diana, ich weiß, mit welcher Vorfreude du deinem neuen Job auf der Werft bei Mailin entgegenfieberst. Ich freue mich aufrichtig mit dir. Das ist eine einmalige Chance. Trotzdem …« Sie verschränkte die Arme vor der Brust, knetete mit der rechten Hand ihren linken Oberarm, zögerte, richtete den Blick zu Boden. Dann schoss es aus ihr heraus: »Du musst mir helfen, die Kontrollebene auszuschalten und die Herrschaft über die Männer zu beenden.«

Athene hatte sich die Reaktion ihrer Freundin in Gedanken ausgemalt, erwartet, dass eine längere Diskussion folgen oder Diana sie mit Bedenken konfrontieren würde. Doch das?

Sie hob abwehrend die Hände, sog hörbar die Luft ein, um die Backen aufzublasen, drehte den Kopf erst zur einen, dann zur anderen Seite. »Forget it!«, rief sie. »Zieh mich da nicht mit rein!«

Athene wurde das Herz schwer. Sie presste die Lippen aufeinander.

»Ich habe jahrelang so hart für diese Chance gearbeitet. Ich werde sie nicht deinen Fantasien als Revolutionärin opfern.« Sie holte nochmals tief Luft, reckte den Kopf nach hinten. »Auf gar keinen Fall. Ich werde da nicht mitmachen, kommt überhaupt nicht infrage.« Sie verschränkte ebenfalls die Arme vor der Brust und schaute an Athene vorbei aus dem winzigen Fenster über dem Bett ins All.

»Aber Diana, du findest doch auch, dass wir so mit den Männern nicht umgehen können. Und die Pläne meiner Mutter! Das können wir nicht zulassen.«

»Glaubst du wirklich, dass wir beide gegen deine Mutter und das Ministerium etwas ausrichten können?«

Athene schaute starr geradeaus.

»Ganz ehrlich: Das sind doch Spinnereien. Hier geht es nicht um ein Transparent, Graffitis auf der Straße oder Flugblätter. Zwischen Frauen und Männern herrscht Krieg! Da fliegen Kugeln. Da sterben Menschen.«

»Eben, genau darum geht es. Das Sterben zu stoppen. Diesen ganzen Wahnsinn zu stoppen. Gaia hat so keine Zukunft.«

»Das sieht deine Mutter anders.« Diana hielt inne, überlegte. »Und woher nehmen wir eigentlich die Überzeugung, dass wir mit unseren Ansichten richtig liegen? Wenn es doch anders ist? Wenn kein Frieden und keine Freiheit zwischen uns und den Männern existieren kann. Herrje, Athene. Du kannst dich doch nicht kopflos in solch ein Abenteuer stürzen. Du wirst dein Leben riskieren!«

»Ich bin vorbereitet, nicht kopflos. Und wenn schon. In Abebis Deandro-Drecksstaat werde ich auf keinen Fall leben. Dann wandere ich lieber auf den Mars aus.«

Diana schnaubte verächtlich. »Du weißt ja nicht, wovon du sprichst.«

»Ach ja, weiß ich das nicht? Vielleicht. Aber was weißt du denn über den Mars? Ebenfalls gar nichts, außer den Lügen, die sie uns in der Schule erzählen. Wach auf, Diana, Gaia ist eine einzige große Lüge und sie wird mit einem lauten Knall platzen wie ein rosaroter Luftballon.«

Stille kehrte ein. Keine der beiden jungen Frauen sagte ein Wort. Diana ging in dem kleinen Raum auf und ab und kaute auf ihrer Unterlippe herum. Plötzlich blieb sie stehen und schaute ihre Freundin an.

»Athene, ich fühle mich dir eng verbunden und wünsche dir von Herzen nur das Beste. Aber ich werde dir nicht helfen und mich an deinen Plänen nicht beteiligen. Ich möchte das nicht. Versteh das.«

Athene lehnte sich auf dem Bett an die Wand und schlang die Arme um die Knie.

»Okay.«

»Okay, was?«

»Okay halt.«

»Okay.« Diana drehte sich um und verließ ohne einen Abschiedsgruß den Raum. Athene blieb allein zurück. Sie nahm die Decke vom Bett und schleuderte sie wütend auf den Boden. Das Kissen hinterher. Die Box mit den Hygienetüchern hinterher. Den Becher Wasser hinterher. »Dann erledige ich es eben allein, du Weichei«, zischte sie und ballte die Fäuste.

Diana ging Athene den Rest des Tages aus dem Weg und meldete sich nicht bei ihr. Athene stellte sich vor, wie sie Gespräche mit ihren Kolleginnen im Forschungsstab der Obersten Ingenieurin führte, wie sie über Materialwissenschaften scherzten, Witze über Nanotechnologie rissen und sich über Quantenphysik amüsierten. Athene musste erkennen, wie unterschiedlich ihre beste Freundin zu ihr war. Wie hatte sie glauben können, dass sie sich ihren Ideen anschließen würde?

♀ ♀ ♀

Am Nachmittag desselben Tages drehten sich Athene und Diana mit weit geöffneten Augen in dem halbrunden Kontrollzentrum der Orbitalstation 1 herum. Darija, die Kommandantin, löste das Versprechen von Athenes Mutter ein und führte sie durch die fünfte Ebene, zu der sie offiziell keinen Zutritt hatten.

Eine Ingenieurin aus Darijas Team beschrieb ihnen den Kontrollraum, in dem sich rund zwanzig Frauen aufhielten, die jeweils vor großformatigen 3D-Bildschirmen saßen.

»Der Raum ist in fünf Bereiche unterteilt. An den Pulten am linken Rand überwachen wir den Weltraumlift zwischen der Erdoberfläche und der Orbitalstation. Rechts daneben stehen die Kontrollpulte für die Pendelfähren. In der Mitte hat die Kommandantin mit ihrem Team von wachhabenden Ingenieurinnen ihren Platz. Rechts von ihnen werden die Daten vom Mars beobachtet: von der Station, dem Lift und der Kolonie.«

»Die Kommunikation mit dem Mars ist schwierig. Ihr wisst ja vermutlich, warum?«, ergänzte Darija.

Während Diana sofort nickte, wiegte Athene den Kopf hin und her. Sie wollte den Aufenthalt in dem Raum so lange hinauszögern wie möglich, um sich Details einzuprägen. »Ich weiß nicht recht, wegen der großen Entfernung?«, fragte sie gespielt unwissend.

»Naja, wer will schon bis zu einer Dreiviertelstunde auf die Antwort seines Gegenübers warten?« Sie wandte sich an die Ingenieurin. »Fährst du fort?«

»Die Daten treffen mit einer Zeitverzögerung von 3 bis 22 Minuten am jeweils anderen Ort ein, abhängig davon, in welcher Position Erde und Mars zueinander stehen. Denn der Abstand der Planeten auf ihren Umlaufbahnen um die Sonne schwankt zwischen 56 und 401 Millionen Kilometern. Während der alle zwei Jahre auftretenden solaren Konjunktion, in denen Erde, Sonne und Mars auf einer Linie liegen und die Sonne den Mars verdeckt, brauchen die Signale sogar noch länger. Dann leiten wir sie über einen nur für diesen Zweck zwischen Erde und Mars platzierten Satelliten um.«

Während des Vortrags der Ingenieurin ließ Athene weiter ihren Blick durch den Raum schweifen. Rechts von den Plätzen der Marskontrolle gab es vier Konsolen, die allesamt ausgeschaltet und unbesetzt waren. Sie zeigte auf die leeren Sitze und Pulte.

»Kommandantin, warum sind die Plätze frei? Welchen Zweck haben sie?«

Darija zögerte und blickte zu den verwaisten Kontrollpulten. »Die dienen als Ersatz, nicht weiter wichtig.«

Athene kam kurz der Gedanke von der fehlenden Ebene am Modell. Konnte es da einen Zusammenhang geben? Sie schaute noch mal genauer hin.

Darija räusperte sich.

»Athene?«

Athenes Augen suchten hastig die Kontrollpulte ab. Es musste einen Hinweis geben, ganz sicher. Dann sah sie es: An den Konsolen befand sich seitlich, kaum wahrnehmbar, eine Einprägung, nur eine Vertiefung der Buchstaben ohne farbliche Absetzung. Dort stand: *Ebene 6*. Also doch, sie hatte es gewusst.

»Athene«, sprach Darija sie nochmals an, dieses Mal ein wenig lauter.

Athene blickte auf.

»Wir müssen uns jetzt ein wenig beeilen. Du hast sicher schon erfahren, dass alle Zivilistinnen wegen einer veränderten Sicherheitslage die Station verlassen müssen, oder? Hast du schon den Zeitpunkt mitgeteilt bekommen, wann du mit dem Lift nach Gaia zurückreist?«

Athene presste die Lippen aufeinander und wich

dem Blick der Kommandantin aus. »Meine Rückreise ist für morgen Nachmittag angesetzt.«

»Und du, Diana, was ist mit dir? Wann wirst du nach Gaia zurückreisen?«

»Unsere Abteilung bekam kurzfristig mitgeteilt, ab heute Nachmittag an einem besonderen Auftrag mitzuarbeiten. Ich bleibe hier.«

Darija hob überrascht die Augenbrauen. »Du wurdest in das neue Team berufen? Das nenne ich mal einen respektablen Start. Wir können jeden klugen Kopf gebrauchen. Wie ich hörte, bist du ein Ausnahmetalent.«

»Danke, Kommandantin, das ist sehr freundlich.« Diana schaute kurz verlegen zu Boden. »Ich werde mein Bestes geben.«

Athene traute ihren Ohren nicht. Besonderer Auftrag? Ins Team berufen? Jeden klugen Kopf gebrauchen? Was ging hier vor sich? Was würde Diana tun?

Doch die Kommandantin unterbrach Athenes Überlegungen. »Hat deine Mutter dir schon berichtet, dass sie auf die Station kommen wird? Womöglich seht ihr euch noch. Sie wird heute eintreffen.«

Athene trafen Darijas Worte wie ein Blitz. Abebi reiste zur Station? Sie ließ die Zivilistinnen evakuieren, um selbst herzukommen? Das war typisch für sie. Alle fortschicken und das Kommando übernehmen. Ihre Mutter hatte es offenbar nicht für notwendig erachtet, sie darüber zu informieren. Von ihr hatte sie außer der Nachricht, dass sie nach Hause zurückkehren solle, nichts gehört. In Athene breitete sich das Gefühl aus, dass ihre Mutter alles über ihren Kopf hinweg entschied. Athene war das so leid. Schon bald würde es damit ein Ende haben.

»Athene?«

»Ja, Kommandantin, das ist gut zu wissen, vielen Dank.«

In dem Moment näherte sich von den Aufzügen her eine junge Frau. Sie wandte sich der Kommandantin zu und flüsterte ihr etwas ins Ohr. Darija nickte.

»Athene, Diana, es freut mich sehr, dass ich euch die Kontrollebene zeigen durfte. Jetzt muss ich mich verabschieden. Wir bekommen hohen Besuch von der Erde.« Sie zwinkerte Athene zu. »Meine Mitarbeiterin führt euch zurück in eure Quartiere. Ich wünsche euch eine gute Zeit auf der Station.« Sie lächelte die beiden freundlich an, drehte sich um und ging zügig fort.

Die junge Frau, die der Kommandantin die Nachricht überbracht hatte, stand Athene und Diana gegenüber und schaute sie erwartungsvoll an. »Folgt ihr mir bitte?«

Athene drehte sich um und ließ ihren Blick ein weiteres Mal durch den Kontrollraum schweifen. Den rund zwanzig Kontrollpulten und Arbeitsplätzen gegenüber befand sich eine breite Monitorwand, die Informationen zu den Lifts, Stationen, Fähren und der Marskolonie anzeigte. Unter einer der Fähren stand, dass diese in fünf Tagen und zwei Stunden an der Orbitalstation eintraf. Athene fiel auf, dass die Kontrollbereiche für den Mars und für die Pendelfähren rot blinkende Warnhinweise enthielten. Dort stand zwar nicht, welche Art von Warnung konkret vorlag, jedoch war es offensichtlich, dass in beiden Bereichen etwas nicht stimmte.

Gern hätte Athene die Kommandantin danach gefragt.

Athene wandte sich der jungen Frau zu, die sie in ihre Quartiere bringen sollte.

»Kameradin, warum leuchten bei den Fähren und dem Mars rote Warnhinweise?«

Die junge Frau blickte auf die große Monitorwand und sagte: »Das ist wegen des Ausbruchs der Terro…« Sie riss die Augen auf und verstummte abrupt. Sie presste die Lippen aufeinander und errötete binnen kürzester Zeit. »Ich meine, ich wollte sagen, also, da ist eigentlich nichts. Nichts, was ich euch sagen darf.« Die Frau richtete sich auf und erklärte schroff: »Jetzt gehen wir.« Sie drehte sich um und schritt voraus. Diana folgte ihr zügig.

Auf Athenes Gesicht hingegen erschien ein breites Lächeln. Schau an, Männer waren vom Mars auf dem Weg zur Station. Das wollte ihre Mutter also geheim halten. Die Sicherheitssysteme der Gyne waren nicht unüberwindbar. Die Typen hatten es geschafft. Athene fühlte sich bestärkt, endlich ein Lichtblick. Sie konnte ihnen vielleicht helfen, in die Station zu gelangen. Athene warf einen letzten Blick über die Schulter zurück in den Raum. Wie gern sie länger geblieben wäre, um die breite Monitorwand zu studieren.

Als Athene ihr Zimmer betrat, rasten die Gedanken in ihrem Kopf. Sie würde natürlich nicht am nächsten Tag nach Gaia zurückkehren. Das war klar. Diana hatte ihr zwar einen Korb gegeben, aber vielleicht ließ sie sich später überzeugen. Sie selbst sollte die Station bald wieder verlassen, während ihre Mutter auf dem Weg hierher war. Doch es gab auch Positives: Männer vom

Mars waren auf dem Weg. Das war ein Wink des Schicksals! Und womöglich befand sich der Schlüssel zum Erfolg ihres Plans auf dem kleinen Schreibtisch vor ihr: der Pad-Computer. Im Posteingang lag eine verschlüsselte Nachricht von Jinjin, Abebis Assistentin. Wenn die ihr Versprechen vom Strand in Gaia nicht einhielt, würde Athene sie nicht nur bei ihrer Mutter anschwärzen, sie würde sie erwürgen. Denn ohne die Zugangscodes wären ihre Pläne am Ende.

Sie aktivierte den Pad-Computer und startete die Entschlüsselungssoftware, deren Passwörter sie Jinjin aufgeschrieben hatte. Sie öffnete mit klopfendem Herzen die Nachricht. Ihre frühere Kommilitonin hatte keine Anrede oder persönliches Wort in ihrer Mitteilung geschrieben. Aber das war Athene egal. Sie sprang von dem Stuhl auf und riss dic Faust in die Höhe. Jinjin hatte ihr Versprechen gehalten und ihr die aktuellen Zugangscodes für die Orbitalstation geschickt.

Athene setzte sich wieder und scrollte durch die Zahlenkolonnen. Am Ende stutzte sie. Ihre Augen wurden groß, dann größer, sie schrie vor Freude. In der letzten Zeile der Nachricht stand ein Zugangscode zur sechsten Ebene. Nun hatte sie endgültig Gewissheit: Die Raumstation bestand nicht nur aus den fünf Ringen, die sie an dem Modell im Hafen mit Diana ehrfurchtsvoll angeschaut hatte. Oberhalb der Kommandoebene gab es noch eine weitere, unbekannte Ebene.

Athenes Neugierde brannte wie Feuer. Sie konnte es nicht abwarten herauszufinden, worum es sich bei dieser sechsten Ebene handelte. Warum hielten die Gyne ihre Existenz geheim? War es eine Militärbasis? Waren dort

Waffen stationiert, Atomwaffen gar? Oder war das Ganze eine Forschungseinrichtung? Athene blickte auf ihren Communicator, der vibrierte, da eine neue Sprachnachricht eingetroffen war. Ihre Mutter teilte ihr in knappen Worten mit, dass sie auf der Station angekommen war und Athene am nächsten Morgen um acht Uhr zum Frühstück zu treffen wünschte.

Athene lachte. Sollte ihre Mutter doch kommen! Sie zog die Schuhe aus und legte sich auf ihr Bett. Sie lachte noch lauter. Sie hatte keine Angst mehr vor Abebi. Sie würde es ihr zeigen. Sollte Égbé, der Habicht, doch mit den Flügeln schlagen und in den Sturzflug übergehen. Ihre Mutter würde bald die größte Überraschung erleben. Athene würde sich aus ihren Greiffängen befreien.

♀ ♀ ♀

Als Athene am nächsten Morgen um kurz nach acht das Restaurant der Wohnebene betrat, saß ihre Mutter an einem Tisch in der Mitte des Raums – wo sonst. Um sie herum saß eine Reihe weiterer Frauen. Athene kannte keine von ihnen. Abebi erblickte ihre Tochter und bedeutete den anderen, sich zu entfernen. Sie näherte sich dem Tisch und setzte sich ihrer Mutter gegenüber.

»Die Kaiserin hält Hof. Alles hört auf dein Kommando, wie ich sehe«, sagte Athene mit einem spöttischen Lächeln.

Abebi verzog das Gesicht und seufzte. »Guten Morgen. Lass doch bitte diese Provokationen. Geht es dir gut?«

»Geht so.«

»Bist du enttäuscht, dass du zurück nach Gaia City fahren sollst?«

»Ja, und ich verstehe auch nicht, warum ich zurückmuss.«

»Wie ich dir schon mitgeteilt habe, können wir die Sicherheit auf der Station aktuell für Zivilistinnen nicht gewährleisten. Die meisten Frauen werden die Station heute verlassen.«

Athene murmelte in sich hinein und rümpfte die Nase. »Sicherheit gewährleisten. Deine Politikerinnensprache kannst du dir mir gegenüber sparen. Sag doch zur Abwechslung mal die Wahrheit: Die Männer tanzen euch auf der Nase herum.«

»Athene«, sagte ihre Mutter mit empörter Stimme. In dem Restaurant drehte sich eine Reihe von Köpfen zu ihnen um. Doch die meisten blickten rasch wieder weg, als sie erkannten, dass der Ausruf von der Freiheits- und Sicherheitsministerin stammte.

Athene spürte dieses altbekannte Gefühl der Wut in ihr aufsteigen. Die meiste Zeit speiste ihre Mutter sie mit Phrasen und einer angeblichen Geheimhaltung ab, wenn es darum ging, wie die Frauen mit den Jungen und Männern umgingen.

»Lass mich raten, Mama. Du bist zur Station gekommen, um den Feldzug gegen die Männer persönlich anzuführen. Da fühlst du dich bestimmt voll und ganz in deinem Element. Wie in alten Zeiten.«

Abebi sog die Luft hörbar durch die Zähne ein und streckte die Finger ihrer rechten Hand von sich. Es war ihr anzusehen, wie sie sich zusammenriss.

»Athene, wir sehen uns erstmals seit der Gründung des Staates Gaia einer ernsthaften Gefahr gegenüber. Offenbar hat sich auf dem Mars im Untergrund über Jahre eine Terrorzelle gebildet, die uns nun aus dem Hinterhalt angreift. Wir vermissen bereits rund zwei Dutzend Kameradinnen. Die Lage ist ernst.«

Athene schnaubte verächtlich. »Klar, für euch sind es Terroristen. Aber habt ihr euch mal Gedanken gemacht, welche Ziele sie verfolgen und welche Motive sie haben? Ihr stempelt sie vom ersten Moment an als Terroristen ab. Jede inhaltliche Auseinandersetzung lehnt ihr ab. Kein Wunder, dass es zu einem Aufstand kommt.«

»Es gibt keinen Aufstand, Athene. In der Kolonie ist es ansonsten ruhig. Es geht um eine kleine Gruppe von offenbar verrückten gewaltverherrlichenden Männern. Wir werden dieses Problem bald in den Griff bekommen.«

»Ihr behandelt die Männer auf dem Mars wie Tiere. Wie könnt ihr glauben, dass sie sich das auf Dauer gefallen lassen? Wir können so unmöglich weitermachen.«

»Bisher hatten wir die Situation gut im Griff. Alles war unter Kontrolle. Die Männer bekommen, was sie verdienen. Du weißt, was sie uns angetan haben.«

»Das stimmt nicht. Die Männer, die sich auf dem Mars befinden, haben uns nichts getan. Während des Großen Kriegs waren sie noch Kinder. Sie sind unschuldig.«

»Kein Junge oder Mann kann unschuldig sein. Sobald wir ihre Fesseln lösen, werden sie das Gleiche wieder tun.«

»Es steht außer Frage, dass viele Männer unvorstellbare Verbrechen an Frauen begangen haben. Und jeder dieser Männer gehört für seine Taten bestraft. Wir können das andere Geschlecht aber nicht unter Generalverdacht stellen. Es gab auch in der Vergangenheit Männer, die gut mit uns umgingen.«

»Ja, die gab es wohl. Doch es hat sich gezeigt, dass sie eine Minderheit darstellten, und zwar eine verdammt kleine Minderheit, wenn alle Schranken fallen.«

»Das ist nicht wahr. Das ist ein Mythos, um die Gründung des Staates Gaia zu rechtfertigen.«

Ihre Mutter schnaubte vor Wut. »Du hast ja keine Ahnung, Kind. Keine Ahnung. Du hast das alles nicht selbst erleben müssen.« Plötzlich trat ein seltsam leerer Ausdruck in Abebis Gesicht. »Ich selbst wurde von mehreren Männern vergewaltigt. Am eigenen Leib musste ich erleben, was Milliarden Frauen durchmachten. Und viele von ihnen traf es noch viel schlimmer.« Abebi schluckte und schüttelte den Kopf. »Denk nur an den massenhaften Gebrauch der Zwangshauben.« Sie verzog angewidert das Gesicht.

Athene schockierten die Worte ihrer Mutter. Zum ersten Mal in ihrem Leben hatte sie diese Erlebnisse offen ausgesprochen. Sie saß schweigend auf ihrem Stuhl, ihre Zähne klapperten von einer verwirrenden Mischung aus Wut, Angst und Mitgefühl.

Abebi setzte eine finstere Mine auf. »Abschaum, sie sind Abschaum«, ereiferte sie sich und sprach dabei deutlich lauter, als sie beabsichtigt hatte. Wieder drehten sich einige Köpfe zu ihr um.

Athene gewann ihre Fassung zurück. »Du siehst nicht mehr klar. Du blendest den Teil der Wahrheit aus, der nicht zu deinem Weltbild passt.« Es entstand eine Pause, dann sagte Athene mit fester Stimme: »Sie sind keine Terroristen, sie haben keine andere Wahl.«

Ihre Mutter lachte spöttisch auf. Ihr Gesichtsausdruck zog sich zusammen. »Du Närrin, du bist so naiv. Wie ein kleines Kind.« Die letzten Worte betonte sie abschätzig.

Athene stand mit einer ruckartigen Bewegung vom Tisch auf und drehte sich wutentbrannt um. Ohne ein weiteres Wort ging sie zum Ausgang.

»Denk daran, den Transfer nach Gaia City heute nicht zu verpassen. Sonst sorge ich persönlich dafür, dass du die Station verlässt«, rief Abebi ihr laut durch den halben Essensraum nach.

Athene ging weiter, ohne sich zu ihrer Mutter umzublicken. »Das kannst du vergessen«, flüsterte sie, während sie in zügigem Tempo durch die Tür des Restaurants schritt.

♀ ♀ ♀

Am Nachmittag betrat Athene den Kiosk der Wohnebene gegenüber den Aufzügen. Ruhig griff sie nach einer Reihe von Artikeln in der Auslage und bezahlte sie an der Kasse mit ihrem Communicator. Sie schaute sich um und zog die breite Schirmmütze noch tiefer ins Gesicht. Niemand befand sich im Foyer. Zügig schritt sie zur Bedientafel der Aufzüge. Sie drückte die Schaltfläche für den Lift nach oben – in die entgegengesetzte

Richtung zur Frachtebene, wo die Transportkapsel sie erwartete. Wenige Minuten zuvor hatte sie sich ordnungsgemäß bei der Verwaltung der Wohnebene abgemeldet und behauptet, dass sie den Transfer nach Gaia City nehmen werde.

Athene schulterte ihren Rucksack und zog ihre Jacke glatt. An ihrem Communicator deaktivierte sie alle Funkfunktionen, damit man sie nicht tracken konnte. Mit einem Pinggeräusch traf der Aufzug ein. Sie trat in die Kabine und atmete auf. Sie war leer. Während sich die Schiebetüren schlossen, blickte sie auf das Bedienfeld des Aufzugs. Auf dem Touchfeld gab es keine *6*. Die Anzeige reichte von Nummer eins, der Frachtebene, bis zur Nummer fünf, der Kontrollebene.

Eine freundlich melodische Stimme erklang: »Bitte wähle deine Zielebene und halte bei Bedarf deinen Communicator als Zugangsberechtigung an das Display.«

Athene streckte ihr Handgelenk mit dem Communicator vor. Kurz bevor sie ihr Zimmer verlassen hatte, hatte sie die Zugangscodes auf das Gerät hochgeladen. Das Touchfeld mit der Auswahl der Ebenen veränderte sich. Es zeigte sechs statt fünf Optionen an. Hektisch drückte sie die Schaltfläche für die Sechs. Ihr Herz pochte. Der Lift setzte sich in Bewegung, fuhr aufwärts, doch ihre Freude darüber währte nur kurz: Plötzlich verlangsamte der Aufzug seine Fahrt, bis er auf der nächsten Ebene stehen blieb und die Türen sich öffneten. Athene schloss die Augen und biss die Zähne aufeinander. Bitte nicht, dachte sie. Bitte nicht irgendjemand, den sie kannte. Sie spürte, wie ihr Schweiß auf die Stirn trat. Sie hörte, wie Personen den Aufzug betraten, und öffnete unsicher lächelnd die Augen. Drei Frauen standen vor ihr und unterhielten sich miteinander. Athene blickte sie nacheinander an – alle trugen Militäruniformen – und fühlte Erleichterung. Sie kannte keine von ihnen. Die drei Soldatinnen bedachten Athene mit einigen misstrauischen Blicken und beendeten ihr Gespräch. Eine der Frauen hielt ihren Communicator an das Lesegerät. Als sie erkannte, dass die sechste Ebene als Ziel ausgewählt war, schaute sie wieder zu Athene.

»Da haben wir ja das gleiche Ziel«, sagte sie in freundlichem Ton. »Wohl auch auf dem Weg zum Einsatz, Kameradin.«

Athene nickte und erwiderte das Lächeln, so gut es ging. Ihr Magen rebellierte. Dann wandte sich die Frau wieder den anderen zu, und sie setzten ihr Gespräch in gedämpftem Ton fort. Es drehte sich um die schnellere Wartung von Kampfrobotern. Irgendetwas zum Thema Getriebeöl, konnte Athene heraushören.

Wenig später erreichten sie die sechste Ebene. Gegenüber den Aufzügen stand eine graue Wand aus Stahl mit einer Personenschleuse. Die erste der drei Frauen hielt ihren Communicator an den Scanner, um die Schleuse zu betreten. Direkt hinter ihr schlossen sich die Türen sofort wieder. Athene hatte nicht erkennen können, was hinter dem Durchgang lag. Wenig später waren die zweite und dritte Frau verschwunden.

Athene atmete einige Male ein und aus, um ihren Puls zu beruhigen. Sie sammelte sich, hielt ihren Communicator an das Lesegerät und trat ebenfalls durch die Schleuse.

Hinter der zweiten Schleusentür erhob sich ein beträchtlicher Geräuschpegel von Stimmen und Maschinen. Athene fand sich in einem Quergang wieder, der sich mindestens zehn Meter in die Höhe erstreckte. Das Ende rechts und links konnte sie nicht sehen, da der Gang in beide Richtungen eine nach hinten gebogene Form aufwies. Offenbar folgte er der runden Bauweise der Ebene.

In dem Korridor herrschte Geschäftigkeit. Dutzende Frauen eilten vorbei. Viele von ihnen gingen in kleinen Gruppen oder wurden von Transportwagen mit Material begleitet. Was taten sie hier? Athene hörte, wie sich die Schleuse hinter ihr schloss, und entfernte sich zügig von den Türen. Sie wollte von niemandem überrascht werden.

Von dem Gang führten drei Tore ab. Athene näherte sich dem Mittleren, wobei sie darauf achtete, keiner der beschäftigten Frauen im Weg zu sein. Als sie durch das Tor blickte, stockte ihr der Atem. Sie benötigte einige Augenblicke, um zu begreifen, was sie sah. Am Ende des Gangs lag die Brücke eines Raumschiffs. Bei der geheimen sechsten Ebene handelte es sich um keine Kaserne oder Forschungseinrichtung. Ein Kampfschiff, durchfuhr es Athene. Und die hunderte Frauen, die hier so emsig tätig waren, machten es zum Abflug bereit.

Plötzlich bekam sie von hinten einen Stoß gegen ihre Schulter und taumelte leicht nach vorn.

»Entschuldigung«, rief die junge Frau, die sie angerempelt hatte. Sie wollte schon weitergehen, als sie innehielt und sich zu Athene wandte.

»Sag, kann ich dir helfen? Suchst du etwas?«

Athene zuckte zusammen, als die Frau sie ansprach. Vermutlich hatte sie eine ganze Weile mit einem staunenden Ausdruck in das Raumschiff gestarrt.

»Ähm, danke, ja, alles okay. Ich komme zurecht, ich war wohl ein wenig in Gedanken.« Sie lachte leicht gekünstelt. »Ich bin die persönliche Assistentin der Freiheits- und Sicherheitsministerin. Sie hat mich geschickt, um den Stand der Arbeiten zu überprüfen. Du kannst jetzt gehen, danke. Ich komme allein zurecht.«

Der jungen Frau gegenüber gefror das Lächeln. Sie sah Athene aufmerksam an und nickte langsam.

»Bitte entschuldige, dass ich mich nicht vorgestellt habe. Mein Name ist Nicola. Ich bin hier so eine Art Laufmädchen für alles. Meist schickt mich die Kommandantin mit Aufträgen durch die Gegend. Kann ich dir nicht doch irgendwie weiterhelfen?«

»Danke, ich komme zurecht. Ich werde jetzt meine Besichtigung fortsetzen. Bis bald, Nicola.« Athene setzte wieder ein unverbindliches Lächeln auf und zwang sich, so sicher und souverän wie möglich zu wirken. Sie drehte sich um und schritt auf die Brücke des Raumschiffs zu. Plötzlich stoppte sie und wandte sich zu ihrer neuen Bekanntschaft um. »Eine Frage hätte ich doch. Gibt es einen Raum, wo ich meine Sachen abstellen und in Ruhe einige Nachrichten an die Ministerin schicken kann?«

Die junge Frau überlegte kurz. »Kein Problem, folge mir bitte.«

Athene ging hinter ihr her in einen Gang des Raumschiffs hinein. Im selben Moment hörte sie aus einiger Entfernung die Stimme ihrer Mutter. Sie beschleunigte ihren Schritt und wäre Nicola fast in den Rücken gestolpert. Zum Glück bogen sie durch eine Tür ab und stiegen eine Treppe zum oberen Deck hinauf.

♀ ♀ ♀

Abebi betrat die Brücke des Raumschiffs. Die Kommandantin der Orbitalstation, Darija, sowie die Generalstabschefin Natalia begleiteten sie.

»Es ist viele Jahre her, Abebi, dass wir gemeinsam hier waren.«

»Das war vor etwas über zehn Jahren, Natalia. Wir hatten unseren Auftrag auf dem Mars zu erledigen. Eine rundum erfolgreiche Mission.«

Natalia nickte. »Wir bereinigten damals die Marskolonie und bereiteten sie für die Ankunft der ersten Jungen vor. Das Schiff und die Roboter leisteten gute Dienste, den Chinesen sei Dank.« Sie klopfte anerkennend auf ein Kontrollpult.

Der Brücke des Kampfschiffs war anzusehen, dass chinesische Ingenieure sie einst vor dem Großen Krieg gestaltet hatten. In der Mitte befand sich ein Sitz, der an einen Thron erinnerte. Zwar wies er keine Ornamente auf, doch zeigte seine Gestaltung eindeutig, dass die Person, die dort Platz nahm, die uneingeschränkte Kontrolle über das Schiff innehatte. Es wirkte fast wie in einem Computerspiel.

Gegenüber dem Kommandositz erstreckte sich eine breite Panzerglasscheibe, die den Blick ins All gewährte. Davor waren vier Konsolen mit 3D-Bildschirmen platziert. Abebi überkam ein wohliges Gefühl, als sie mit der Hand über den erhöhten Sitz strich. Beim Einsatz vor zehn Jahren hatte sie dort gesessen.

Sie wandte sich an die Kommandantin. »Wie weit seid ihr? Wann ist die Morgenröte bereit?«

Die Angesprochene trat einen Schritt vor. »In spätestens zwanzig Stunden sind wir fertig.« Sie stockte und blickte zur Generalstabschefin, die auf der anderen Seite von Abebi stand. »Wobei, nun, das Schiff ist dann einsatzbereit, aber –«

»Was soll das Getue? Was fehlt?«

Darija schaute abermals zu Natalia.

»Die Kampfroboter. Wir brauchen für sie mehr Zeit. Aktuell sind rund 75 fertig. Jede Stunde kommen weitere dazu. Wir schaffen etwa 25 pro Tag, aber die Versorgung mit Ersatzteilen und …« Sie unterbrach sich selbst. Nach einer kurzen Pause sprach sie weiter. »Wir haben alle 300 Roboter vom Schiff herunter in die Werkstätten gebracht. Jeder einsatzbereite Roboter bezieht Position in der Raumstation. Auf dem Schiff können wir vorläufig keine Roboter stationieren.«

Abebi schürzte die Lippen, legte den Kopf leicht schräg und blickte die höchste Soldatin Gaias an. Einige Sekunden verstrichen, die sich für Natalia und Darija vermutlich wie Stunden anfühlten. Abebi nutzte solche psychologischen Kniffe gern. Sie demonstrierten ihre Macht. Sie nickte. »Okay, das klingt sinnvoll. Auf dem Schiff werden wir die Roboter vorläufig nicht benötigen. Die Waffensysteme sind einsatzbereit und aufmunitioniert?«

Darija nickte. »Ja, Ministerin. Morgen Vormittag können wir abdocken.«

»Wir werden morgen um neun Uhr starten. Natalia, du begleitest mich auf dem Schiff. Darija, du bleibst als Kommandantin auf der Station.«

»Wir sollten noch entscheiden, ob wir in der Marskolonie eine Strafe verhängen. Nach unseren bisherigen Erkenntnissen haben die Männer in der Kolonie mit den Angriffen nichts zu tun«, sagte Natalia.

Die Ministerin schnaubte verächtlich, ohne sich zu den beiden Frauen umzudrehen. Abermals ließ sie ihre Hand über die Armlehne gleiten. »Verhängt die Strafe umgehend, volle zwei Wochen.«

»Was sollen wir als Grund angeben?«, fragte Darija.

»Lasst ausrufen, dass die Strafe wegen allgemeiner Verstöße gegen Recht und Ordnung verhängt wird. Vielleicht locken wir die Terroristen so aus ihrem Nest.«

Sie näherte sich dem Ausgang, als sie plötzlich stoppte. Ein eiskaltes Lächeln erschien auf ihrem Gesicht. »Und verkündet, dass bei Hinweisen auf Widerstandsaktivitäten Tippgeber mit doppelten Rationen Wasser und Essen und einer Halbierung ihrer Arbeitszeit belohnt werden – auf Lebenszeit.«

KAPITEL 11
SABOTAGE

»Pahh«, sagte Mike und stieß abschätzig die Luft aus. »Was für eine lächerliche Untertreibung. Wegen *allgemeiner Verstöße gegen Recht und Ordnung*. Dass ich nicht lache. Sie bestrafen uns, weil unsere Jungs den Gyne gerade mächtig in den Arsch treten.«

Der Mann nebenan sah ihn verständnislos an. »Was redest du da?«

Mike erhob sich von seinem Sitz in der Arena und schaute von oben auf den kleineren und schmaleren Burschen hinab. »Nichts, was dich irgendetwas anginge.« Er grinste ihn an und schob sich an ihm vorbei aus der Sitzreihe in Richtung Ausgang. »Und noch was: Doppelte Rationen auf Lebenszeit? Die könntest du höchstens einen Tag genießen.« Er schnitt sich mit der Hand symbolisch über die Kehle und stieß einen Todeslaut aus.

In der ganzen Arena standen die Männer von ihren Sitzen auf und verließen die Tribünen. Die Gyne hatten die neue Strafaktion verkündet und dies – anders als sonst – mit allgemeinen Verstößen gegen Recht und Ordnung begründet. Die Strafe hatten sie für zwei volle Wochen verhängt. Ein lautes Stöhnen und Raunen war durch die Reihen gegangen. Die Lautstärke beim Aufsagen der vier Pflichten war merklich geringer als bei vorigen Malen. Dieser Unmut konnte ihnen nützen, dachte Mike. Er verließ die Tribüne der Arena und lief ins Untergeschoss.

Einige Minuten später saß er mit Jack und Doc Daniel in dem Raum zusammen, in dem sie Apoll das Implantat entfernt hatten. Das war über vier Wochen her. Andrew hatte bei seinen Besuchen berichtet, wie sich die beiden auf ihre Mission vorbereitet hatten. Doch viel erfuhren Mike und seine Kameraden in der Kolonie nicht über die Fortschritte.

Aus dem Lagerraum nebenan erklang das langgezogene Kratzen. Wenig später steckte Andrew seinen Kopf durch die Verbindungstür. Er war durch den Fluchttunnel gekommen.

»Hallo Männer, alles klar bei euch?« Er trat ein und klemmte sich den Helm unter den Arm.

»Bei uns schon. Die Frage ist eher, was bei euch los ist. Wir haben seit Tagen nichts gehört. Hatten Apoll und Merkur Erfolg?«

»Genau wissen wir das nicht. Aber es sieht danach aus. Wir gehen davon aus, dass sie gerade gemütlich im Rettungsmodul der Pendelfähre sitzen und sich den Bauch kraulen.«

Mike lachte laut auf. »Yeah, genau. Wie großartig ist das! Die beiden sind auf dem Weg zur Mutter Erde. Ich werde verrückt.« Er reckte den Arm mit geballter Faust in die Höhe. »Andrew, wann starten wir die Aktion in der Kolonie? Wir wollen hier auch endlich losschlagen!«

»Keine Sorge, Primus hat alles auf die Minute geplant. Seid in etwas über zwei Tagen wie verabredet mit allen Männern vom Widerstand hier, unten vor dem Gang. Wir werden von dort starten.«

»Klingt gut für mich«, sagte Jack.

»Verdammt gut«, ergänzte Mike und schlug mit der Faust in seine offene Hand.

Andrew gab den anderen ein Zeichen. »Kommt, machen wir uns an die Arbeit.« Sie gingen in den Nebenraum, wo die beiden Transporter parkten. Vorsichtig luden sie die Kisten ab. Mike tätschelte eine der Boxen. »Mit euch werden wir noch viel Freude haben.«

»Habt ihr die Liste mit den Namen der Wächter?«, fragte Andrew, als sie mit dem Entladen fertig waren.

Mike nickte und holte ein vollgeschriebenes Blatt Papier aus der Hosentasche. »Hier. Auf der Liste stehen 348 Namen. Das werden nicht alle sein, aber so gut wie.«

Andrew zog die Stirn kraus. »Mist, mehr als wir erwartet hatten. Das muss ich mit Primus besprechen.« Er warf einen kurzen Blick auf die Liste. »Als Schönschreiben in der Schule drankam, warst du wohl krank, Mike.«

Mike kicherte. »Schule, also wirklich Andrew, was für ein Scherz. Die Gyne haben uns doch vor allem beigebracht, möglichst brave Gefängnisinsassen zu werden.« Er schmunzelte. »Mit diesem Plan sind sie auf jeden Fall gescheitert.«

Andrew gab ihm die Liste zurück. »Hauptsache, du kannst deine Schrift, oder was das sein soll, lesen. Haltet weiter Ausschau, ob ihr noch weitere Wächter findet, und setzt sie mit auf die Liste.«

»Die nächsten Tagen werden ätzend. Die Gyne haben eine Strafmaßnahme verhängt wegen allgemeiner Verstöße gegen Recht und Ordnung. Was für ein Witz! Und wer uns verpfeift, soll auf Lebenszeit mehr Futter kriegen und weniger arbeiten. Wenn das einer versucht, breche ich ihm persönlich das Genick.«

Andrew lachte spöttisch. »Mehr fällt den Gyne nicht ein?« Er blickte in die Runde. »Kommt, laden wir die Lebensmittel auf. Dann mache ich mich auf den Rückweg. Die anderen haben mächtig Hunger.«

♂ ♂ ♂

Rund anderthalb Stunden später traf Andrew im Lager des Widerstands ein. Nach dem Abzug aus dem Raumhafen und dem Anschlag auf die Soldatinnen hatte sich Primus mit den Männern in die Halle zurückgezogen, in die der Fluchttunnel aus der Marskolonie mündete. Der runde hohe Raum erwies sich als recht eng für die knapp vierzig Männer. Doch hier war es möglich, dank der Luftschleusen eine Atmosphäre mit Atemluft einzurichten. Die Fenster hatten sie verdunkelt, damit kein verräterisches Licht nach draußen fiel.

In der Mitte der Halle stand ein provisorischer Kommandotisch, auf dem eine Zeitanzeige rückwärtslief: Sie zeigte 57 Stunden, 42 Minuten und 12 Sekunden an, den Zeitpunkt, an dem die Pendelfähre mit Apoll und Merkur an der Orbitalstation 1 über der Erde eintreffen würde.

An dem Tisch saß Primus und sprach mit Viktor, Odin und Luan. Als er Andrew erblickte, winkte er ihn zu sich und ließ sich in knappen Worten die Neuigkeiten aus der Kolonie berichten.

»Und es gibt wohl mehr Wächter, als wir erwartet haben. Sie hatten offenbar in den vergangenen Monaten Zulauf.«

»Das werden wir berücksichtigen müssen. Unter den Wächtern sind gefährliche Typen.« Primus schrieb eine Notiz auf, sagte dann: »Andrew, wir legen gerade den Plan fest, wie wir die Kommunikationswege zwischen der Oberfläche und der Orbitalstation kappen. Fährst du fort, Viktor?«

In den vergangenen Monaten hatten Viktor und Luan die Kommunikationsanlagen der Gyne ausgekundschaftet. Es hatte sich herausgestellt, dass die Vorrichtungen weitgehend unverändert waren gegenüber jener Zeit, als Primus auf dem Mars das Sagen hatte. Wieder erwies es sich als hilfreich, dass der Alte die technischen Gegebenheiten teilweise besser kannte als die Gyne.

Viktor ergriff mit seiner kalten Art zu sprechen das Wort. Sein Scheitel saß perfekt, das Gesicht glatt rasiert. »Es gibt drei Datenverbindungen zwischen der Oberfläche und der Orbitalstation. Die wichtigste ist ein breitbandiges Datenkabel. Es verläuft von den Kontrolleinrichtungen der Kolonie unterirdisch zur Basisstation des Lifts und von dort zwischen den Graphenbändern entlang zur Orbitalstation. Über dieses Highspeedkabel läuft fast der gesamte Datenverkehr.«

»Das Kabel ist mein Job, stimmt's?«, warf Odin ein. Der stämmige Nordeuropäer war in der Gruppe für die Atemluftversorgung und die Weiterentwicklung ihrer Raumanzüge verantwortlich. Primus brachte ihm hohes

Vertrauen entgegen.

»Eins nach dem anderen. Der zweite Kommunikationsweg besteht in einer Satellitenverbindung, Nummer drei ist eine Richtfunkstrecke. Wir greifen alle drei Kommunikationswege gleichzeitig an.« Er machte eine Handbewegung, als würde er einen Stecker aus einer Steckdose ziehen. »Zapp, und die Bildschirme der Gyne werden schwarz.«

Er wandte sich an Odin. Trotz der Kälte in der Halle trug er ein ärmelloses Shirt. Er schien nie zu frieren. Er hatte einen hellblonden Bart, der ihm bis auf die mächtige Brust reichte. Wie Apoll und Merkur hatte er bei seiner Ankunft auf dem Mars einen Götternamen gewählt, gemäß seiner Herkunft einen nordischen. Da ihm sein bester Freund den Namen Thor weggeschnappt hatte, hatte er sich für den Göttervater entschieden.

»Du hast den schwierigsten Job, Odin, das Kabel. Wir gehen gleich zusammen durch, was du genau zu tun hast. Andrew, du bist für die Störung der Satellitenkommunikation zuständig. Du musst vorsichtig vorgehen, da wir sie später weiter benutzen wollen. Die Antennen nur verstellen, nicht beschädigen, klar?«

Andrew nickte, während Viktor sich Luan zuwandte. »Du nimmst dir die Richtfunkanlage vor. Sie befindet sich auf einem abseits gelegenen Sendemast zwischen Raumhafen und Lift. Unterhalb des Masts gibt es einen Kontrollraum. Da wirst du einbrechen und eine Sprengladung platzieren.«

Der schlaksige Asiate wirkte aufgekratzt. Er nestelte mit den Händen an der Brusttasche seiner orangefarbenen Cargo-Latzhose herum. Primus schätzte an Luan dessen brillantes technisches Verständnis und hatte ihm bei Mater Terra die entsprechende Gesamtleitung anvertraut. Er gehörte schon seit vielen Jahren zum Kernteam. Primus hatte ihn auf Viktors Empfehlung hin aus der Kolonie holen lassen. Die anderen Männer nannten ihn ehrfurchtsvoll *den Ingenieur*.

»Andrew, Odin, Luan, ihr schafft das. Ich bin voll und ganz davon überzeugt.« Primus stand vom Kommandotisch auf. Er streckte seine alten und müden Glieder. Die vergangenen Tage hatten ihn angestrengt. Jahrelang hatten er und seine Mitstreiter sich auf den Start der Mission vorbereitet. Die Durchführung kostete ihn Kraft. Er seufzte leise und lächelte die anderen an. Er nahm seinen Stock, den er an die Tischplatte gelehnt hatte, und ging zu seiner Pritsche. Andrew hatte Primus eines der unteren Betten zugeteilt. Sie schliefen alle in Etagenbetten mit dünnen Matratzen. Außer Primus teilten sich zwei Männer ein Bett und nutzten es abwechselnd.

Primus legte sich hin und schloss die Augen. Einen Moment später spürte er, dass sich jemand auf den Rand der Pritsche setzte. Er öffnete ein Auge und sah vor sich Andrews ordentlich geschnittenen blonden Haare. Er mochte den jungen Mann mit dem schmalen Oberlippenbart. Seine lockere Art und witzigen Sprüche hoben die Stimmung der Gruppe.

»Läuft alles wie geschmiert, Chef, oder?«

»Es gibt noch viele Unwägbarkeiten. Unser Vorhaben kann weiterhin jede Sekunde scheitern.«

»Aber dass es Apoll und Merkur offenbar auf die Pendelfähre geschafft haben, ist doch großartig.«

»Das verdanken wir vor allem den Gyne selbst. Sie tun scheinbar genau das, was ich von ihnen erwartet habe.« Ein süffisantes Lächeln erschien auf Primus faltigem Gesicht. »Sogar das tote Kaninchen haben sie offenbar entdeckt und sind umgehend hinter uns her in die Lüftungsröhre gerannt.«

Andrew entwich ein Seufzer. »Scheiße nur, dass sie Plutus erwischt haben. Der Typ war echt der Hammer. Hat vier Jahren lang in der Arena überlebt.«

»Ein bedauerlicher Verlust«, sagte Primus ohne große emotionale Regung in der Stimme. »Das zählt zu den Unwägbarkeiten.«

Primus überlegte einen Moment, dann fuhr er fort: »Wir dürfen nicht vergessen, dass ein Plan in dem Moment aufhört, wie geplant zu funktionieren, wenn man beginnt, ihn in dic Tat umzusetzen.«

Andrew schaute ihn etwas verwirrt an. »Noch mal bitte zum Mitschreiben, für die langsamen Schüler aus der letzten Reihe.«

Primus schmunzelte. »Ab dem Moment, in dem du den Plan umsetzt, übernimmt der Zufall die Kontrolle. Und er kann deinen Plan, den du jahrelang ausgeheckt hast, binnen eines Wimpernschlags zunichtemachen.«

»Verstehe. Bisher scheint der Zufall auf unserer Seite zu sein.«

»So sieht es aus, ja. Aber wer weiß schon, wie lange noch?«

Primus legte die Hände hinter den Kopf und dehnte seine rechte und dann seine linke Körperhälfte. Die Jahre auf dem Mars waren trotz des täglichen Sportprogramms nicht spurlos an ihm vorübergegangen. Die übrigen in der Kolonie könnten altersmäßig seine Enkel sein. Es freute ihn, zusehen zu dürfen, dass sie – wie Andrew – unter seiner Führung zu selbstbewussten Männern reiften.

»Wir werden eine großartige Zeit auf dem Mars haben, Andrew. Jetzt gönn einem alten Mann ein wenig Schlaf, ja?«

»Natürlich. Danke für die offenen Worte.«

Primus verspürte kein Bedürfnis, zur Erde zurückzukehren. Der blaue Planet war schon lange nicht mehr seine Heimat und mit dem Staat Gaia wusste er nichts anderes anzufangen, als ihn zu bekämpfen. Die Volksrepublik China, der er loyal und gewissenhaft gedient hatte, lag in Trümmern. Das Land empfand er bis heute als seine wahre Heimat. Der Große Krieg hatte ihn zum Marsianer gemacht. Sein Ziel war es, dass die Frauen – oder die Gyne, wie sie sich nannten – sie auf dem Mars in Ruhe ließen. Gerne belieferte er sie mit Rohstoffen und Halbprodukten, aber dies nicht unter Zwang, sondern gegen Bezahlung oder im Tausch gegen Lebensmittel, Hochtechnologie und medizinische Versorgung. Sollten die Frauen doch auf der Erde unter sich bleiben und ihm eine Fähre voll von ihren künstlichen Gebärmüttern schicken. Primus legte keinen Wert auf ihre Gegenwart. Doch diese Gedanken behielt er bis auf Weiteres lieber für sich.

In der Nähe des Kommandotischs standen Andrew, Viktor, Odin und Luan weiter beisammen und berieten sich. So gute und zuverlässige Typen, dachte Primus. Was für ein Glück, dass jeder Einzelne von ihnen sich ihm angeschlossen hatte. In Primus stieg ein Gefühl des

Stolzes und der Zufriedenheit auf, als er die Männer ansah – seine Männer.

♀ ♀ ♀

Rund 17 000 Kilometer entfernt von Primus vergrub Emma das Gesicht in den Händen. Sie hatte eine Nachricht von Generalstabschefin Natalia erhalten und deren Inhalt hatte ihr nicht gefallen. Die höchste Anführerin des Militärs von Gaia hatte ihr detailliert erklärt, was sie in den kommenden 48 Stunden zu tun und zu lassen habe. Hatte man das Vertrauen in sie verloren? Emma schnaubte und wischte wütend einige Unterlagen zur Seite. Weit weg in Sicherheit war es einfach, alles besser zu wissen. Seit Jahren war niemand von der höchsten Militärführung mehr auf dem Mars gewesen. Die hohen Damen beschäftigten sich lieber mit politischen Ränkespielen in der Hauptstadt. Wo war ihre Entschlossenheit geblieben, die sie in den Anfangsjahren des Staates Gaia an den Tag gelegt hatten?

Emma tippte auf ihren Communicator und nahm Kontakt zu Hadya auf. Nach dem vermeintlichen Tod von Anjay und ihren Kameradinnen hatte sie ihr das Kommando auf dem Mars übertragen. Emma hatte ihr Verstärkung geschickt, womit die Gruppe in der Liftbasis aus fünfzehn Soldatinnen und fünf Kampfrobotern bestand. Mehr Personal konnte Emma nicht entbehren, denn sie musste gleichzeitig die Frachtebene und die Aufzüge bewachen lassen. Es war nicht auszuschließen, dass weitere Terroristen in die Station gelangt waren. Seit dem Abdocken der Pendelfähre hatten sie zwar keine Unregelmäßigkeiten registriert, doch diesem Pack von Verbrechern vom Mars traute Emma alles zu.

»Hadya, wie ist die Lage bei euch?«

Die neu berufene Truppführerin meldete sich umgehend. Sie hatte eine Verteidigungsstellung in der Basis aufgebaut. Dort gab es eine Reihe von Büro- und Verwaltungsräumen, die während Inspektionen und Reparaturen von den Frauen genutzt wurden und daher eine atembare Raumluft aufwiesen.

»Hier ist aktuell alles ruhig, Kommandantin. Haben wir neue Befehle?«

»Unsere oberste Chefin hat sich gemeldet und uns dieselben Befehle mitgeteilt, die wir bereits umgesetzt haben. Sind die beiden Soldatinnen von der Untersuchung der Lüftungsröhre zurück?«

»Ja, gerade wieder eingetroffen.«

War das gerade ein unterdrücktes Schluchzen in Hadyas Stimme?

»Hadya, was ist los mit dir? Alles okay?«

»Ob alles okay ist, Emma? Sie haben sie entführt oder ermordet! Anjay, ihre Kameradinnen. Sie sind alle weg!«

»Immer mit der Ruhe und der Reihe nach. Was habt ihr in der Röhre entdeckt?«

»Wenig haben wir dort entdeckt. Sie haben wieder versucht, ihre Spuren zu verwischen, hatten aber offenbar weniger Zeit. Mit unseren Scannern haben wir überall Blutreste aufgespürt. Überall, hörst du? Einfach überall. Es muss ein Massaker gewesen sein!«

Emma schluckte. Die Schilderungen riefen auch bei ihr furchtbare Bilder in den Kopf. Doch sie musste sich auf ihre Aufgabe konzentrieren. »Gibt es draußen vor der Röhre einen Weg oder so etwas?«

Hadya sammelte sich. »Ja, die Röhre endet nach etwa einem Kilometer auf einer kleinen Anhöhe des Tafelbergs. Von der Anhöhe führt ein Pfad in Serpentinen abwärts. Es geht da ziemlich steil runter. Ich denke, dass die Männer über diesen Pfad entkommen sind.«

Emma nickte langsam. »Ich verstehe. Deshalb mussten sie Anjay und ihr Team töten.«

»Wie bitte? Was meinst du?«

»Deshalb haben die Terroristen Anjay und die anderen Soldatinnen getötet. Sie wussten, dass wir sie verfolgen. Sie hatten Angst, dass wir sie auf dem Pfad in den Talkessel entdecken. Sie brauchten einen Vorsprung, um zu entkommen.«

Emma ging noch ein anderer Gedanke durch den Kopf, ein Gedanke, der ihr überhaupt nicht gefiel.

»Hadya, ihr habt auch keinen Notruf oder so etwas vor dem Angriff bekommen, oder?«

»Nein, sie verschwanden einfach von einer Sekunde auf die andere.«

»Das heißt, sie haben unsere Leute samt den Kampfrobotern auf einen Schlag ausgeschaltet. Das geht nur mit einer Bombe oder einer Rakete.«

»Unglaublich, diese Barbaren.«

»Wir sehen uns einer ernsthaften Bedrohung gegenüber. Seid vorsichtig. Diese Terroristen können jeden Moment wieder zuschlagen. Der Lift wird sicher zu ihren bevorzugten Angriffszielen gehören.«

»Verstanden, Kommandantin.«

Eine kurze Pause entstand. »Hadya, der Verlust unserer Kameradinnen ist furchtbar. Es tut mir leid.«

Dieses Mal konnte Emma das Schluchzen der Soldatin durch den Funk klar hören.

»Aber wir müssen professionell bleiben. Die Terroristen werden jede Schwäche ausnutzen. Schaffst du das?«

Wieder eine Pause. Dann sagte Hadya: »Kommandantin, wir werden diese Mistkerle finden und auslöschen. Jeden Einzelnen von ihnen.« Die Traurigkeit in Hadyas Stimme war Wut gewichen.

Emma beendete das Gespräch. Wie konnte es sein, dass die Terroristen so gut ausgerüstet waren und sich so gut auf dem Mars auskannten? Hatten sie Spioninnen unter den Frauen? Gab es Verräterinnen bei den Gyne? Falls ja, würden diese kaum zum Militär gehören. Deutlich hilfreicher wären die Ingenieurinnen. Emma dachte an Joko. Sie wirkte manchmal so nervös und hektisch. Hatte sie etwas zu verbergen? Würde sie die Frauen und den Staat Gaia verraten? Aber warum sollte sie das tun? Was konnten ihr die Männer dafür bieten? Sie blickte durch den Kommandoraum der Station und sah Joko vor ihren Bildschirmen unablässig arbeiten. Sollte sie der Generalstabschefin von ihrem Verdacht berichten? Emma schüttelte den Kopf. Nein, diesen Verdacht behielt sie besser für sich, vorerst zumindest.

♀ ♀ ♀

Die Oberste drehte die Kappe des goldenen Füllers mit der rechten Hand. Sie gehörte zu den wenigen, die gelegentlich noch mit einem Stift auf Papier schrieben.

Sie hatte diese Angewohnheit aus alten Tagen nie abgelegt. Der Stift und das Papier halfen Elikia, sich zu konzentrieren. Elektronische Medien kamen ihr flüchtig vor. Ihr fiel es manchmal schwer, Informationen von Bildschirmen aufmerksam zu lesen und sich zu merken.

Der Sicherheitsrat von Gaia war unter Elikias Leitung in ihrem Büro zusammengetreten. Nach der kurzfristigen Dringlichkeitssitzung vor einigen Tagen, in der sie die Mobilmachung der sechsten Ebene beschlossen hatten, tagte der Rat in vollständiger Besetzung, um ausführlich über die Lage auf dem Mars zu beraten. Ihm gehörten sechs Frauen an, die die wichtigsten sicherheitspolitischen Ämter in Gaia bekleideten. Neben der Obersten sowie Abebi und der Generalstabschefin, die sich beide auf der Orbitalstation befanden und per 3D-Video zugeschaltet waren, zählten drei weitere Frauen zum Rat: die Parlamentspräsidentin, die Verfassungsgerichtspräsidentin sowie die stellvertretende Oberste, Wirtschafts- und Forschungsministerin Hoa. Letztere saß rechts neben Elikia an dem runden Konferenztisch und hatte die Arme vor der Brust verschränkt. Die kleine hagere Frau mit den kurzen grauen Haaren blickte unberührt, maskenhaft. Neben Elikia mit ihrer enormen Leibesfülle und ausladenden Gestik sah sie wie ein Kind aus. Doch wer sich diesen Eindruck zu eigen machte, saß einem gefährlichen Trugschluss auf.

Elikia schrieb ein einzelnes Wort auf den Block vor ihr: Wissen. Sie hatte dieses Wort eben in dem Bericht ihrer Friedens- und Sicherheitsministerin gehört und wollte später noch einmal darauf zurückkommen. Abebi hatte gesagt, dass die Männer erstaunlich viel über die

Kolonie, die Orbitalstation und den Ablauf der Logistik wussten. Aber woher? Diese Antwort war Abebi ihnen schuldig geblieben. Sie wandte ihre Aufmerksamkeit wieder dem Bericht ihrer langjährigen Weggefährtin und möglichen Nachfolgerin zu. Die Nachrichten vom Mars waren äußerst beunruhigend und riefen Erinnerungen in ihr wach, die sie lieber verdrängt hätte.

Als der Große Krieg im Jahr 2081 den Planeten verwüstete, war Elikia Ministerpräsidentin von Südafrika und Vorsitzende der Afrikanischen Union gewesen. Sie hatte maßgeblich dafür gesorgt, dass sich alle Länder auf ihrem Kontinent in dem globalen Konflikt neutral verhielten, und nach dem Ende der Kriegshandlungen die Friedensgespräche in Lagos geleitet. Der Plan, alle Männer von der Erde zu verbannen, stammte allerdings nicht von Elikia. Zum ersten Mal hatte die damalige Außenministerin von Nigeria und heutige Friedens- und Sicherheitsministerin den Gedanken ihr gegenüber bei einem Abendessen am Rande der Friedensgespräche erwähnt. Die beiden Frauen hatten sich anschließend immer wieder getroffen und den vagen Ideen konkrete Gestalt verliehen. Sie erweiterten den Kreis der Frauen, die sie in diese Überlegungen einweihten, mit jedem Treffen. Sie luden die mächtigsten Politikerinnen Afrikas ein, sich zu beteiligen. Während die – zu großen Teilen männlichen – Vertreter der Staaten tagsüber bei den offiziellen Gesprächen über eine neue Welt- und Friedensordnung stritten, legten die Frauen in Hinterzimmern ihre eigene Zukunft fest. Am Ende der vierwöchigen Friedensverhandlungen gab es keine neue Weltordnung. Darauf hatte man sich mit den vielen männlichen Vertretern nicht einigen können. Mal wieder zeigte sich kaum ein Mann bereit, für die gemeinsame Hoffnung eigene Interessen aufzugeben. Aber sämtliche weiblichen Anführer der Afrikanischen Union hatten sich hinter den Geheimplänen für die Revolution der Frauen versammelt. Sie sollte wenig später losbrechen.

Elikia gewann in dieser Zeit enorm an Einfluss. Sie galt als wichtigste überlebende Politikerin auf der Erde und ihre Ausstrahlung und Überzeugungskraft verliehen den anfangs konturlosen Plänen Kraft und Dynamik. Am Ende stieg sie zur Anführerin der Weiblichen Revolution auf. Dabei zahlte sie selbst den höchsten Preis, den die Geschehnisse von einer Mutter fordern konnten: Sie opferte ihren Sohn, der zu dem Zeitpunkt 33 Jahre alt war. Er kam mit Millionen anderen Jugendlichen und Männern aus den afrikanischen Ländern in das riesige Internierungslager, das die Gyne zu diesem Zweck auf den Azoren eingerichtet hatten. Elikia rief die verfassungsgebende Versammlung ein und setzte als Erste ihre Unterschrift unter die Verfassung des Staates Gaia. Wenige Wochen später gelang ihrer Partei in den freien und unabhängigen Wahlen ein überwältigender Sieg und sie wurde Gaias erste Ministerpräsidentin, die sogenannte Oberste.

»Zusammenfassend muss ich sagen, dass wir uns einer außerordentlich gefährlichen Situation gegenübersehen, wie wir sie seit der Gründung unseres Staates nicht erlebt haben.« Mit diesen Worten schloss Abebi ihren Bericht.

Die Parlamentspräsidentin, eine elegante Frau aus

dem ehemaligen Kanada namens Olivia, ergriff als Erste das Wort. »Abebi, denkst du wirklich, dass die Situation so gefährlich ist? Im Moment geht es um vermeintlich zwei entwischte Männer, die sich offenbar im Rettungsmodul der Pendelfähre verstecken. Was sollen die beiden bitte ausrichten? Zwei Männer gegen einen ganzen Staat.«

»Aktuell wirkt die Lage in der Tat ungefährlich. Aber wir gehen davon aus, dass die Terroristen einen größeren Angriff planen.«

»Gibt es dafür weitere Beweise, Abebi?«, ließ Olivia nicht locker.

»Ich bin überzeugt, dass die Terroristen auf dem Mars unseren Suchtrupp ermordet haben. Mehr als zwanzig Frauen werden vermisst. Es gibt keine Leichen, aber massenhaft Blutspuren am vermeintlichen Ort des Angriffs. Welche weiteren Beweise benötigst du?«

»Und bedenkt den Angriff auf den Tagebaubagger«, ergänzte Natalia. »Vermutlich haben sie es auch auf die Rohstoffversorgung abgesehen. Sie haben den Bagger mit einer Sprengung massiv beschädigt. Er wird monatelang ausfallen. Stellt euch bitte vor, was geschieht, wenn der Lift in ihre Hände fällt.«

»Es scheint vor allem, dass ihr die Situation aktuell nicht im Griff habt«, bemerkte Elikias Stellvertreterin Hoa in Richtung der 3D-Projektionen von Abebi und Natalia.

Die Oberste spürte, wie die Atmosphäre der Besprechung abkühlte. Sie bemühte sich meist um einen moderaten und konstruktiven Dialog. Hoa hielt von diesem Ansatz offensichtlich wenig. Elikia ahnte, was folgen würde.

Abebi erhob sich von dem Konferenztisch in der Orbitalstation und baute sich zu ihrer ganzen Größe auf. Ein Funkeln trat in ihre Augen, das unnahbare Lächeln zierte ihr Gesicht.

»Die Frage ist doch eher, wie konnte es zu dieser Situation kommen? Wessen Partei verantwortet seit Jahren die Kürzung der Ausgaben für unsere Sicherheit, Hoa? Bist du nicht Vorsitzende dieser Partei und hast dafür gesorgt, dass diese Gelder in dein Ressort fließen? Weißt du eigentlich, wie viele Soldatinnen noch auf der Orbitalstation über dem Mars stationiert sind?«

Eine Pause entstand, Hoa zuckte desinteressiert mit den Schultern.

»Es sind weniger als hundert! Ich habe jedes Jahr dafür gekämpft, dass wir eine Flotte bauen, um uns zu verteidigen, dass wir die Orbitalstationen bewaffnen, dass wir unsere Armee stärken. Das ist jetzt die Quittung.«

Hoa beugte sich auf ihrem Stuhl vor, ihre Miene verriet nicht die geringste Gefühlsregung. »Das sind Ausflüchte. Eure Systeme und Sicherheitsprotokolle haben versagt, es liegt nicht an der Zahl der Waffen und Soldatinnen. Es liegt an der Führung und Organisation.«

Elikia holte hörbar Luft und breitete die Arme aus. »Geschätzte Kolleginnen, bitte. Solche Diskussionen helfen uns angesichts der aktuellen Lage keinen Schritt weiter. Wir sehen uns einer akuten Bedrohung gegenüber und müssen entscheiden, wie wir darauf reagieren.«

Die Frauen diskutierten rund eine Stunde lang weiter. Es bildeten sich zwei Lager. Abebi und Natalia beschrieben die Situation als gefährlich, während die Parlamentspräsidentin Olivia und die – ansonsten in der Sitzung wenig Beiträge leistende – Verfassungsgerichtspräsidentin abwiegelten. Hoa hielt sich seit der Auseinandersetzung mit Abebi auffallend zurück, bedrängte ihre Ressortkollegin nur gelegentlich mit kritischen Anmerkungen. Elikia hatte sich während der Diskussion kaum geäußert, nur wenige Fragen gestellt, gelegentlich Notizen mit ihrem Füller gemacht. Nun erhob sie die Stimme.

»Liebe Kolleginnen, wir repräsentieren den wichtigsten Teil der demokratisch legitimierten Führung der Frauen von Gaia. Jede von uns hat ein großes Stück ihres eigenen Lebens für diesen Staat gegeben. Wir haben eine halbe Milliarde Frauen aus der Unterdrückung und Knechtschaft des Patriarchats befreit. Ich bin zutiefst überzeugt, dass wir auch diese Krise abwenden. Trotzdem möchte ich mich der Einschätzung von Abebi und Natalia anschließen, dass wir die aktuelle Situation nicht unterschätzen sollten. Es geht etwas vor auf dem Mars, das wir womöglich lange übersehen haben. Die Terroristen wissen genau, was sie tun. Dafür kann es nur zwei Gründe geben: Entweder haben wir Verräterinnen in unseren Reihen, von denen die Männer auf dem Mars wichtige Informationen erhielten« – Elikia merkte, wie den drei anderen Frauen, die mit in ihrem Büro in Gaia City saßen, der Atem stockte – »oder den Männern ist es gelungen, das Wissen der Vergangenheit zu bewahren. Vielleicht gibt es ein Archiv oder entsprechende Aufzeichnungen, von denen wir nichts ahnen.«

Alle schwiegen.

»Ich schlage vor, dass ihr wie geplant vorgeht, Abebi und Natalia. Danke, dass ihr euch persönlich dieser Angelegenheit annehmt. Wir werden das Parlament und die Öffentlichkeit bis auf Weiteres nicht informieren. Gehen wir davon aus, dass sich die Sache bald erledigt. Findet bitte heraus, wie die Terroristen an ihre Informationen gekommen sind. Wir sprechen uns spätestens binnen 24 Stunden wieder. Bis morgen und viel Erfolg.«

Die Parlamentspräsidentin setzte zu einem Protest an, doch ein Blick von Elikia ließ sie verstummen. Die Oberste wollte die Videokonferenz gerade beenden, als Hoa sagte: »Oberste, wir müssen das Parlament informieren. Die Abgeordneten haben ein Recht, von diesen Ereignissen zu erfahren.«

»Wenn wir das Parlament einbeziehen, können wir die schlechten Nachrichten auch in Großbuchstaben außen ans Regierungsgebäude pinnen. Habe bitte ein wenig Geduld. Morgen wissen wir mehr und dann sollen selbstverständlich auch das Parlament und die Öffentlichkeit davon erfahren.«

Elikia stand von dem eleganten Holztisch mit dem Konferenzbildschirm in der Mitte ihres Büros auf und ging zu ihrem Schreibtisch. Für die übrigen Frauen war dies das unmissverständliche Zeichen, dass die Besprechung beendet war.

»Bis morgen«, sagte Elikia und setzte sich. Sie warf Hoa einen scharfen Blick zu. Die beiden Frauen betrachteten einander mit Argwohn. Als alle das Büro verlassen hatten, griff die Oberste zu ihrem Pad-Computer und rief Abebi in der Orbitalstation an.

Ohne eine Grußformel oder Einleitung kam sie direkt zur Sache, sie war in Eile, die nächsten Termine drängten. »Abebi, sag mir bitte deine offene Meinung. Wer ist die Verräterin?«

»Ich weiß es nicht – noch nicht. Ich lasse im Ministerium aktuell alle Personen prüfen, die Zugang zu entsprechenden Informationen haben. Die Terroristen kennen die Flugpläne und die Logistik der Pendelfähren. Sie kennen den Lift und die Transportkapseln. Sie wissen, dass sich Rettungsmodule an den Pendelfähren befinden und wie sie von außen dort hineinkommen. Entweder ist das Leck ganz oben oder es sind viele verschiedene Personen.«

»Was meinst du mit ganz oben?«

»Entweder ganz oben in der Politik oder im Bereich der Ingenieurinnen.«

»Namen, Abebi, wer?«

Sie zögerte. »Zwei Personen fallen mir ein. Die Oberste Ingenieurin von Gaia, Mailin, und …« Sie zögerte erneut. »Unsere Wirtschafts- und Forschungsministerin.«

Elikias Miene blieb regungslos. Den Schreck, den sie fühlte, ließ sie sich nicht anmerken. Hoa, Abebis wichtigste Gegnerin um ihre Nachfolge. Niemand wusste besser als Elikia, wozu Abebi imstande war. Sie hatten in der Weiblichen Revolution die Säuberungen befehligt. Hunderte Millionen Männer waren ihren Maßnahmen zum Opfer gefallen. Sie würde nicht zögern, ihre Rivalin ans Messer zu liefern.

»Halte bitte weiter die Augen offen und informiere mich sofort, wenn ihr etwas Verdächtiges findet.« Elikia beendete das Gespräch und griff zu ihrem Füller. Sie schraubte die Kappe ab und schrieb, bevor sie in die nächste Sitzung eilte, ein weiteres Wort auf ihren Block: Verrat.

♀ ♀ ♀

Athene schreckte hoch. Die Durchsage hatte sie geweckt. Sie lag auf dem Boden der kleinen Kammer, die ihr Nicola, die Assistentin der Stationskommandantin, am Vortag gezeigt hatte. Ihr Rücken und ihr Nacken schmerzten.

»Achtung, Abdocken in fünfzehn Minuten. Bitte verlasst das Schiff umgehend, falls ihr nicht zur Besatzung gehört oder aus anderen Gründen auf das Schiff beordert wurdet.«

Gedanken schossen Athene durch den Kopf. Das Kampfschiff dockte bald ab? Warum? Wohin flog es? War die Pendelfähre schon eingetroffen? Sie blickte auf ihren Communicator. Es war 8:45 Uhr am Morgen. Sie griff hinter sich und zog eine Tüte mit Lebensmitteln zu sich, aß und trank etwas.

Das Raumschiff sollte vermutlich der Pendelfähre entgegenfliegen und verhindern, dass die Männer entkamen und unbemerkt die Station angriffen. Das klang nach einem Plan ihrer Mutter: Man verteidigt am besten vorwärts. Das hatte Abebi ihr immer für ihre Basketballspiele geraten. Leider hatte sie nie ein Spiel ihrer Tochter miterlebt, obwohl es Athenes Jugendteam mehrfach in die regionalen Playoffs geschafft und sie das Team angeführt hatte. Termine fürs Ministerium und die Oberste hatten Vorrang gehabt. Das dürfte dazu beigetragen haben, dass ihr Verhältnis so ruiniert war. Der Streit beim Frühstück gestern im Stationsrestaurant markierte einen neuen Tiefpunkt. Vermutlich übernahm Abebi gerade das Kommando auf der Brücke, um gegen die Männer in den Krieg zu ziehen.

Athene verstaute die Reste ihres Essens im Rucksack und schlich zur Tür. Auf keinen Fall durfte sie sich entdecken lassen. Man würde sie hochkant vom Raumschiff werfen und mit einer Ehrengarde zum Lift und bis nach Gaia City begleiten. Ihre Mutter würde toben vor Wut. Ob sie schon wusste, dass Athene den geplanten Transit am vorigen Tag nicht genommen hatte? Hoffentlich interessierte sie sich dafür dieses Mal ebenso wenig wie für ihr übriges Leben.

Athene öffnete die Tür einen Spaltbreit und lugte hinaus. Sofort gefror ihr das Blut in den Adern. Diana stand nicht einmal zwei Meter von der Tür entfernt im Flur und unterhielt sich mit einer jungen Kollegin. Ihr Blick fiel auf Athene und sie verschluckte das letzte Wort ihres Satzes. Ihr Mund blieb offen, und sie brachte kaum mehr als ein Stottern hervor. Wortlos ließ sie die andere Frau im Gang stehen und stapfte auf Athene zu. Sie war im rechten Moment zurückgewichen und warf die Tür hinter sich zu. Doch Diana war schneller und stand einen kurzen Augenblick später mit ihr im Zimmer.

»Was um alles in der Welt machst du hier?«

»Diana, ich …«, stammelte Athene. Ihr fielen die richtigen Worte nicht ein. »Ich bleibe hier, weil ich dabei sein will, wenn…« Wieder versagte ihre Stimme.

»Athene, du wirst jetzt dieses Raumschiff verlassen, zum Lift gehen und in die nächste freie Kapsel nach Gaia City steigen. Right now!«

Langsam fing sich Athene nach dem Schreck, ihr Wille kehrte zurück. Sie richtete sich auf und drückte die Schultern durch.

»Nein, das werde ich nicht. Ich bleibe hier, um diesem Unrecht ein Ende zu bereiten.«

»Wovon redest du, Athene? Glaubst du wirklich, du kannst hier oben den Lauf der Welt ändern? Du wirst nur dich und andere gefährden. Das ist kein Spiel.«

»Genau, Diana. Es ist kein Spiel, sondern bitterer Ernst. Ich werde nicht länger tatenlos zusehen, wie hunderttausende Unschuldige unterdrückt, gefoltert und getötet werden.« Ihre Augen glühten vor Zorn, sie sah ihre Freundin eindringlich an.

»Steh mir nicht im Weg, Diana. Ich warne dich.«

»Du bist übergeschnappt. Ich rufe den Sicherheitsdienst. Die werden dich abholen.« Sie schüttelte den Kopf und wandte sich um. Nach einem Zögern ging sie zur Tür und legte die Hand auf den Öffner.

Doch sie drückte ihn nicht. Der Befehl ihres Gehirns erreichte die ausführenden Muskeln nicht. Sie blieb wie gelähmt stehen.

♀ ♀ ♀

Abebi saß auf dem Kommandositz auf der Brücke des Raumschiffs. Neben ihr stand Natalia, die Generalstabschefin. Auf den vier Sitzen vor der Panoramascheibe hatten die Flugoffizierinnen ihre Plätze eingenommen.

Die Bildschirme leuchteten durch das Halbdunkel.

Die Frau auf dem zweiten Platz von rechts wandte sich zu Abebi und Natalia um. »Abdocken in fünf Minuten möglich. Ich kann den Countdown starten.«

»Freigabe erteilt«, sagte Abebi. Sie spürte ein Kribbeln im Bauch, eine freudige Erregung. Nach Jahren am Schreibtisch, in Konferenzen und Debatten, nach Empfängen, Dinnerabenden und Konzert- und Theaterbesuchen. Endlich wieder im Sitz der Kommandantin. Sie fühlte sich in ihre besten Jahre zurückversetzt. Ein Lächeln trat in ihr Gesicht, und zum ersten Mal seit langer Zeit erreichte dieses Lächeln ihre Augen.

»Du scheinst Gefallen an der Sache zu finden«, meinte Natalia, die trotz ihrer Größe Abebi in ihrem erhöhten Kommandositz nur bis zur Schulter reichte.

Abebi antwortete nicht, langsam wich aber das Lächeln wieder aus ihrem Gesicht. Sie blickte konzentriert auf die Bildschirme vor sich und beobachtete, wie die Flugoffizierinnen die Checklisten für den Start abarbeiteten. Punkt für Punkt, der Reihe nach, perfekte Ordnung.

Abebi sah vor ihrem inneren Auge, wie die Morgenröte auf dem Raumhafen des Mars landete. Die Form des Schiffs erinnerte an einen in der Mitte durchgeschnittenen Donut – allerdings mit einem Radius von fünfzig Metern. Die Kampfroboter aus dem Raumschiff strömten in die Kolonie. Sie führten *ihre* Befehle aus. Sie säuberten den Planeten von diesem barbarischen Geschlecht.

Ein Schreck bis ins Mark fuhr in Abebi. In gleißendem Licht drängten sich Schemen in ihr Bewusstsein.

Männer beugten sich über sie, rissen ihr die Kleidung vom Leib, griffen geifernd nach ihrem Körper, motivierten sich gegenseitig, sie zu vergewaltigen. Ein eiskalter Schauer lief ihr über die Haut, kalter Schweiß brach ihr aus, Lichtblitze zuckten vor ihren Augen. Die Gesichter der vier Männer der Weltraumbehörde von Lagos erschienen als schwitzende Grimassen. Sie sah die steifen Glieder vor sich und erbrach sich fast. Sie krümmte sich in ihrem Kommandositz vor Ekel und seelischem Schmerz.

»Kommandantin?«

Langsam zogen sich die Bilder in das Dunkel zurück.

»Kommandantin?«

Abebi spürte, wie sie jemand am Unterarm berührte. Sie öffnete die Augen. Die stellvertretende Flugoffizierin stand neben ihr und blickte sie besorgt an.

»Es ist alles in Ordnung.«

Die junge Frau nahm ihre Hand vom Unterarm ihrer Kommandantin und nickte ihr zu. Keine andere Krankheit war in Gaia derart verbreitet wie die posttraumatische Belastungsstörung. Rund ein Drittel aller erwachsenen Frauen litt unter dieser Folgeerkrankung der furchtbaren Traumata, die die Männer ihnen zugefügt hatten. Das Leiden war in Gaia allgegenwärtig. Abebi hatte es dank intensiver Therapie im Griff, Flashbacks seit Jahren nicht mehr erlebt. Sie sind tot, sagte sie sich und Hass stieg in ihr auf. Sie hatte die Vergewaltiger mit tausenden anderen Männer nach der Weiblichen Revolution zum Ausbau der Marskolonie auf den Nachbarplaneten schicken und später von den Robotern dort töten lassen.

»Bereit, die Schleusen zu schließen und das Abdocken zu starten«, sagte eine Flugoffizierin.

»Ausführen«, antwortete Abebi mit fester Stimme.

»Schleusen geschlossen, Abdockmanöver eingeleitet. Zwei Minuten und dreißig Sekunden bis zum Start.«

Eine leichte Erschütterung ging wenig später durch das Raumschiff.

»Steuerdüsen gezündet, V0, Kurs auf dreißig Grad.«

Abebi genoss den Moment, jedes Kommando.

»Abdocken in sechzig Sekunden. Plätze einnehmen und anschnallen.«

Abebi schloss die Augen. Natalia setzte sich auf einen der freien Plätze auf der Brücke.

»Abgedockt, Steuerdüsen auf Vortrieb. Zündung Haupttriebwerk in sechzig Sekunden.«

»Kommandantin, Kurseingabe bestätigen.«

Abebi richtete sich auf und quittierte den Befehl auf dem rechten Bildschirm. Sie waren auf dem Weg zur Pendelfähre, wo sie in rund sechs Stunden eintreffen würden. Sie war bereit, den Nachfolgern ihrer Peiniger entgegenzutreten.

♀ ♀ ♀

Athene wählte einige Befehle auf dem Eingabegerät der Zwangshaube, und Diana setzte sich auf den Boden der kleinen Kammer. In ihren Augen lag ein leerer Ausdruck. Ihr Mund stand leicht offen. Sie blickte starr geradeaus. Athene zitterte. Hatte sie das eben wirklich getan? Hatte sie ihrer besten Freundin von hinten die

Zwangshaube über den Kopf gestülpt und sie davon abgehalten, die Tür zu öffnen? Sie schluckte schwer, spürte einen dicken Kloß im Hals. Die beiden Frauen saßen eine Weile reglos auf dem Boden nebeneinander. Dann fasste Athene einen Entschluss. Sie wählte die Spracheingabe für die Zwangshaube aus.

»Diana, aktiviere den Beamer in deinem Communicator. Rufe die Konstruktionspläne für Ebene sechs auf.«

Es geschah, was Athene gehofft hatte. Diana hatte durch ihre Arbeit im Ingenieursteam Zugang zu allen Konstruktionsdaten. Vor ihnen erschien die sechste Ebene der Orbitalstation als dreidimensionales Modell. Athene konnte durch Gesten jedes Detail der Ebene aufrufen, es vergrößern und sich zusätzliche Informationen anzeigen lassen. Endlich bekam sie einen Überblick, wo sie sich in dem Gefährt genau befand und wie die beiden Decks unter ihr aufgebaut waren.

Plötzlich ging ein Ruck durch das Raumschiff und es beschleunigte. Diana kippte um und fiel in den Schoß ihrer Freundin. Athene wurde gegen die Außenwand der Kammer gedrückt. Das Raumschiff startete. »Setz dich neben mich«, sagte sie. Diana gehorchte. Hätte jemand Fremdes die Kammer betreten und die beiden jungen Frauen nebeneinandersitzen gesehen, hätte er sie womöglich für vertraute Freundinnen gehalten.

♂ ♂ ♂

Apoll rutschte durch die Luke in das Rettungsmodul der Pendelfähre. Er hatte den Außeneinsatz abgeschlossen und die Steuerdüsen am Transportcontainer befestigt. Merkur hob den Kopf und blickte von dem Eingabeterminal zu Apoll. Dieser schloss die Luke, nahm den Helm ab und zeigte seinem Freund den Daumen nach oben.

»Hat alles wie geplant geklappt. Die Steuerdüsen sind montiert und ausgerichtet. Viktor und Luan haben das perfekt vorbereitet.«

»Nichts anderes hab ich erwartet«, sagte Merkur und blickte wieder auf den Bildschirm des Eingabeterminals, das vor ihm auf einem winzigen Klapptisch stand.

»Wie läuft es bei dir?«, erkundigte sich Apoll.

Merkur tippte Befehle auf der Tastatur ein und studierte aufmerksam den Monitor. Mit dem Zeigefinger wischte er nach oben und unten und redete leise mit sich selbst. Ohne aufzusehen, sagte er leicht abwesend: »Sieht auch gut aus, hab's bald.«

Apoll rieb sich die behandschuhten Hände. »Ich kann kaum erwarten, bis es endlich losgeht. Dieses tagelange Rumsitzen nervt.«

»Im Gegensatz zu dir habe ich die meiste Zeit gearbeitet. Ich hatte genug Action auf dem Weg hierher. Reicht mir erst mal für eine Weile.«

Apoll schmunzelte. Stimmte auch wieder. In den vergangenen Wochen war in seinem Leben mehr passiert als in den Jahren zuvor zusammen. Er machte es sich auf einem Stuhl bequem, streckte die Beine aus und verschränkte die Arme hinter dem Kopf. Er wischte über das Display seines Messengers: Zwölf Stunden und elf Minuten bis zum Eintreffen der Pendelfähre an der

Orbitalstation. Er begann, arglos die Melodie eines alten Marschlieds zu pfeifen, das ihm ein Junge einst bei ihrer Reise zum Mars beigebracht hatte. Marseillaise hieß es. Vom Text erinnerte er sich nur an einen Satz: *Gegen uns ist der Tyrannei blutiges Banner erhoben.* Er griff in seinen Rucksack und holte eine Maultrommel hervor, die er vor einigen Jahren aus Metallabfällen gebastelt hatte. Er spielte die ersten Takte. Merkur lachte ihn an und summte die Töne nach.

Seit dem Abflug der Pendelfähre waren die Aufgaben zwischen Merkur und ihm klar verteilt. Merkur hatte fast die gesamte Zeit, abgesehen von gelegentlich ein paar Stunden unruhigen Schlafs, vor dem Eingabeterminal verbracht. Neben ihm lag ein Block beschrieben mit Hunderten Seiten voller Codes, Anleitungen und zusätzlicher Notizen. Ohne Unterlass tippte er Befehle in die Tastatur. Apoll verstand nichts vom Programmieren. Auch wenn er sich technisches Wissen durch seine Tätigkeiten in der Mine angeeignet hatte, bevorzugte er körperliche Arbeit. Er schätzte es, mit seinen Händen etwas zu erschaffen oder zu reparieren. In den vergangenen Tagen hatte er seine Außeneinsätze genossen. Der Anblick der riesigen Fähre, die mit rund 250 000 Stundenkilometern durch das schwarze All schoss, faszinierte ihn jedes Mal neu. Eben hatte er den letzten Arbeitseinsatz beendet. Bald würde die Fähre ihr Bremsmanöver für die planmäßige Annäherung an die Orbitalstation einleiten.

Sie waren ein perfektes Team, dachte Apoll. Genau so, wie Primus es vorhergesehen hatte. Ihre Kenntnisse und Fertigkeiten griffen wie zwei geschmierte Zahnräder ineinander. Er wäre niemals in der Lage gewesen, das Computersystem der Raumfähre zu manipulieren. Merkur hingegen wäre es vermutlich nicht gelungen, die Steuerdüsen zu montieren oder erfolgreich aus der Frachtebene der Orbitalstation zu fliehen. Gemeinsam waren sie fähiger, als der Einzelne es je hätte sein können.

Apoll hatte Merkur kurz nach seiner Ankunft mit dem Flüchtlingsschiff in dem Bildungs- und Entwicklungszentrum in der Nähe von Gaia City kennengelernt, in das die Gyne alle Jungen brachten, die sie von den zerstörten Kontinenten eingesammelt hatten. Er mochte diesen Kerl aus dem früheren Argentinien. Er hatte das Herz an der richtigen Stelle, und sein Humor half ihnen über manche dunkle Stunde hinweg. Sie waren beide im Oktober 2084 mit dem ersten Transport zum Mars gekommen. Über zehn Jahre lang hatten sie gemeinsam im Quartier I in der Kolonie gewohnt – bis sich ihre Welt vor über sechs Wochen plötzlich auf den Kopf gestellt hatte.

Er blickte seinen Freund mit einem warmen Lächeln an, während dieser mit zusammengezogenen Brauen auf den Bildschirm vor sich starrte. Verglichen mit den Computergeräten der Gyne wirkte das Eingabeterminal, das Merkur auf dem Mars geklaut hatte, völlig veraltet. Tastatur und Monitor waren schmutzig und klobig. Für den Einsatz in der Marskolonie hatte Robustheit Vorrang vor Design und technischer Finesse. Apoll versuchte, etwas von dem, was Merkur dort eingab, zu erkennen. Auf dem Bildschirm erschienen nur Zeilen aus Zahlen und Buchstaben, keine Eingabemenüs oder andere Bedienhilfen. Merkur scrollte durch Dutzende von Zeilen, hielt den Bildlauf an, scrollte weiter, hielt wieder an, änderte in einer Zeile ein paar Zahlen oder Buchstaben oder löschte etwas. Rauf und runter, immer wieder, pausenlos. Wie hielt er das durch? Auf ihn wirkte es wie die Arbeit eines Chirurgen, der sich vorsichtig durch ein Gehirn vorarbeitete und achtgab, nicht eine Zelle unbeabsichtigt zu verletzen. Apoll wurde allein vom Zuschauen schwummrig im Kopf. Müdigkeit übermannte ihn.

Merkur rüttelte Apoll an der Schulter: »Bin fertig, kannst jetzt aufwachen.« Sein Freund schlüpfte in den Raumanzug und verstaute sein übrig gebliebenes Gepäck in seinem Rucksack.

Apoll blickte auf seinen Messenger: »Krass, die Fähre startet gleich das Bremsmanöver.«

»Tatsächlich? Das sind ja Neuigkeiten, Schlafmütze. Ich dachte schon, wir wären zu weit geflogen.«

Apoll lachte trocken und hustete. Er packte ebenfalls seine Sachen zusammen, und wenig später verließen sie durch die Luke das Rettungsmodul. Merkur baute draußen die Schnittstelle aus, mit dessen Hilfe er in den vergangenen Tagen die Programmierbefehle übertragen hatte, und packte es in den Rucksack. Apoll blickte sich um, ob ihm in der Umgebung etwas auffiel. Eine ihrer Befürchtungen war, dass die Gyne versuchen würden, das Rettungsmodul zu stürmen oder zu beschießen. Beide Fälle waren zum Glück nicht eingetreten. In der Nähe der Fähre konnte er mit bloßem Auge kein fremdes Flugobjekt erkennen. Er gab Merkur ein Zeichen, und sie kletterten die Leiter aus Stahl herab, die von dem Rettungsmodul zum Wartungssteg auf den Hauptstrang der Fähre führte.

♀ ♀ ♀

Abebi spürte eine leichte Hitze in ihr aufsteigen. Der linke Bildschirm vor ihr zeigte die aktuelle Position der Pendelfähre an und ihre berechnete Flugroute.

»Flugoffizierin, Statusbericht zur Pendelfähre.«

»Entfernung 424 000 Kilometer, Kurs unverändert auf OS 1, Geschwindigkeit fallend gemäß Flugplan, verbleibende Entfernung: 2 365 000 Kilometer, Restflugzeit: 8 Stunden und 42 Minuten. Rettungsmodul angedockt, IT-Systeme stabil, Gesamtzustand unauffällig.«

Unauffällig, wiederholte Abebi abschätzig in Gedanken. Die Anwesenheit von mutmaßlich zwei Männern auf der Fähre fand sie gar nicht unauffällig. »Rendezvous-Manöver einleiten«, befahl sie.

Die Flugoffizierin machte eine Durchsage, in der sie die Besatzung aufforderte, sich zu setzen und anzuschnallen. Aktuell näherten sich die Raumschiffe einander mit weit über 500 000 Stundenkilometern. Für das Rendezvous mussten sie in einem weiten Bogen eine 180-Grad-Kurve fliegen, die sie in der richtigen Geschwindigkeit und Richtung auf die Höhe der Pendelfähre brachte. Abebi wollte die Fähre keinen Moment aus den Augen lassen, bis sie an der Orbitalstation eintraf. Sollten die Männer im Rettungsmodul flüchten, würde Abebi sie pulverisieren. Sie war sogar bereit, die gigantische Pendelfähre in Stücke zu schießen, sollte sie unerwartet ihren Kurs ändern. Niemals würde Abebi zulassen, dass die Männer die Orbitalstation oder Gaia erreichten.

»Natalia?«, sprach Abebi ihre Generalstabschefin an. »Gibt es Neuigkeiten vom Mars? Irgendwelche Auffälligkeiten in der Kolonie?«

Gaias Oberste Soldatin hatte für das Rendezvous-Manöver ihren Sitz in der Nähe der Kommandantin eingenommen. »Dort ist es weiterhin ruhig. Emma meldet keine Vorfälle. Lediglich nach der Verkündung der Strafe war es in der Arena auffällig leise. Die Männer haben wenig Enthusiasmus gezeigt, ihre Versprechen aufzusagen. Vielleicht sollten wir die Strafe verschärfen.«

Abebi schürzte die Lippen. »Abwarten, was die nächsten Stunden bringen. Womöglich werden dann ganz andere Maßnahmen notwendig. Läuft die Mobilisierung der Kampfroboter auf der Station planmäßig?«

»Ja. Wenn wir zurückkehren, können wir die Roboter an Bord nehmen.«

»Gut, womöglich werden wir das tun.«

Wieder kam Abebi der Moment in den Sinn, als sie vor zehn Jahren die Roboter auf den Mars losgelassen hatte. Sollte Gaia bedroht sein, würde sie nicht zögern, sie noch einmal die Marskolonie säubern zu lassen. Wenn die Terroristen sie dazu zwangen, blieb ihr nichts anderes übrig. Sie hatte geschworen, die Männer bis in alle Ewigkeit von diesem Schatz auf der Erde, ihrem Staat Gaia, fernzuhalten. Sie hatten den Planeten mit ihrem Machthunger, ihrer unstillbaren Gier nach Geld und Ruhm beinahe ausgelöscht. Sämtliche Länder, die im Sommer 2081 zu den Atomwaffen gegriffen hatten, waren von Männern regiert worden. Sie hatten die Knöpfe drücken lassen, den Planeten in eine atomar verseuchte Trümmerwüste verwandelt. Allein dem mutigen Einschreiten der Frauen Afrikas war es zu verdanken gewesen, dass die Menschheit eine Perspektive hatte, eine weibliche Perspektive.

»Kommandantin?« Die leitende Flugoffizierin sprach sie an. »Bitte bestätige die Kursänderung für das Rendezvous-Manöver.«

Abebi quittierte den Befehl auf dem Bildschirm.

»Rendezvous-Manöver ausführen in«, eine kurze Pause erfüllte den Raum, »drei, zwei, eins.«

Instinktiv hielt sich Abebi mit ihrem rechten Arm am Kommandositz fest. Sie spürte, wie die Fliehkraft ihre Magengrube aufwallen ließ, fühlte sich mit ihren 61 Jahren so lebendig wie lange nicht.

♂ ♂ ♂

Primus blickte durch das Panzerglas. Odin stand in der Außenschleuse der unterirdischen Halle, in die sich der Widerstand zurückgezogen hatte. Neben ihm einer der radgetriebenen Transportroboter. Primus nickte ihm zu und reckte den Daumen nach oben. »Du schaffst das, Odin. Ich glaube an dich«, sagte Primus leise zu sich selbst. Das Außentor der Schleuse öffnete sich, und Odin verschwand mit dem Roboter voraus in die Nacht. Vor ihm hatten bereits Andrew und Luan die Halle durch die Schleuse verlassen. Die drei Männer machten sich auf den Weg zu den Kommunikationsanlagen, die den Mars mit der Orbitalstation verbanden. Vor ihnen lag ein beschwerlicher Weg, aber Primus wusste, dass sie ausdauernd und mutig waren. Er vertraute ihnen, sie gehörten zu seinen Besten.

Viktor drückte abermals den Öffner für das innere Schleusentor und ließ eine Gruppe von fünf weiteren Männern hineintreten. Er klopfte dem Mann, der direkt an ihm vorbeischritt, auf die Schulter. Jeder von ihnen hatte eine Maschinenpistole umgehängt. In Kisten auf dem sie begleitenden Transportroboter lagerten Waffen, Minen und Bomben. Sie zogen in den Krieg.

Als auch sie die Schleuse verlassen hatten, schaute sich Primus um. Die meisten Männer hatten ihre Tätigkeit unterbrochen und den Kameraden beim Aufbruch zugesehen. Viele von ihnen arbeiteten seit Wochen fast rund um die Uhr, um Waffen und Munition herzustellen.

Primus schritt an den Werktischen vorüber. Er strich über Gewehrläufe, Magazine, Visiere, Verschluss-Systeme, Patronen.

»Das sieht wirklich gut aus, Bharat.«

»Wir kommen voran, Primus. Aktuell schaffen wir mehrere Waffen pro Tag und ausreichend Munition.«

Bharat, den die Männer meistens nur *Schmied* oder *Siebenfinger* riefen, leitete die Herstellung von Waffen, Munition und Sprengstoffen. Die Gyne hatten ihn als Jungen mit seiner Mutter einst aus Indien gerettet. Nun hatte er sich mit Primus' Hilfe ein bemerkenswertes Wissen zum Bau von Kampfgeräten angeeignet. Seit Jahren erforschte er für den Widerstand, wie sich mit den Rohstoffen, die der Mars ihnen bot, Sprengstoffe herstellen ließen. Wobei es sich als hinderlich erwies, dass die Atmosphäre des Mars so gut wie keinen Sauerstoff enthielt. Seine zahlreichen Versuche hatten ihm einen der beiden Spitznamen eingebracht. Als ihm zum ersten Mal eine Explosion gelang, bezahlte er diesen Erfolg mit drei Fingern seiner rechten Hand. Die Produktion der Waffen hatten sie vor einigen Wochen beschleunigen können, nachdem sie mit Merkurs Eingabeterminal Makerbots hergestellt und programmiert hatten.

Primus erblickte Stolz in den Augen der Männer.

»Wir haben es geschafft: Andrew, Odin und Luan sowie das bewaffnete Team sind pünktlich aufgebrochen.« Neben Primus waren rund dreißig Männer in der Halle anwesend. »Gönnt euch nun einige Stunden Ruhe, bevor wir durch den Tunnel zum Keller der Arena aufbrechen und Mike mit seinen Mitstreitern treffen.«

Primus warf einen Blick auf das Display auf dem Kommandotisch. Der Countdown zeigte 7 Stunden und 57 Minuten an.

♂ ♂ ♂

Mike und Jack kehrten mit zwei Dutzend Anhängern von Mater Terra aus der Kolonie in die Arena zurück. Primus hatte sie gebeten, vor Ablauf des Countdowns die Lage im Auge zu behalten. Sie wollten keine Überraschungen erleben, wenn sie ihren Plan in die Tat umsetzten.

Die Stimmung in der Kolonie erwies sich als angespannt. Die Verhängung der zweiwöchigen Strafaktion durch die Gyne empfanden die Männer als willkürlich und maßlos. Die Atemluft hatte sich in der Hauptröhre und in den Wohnquartieren bereits verschlechtert. An der Essens- und Wasserausgabe hatte Mike Männer schreien hören und mit Bechern und Tellern werfen sehen.

Nahe der Abzweigung zu Wohnquartier V stritt sich eine Gruppe um Essen und Trinken. Binnen weniger Augenblicke entwickelte sich eine wüste Schlägerei. Die siegreichen Männer sammelten die blutigen Zähne ihrer Kontrahenten vom Boden auf. Wahrscheinlich waren die Preise auf dem Schwarzmarkt im Zuge der Strafaktion gestiegen. Die Schläger versorgten sich mit frischer Liquidität. Die Freude über ihre Beute währte nicht lange. Eine Handvoll Wächter hatte den Kampf beobachtet und setzte den Tätern nach. Sie knöpften ihnen hinter der nächsten Ecke nicht nur die erbeuteten Zähne wieder ab, sondern auch die letzten eigenen. Die Wächter gehörten zu den besten Kunden des Schwarzmarkts. Den Geräuschen zufolge vergewaltigten sie anschließend erneut einen der jungen Männer. Mike hatte überlegt, ob sie die Täter niederstrecken sollten. Doch Primus hatte sie aufgefordert, sich vor Ende des Countdowns so unauffällig wie möglich zu verhalten. Kein Ärger, hatte ihr Anführer befohlen. Mike schluckte seine Wut über die willkürliche Gewalt herunter und entfernte sich mit Jack und ihren Begleitern vom Ort des Geschehens.

Sie führten heimlich Gespräche mit Männern, die sich Mater Terra angeschlossen hatten oder mit dem Widerstand sympathisierten. Viele erkundigten sich, ob sie etwas gegen die Gyne und die Wächter unternehmen könnten. Insgesamt schätzte Mike die Zahl ihrer Sympathisanten in der Kolonie auf mehrere hundert Männer.

Es war offensichtlich, dass sich bei vielen immer größerer Frust über die schlechten Lebensbedingungen auf dem Mars und die Strafaktionen der Gyne aufgebaut hatte. Mike verriet nichts über ihre tatsächlichen Pläne, jedoch gab er jedem Sympathisanten, mit dem er persönlich sprach, den Hinweis, sich bereitzuhalten: »Jeder von euch wird es erfahren, wenn wir gegen die Gyne und die Wächter losschlagen. Wir werden siegen, tanzen und feiern. Der Mars wird uns gehören.«

KAPITEL 12
ANGRIFF

Abebi blickte konzentriert durch die Panoramascheibe des Raumschiffs. Vor ihr zeichnete sich vor der Dunkelheit des Alls die Orbitalstation über der Erde ab. Ohne die sechste Ebene wirkte sie irgendwie unvollständig. Seit mehr als zehn Jahren hatte Abebi nicht aus dieser Perspektive auf die Station geschaut. Der Anblick war majestätisch.

Nur wenige Kilometer vor ihnen flog die Pendelfähre. Ihr Tempo hatte sie planmäßig reduziert. Sie näherte sich langsam der Station. Präzise Manöver im All führte man besser in geringer relativer Geschwindigkeit zueinander durch. Die Fähre hatte sich seit dem Rendezvous-Manöver an den berechneten Flugplan gehalten. Langsam kamen Abebi Zweifel, dass sich die Männer wirklich an Bord befanden. Sollten sie sich auf der Fähre verstecken, würden sie den Abschaum nach dem Andocken schnell aufspüren und festnehmen. Sie spürte einen ersten Anflug von Erleichterung. Zu früh, ermahnte sie sich umgehend in Gedanken. Bleib wachsam, rief sie sich innerlich zu. Angesichts des Anschlags auf die Soldatinnen auf dem Mars traute Abebi den Terroristen jede Tat zu, egal wie verheerend die Folgen sein mochten.

Sie wandte sich an die Flugoffizierin vor ihr.

»Bleibt es dabei? Keine Abweichungen? Keine Auffälligkeiten?«

Die Frau drehte sich zu ihr. »So ist es, keine Auffälligkeiten, keine Abweichungen.«

Während Abebi den Blickkontakt mit der Offizierin hielt, drang eine kaum bewusste Ahnung zu ihr durch. Irgendetwas veränderte sich. Sie riss die Augen nach oben und schaute wieder durch das Fenster. Ja, sie hatte sich nicht getäuscht. Ganz langsam, kaum wahrnehmbar, löste sich das Rettungsmodul von der Fähre. Im selben Moment, als Abebi ihren rechten Arm ausstreckte und mit dem Finger darauf zeigte, sagte die Flugoffizierin: »Es löst sich, das Rettungsmodul, es hat sich von der Fähre abgekoppelt, es bewegt sich.«

Abebi zögerte keine Sekunde. Auf diesen Moment hatte sie seit Stunden hingefiebert. »Richtschützin, Rettungsmodul anvisieren. Ionen-Torpedos laden. Achte darauf, dass die Hülle des Moduls durch die Treffer nicht auseinanderfliegt. Feuer auf mein Kommando. Wohin bewegt sich das Modul?«

»Der Kurs schwenkt auf uns ein.«

»Entfernung?«, fragte Abebi.

»6 400 Meter.«

»Trefferwahrscheinlichkeit?«

»99 Prozent.«

Abebis rechte Hand griff fest um die Armlehne. Sie spürte eine Erregung. Sie zog die Augen zusammen, ihr Mund wurde zu einem schmalen Strich.

»Rettungsmodul zerstören. Feuer in drei, zwei, eins.«

Ein leichter Ruck ging durch das Raumschiff, und

zwei Ionen-Torpedos schossen vor ihnen durch die dünne Atmosphäre. Sekunden später schlugen sie in dem Rettungsmodul ein. Die Sprengköpfe waren speziell für den Kampf im All entwickelt. Sie durchdrangen die äußere Hülle ihres Ziels und detonierten im Innern. Ein Überleben an Bord war so gut wie ausgeschlossen.

Abebi atmete hörbar aus. »Navigatorin, Objekt scannen. Was kannst du erkennen?«

Einige Sekunden Stille traten ein, dann sagte die Frau: »Die Struktur im Inneren ist zerstört. Antrieb kollabiert, Elektrik und Computersysteme ohne Funktion. Überlebenswahrscheinlichkeit für Menschen ohne Raumanzug null Prozent, für Menschen mit Raumanzug kleiner als ein Prozent.«

Abebi nickte. »Schickt einen Bergungstrupp von der Station, um sicherzugehen, dass absolut niemand an Bord überlebt hat, und sammelt die Reste ein.«

Als sie den Satz beendet hatte, überkam sie beim Anblick der Pendelfähre ein ungutes Gefühl. Und während dieses Gefühl in ihrem Kopf konkrete Gestalt annahm, begann die riesige Fähre langsam, ihren Kurs zu ändern und sich gleichzeitig zu drehen. Abebi entfuhr kaum hörbar: »Was zur Hölle.« Ein Ausspruch, den sie seit vielen Jahren nicht mehr verwendet hatte.

♂ ♂ ♂

Kurz bevor die Pendelfähre das Drehmanöver eingeleitet hatte, hatte sich unauffällig ein einzelner der insgesamt rund 11 000 Transportcontainer gelöst. Zwei Steuerdüsen verliehen ihm einen leichten Schub, sodass sich dieser Container nicht mit der Fähre drehte, sondern im Schatten des Frachtschiffs auf die unterste Ebene der Orbitalstation zusteuerte. Apoll und Merkur lagen ausgestreckt direkt unterhalb des Containerdachs auf Transportpaletten. Apoll streckte seinen Kopf aus dem Loch, das er vor einigen Tagen in die Oberseite geschnitten hatte. Einen Teil der Ladung darunter hatte er ins All entsorgt. Er blickte zurück und sah, wie die Pendelfähre ihre Drehbewegung vollendete. Merkur zwängte sich durch eine zweite Öffnung. Sie mussten es sehen, Zeugen werden ihres Vernichtungsangriffs.

Die Pendelfähre erbebte. Merkur hatte den Bordcomputer der Fähre mit seinen Steuerbefehlen so manipuliert, dass das riesige Gefährt abrupt den Rückwärtsgang einlegte. Blitzartig setzte die Schubumkehr des Triebwerks mit voller Leistung ein. Die Fähre erzitterte auf ihrer ganzen Länge, als wollte sie in Stücke brechen. Sie blieb plötzlich stehen, als sei sie gegen eine Wand gestoßen. Hunderte der Container auf der der Orbitalstation zugewandten Seite lösten sich durch das Bremsmanöver aus ihrer Verriegelung. Merkur hatte die automatischen Drehschlösser geöffnet. Ein Hagelsturm aus zwanzig Meter langen und bis zu 200 Erd-Tonnen schweren Geschossen flog auf die oberen Ebenen der Orbitalstation zu – unaufhaltsam, unabwendbar. Sie würden die gepanzerte Hülle der Station aufknacken wie eine Nussschale.

♀ ♀ ♀

Abebi öffnete den Kommunikationskanal zur Stationskommandantin und brüllte: »Raus, raus, raus, evakuiert die oberen Ebenen. Sofort, sofort raus, beeilt euch.«

»Ministerin, was ist los?«

»Keine Zeit für Fragen! Evakuiert die oberen Ebenen so schnell wie möglich. Ihr werdet angegriffen. In wenigen Minuten schlagen hunderte Frachtcontainer in die Station ein. Beeilt euch, jetzt, sofort!«

Abebi bebte vor Zorn. Sie schlug mit der rechten Faust auf die Armlehne und schrie durch die Brücke des Raumschiffs. »Neeeiiin, nein, nein!«

Natalia stand neben ihr. Sie blickten gemeinsam durch die Scheibe des Raumschiffs. Vor ihren Augen spielte sich ein Albtraum ab. Die Orbitalstation war dem Hagel von Containern fast schutzlos ausgeliefert. Hoas Partei hatte Abebis Pläne für eine wirkungsvolle Bewaffnung der Station verhindert.

»Ich fasse es nicht. Das kann doch nicht wahr sein, diese dreckigen Terroristen«, stieß Natalia aus. »Sollen wir auf die Container feuern?«

Abebi überlegte kurz. »Das macht es nur schlimmer. Dann werden es noch mehr Teile, die unkontrolliert in alle Richtungen fliegen.« Nach einem Moment sagte sie: »Wie viele Abfangdrohnen hat die Station? Können die etwas ausrichten?«

Natalia machte eine wegwerfende Geste. »Ein Dutzend, höchstens. Schau, da kommen sie. Das kann doch nicht wahr sein!«

Da kam Abebi eine Idee. Sie öffnete den Kommunikationskanal zur Stationskommandantin noch einmal. »Darija, schick alle Frachtdrohnen los. Sie sollen diese wild gewordenen Container einfangen, so viele wie möglich!«

Darija bestätigte den Befehl und begann mit der Evakuierung.

Abebi wandte sich der Flugoffizierin hin. »Setz Kurs auf die Dockebene. Wir legen an und helfen ihnen, wo wir können.«

Natalia stand mit eisiger Miene neben Abebi. »Ich kann das nicht glauben, Abebi. Was für eine Katastrophe. Das kann alles nicht wahr sein.«

♀ ♀ ♀

In der Orbitalstation brach Chaos aus. Darija hatte sofort nach dem Aufruf von Abebi die Evakuierung der oberen drei Ebenen angeordnet. In der sechsten Ebene befanden sich Werkstätten und Ausrüstungskammern für das geheime Raumschiff, mit dem Abebi abgeflogen war. Rund einhundert Ingenieurinnen und Technikerinnen waren zum Zeitpunkt der Evakuierungsaufforderung dort, um die Kampfroboter in Betriebsbereitschaft zu versetzen. Darijas Aufruf war eindeutig gewesen. Egal, was eine jede gerade tat oder wo sie sich befand, sie hatte sofort alles stehen und liegen zu lassen und die oberen Ebenen zu verlassen. Die Frauen drängten zum Treppenhaus. Durch den Evakuierungsbefehl öffneten sich alle Sicherheitsschleusen gleichzeitig. Darija hatten die Aufzüge stoppen lassen. Die Treppen waren im Fall eines Einschlags sicherer.

Die fünfte Ebene der Station bestand maßgeblich aus dem Kommandoraum sowie einem Rechenzentrum und mehreren Besprechungszimmern. Darija stand mitten im Kommandoraum, versuchte, die Evakuierung zu lenken und zu beschleunigen – ein schwieriges Unterfangen angesichts der tödlichen Gefahr, die auf sie zuflog. Der halbrunde Raum war mit Ausnahme von ihr inzwischen verlassen, alle Arbeitsplätze verwaist. Darija ahnte, was das bedeutete. Die Gyne würden große Probleme bekommen, die Pendelfähren, die Station über dem Mars und die Kolonie zu steuern und zu überwachen. Zwar gab es einen zweiten Kontroll- und Kommandoraum in der Nähe von Gaia City, doch dessen Funktionen waren deutlich eingeschränkter als jene in der Orbitalstation. Das war vermutlich einer der Gründe, warum die Terroristen die Station angriffen. Sie wollten die Überwachung des Mars zu Fall bringen.

Darija verließ den Kontrollraum. Am Zugang zum Treppenhaus drängten sich die Frauen. Die Tür und die Treppe erwiesen sich als Nadelöhr. Darija durchsuchte die Ebene nach Besatzungsmitgliedern, die der Evakuierungsaufforderung womöglich nicht gefolgt waren. Der Aufruf war in der Station nicht zu übersehen und zu überhören. An jeder Ecke blinkte eine grelle rote Leuchte und ein ohrenbetäubend lautes Warnsignal erfüllte die Gänge. Als Darija sicher war, dass sich auf der Ebene niemand mehr befand, rannte sie zum Treppenhaus, durch das die Frauen hinuntereilten. Sie betätigte den Schließmechanismus und die massive Sicherheitstür glitt hinter ihr zischend zu.

Darija atmete kurz auf und blickte nach unten. Vor dem Zugang zur vierten Ebene bildete sich ein immer längerer Stau. Dort befand sich die Wohnebene. Darija fluchte und schrie: »Schneller, Beeilung!« Sie spürte förmlich, wie die Container in die Station einschlugen. Welch ein Horror. Wie viele von ihnen würden sterben? Was für Verwüstungen würden die Frachtboxen anrichten? Ihre Lippen bebten vor Wut und Verzweiflung.

Sie wandte sich an zwei Frauen, die, von oben kommend, an ihr vorbeihasteten. »Ist die oberste Ebene geräumt? Habt ihr die Tür zum Treppenhaus verriegelt?« Die beiden Frauen blickten sich an. Die Panik war ihnen ins Gesicht geschrieben. Eine zuckte mit den Schultern. »Weiß nicht, Kommandantin«, sagte sie und fuhr mit ängstlicher Stimme fort: »Was ist hier eigentlich los?«

Darija gab keine Antwort. Sie hechtete die Treppe hinauf, mehrere Stufen auf einmal nehmend. Es handelte sich vermutlich nur noch um Sekunden, bis die ersten Container in der Station einschlugen. Als sie auf der sechsten Ebene ankam, stand die Tür zum Treppenhaus weit offen. Fluchend reckte sie den Arm zum Schließmechanismus. Als sie die Tastfläche berührte, bebte der Boden unter ihren Füßen. Sekundenbruchteile später ertönte ein lauter Knall, Geräusche von metallischem Schieben, Kratzen und Ächzen drangen in ihre Ohren, erzeugt von gigantischen Kräften. Bilder erschienen vor Darijas innerem Auge: ihre Mutter und ihre Großmutter, das Haus ihrer Kindheit im Atlasgebirge in Marokko, der Cockerspaniel ihrer Tante im Garten, Gemüse auf einem Markt in Marrakesch, ein Café in der Altstadt von Fès. Ein starker Luftsog riss Darija von den Füßen und durch den Spalt der sich schließenden Tür. Während ihr Körper in den Korridor der Ebene geschleudert wurde, polterte ihr Kopf auf den

Boden, rollte ein Stück und fiel durch das Treppenhaus in die Tiefe.

♂ ♂ ♂

Ein Gefühl der Befriedigung durchströmte Apoll, als die ersten Frachtcontainer in die oberen beiden Ebenen der Raumstation einschlugen. Trotz der Entfernung konnte er erkennen, wie die erste stählerne Frachtbox eine breite Delle und ein Loch in der Außenhülle hinterließ und zur Seite trudelte. Ein breiter Riss bildete sich, dehnte sich aus, fast zu schnell für das Auge, und Gegenstände aus der dahinter liegenden Kontrollebene schleuderten durch den Luftdruck in die Weite des Alls hinaus. Dieses Missionsziel war erfüllt. Sie hatten die äußere Panzerung durchschlagen, und der Druckunterschied zerfetzte das Innere der Kontrollebene. Dort würde niemand mehr arbeiten und die Männer überwachen und misshandeln.

Ein anderer Container traf offenbar eine stabilere Stelle der Außenhaut und prallte von der Station ab. Er schwebte in Richtung Erde davon. Weitere Stahlboxen prasselten auf die fünfte und sechste Ebene der Station ein. Einige stießen mit Containern zusammen, die von der Stationspanzerung zurückgeprallt waren. Es entstand ein immer größer werdendes Chaos.

Apoll konzentrierte seinen Blick auf die sechste Ebene der Station und erstarrte. Die oberste Ebene war nicht vollständig, etwas fehlte. Primus hatte ihm beschrieben, worauf er achten musste. Eindeutig: An den offenen Seiten der Ebene zeigten Schleusen, Ventile und Kupplungen, dass das Raumschiff abgedockt hatte. Apoll fluchte innerlich. Verdammt, das kann doch nicht wahr sein. Haben sie ihr dreckiges Kampfschiff in Sicherheit gebracht?

Plötzlich erschütterte ein leichtes Beben den Container, in dem sich Apoll und Merkur versteckten. Apoll lugte über den Rand und schaute, ob sie gegen einen Gegenstand geflogen waren. Nein, ihre Box schwebte weiterhin auf die Frachtebene zu. Doch mit einem Mal erhöhte sich das Tempo. Was war hier los? Hatte man sie entdeckt? War ihr Plan aufgeflogen, sich heimlich durch die Frachtebene in die Station zu schleichen?

Der Container beschleunigte weiter, behielt den Kurs auf die Frachtebene bei. Apoll blickte sich um und es dämmerte ihm: Dutzende Frachtdrohnen, wie sie bei der Beladung der Pendelfähre über dem Mars im Einsatz gewesen waren, fingen die Stahlboxen ein. Eine Drohne hatte sich ihren Container geschnappt. Apoll beugte sich weiter vor, um einen Blick auf das unbemannte Fluggerät zu erhaschen.

Im selben Moment schob sich ein Schatten über sie, etwas Großes drang in den Raum zwischen ihnen und der Sonne ein. Ruckartig riss Apoll den Kopf hoch. Auch Merkur starrte in diese Richtung. Ein aus dieser Nähe riesig anmutender Koloss schwebte in dreißig Metern Entfernung über sie hinweg. Es konnte sich nur um das Raumschiff der Gyne handeln, jenen fehlenden Teil der sechsten Ebene, den sie mit dem Container-Angriff hatten treffen und ausschalten wollen. Nun glitt dieses Raumschiff offenbar unversehrt über sie hinweg, um an der Orbitalstation anzudocken, statt in Trümmern auf die Erde hinabzustürzen. Apoll stieß einen verzweifelten Seufzer aus und schlug mit der Faust auf den Stahl des Containers.

♀ ♀ ♀

Emma hob den Kopf, als Joko sie ansprach. Sie durchforstete auf ihrem Pad-Computer sämtliche Personalakten der Besatzung fieberhaft nach Hinweisen auf eine mögliche Spionin. Doch die Recherche hatte bisher keinen Anhaltspunkt ergeben, schon gar nicht bei Joko, deren Akte ein Vorbild für eine loyale und zuverlässige Ingenieurin darstellte – Bestnoten, erstklassige Beurteilungen, Empfehlungen. Sah so eine abgebrühte Verräterin aus? Emma bezweifelte es.

»Wir haben einen Sabotagealarm am Datenkabel beim Lift.«

»Was? Das ist nicht dein Ernst.«

»Die Sperre zur Leiter wurde aufgebrochen. Das meldet der Sensor.«

Emma sprang von ihrem Sitz auf und eilte zu ihrer diensthabenden Ingenieurin. Sie betrachtete die Warnmeldung. »Scheiße, die Terroristen greifen unsere Kommunikationsanlagen an.«

Sie öffnete den Funkkanal zu Hadya, die seit dem Verschwinden von Anjay das Kommando über den Kampftrupp aus Soldatinnen und Kampfrobotern im Lift übernommen hatte.

»Hadya, sie greifen die Datenleitung am Lift an. Du musst sofort zwei Roboter dorthin schicken. Wenn die Terroristen das Kabel kappen, sind wir blind.«

»Nicht ganz, Kommandantin«, mischte sich Joko ein. »Wir haben noch die Satellitenverbindung und den Richtfunk.«

Emma drehte sich wutschnaubend zu Joko um und schlug eine der Papierfiguren auf dem Kontrollpult platt, einen filigran gefalteten Kauz. Sie beugte sich zu der sitzenden Ingenieurin hinab und schob ihr Gesicht wenige Zentimeter vor das der Frau aus dem ehemaligen Japan.

»Du glaubst nicht, dass sie diese beiden Anlagen auch angreifen werden?«

Joko wurde blass. Sie schluckte. »Kommandantin, von den drei Systemen können sie doch gar nichts wissen.«

»Und trotzdem ist es garantiert so, glaube mir. Aber ich werde herausfinden, warum sie über all diese Dinge Bescheid wissen.«

Hadya meldete sich vom Mars. »Die Roboter sind unterwegs. Wir gehen los.«

Ruckartig stellte sich Emma wieder aufrecht hin. »Wir, Hadya? Du bleibst, wo du bist. Womöglich ist das wieder ein Hinterhalt.«

»Du weißt, dass die Roboter allein nicht richtig funktionieren. Sie brauchen unsere Führung.«

Emma rang um Fassung. »Maximal zwei von euch. Wir können uns keine weiteren Verluste leisten.« Sie hörte, wie Hadya eine Soldatin zu sich rief und mit den Kampfrobotern losrannte.

♂ ♂ ♂

Odin kämpfte sich die letzten Meter die Leiter an den Graphenbändern des Lifts empor. Er konnte die Stelle bereits sehen, an der das Datenkabel aus dem massiven Stahlrohr austrat und ab dort nur von einer leichten Ummantelung geschützt wurde. Er griff nach dem langstieligen Kabelschneider, den er seitlich an seinem Raumanzug trug, und verschaffte sich auf der Leiter einen sicheren Stand. Er atmete ein letztes Mal kräftig ein, bevor er die Schneidblätter auseinanderziehen und das Kabel durchtrennen würde. Er blickte in die Tiefe hinab, fast fünfzig Meter über dem Mars. Vor rund zwei Minuten hatte er die Sperre zur Leiter aufgebrochen. Ihm war klar, dass die Gyne sich, bis an die Zähne bewaffnet, sofort auf den Weg zum ihm machten.

Er setzte das Schneidwerkzeug an das Kabel an und presste die Arme mit aller Kraft zusammen. Doch das Kabel war widerstandsfähiger als erwartet. Die Schneidblätter hatten sich in die Ummantelung gedrückt und dort tiefe Kerben hinterlassen. Die Glasfaserstränge im Inneren blieben jedoch unversehrt. Er fluchte und blickte abermals nach unten. Zwei Kampfroboter liefen an der Außenwand der Bodenstation entlang in seine Richtung. Noch waren sie rund 200 Meter entfernt, doch sie liefen schneller, als es ein Mensch vermochte. Odin griff hektisch an die andere Seite seines Raumanzugs und zog eine Sprengbombe hervor. Er platzierte sie an der Leitung und schaltete den Zünder ein. Der Countdown startete und zählte von dreißig sekundenweise abwärts. Unter ihm fielen Schüsse, nicht in seine Richtung. Seine fünf Kameraden hatten sich aus dem Sandboden unterhalb der Leiter erhoben und aus ihrer Deckung das Feuer eröffnet.

Odin kletterte die Sprossen hinab. Ein Schuss schlug direkt oberhalb seines Kopfes in das Datenkabel ein. Was für dumme Roboter, dachte er und beeilte sich, die Leiter herunterzukommen. Einen weiteren Gedanken konnte sein Gehirn nicht mehr fassen, da es sich gemeinsam mit den Trümmern seines Schädels und des Helms in alle Richtungen verteilte. Sein lebloser Körper stürzte in die Tiefe und schlug mit einem dumpfen Geräusch hinter den fünf Männern auf.

♀ ♀ ♀

Als Hadya mit ihrer Kameradin um die Ecke der Basisstation bog, ereigneten sich mehrere Dinge gleichzeitig, die sie wie in Zeitlupe erlebte. Als Erstes stürzte in der Ferne vor ihr ein Körper in einem Raumanzug von der Leiter an den Graphenbändern. Noch bevor er auf dem Marsboden aufschlug, explodierten rund 200 Meter von ihr entfernt nacheinander die beiden Kampfroboter. Hadya blickte zu ihrer Kameradin, die im selben Moment die Augen aufriss. Mehrere Kugeln durchsiebten ihren Raumanzug. Ihr Blut spritzte durch den Druckunterschied aus den Löchern, während sie zu Boden ging. Hadya ließ sich sofort fallen und kroch hinter den zuckenden Körper. Von dort robbte sie rückwärts zurück um die Gebäudeecke, um nicht selbst erschossen zu werden.

Erst als sie sich heftig keuchend mit dem Rücken an

die Gebäudewand lehnte, normalisierte sich ihre Wahrnehmung. Sie begriff, wie knapp sie dem Tod entronnen und dass sie keineswegs in Sicherheit war. Zu sich selbst sprach sie in ihren Helm: »Wieder ein Hinterhalt, wieder schießen sie alles nieder. Ihr dreckigen Schweine. Anjay, ich werde dich rächen.« Sie packte ihre Waffe fest, kämpfte sich hoch und lief in geduckter Haltung zur Außentür, durch die sie mit ihrer Kameradin eben gekommen war. Ein Sprint auf Leben und Tod. »Trupp eins sofort zur Außentür, sichern gegen feindliches Eindringen, sofort«, bellte sie in das Helmmikrofon. Sie hörte hinter sich eine weitere Explosion, deren krachender Lärm durch die Marsatmosphäre seltsam verzerrt wurde. Hadya lief auf die Tür zu, ohne sich umzudrehen.

♀ ♀ ♀

Abebi blickte hasserfüllt auf die Bildschirme vor sich. Auf ihnen hatte sie mitansehen müssen, wie die Container die obersten beiden Ebenen der Orbitalstation zerstörten. Ein Horrorfilm.

»Haben wir wieder Kontakt zu Darija?«

Die Navigatorin schüttelte den Kopf. »Leider nein, der Kontakt brach während der Evakuierung ab. Seither ist sie nicht mehr erreichbar. Die Kolleginnen in der Station können sie auch nirgends orten.«

Abebi seufzte. Seit Darija als junge Frau Adjutantin in ihrem Planungsstab während der Weiblichen Revolution gewesen war, verfolgte Abebi ihre Laufbahn. Sie hätte eine Top-Karriere bei den Sicherheitsbehörden vor sich, hätte eines Tages Natalia folgen können oder gar ihr? Hätte, dieses grausam unscheinbare Wort, hinter dem der Tod lauerte. Wie sie Darija einschätzte, hatte sie womöglich versucht, in letzter Sekunde Kameradinnen zu retten und dabei ihr eigenes Leben aufs Spiel gesetzt. Abebi hoffte, dass sie lebte, nur ihr Communicator defekt war. Auch sie selbst hatte man bei dem Bombenangriff auf ihren Posten während der Weiblichen Revolution, bei dem sie ihren linken Arm verloren hatte, für tot gehalten.

»Kommandantin«, sprach die Flugoffizierin sie an. »Erwartete Ankunft an der Dockschleuse in drei Minuten.«

»Bestätigt. Gibt es irgendwelche Spuren oder Hinweise auf den Aufenthaltsort der Terroristen?«

»Negativ. Es gibt keine Hinweise, wo sie sich aufhalten.«

Abebi fühlte eine vollkommene Fassungslosigkeit über den Angriff auf die Raumstation. Sie hatte nicht die geringste Ahnung, wie die Männer es geschafft hatten, die Manöver der Fähre zu manipulieren und die Containerverriegelungen zu öffnen. Sie wandte sich Natalia hin, die Berichte mit Emma auf der Orbitalstation 2 austauschte.

»Sie müssen vom Rettungsmodul aus den Bordcomputer der Fähre manipuliert haben, ohne dass die Kontrollsysteme es registriert haben. Wie kann das sein? Warum kennt jemand die Computersysteme der Fähre so gut wie wir? Ach was, besser als wir?«

»Wir beide wissen, dass es eigentlich nur eine Antwort auf diese Frage geben kann. Die Terroristen haben

Helfer unter den Frauen mit Zugang zu streng geschützten Informationen.« Natalia ballte die Fäuste. »Der Angriff auf die Station ist der sichere Beweis für diesen Verrat.«

»Wir müssen diese Verräterinnen finden. So schnell wie möglich.«

»Was treibt solche Menschen an, Abebi? Ich begreife es nicht. Was sind ihre Motive?«

Ein leichter Ruck ging durch das Raumschiff.

»Kommandantin, an Ebene zwei angedockt«, sagte die Flugoffizierin. »Schleusentür geöffnet.«

In dem Moment erschütterte ein massiver Schlag das gesamte Raumschiff. Alle Frauen, die nach dem Andocken von ihren Sitzen aufgestanden waren, wurden durch die Brücke geschleudert. Das Ächzen von Stahl mischte sich dem Knallen von elektrischen Kurzschlüssen. Das Licht auf der Brücke flackerte und erlosch. Eine Notbeleuchtung flammte auf. Der Bordcomputer fuhr die beiden Fusionsreaktoren herunter. Abebi spürte, wie sich das künstliche Gravitationsfeld zitternd zurückzog. Eine Leichtigkeit erfasste ihren Körper. Eine schwache Bewegung nach oben genügte, sie abheben zu lassen. Es herrschten über neunzig Prozent Schwerelosigkeit.

»Das Schiff sofort evakuieren«, rief Abebi. »Alle runter in die Station, Tempo, Tempo. Aber vorsichtig bewegen, das Gravitationsfeld ist ausgeschaltet. Haltet euch fest.«

Was war jetzt wieder passiert? Hatten die Terroristen Waffen mitgebracht und griffen damit an? Oder hatte einer der umherfliegenden Container das Schiff getroffen? Die Frachtdrohnen hatten viele Stahlboxen inzwischen eingefangen, oder diese waren Richtung Erde gestürzt und in der Atmosphäre verglüht. Doch etliche irrten noch durch die Umgebung der Station und gefährdeten die Sicherheit der Besatzungen und die Technik.

An Natalia gewandt sagte Abebi: »Lass den Zugang zum Schiff bewachen. Ich will auf keinen Fall, dass sich jemand unbefugt Zutritt verschafft. Und haltet Ausschau nach den Terroristen«, fügte sie ihrer Aufforderung hinzu. »Ich will, dass wir sie finden, und zwar schnell!«

♂ ♂ ♂

Mike stand auf der Tribüne der Arena, die ansonsten menschenleer war. Er blickte durch das Atmosphärendach der Kolonie in den Marshimmel über dem Bergrücken. Zwei Leuchtraketen hatte er bereits gesehen, eine grüne und eine gelbe. Also hatten Andrew und Luan ihre Missionen erfolgreich erledigt. Die Satellitenverbindung und der Richtfunk waren tot. Doch die rote Rakete fehlte. Sie sollte anzeigen, dass das Datenkabel an der Basis des Orbitallifts gekappt war. Schweiß trat auf Mikes Stirn. Sollte alles umsonst gewesen sein? Würde ihr Plan für die Kolonie scheitern, weil sie das Kabel nicht durchtrennen konnten? In dem Fall würden die Gyne sofort registrieren, wenn ein Aufstand ausbrach. Ihre Reaktion konnte sich Mike leicht ausmalen. Vermutlich würden sie umgehend den Strom abstellen und den Sauerstoffgehalt drastisch absenken, bis die Männer röchelnd am Boden lagen und nach Sauerstoff schnappten wie sterbende Fische an Land. Wütend trat er mit dem Stiefel auf den Boden auf. In dem Moment explodierte in zig Kilometern Entfernung hoch am Himmel des Mars über dem Tafelberg von Hebes Chasma eine rote Leuchtrakete. Mike stieß einen Jubelschrei aus und stürmte von der Tribüne nach unten in den Keller der Arena.

Dort hatten sich rund sechzig Männer in den beiden Räumen, in die Primus' geheimer Tunnel mündete, und im Flur versammelt. Jeder trug eine Maschinenpistole oder Pistole im Anschlag. Rucksäcke mit schwerer Ausrüstung standen bereit. Als Mike durch den Gang zu ihnen geeilt kam, jubelte er lauthals und rief: »Mater Terra, Mater Terra!«

Die Männer stimmten ein. Sie brüllten und schrien, ein wildes Kampfgeschrei.

»Kommt, es geht los!« Mike stürmte zurück durch den Korridor und nahm den kürzesten Weg aus der Arena. Die Männer folgten ihm im Laufschritt. Sie überquerten den Platz vor dem Stadion, wo sich außer ihnen niemand aufhielt, denn wegen der Strafaktion waren alle Kämpfe in der Arena abgesagt worden. Die Männer erreichten die Tranferhalle. Viktor sandte mit seinem Prompter einen Befehl an das Computersystem der Kolonie, und das Band hielt augenblicklich an und kehrte seine Laufrichtung um. Die Männer sprangen auf und zum ersten Mal freuten sie sich auf die schmerzhafte Bandfahrt zur Hauptröhre.

In der Röhre fiel Mike auf, dass ein Großteil des Lichts ausgefallen war. Primus hatte vermutet, dass das Computersystem der Kolonie in einen Notfallmodus schaltete, sobald es den Kontakt zum Kontrollraum in der Orbitalstation verlor. Dieser Fall war eingetreten. Es würde sie nicht von ihrem Plan abhalten. Endlich schlugen sie los.

♂ ♂ ♂

Die fünf Männer, die Odins Sabotageaktion an den Graphenbändern gedeckt hatten, seilten sich durch die Öffnung im Dach der Liftstation ab, genau wie es Plutus, Apoll und Merkur vor rund zehn Tagen getan hatten. Die flüchtende Soldatin hatten sie nicht verfolgt, da sie vermutlich zügig Verstärkung erhalten würde, und sie wollten nicht in einen Kugelhagel geraten. Zwar hatten die Männer die beiden Roboter aus ihrer Deckung heraus mit zwei Raketen zerstören können, jedoch waren die Kampfmaschinen äußerst widerstandsfähig und präzise Schützen gewesen, wie sie bei Odins Kopftreffer aus weit über hundert Metern unter Beweis gestellt hatten.

Der Orbitallift stand still. Die Transportkapseln hingen bewegungslos in den Greifarmen. Vom Fuß des Lifts eilten die Männer durch den Gang zur Frachthalle. Primus hatte ihnen genaue Instruktionen gegeben. Rechts befand sich der Zugang aus der Halle zum Büro- und Verwaltungstrakt. Die Gyne würden von dort kommen, wenn sie nach ihnen suchten. Sie platzierten zahlreiche Fernzünder-Sprengfallen unter den Gitterrosten am Boden. Zwei der Männer drangen anschließend tiefer in den Trakt ein und eröffneten das Feuer auf die erste Frau, die ihnen begegnete. Sie töteten sie mit gezielten Schüssen und flüchteten zurück in die Frachthalle.

Wenig später näherte sich die Gruppe von Soldatinnen mit ihren Kampfrobotern dem Zugang zur Frachthalle. Sie gingen vorsichtig vor. Sie ahnten wohl, dass die Männer das Feuer auf sie eröffnen würden, sobald sie einen Fuß in die Halle setzten. Sie schickten ihre Kampfroboter vor und warteten, hinter Deckung hockend, im Gang ab. Die Sprengfallen unter den Gitterroststegen bemerkten sie nicht. Der Anführer der fünf Männer drückte den Auslöser, als die Kampfroboter die Frachthalle betraten. Die Detonationen zerstörten die Kampfroboter und löschten den gesamten Trupp aus – mit einer Ausnahme.

♀ ♀ ♀

Hadya wand sich vor Schmerzen am Boden. Holte tief Atem. In ihrem Unterleib steckte ein langer Splitter aus Metall, Luft und Blut entwichen aus ihrem Anzug. Sie richtete den Lauf ihrer Waffe zitternd auf den Zugang des Frachtraums.

»Emma, sie sind hier, sie greifen uns im Lift an. Alle sind tot, die Roboter zerstört«, brachte sie keuchend hervor. »Ich bin die Letzte, die noch lebt.«

Emma rang im Kommandoraum der Orbitalstation nach Luft und Fassung. Die Terroristen hatten sie wieder überrumpelt. Sie hatten ihnen Augen und Ohren geraubt. Sämtliche Verbindungen zur Oberfläche des Mars waren ausgefallen. Sie hatten keine Kontrolle mehr über die Kolonie. Der Lift stand still. Sie hatten fast alle Soldatinnen auf dem Mars verloren.

Emma hörte das Poltern durch den Kommunikationskanal deutlich.

»Hadya, was ist los? Kannst du dich in Sicherheit …« Ein lautes Pfeifen drang an ihr Ohr. Emma musste sich korrigieren. Sie hatten niemanden mehr auf dem Mars. Die Terroristen hatten Hadya ermordet – wie alle anderen Frauen, die sie zur Oberfläche des Mars geschickt hatte. Alle waren tot. Was für ein Horror. Statt einer Auszeichnung würde sie von der Ministerin ihre Entlassungspapiere in die Hand gedrückt bekommen. Emma drehte sich der Magen um, sie übergab sich in den Mülleimer neben ihrem Kontrollpult.

♂ ♂ ♂

Apoll und Merkur kletterten an der äußeren Wartungsleiter der Orbitalstation zwischen der Fracht- und Dockebene empor. Die eine Hälfte ihres Plans war gescheitert. Denn die gefährlichste Waffe der Gyne war nicht zerstört, sie lag einige hundert Meter entfernt von ihnen am Dockausleger. Hatte das Kampfschiff wenigstens Schaden genommen, als einer der losen Container es vor wenigen Minuten getroffen hatte? Apoll hoffte es. Von seinem Standort aus konnte er keine Beschädigung ausmachen. Seine Panzerung hatte es vermutlich geschützt.

Bald sollten sie mehr wissen, denn das Raumschiff war ihr Ziel. Primus hatte seine Zerstörung als wichtigste Aufgabe ihrer Mission ausgerufen, wichtiger als die Ausschaltung der Kontrollebene. Er wollte die Gyne davon abhalten, mit dem bewaffneten Kampfschiff erneut zum Mars zu kommen und die Männer abzuschlachten. Eigentlich hätte der Containerhagel das Fluggerät treffen und zerstören sollen. Nun mussten er und Merkur es selbst unschädlich machen. Wie sollte ihnen das gelingen?

Sie hangelten sich an der Unterseite der Dockebene entlang. Auf der Erde wäre solch eine Aktion unmöglich gewesen. Doch die Orbitalstation raste in einer Höhe von fast 36 000 Kilometern durch den Orbit. Die beiden Männer wogen fast nichts.

Ihre Wegstrecke an der Unterseite der Dockebene betrug rund tausend Meter. Aber wie ging es dann weiter? Apoll hatte keine Ahnung und dieses Gefühl verschaffte ihm großes Unbehagen. Primus hatte ihnen immer wieder klargemacht, dass sie, falls die Gyne ihre Pläne durchkreuzten, auf sich allein gestellt waren und ab dem Zeitpunkt improvisieren mussten. Apoll wünschte sich, dieser Moment wäre nicht schon eingetreten.

Er hoffte, dass es an der Dockschleuse, an der das Raumschiff festgemacht hatte, irgendeine Art von Zugangstür gab. Vermutlich würden sie dort aber nicht unbehelligt hineinspazieren können. Er hatte im Frachtcontainer die zweite Pistole aus dem Rucksack geholt und eingesteckt. Zur Not müsste er sich und Merkur den Weg freischießen. Aber, dachte er, könnte er das wirklich? Er hatte nie auf einen Menschen geschossen, nie jemanden getötet oder nur ernsthaft verletzt.

KAPITEL 13
WIEDERSEHEN

Abebi eilte mit Natalia und den Offizierinnen des Raumschiffs durch die Dockebene der Station. Zwar gab es dort keine Schäden, doch die Verunsicherung war vielen Frauen anzumerken. Sie standen in Gruppen zusammen und diskutierten aufgekratzt miteinander. Als sie die Ministerin und die Generalstabschefin sahen, nahmen sie Haltung an und grüßten die ranghohen Frauen. Die Gruppe durchquerte das Treppenhaus und kam wenig später im Zentralraum der Werft an. Abebi hatte mit der Obersten Ingenieurin Mailin Kontakt aufgenommen. Fieberhaft bauten ihre Mitarbeiterinnen den Raum so um, dass er als provisorische Kommandozentrale dienen konnte. Von hier hatten sie Zugriff auf alle Daten und das gesamte Kommunikationssystem. So bald wie möglich musste Abebi wieder eine funktionierende Befehlsstruktur aufbauen. Darija, die bisherige Kommandantin der Station, war offenbar bei dem Angriff auf die oberen Ebenen ums Leben gekommen.

Mailin begrüßte Abebi und Natalia mit einem Kopfnicken, ihr Gesicht bitterernst. Die drei Frauen kannten sich gut. Sie waren die Protagonistinnen gewesen, als es um die Ausführung der Pläne ging, die Männer auf den Mars zu verbannen. Sie hatten die praktischen Antworten geliefert auf die vagen Ideen der verfassungsgebenden Versammlung und des ersten gewählten Parlaments von Gaia. Sie hatten das Überleben der Frauen verantwortet.

Mailin stammte aus der früheren Volksrepublik China. Die Chinesen hatten lange an einem Mindestmaß an Frauenrechten festgehalten, während in anderen Teilen der Welt die Dämme gebrochen und Frauen zum Freiwild geworden waren. In China bildeten sie das exzellent ausgebildete und fleißige Rückgrat der technologischen Weltherrschaft. Und Mailin war die Beste von allen gewesen. Bereits während der Zeit vor dem Großen Krieg stand sie inoffiziell an der Spitze der chinesischen Raumfahrtbehörde. Die offizielle Leitung oblag einem Mann, der sich mehr durch sein politisches Netzwerk und seine Trinkfestigkeit auszeichnete als durch wissenschaftlichen Sachverstand. Stets hatte er technische Fragen an Mailin delegiert und sich anschließend in der Bewunderung für die Exzellenz ihrer Antworten gesonnt. Abebi und Elikia hatten nicht eine Sekunde lang gezögert, nach der Weiblichen Revolution alle Verantwortung für die Raumfahrt in die Hände der Frau mit den kurzen schwarzen Haaren und dem stets exakt gezogenen Scheitel zu legen.

Nun bat Mailin Abebi und Natalia in ein Besprechungszimmer, um ihnen zu eröffnen, was sie über die Beschädigungen an der Station und die Aktivitäten der Männer wusste. Sie kannte Abebis Jähzorn und wollte diesen lieber in einem geschützten Zimmer erleben als in dem großen Zentralraum gemeinsam mit dutzenden anderen Frauen.

»Abebi, unsere schlimmsten Albträume sind wahr

geworden. Ehrlich gesagt ist es noch schlimmer«, begann die Oberste Ingenieurin, als Natalia die Tür hinter sich geschlossen hatte. Mailin wirkte auf Abebi unsicherer, als sie es von ihr gewohnt war, selbst in stressigen oder schwierigen Situationen.

Mailin fuhr fort: »Wir haben noch kein vollständiges Bild der Schäden. Doch was wir bereits wissen, übertrifft meine Befürchtungen. Die Ebenen fünf und sechs sind verloren. Diese wie Geschosse von den Terroristen eingesetzten Container dellten einer nach dem anderen die Außenhülle ein, bis sie schließlich nachgab. Der Druck riss die gesamte Ausstattung nach draußen ins All. Beide Ebenen bestehen nur noch aus Trümmern. Alle Kampfroboter, die sich in den Werkstätten und Magazinen befanden, sind verloren.«

»Bevor wir andockten, wurde die Morgenröte getroffen. Weißt du, was passiert ist?«, fragte Abebi.

»Das war einer der herumfliegenden Container. Wir haben noch kein genaues Schadensbild, aber offenbar wurde das Raumschiff im Bereich eines Lagerraums getroffen und beschädigt. Sobald sich die Gesamtlage klärt, werde ich ein Reparaturteam losschicken, um die Beschädigung zu prüfen und sofort zu reparieren. Das kriegen wir sicher schnell hin.«

Mailin räusperte sich und sog die Luft hörbar durch die Zähne ein. Dann fuhr sie mit ihrem ursprünglichen Bericht fort. Abebi hatte den Eindruck, dass sie sich die Worte vorab zurechtgelegt hatte. Das war untypisch für sie. »Sollten sich auf den beiden obersten Ebenen zum Zeitpunkt des Druckverlusts noch Frauen aufgehalten haben, sind sie mit fast einhundertprozentiger Wahrscheinlichkeit tot. Aktuell vermissen wir drei Personen.«

»Drei?«, warf Abebi ein. »Wer?«

»Soweit ich weiß, hast du vom möglichen Verlust von Kommandantin Darija bereits erfahren. Laut der Aussage von zwei Technikerinnen, die sich im letzten Moment aus Ebene sechs retten konnten, war sie nochmals zurückgekehrt, um die Sicherheitstür zum Treppenhaus zu schließen. Dies schien ihr gelungen zu sein, doch fehlt ab dem Moment jede Spur von ihr. Womöglich hat der Unterdruck sie nach draußen gerissen.«

Abebi nickte. »Und die beiden anderen Frauen?«

Mailin schluckte schwer. »Wir wissen noch nichts Genaues, alles ist noch möglich. Vielleicht nur ein Datenbankfehler.«

»Mailin, wer?«

Sie zögerte. Dann: »Wir vermissen aktuell Athene und Diana.«

Abebi sank wortlos in ihren Sitz zurück, flüsterte: »Athene.«

»Wir konnten inzwischen nachvollziehen, dass sie sich ordnungsgemäß in der Verwaltung der Wohnebene abgemeldet hat, den Transit nach Gaia City dann aber nicht antrat. Wir können ihren Communicator nicht lokalisieren. Deshalb, vielleicht ist es nur ein Datenfehler. Und Diana vermissen wir seit dem Ablegen des Kampfschiffs. Sie ist ebenfalls verschwunden.«

Abebi aktivierte ihren Communicator. »Athene anrufen«, sagte sie. Wo war ihre verrückte Tochter abgeblieben? Hatte sie sich nicht melden sollen, sobald sie in Gaia City angekommen war? Verdammt, sie selbst war zu beschäftigt gewesen, um daran zu denken.

»Athene ist aktuell nicht erreichbar. Möchtest du ihr eine Sprachnachricht senden?«, antwortete das Gerät an ihrem Handgelenk. Abebi schürzte die Lippen und drehte sich leicht zur Seite, von den beiden anderen Frauen weg. »Sprachnachricht: Athene, melde dich. Sofort.«

Abebi wandte sich wieder um. »Natalia, lasst überall nach Athene und Diana suchen. Wir müssen sie finden. Schickt Vermisstenanzeigen mit Fotos von ihren Gesichtern auf alle Bildschirme in der Station. Jemand muss sie gesehen haben.«

Natalia nickte und tippte einige Zeilen in den Pad-Computer vor sich ein.

»Was noch, Mailin? Welche Nachrichten gibt es vom Mars?«

Mailin schluckte abermals schwer. »Du weißt noch nichts darüber?«

»Warum glaubst du, frage ich sonst?«

»Wir haben die Kolonie verloren, Ministerin. Der Bericht kam eben auf höchster Geheimhaltungsstufe.«

Abebi blieb der Mund offen stehen, ein innerer Schmerz durchfuhr sie bis ins Mark. Die Kolonie verloren? Hektisch rutschte sie mit dem Stuhl zu Natalia heran. »Machst du den Bericht auf?«

»Bin schon dabei«, entgegnete die Generalstabschefin.

Abebi blickte ungeduldig wieder Mailin an. »Also, was ist auf dem Mars passiert?«

»Alle Soldatinnen, die man zur Oberfläche entsendet hatte, sind tot und die Kampfroboter zerstört. Die

Terroristen haben alle Kommunikationswege zwischen dem Mars und der Station gekappt. Wir sind blind, sehen und hören nichts mehr. Was in der Kolonie vor sich geht, wissen wir nicht. Es ist mit dem Schlimmsten zu rechnen. Womöglich ein Aufstand.«

Abebi sprang auf und schlug mit der Faust auf den Tisch. Ihr Gesicht lief rot an und verzerrte sich vor Wut. Am Hals traten ihre Adern kräftig hervor. »Verdammt, so eine Scheiße, so eine verdammte Scheiße«, schrie sie.

♀ ♀ ♀

Langsam kam Athene zu Bewusstsein. Ihr Kopf tat ihr weh, ihr Blick war verschwommen. Sie richtete sich mühsam auf. Was war passiert? Wo war sie überhaupt? Es dauerte einen Moment, bis sie sich erinnerte. Sie war in dem kleinen Raum im Kampfschiff der Gyne. Auf einmal realisierte sie, dass sich am Boden neben ihr eine Person befand. Sie erschrak, bevor ihr klar wurde, dass es sich um Diana handelte – ihre beste Freundin, die sie zu ihrer Gefangenen gemacht hatte. Sie als ihre *beste Freundin* zu bezeichnen, war vermutlich nicht länger angemessen. Diana würde sie hassen, weil sie ihr die Zwangshaube aufgesetzt hatte, als sie im Begriff gewesen war, Athene zu verraten.

Athene fühlte sich elend. Sie erinnerte sich an den Moment zurück, bevor sie das Bewusstsein verloren hatte. Sie stand in der Nähe der Tür und lauschte auf Geräusche aus dem Gang. Ihre Hand lag auf dem Öffner, als ein Schlag das ganze Raumschiff durchschüttelte. Sie büßte das Gleichgewicht ein und taumelte durch den Raum. Der heftig pochenden Beule an ihrem Hinterkopf zufolge war sie rückwärts auf die Tischkante gestürzt. Sie befühlte unter ihrem Schopf aus langen Dreadlocks die Verletzung.

Diana schien nur wenig mitzubekommen. Sie saß mit der Zwangshaube auf dem Kopf am Boden und blickte ausdruckslos vor sich hin. Sie blinzelte und war offensichtlich bei Bewusstsein. Ob da womöglich ein Rest ihres freien Willens war, der den Zwang registrierte? Athene erinnerte sich an ihre eigene Erfahrung mit der Haube, als sie diese im Friedensmuseum von Gaia City kurz getragen hatte. Und ob, den Zwang hatte sie damals deutlich wahrgenommen.

Vor der Erschütterung des Raumschiffs hatte Athene mithilfe von Diana und ihrem Communicator die Baupläne der Orbitalstationen, der sechsten Ebene, der Pendelfähren und der Kolonie auf dem Mars studiert. Dank Dianas kurzfristigem Job in der IT-Ingenieursgruppe, die das Raumschiff startbereit machen sollte, hatte man ihr Zugriff auf alle Konstruktionsdaten erteilt. Athene hatte sich teils lange in Details verloren. Am meisten faszinierte sie die Kolonie auf dem Mars mit den Wohnquartieren entlang der Hauptröhre und der Atmosphärenhalle, in der sich die Arena, der See und die landwirtschaftlichen Flächen befanden. Es beeindruckte sie, welche technologischen Wunder die Chinesen vor allem in den 50er- bis 70er-Jahren vollbracht hatten. Ihre Fortschritte prägten ein Zeitalter von für unmöglich gehaltenen Innovationen.

Mühsam stand Athene auf, was die Beule an ihrem

Hinterkopf mit einem heftigen Pochen quittierte. Sie schüttelte ihre Arme und Beine, um sich zu lockern, und schritt vorsichtig zur Tür. Das Raumschiff war von einer unheilvollen Stille erfüllt. Wo steckte die Besatzung? Sie drückte den Türöffner und lugte in den Gang. Es war niemand dort. Athene wartete einen Moment, dann schob sie sich vorsichtig durch den Türspalt. Plötzlich hörte sie ganz in der Nähe Metall kreischen, gefolgt von einem spürbaren Luftsog.

♂ ♂ ♂

Es ist schon seltsam mit den Zufällen, dachte Apoll. Erst machen sie deinen Plan zunichte, um dir im nächsten Moment eine Tür zu öffnen. Apoll und Merkur grinsten sich unter ihren Helmen an. Der Zufall war auf ihrer Seite. Sie hatten einen Bruch in der Hülle des Gyne-Kampfschiffs entdeckt – keinen besonders großen, aber groß genug, dass sich Apoll und Merkur trotz der sperrigen Raumanzüge hindurchzwängen konnten. Offenbar hatte der herumfliegende Frachtcontainer das Raumschiff an dieser Stelle getroffen und die Panzerung aufgeschlitzt. Sie bewegten sich vorsichtig, um an keiner scharfen Kante ihre Anzüge zu beschädigen. Die Rucksäcke zogen sie hinter sich her durch das Loch.

In dem etwa dreißig Quadratmeter großen Raum herrschte völliges Durcheinander. Apoll schaltete seine Helmlampe ein, da nur eine kleine Notbeleuchtung über der Zugangstür brannte. Die Atmosphärenluft und der Druck waren nach dem Aufbrechen der Außenhülle entwichen. Das zeigte die rote Leuchtdiode Apoll in seinem Helmvisier an. Die Tür des Raums schien intakt. Offenbar hatte sich der Schaden nicht auf weitere Teile des Raumschiffs erstreckt. Mist, dachte Apoll. Womöglich ist dieses Scheißding flugbereit. Das mussten sie so schnell wie möglich ändern. Irgendwie. Denn sie hatten nur zwei kleine Sprenggranaten. Die würden das Raumschiff kaum dauerhaft außer Gefecht setzen. Sie brauchten einen besseren Plan.

Apoll schaute sich um. Sie standen in einem Lager, in dem auf massiven Regalböden Ausrüstungsgegenstände und anderes Material für den täglichen Bedarf aufbewahrt wurden. Nun lag einiges davon auf dem Boden verteilt, anderes hatte der entweichende Druck ins All geschleudert. Die geringe Anziehungskraft ließ Apoll zu Boden schweben. Er stellte seinen Rucksack neben sich ab und holte das schwere Schneidwerkzeug heraus, mit dem er auch das Loch in den Container geschnitten hatte. Mit Merkurs Hilfe trennte er zwei stählerne Regalböden ab, die ein Stück länger waren als der Riss in der Hülle des Raumschiffs. Dank der fast vollständig aufgehobenen Gravitation konnten sie die Platten leicht anheben. Sie fixierten die Böden mit Klebeband von innen vor dem Loch und dichteten die schmalen Zwischenräume ebenfalls mit mehreren Lagen Panzertape ab. Als sie fertig waren, trat Apoll einige Schritte zurück und betrachtete ihr Werk. Sollte halten, dachte er bei sich und nickte Merkur zu.

Er drehte sich um, setzte das Schneidwerkzeug an einer stabilen Stelle der Wand zum Gang an und durchtrennte den Stahl. Sobald der Schneider das Material durchdrungen hatte, schoss ein scharfer Strahl Luft durch die kleine Öffnung. Er vergrößerte das Loch mit weiteren Schnitten. Durch den Helm konnte er das Pfeifen hören, das die mit Hochdruck eindringende Luft aus dem Gang erzeugte. Sollte man bisher keine Notiz von ihrer Anwesenheit genommen haben, dürfte sich das nun ändern. Der Luftdruck drückte die Regalböden von innen immer fester gegen die Ränder des Lochs in der Außenwand. Hoffentlich hielten die Böden dem Druck stand.

Apoll rechnete damit, dass die Frauen den Raum bald betreten würden, wenn sich die Tür durch den Druckausgleich wieder öffnen ließ. Lange würde es nicht mehr dauern. Apoll nahm die beiden Pistolen aus seinen Beintaschen und reichte eine davon Merkur. Mit spürbarer Abneigung griff sein Freund danach. Sie postierten sich neben der Tür. Die Leuchtdiode in Apolls Visier wechselte von Rot auf Gelb. Er gab Merkur ein Zeichen und sie setzten die Helme ab.

♀ ♀ ♀

Athene folgte dem seltsamen Geräusch, das sich immer deutlicher als Pfeifen herausstellte, je näher sie seinem Ursprung kam. Langsam nahm seine Lautstärke ab. Wenig später blieb sie in dem Korridor stehen und blickte auf die Tür rechts von ihr. Sie zögerte einen Moment, dann griff sie nach dem Öffner und drückte ihn herunter. Nichts tat sich. Sie zog kräftig, woraufhin sich die Tür ein kleines Stück in ihre Richtung bewegte und ein weiteres Pfeifgeräusch erklang. Ihr rutschte die Tür aus der Hand und sie knallte, wie von einer unsichtbaren Kraft gezogen, wieder zu. Was war hier los? Woher kam der Unterdruck in dem Raum hinter der Tür?

Athene verharrte. Dann presste sie erneut den Öffner herunter und riss – dieses Mal mit deutlich mehr Kraft – die Tür in ihre Richtung auf. Drinnen war es mit Ausnahme einer Notbeleuchtung über der Tür dunkel. Sie konnte nichts erkennen. Wie rätselhaft.

Vorsichtig setzte sie einen Fuß in den Raum, als sich plötzlich ein Arm um ihren Hals legte und sie zu Boden riss. Sie schlug heftig auf, ein Knie stemmte sich auf ihren Rücken. Der fremde Arm drückte gegen ihren Hals, sie bekam keine Luft mehr. Alles passierte so schnell, dass sie keine Gelegenheit fand, sich zu wehren. Sie schrie, doch in dem evakuierten Raumschiff hörte niemand ihre Rufe. Eine Hand hielt ihr den Mund zu.

♂ ♂ ♂

Apoll nahm das Knie vom Rücken der jungen Frau mit dem wilden Schopf dunkler Dreadlocks und sah, wie groß und athletisch sie gebaut war. Sie trug ein graues Tanktop-Oberteil und eine schwarze Cargohose. Schweißperlen standen auf der Haut zwischen ihren Schulterblättern. Als sie den Kopf zur Seite drehte, überkam ihn ein seltsames Gefühl: die seitliche Gesichtspartie, die von den Haaren eingerahmt wurde. Er zuckte für einen Augenblick innerlich zusammen. Die Frau nutzte sein Zögern aus, um sich unter ihm zu winden. Sie schaffte es, sich umzudrehen, und schlug unvermittelt mit der rechten Faust in seine Richtung. Apoll wich dem Schlag aus, und sie traf statt seines Gesichts seine Hand, in der er die Pistole hielt. Die Waffe flog durch die Luft und fiel scheppernd auf den Boden. Sofort drückte Apoll ihr beide Hände herunter. Er war über sie gebeugt und schaute in ihr Gesicht.

Er erstarrte und riss seine Hände von der jungen Frau. Rückwärts schob er sich von ihr weg. Sein Inneres stand in Flammen, sein Magen rebellierte, ein Kloß im Hals machte ihm das Sprechen kaum möglich. »Das kann nicht sein«, krächzte er. Ihm schoss Primus' Satz in den Kopf: Der Zufall übernimmt das Kommando. Konnte es einen solchen Zufall geben? Träumte er? Hatte er einen Sauerstoffmangel und halluzinierte? Von Ehrfurcht gelähmt lehnte er mit dem Rücken an der Wand. Vor zehn Jahren und fünf Monaten hatte er zuletzt in diese Augen geblickt. Seither hatten sie ihn jede Nacht verfolgt. Er kannte die Frau, die jetzt mit erhobener Faust auf ihn zusprang. Aus dem Augenwinkel nahm er wahr, wie Merkur die Pistole vom Boden aufhob und beide Waffen auf die Frau richtete.

♂ ♂ ♂

Als das Transportband mit den Männern die Hauptröhre der Marskolonie erreichte, sprang Mike aus der Hocke ab. Seine rund sechzig Begleiter taten es ihm gleich und landeten – sich teils abrollend – auf dem staubigen Boden.

Die Notbeleuchtung an der Decke tauchte die Umgebung in ein unwirkliches Licht. Die Atemluft war immer noch dünn, enthielt zu wenig Sauerstoff, jeder schnelle Zug brannte in der Lunge. Schwindel, Kopfschmerzen und Kurzatmigkeit waren die Folge. Etliche Männer standen in der Röhre. Sie unterhielten sich lauthals. Mike schnappte einige Wortfetzen auf wie »Scheiß Gyne«, »Schluss mit der Arbeit«, »Widerstand jetzt« oder »Halt's Maul«. Mit dem Ausfall der Kommunikationsanlagen war die Arbeit in der Mine, der Erzwäsche und allen Fabriken zum Stillstand gekommen.

Sofort schwärmten Mike und seine Begleiter aus. Je zwei von ihnen stürmten mit gezogenen Maschinenpistolen in jedes der zehn Wohnquartiere. »Die Kolonie gehört uns«, »Die Gyne sind weg«, »Wir sind frei«, »Fangt die Wächter ein«, riefen sie immer wieder. Die Männer in der Hauptröhre und den Quartieren wirkten verstört. Mike wusste, dass sie schnell die Kontrolle über die Kolonie erringen mussten, bevor völliges Chaos ausbrach.

Die mehreren hundert Männer, die sich dem Widerstand in der Kolonie heimlich verschworen hatten, schlossen sich ihnen an und stimmten in den Chor ein: »Die Kolonie gehört uns, wir sind frei, fangt die Wächter ein.« Immer lauter erklangen die Rufe und schwollen zu einem Gebrüll an, das die Röhre und die Quartiere füllte. Zwischen den Schreien konnte man Männer husten hören. Doch die miserable Atemluft bremste sie immer weniger.

Vor allem dem Aufruf, die Wächter zu fangen, kamen die Männer gerne nach. Wo sie einen Wächter fanden, ergriffen sie ihn und schleppten ihn zu Mike und seinen Begleitern. Manche ergaben sich, andere versuchten vergeblich, Widerstand zu leisten.

Eine Gruppe von Wächtern erregte Mikes Aufmerksamkeit. Trotz der wachsenden Übermacht der Widerständler schlugen sie mit ihren schwertartig geformten Stangen und Peitschen mit Lederriemen wie wild um sich. Mike gab Jack ein Zeichen, sie zu ergreifen. Wenig später landete einer der Männer, der sich trotz Hustens heftig wehrte, vor Mike im Staub. Er erkannte den Kerl wieder. Es handelte sich um den Mann, der mit einem anderen Wächter vor rund sechs Wochen den Jungen aus Quartier V in der Klokabine vergewaltigt hatte. Als er Mike sah, grinste er ihn an und spuckte in seine Richtung aus. »Missgeburt«, zischte er. Mit einmal sprang er auf und stürzte auf Mike los.

Jack feuerte seine Maschinenpistole ab. Der Wächter schrie auf, schlug krachend auf dem Boden direkt vor Mikes Füßen auf und wand sich vor Schmerz. Er tastete seine Brust ab und betrachtete mit blassem Gesicht seine Hände. An ihnen klebte kein Blut. Mike und seine Männer setzten Waffen mit Gummigeschossen ein.

Zwei Widerständler griffen sich den Anführer und drehten ihm die Arme auf den Rücken. Wieder schrie er vor Schmerz auf. »Halt«, rief Mike. »Ihr tut ihm nichts. Denkt an Primus' Befehle. Wir rächen uns nicht. Bringt ihn und alle anderen Wächter in den Kraftraum von Wohnquartier X.«

Als die Männer den Wächter fortschaffen wollten, wehrte sich dieser nochmals und wandte sich zu Mike um. »Das schafft ihr doch nie, ein Haufen von Witzfiguren seid ihr. Die Gyne werden kommen und euch zerquetschen. Ihr seid nichts.«

Mike trat zu ihm und schob sein Gesicht bis auf wenige Zentimeter vor das des Wächters. Dieser spuckte ihn unvermittelt an. Mike wischte sich den Speichel ab. »Eure Tage sind gezählt, ihr Mistkerle.«

Er wandte sich den Männern zu, die den Wächter festhielten. »Schafft ihn fort.« Mike sah im matten Licht der Hauptröhre, dass von überall her gefesselte oder festgehaltene Wächter in Richtung von Quartier X geführt wurden.

Plötzlich erklang die brüchige Stimme eines alten Mannes durch die Lautsprecher. Primus' Stimme. »Wenn alle Wächter in Quartier X festgesetzt sind, versammeln wir uns in der Arena. Heute beginnt ein neues Zeitalter auf dem Mars. Ab heute sind wir frei.«

Die Männer um Mike herum schauten sich gegenseitig an. Sie reckten die Fäuste in die Luft. Brüllten ihre Freude heraus – unterbrochen von etlichen Hustenanfällen. Immer mehr strömten aus den Wohnquartieren in die Hauptröhre. Mike hörte sie lachen und jubeln. Er ließ Viktor die Laufrichtung des Bands wieder umkehren. Hunderte Männer sprangen auf und fuhren in Richtung Arena. Mehr drängten nach, das Band füllte sich immer weiter, Tausende. Zehntausende. Die Kolonie gehörte ihnen.

♀ ♀ ♀

Abebi stand vom Konferenztisch auf und drückte die rechte Faust mit den Knöcheln voran auf die Tischplatte. Sie beugte sich vor. Ihr Blick war entschlossen, ihre Miene finster, ihre Lippen zu einem dünnen Strich geformt. Der Sicherheitsrat von Gaia war zu einer Dringlichkeitssitzung zusammengekommen. Abebi und Natalia nahmen in einem Konferenzraum auf der Werftebene teil, die vier anderen Frauen hatten sich in Elikias Büro versammelt.

»Oberste, Kolleginnen, die wahre Gefahr herrscht nicht hier auf der Station. Der wahre Feind sitzt in unserer Kolonie auf dem Mars. Die Männer, die es offenbar durch diverse Zufälle hierhergeschafft haben, werden uns früher oder später ins Netz gehen. Wir überwachen jede Schleuse, jeden Aufzug, jede Tür. Es ist nur eine Frage der Zeit. Die wahre Katastrophe spielt sich auf dem Mars ab. Die Terroristen haben die Kolonie übernommen.«

»Dann erklär es mir, Abebi, welche Optionen haben wir«, sagte die Oberste. »Und wie beurteilst du unsere Chancen?«

Abebi setzte sich. »Wir haben nur *eine* Option.«

»Dein Titel lautet Friedens- und nicht *Kriegs*ministerin. Seit wann ist Krieg unsere einzige Option?«, ging Hoa dazwischen.

»Ha«, rief Abebi, »wir befinden uns seit dem ersten Tag der Gründung von Gaia im Krieg. Bis heute töten wir jeden Tag Männer, die über die arabische Landbrücke oder das Mittelmeer zu uns kommen.«

»Erstens töten wir diese Flüchtlinge nicht, sondern weisen sie ab. Und zweitens ist ihre Zahl deutlich zurückgegangen«, sagte die Oberste.

»Die Pushbacks bedeuten für die Flüchtlinge den

Tod, das weißt du, Elikia. Machen wir uns doch nichts vor.«

»Abebi, mir gefällt deine Sprache nicht. Wir sind uns einig, dass sich der Staat Gaia gegen seine Feinde wehren muss. Aber 100 000 Männer auf einmal umzubringen, ist etwas anderes. Sie können sich nicht einmal wehren.«

Abebi schnaubte. Diese Sitzung des Sicherheitsrates gefiel ihr überhaupt nicht. Was war Hoas Meinung? Sie saß die ganze Zeit nur da und verschränkte die Arme vor der Brust. Dies war ein Moment, Führungs- und Durchsetzungskraft zu zeigen, nicht abzuwarten.

Plötzlich klopfte es, und beinahe zeitgleich betrat Nicola den Konferenzraum, in dem Abebi und die Generalstabschefin saßen. Natalia drehte sich unwirsch zu der Assistentin der vermissten Stationskommandantin um. »Ich hoffe, es ist wirklich wichtig, Nicola. Du unterbrichst eine Sitzung des Sicherheitsrates.«

»Ministerin, Generalstabschefin, die Männer haben über die Satellitenverbindung eine Nachricht gesendet.«

Abebi und Natalia tauschten einen Blick aus. Abebi schien es, als würden die künstlichen Augen ihrer höchsten Soldatin leicht zittern. Auch sie fühlte eine enorme Anspannung.

»Okay, auf den Schirm und ab, danke«, sagte Natalia.

Das Videolayout des leinwandgroßen 3D-Bildschirms, der bisher die Mitglieder des Sicherheitsrates gezeigt hatte, die sich auf der Erde befanden, teilte sich. Links erschien eine schwarze Fläche.

»Ohne Bild?«, fragte Abebi. »Nur eine Sprachnachricht?«

Eine männliche Stimme erklang.

»Frauen von Gaia, hier sprechen die Vertreter des Mars. Wir haben heute ein Jahrzehnt des unerträglichen Unrechts beendet und uns unser Recht auf ein selbstbestimmtes Leben zurückerobert.«

Abebi gab ein lautes Stöhnen von sich.

»Wir haben heute die Marskolonie und den Mars unter unsere alleinige Verwaltung gestellt. Frauen haben ohne unsere Zustimmung kein Recht mehr, den Mars zu betreten oder irgendwelche anderen Aktivitäten dort zu unternehmen. Jede Zuwiderhandlung werden wir in unserem Ermessen bestrafen.«

Abebis Kopf schien vor Wut zu platzen. Dicke Adern zeichneten sich auf ihrer Stirn ab, ihr Gesicht lief rot an, sie atmete heftig. Sie musste sich zwingen, dem Abschaum weiter zuzuhören.

»Wir sind bereit, euch gegen Bezahlung mit Rohstoffen zu beliefern. Doch wir fordern dafür die Übergabe der Orbitalstation. Solltet ihr dieser Forderung nicht nachkommen, werden wir die Station zerstören. Ende der Mitteilung.«

Abebi sprang von ihrem Stuhl so ruckartig auf, dass dieser nach hinten kippte und umstürzte. Sie wischte die Dokumente vor sich mit einem Wutschrei vom Tisch.

Niemand sprach. Jeder hörte Abebi rasselnd atmen.

Dann platzte es aus ihr heraus: »Feiglinge, diese elenden Feiglinge zeigen uns nicht mal ihre Gesichter. Die Station! Rohstoffe gegen Bezahlung? Die spinnen doch, sind übergeschnappt! Diese Bastarde.« Speichel lief ihr beim Sprechen den Mundwinkel hinab. Sie wischte ihn mit dem Ärmel weg. Sie hatte die Kontrolle verloren.

Wieder trat Schweigen ein. Dann ergriff die Oberste das Wort: »Kolleginnen, wir befinden uns in einer äußerst besorgniserregenden Situation. Wir werden angegriffen, unsere Freiheit und unsere Sicherheit stehen auf dem Spiel. Das Parlament tritt in diesen Minuten zu einer Sondersitzung zusammen. Ich werde dort eine erste Erklärung zu den Entwicklungen in der Marskolonie abgeben. Wir treffen uns in zwei Stunden wieder. Bis dahin werdet ihr einen Plan entwickeln, wie wir uns die Kolonie auf dem Mars zurückholen.«

»Und was antworten wir den Männern?«, fragte Hoa.

»Nichts. Das sind Terroristen. Wir sprechen nicht mit Terroristen, wir schalten sie aus«, sagte Abebi in unwirschem Ton.

»Dem kann ich nur zustimmen«, erklärte Elikia und beendete die Sitzung.

Kurz darauf erschien nochmals der Kopf von Nicola in der Tür. »Ministerin, hättest du einen Moment?«

»Jetzt? Ich habe gerade wirklich keine Zeit … Wie war dein Name noch gleich?«

»Mein Name lautet Nicola, Ministerin. Und es geht um Athene, nicht um mich.«

»Komm rein. Was gibt es?«

»Ich habe deine Tochter vor vier Tagen am späten Nachmittag gesehen.« Sie schaute sich um. Es befand sich nur Natalia mit ihnen in dem Konferenzraum. Nicola schaute Abebi fragend an.

»Vor Natalia kannst du offen sprechen.« Abebi dachte nach. »Vor vier Tagen am späten Nachmittag, also nachdem sie den Transit nach Gaia City *verpasst* hatte?« Abebi betonte das Wort in verächtlicher Weise.

Nicola nickte. »Ja, Ministerin. Ich traf sie zufällig auf der sechsten Ebene. Ich sprach sie an, weil sie etwas verloren wirkte. Sie hat behauptet, in deinem Auftrag auf dem Schiff den Stand der Vorbereitungen zu prüfen.« Nicola trat einen Schritt zurück und senkte den Blick. »Es tut mir leid, Ministerin. Ich habe sie vorhin auf dem Bildschirm mit der Vermisstenanzeige wiedererkannt. Ich wusste nicht, wer sie war.« Nicola zögerte, Tränen liefen über ihre Wangen. »Ich hätte den Vorfall melden müssen, das weiß ich, es tut mir so leid. Ich hätte ihr nicht so leicht glauben dürfen.«

Abebi schnaubte. Es herrschte Schweigen. Dann ging sie zu Nicola. Sie legte ihr die Hand auf die Schulter. »Es ist nicht deine Schuld. Ich kenne Athene, sie ist gut darin, andere zu täuschen. Mir ergeht es nicht anders als dir. Danke für deinen Bericht.«

Abebi ging zurück zum Tisch und lehnte sich an die Kante. »Weißt du, wo sie hingegangen ist, was sie auf der Ebene gemacht hat?«

Nicola hielt inne. Dann schaute sie Abebi an. »Sie fragte mich nach einem freien Raum auf dem Schiff, in dem sie in Ruhe Nachrichten an dich schreiben könne. Ich habe ihr die kleine leere Kammer auf dem obersten Deck nahe dem Lagerraum gezeigt. Sie bedankte sich und schickte mich weg. Danach sah ich sie nicht wieder. Ich verließ das Schiff bald, um Aufträge für Dari…« Sie stockte und sprach nicht weiter.

Abebi wurde abwechselnd heiß und kalt. Kalt vor Angst bei dem Gedanken, dass ihrer Tochter beim Angriff der Terroristen etwas zugestoßen sein könnte. Heiß vor Wut bei der Überlegung, welchen Wahnsinn ihre Tochter trieb.

Sie wandte sich schwer atmend Natalia zu. »Sobald die Außenhülle des Raumschiffs repariert ist, lässt du das Schiff durchsuchen. Ich glaube es einfach nicht, meine Tochter hat offenbar den Verstand verloren.«

♀ ♀ ♀

Athene stütze sich mühsam mit den Ellbogen auf. Sie blickte abwechselnd in die Läufe zweier Pistolen, die ein irgendwie nett aussehender junger Mann zitternd und mit verzerrtem Gesicht auf sie richtete. Sie erschauderte, Angst kroch in ihr hoch, sie hob vorsichtig die Hände. Was hatte er vor? Wollte er sie nur in Schach halten oder bedrohte er sie ernsthaft? So hatte sie sich ihr Wiedersehen mit Vertretern des männlichen Geschlechts nicht vorgestellt. Der andere, größere Mann war kurz zuvor ihrem Sprung und Fausthieb mit einer Rolle zur Seite ausgewichen. Sie war gegen die Wand gekracht und hatte sich eine zweite Beule geholt. Ihr brummte der Schädel.

»Nimm die Pistolen runter, Typ. Ich bin unbewaffnet. Was soll das?«

Doch der Mann mit den beiden Waffen reagierte nicht auf sie. Er wandte sich an den Riesenkerl, der rund zwei Meter entfernt von ihr am Boden saß. »Kannst du mir mal erklären, was hier los ist, Apoll? Bist du völlig durchgeknallt? Hormonpanik, oder was?« Er ging zur Tür, warf einen kurzen Blick in den Flur und schloss sie.

Der Große hieß also Apoll. Bei seinem Anblick arbeitete etwas in Athenes Gehirn. Dieses Etwas suchte nach einer Erinnerung, die einerseits vorhanden war, sich aber ihrem bewussten Zugriff entzog. Ja, durchfuhr es sie plötzlich. Sie kannte den Mann. Weniger den Mann als vielmehr den Jungen, der er einmal gewesen war. Seine äußere Erscheinung hatte sich verändert. Sein Körper war erwachsen und muskulös. Härte bestimmte die Züge seines Gesichts, das schmutzig und unrasiert war. Eine große Narbe zog sich über seine linke Wange. Dennoch erinnerten die Augen, der Mund und der Ausdruck in diesem Gesicht Athene an einen Jungen aus Gaia City. Unversehens gab Athenes Unbewusstes die Erinnerung frei. Das Bild und ihre Gefühle sprangen vor ihr inneres Auge, und sie schlug die Hände vor den Mund. Das konnte doch nicht sein, ein solcher Zufall war unmöglich.

»Du bist der Junge, der mich in der Schule in Gaia City immer durch den Zaun angestarrt hat.«

Apoll nickte. Er brachte kein Wort heraus.

»Angestarrt?«, sagte der kleinere Mann. »Also wirklich, Apoll, das klingt ja total creepy. So einer Lady schreibt man einen Brief oder sowas. Aber durch einen Zaun anstarren?« Nach wie vor hantierte er mit den Waffen ungeschickt vor Athene herum.

»Merkur, nimm jetzt die Pistolen runter.« Apoll atmete schwer, stützte sich auf die Hände auf. »Es stimmt, ich habe nie mit ihr gesprochen. Wie denn auch? Die

Bereiche für Jungen und Mädchen waren strikt getrennt, ein Zaun mit Stacheldraht dazwischen, das weiß du doch selbst.«

»Plötzlich warst du verschwunden. Sie haben dich mit dem ersten Flug zum Mars gebracht, oder?«

Apoll nickte und blickte Athene an. »Ich habe ein paar Mal einige Sätze gerufen. Ich weiß nicht mehr was, war wahrscheinlich nicht besonders intelligent. Die Frauen gingen sofort dazwischen, haben es verboten.«

Athene zuckte zusammen, als Merkur plötzlich schallend lachte. »Fein, das ist schön, dass ihr zwei euch kennt. Dann können wir das Problem hier bestimmt zügig lösen und endlich von hier abhauen, okay? Apoll?«

Sein Freund reagierte nicht. Merkur trat vor ihn und sagte lauter: »Apoll? Hallo, Gehirn reaktivieren! Apoll!« Er schüttelte seinen Freund kräftig an der Schulter, gab ihm eine der beiden Pistolen zurück.

»Wir müssen hier weg. Diese wilden Frauen oder einer ihrer Kampfroboter können hier jede Sekunde aufkreuzen und uns abknallen. Ich denke, wir sollten den romantischen Moment unterbrechen und uns in Sicherheit bringen.«

Sein Freund schaute ihn weiter an, sein Mund öffnete sich: »Das ist … verstehst du, Merkur, das ist …«

»Das ist toll, Apoll, ich freue mich für dich. Aber wenn wir noch länger hier herumsitzen und Mädchen große Augen machen, sind wir wahrscheinlich in ein paar Minuten mausetot.«

Athene stemmte sich an der Wand hoch. Der Mann namens Merkur warf ihr einen scharfen Blick zu. Sie empfand eine groteske Mischung von Gefühlen. Sie kämpfte mit ihrer Angst. Seit zwölf Jahren war sie keinem erwachsenen Mann mehr begegnet. In dieser Zeit war ihr immer erklärt worden, dass Männer vergewaltigende Bestien waren – und zwar so gut wie jeder von ihnen. War sie in Gefahr? Was würden die Typen tun? Sie mussten Frauen doch hassen, so wie sie auf dem Mars eingepfercht wurden. Andererseits, war dies nicht der Moment, den sie sich gewünscht hatte? Freie Männer zu erleben? Männer die nicht gefangen und versklavt waren? Athene nahm ihren Mut zusammen. Wenn es einen Zeitpunkt in ihrem Leben gab, Stärke zu zeigen, dann war dieser Moment jetzt gekommen.

Sie nahm eine entschlossene Körperhaltung an und blickte die beiden Männer nacheinander direkt an. Dann sagte sie: »Ihr seid also Apoll und Merkur, zwei Götter des Altertums, die vom Mars zu mir geflogen sind.«

»Halt, halt«, entfuhr es Merkur. »Wir sind überhaupt nicht zu dir …«

Apoll unterbrach ihn. »Wie heißt du überhaupt?«, fragte er zu ihr gewandt.

»Ich heiße Athene und ich bin auf dem Weg, den Mars zu befreien.«

Merkur verschluckte sich und hustete los. Apoll sah sie stirnrunzelnd an: »Wie bitte? Du bist was?«

»Und ihr beide seid die Männer, die vom Mars abgehauen und mit der Pendelfähre hierhergekommen sind und die meine Mutter am liebsten persönlich erschießen würde.«

Apoll schaute verwirrt, Merkur schaltete offenbar schneller. »Das heißt, du rennst jetzt nicht davon und verrätst uns?«

»Interessante Option«, sagte Athene. »Wahrscheinlich wäre es das erste Mal in meinem Leben, dass meine Mutter mir etwas Anerkennung schenken würde.« Sie schüttelte den Kopf mit den Dreadlocks. »Aber … nein. Das werde ich nicht tun.«

Nach einer kurzen Pause fuhr sie fort: »Übrigens stimme ich dir zu, Merkur, dass vermutlich schon bald andere Frauen auftauchen werden, um das Leck zu reparieren. Wir sollten verschwinden, und zwar möglichst bald. Allerdings sollten wir eure provisorischen Reparaturen rückgängig machen. Das würde auffallen.«

»Wir?«, fragte Merkur völlig verblüfft. Es war ihm anzusehen, dass er ihr nicht traute. Warum sollte er auch?

Apoll sprang auf die Füße, was Athene ein Gefühl von Unsicherheit vermittelte.

»Wohin können wir gehen? Was ist dein Plan?«

»In einen Raum hier auf dem Korridor. Es ist nicht weit. Ich halte mich dort seit mehreren Tagen versteckt. Dort können wir erst mal bleiben. Meine Freundin ist auch dort.« Athene stockte. Der Gedanke an ihre Freundin versetzte ihr einen Stich ins Herz. Sie saß dort immer noch mit der Haube auf dem Kopf.

Apoll und Merkur blickten sich an. Eine bessere Idee hatten sie nicht parat. Also stimmten sie zu. Apoll befestigte die beiden kleinen Granaten mit Klebestreifen an den von ihnen vor dem Riss in der Außenhülle installierten Regalböden und aktivierte den Countdown. Er entfernte das Panzertape am Rand der Metallplatten, woraufhin sofort ein leichter Luftzug spürbar wurde.

»Schnell«, sagte Apoll. Sie griffen sich die Rucksäcke, folgten Athene in den Gang und schlossen die massive Stahltür des Lagerraums. Im Flur blickten sie sich wachsam um.

»Meine Mutter ließ das Raumschiff evakuieren, es ist offenbar niemand mehr hier.«

»Deine Mutter? Warum geht es ständig um deine Mutter? Ist sie hier der Boss, oder wie?«, meinte Merkur mit einem leicht spöttischen Unterton.

Athene antwortete nicht auf seine Frage. Sie ging zügig zu einem Raum in einigen Metern Entfernung. »Wir brauchen jetzt einen Plan, und zwar einen verdammt guten und das verdammt schnell.«

Ein Knall ertönte gedämpft hinter der Tür des Lagerraums. Der Stahl ächzte bedenklich. Aber die Tür hielt.

♀ ♀ ♀

In der Orbitalstation 2 über dem Mars schaute Emma ihrer Ingenieurin über die Schulter. Sie betrachteten die Analyseergebnisse auf dem Bildschirm. »Sie haben zur Übertragung ihrer Nachricht die Satellitenanlage verwendet«, sagte Joko und fuhr fort: »Anschließend haben sie die Anlage sofort wieder abgeschaltet. Wir haben keinen Zugriff auf die Kolonie oder den Lift. Das Datenkabel und die alte Richtfunkanlage sind weiterhin außer Betrieb. Kurzum: Wir haben keine Möglichkeit, auf unsere Systeme auf dem Mars zuzugreifen.«

Emma nickte langsam. »Was mag wohl gerade auf dem Mars los sein, was vermutest du?«

»Wenn die Kommunikation zwischen unseren Kontrollinstanzen und dem Mars unterbrochen ist, werden Notfallprotokolle aktiviert. Sie steuern die Lebenserhaltungssysteme für Druck, Atemluft, Wasser und Ernährung. Alle Industrieanlagen fahren herunter und schalten auf Stand-by. Der Lift wird automatisch abgeschaltet. Der Energieverbrauch minimiert. Die Strafaktion wurde durch die Notfallprotokolle automatisch aufgehoben.«

»Okay, aber ich meinte, was dort unten wohl gerade *abläuft*? Wahrscheinlich feiern sie eine Party. Unsere Soldatinnen sind tot, die Roboter ausgeschaltet. Wir haben keinen Zugriff auf die Systeme. Und als Nächstes haben sie es auf uns abgesehen.«

Die Nachricht des Anführers vom Mars war vor ein paar Stunden eingetroffen. Emma hatte sie sofort an die Verantwortlichen weiterleiten lassen und wenig später einen Statusbericht ergänzt. Würden die Befehlshaberinnen in Gaia die Station aufgeben? Das konnte sich Emma nicht vorstellen. Niemals würden die Gyne den Terroristen kampflos den Lift überlassen. Sie war bereit zu kämpfen, wenn der Befehl käme. Es hielten sich rund 200 Frauen in der Orbitalstation auf. Die meisten waren Technikerinnen, Ingenieurinnen, Logistikerinnen und Verwaltungsmitarbeiterinnen. Weniger als vierzig von ihnen waren Soldatinnen. Dazu kamen zehn Kampfroboter. Was für eine Katastrophe, dass sie so viele Kameradinnen auf dem Mars verloren hatten.

Aber wie wollten die Terroristen die Station angreifen? Die Entfernung zur Marsoberfläche betrug rund 17 000 Kilometer. Die einzige Option schien der Orbitallift zu sein. Der jedoch stand still, und Joko hatte eine Reihe von Maßnahmen ergriffen, die sicherstellten, dass der Lift nicht ohne ihr Zutun wieder in Betrieb genommen werden konnte.

Was aber, wenn die Terroristen eine Bombe in der Station bereits platziert hatten und nur darauf warteten, sie vom Mars aus zu zünden? Emma hielt es durchaus für möglich, dass die Männer, die vor zehn Tagen die Frachtebene durchquert hatten, eine Bombe versteckt hatten. Noch eine Möglichkeit kam ihr in den Sinn. Sie erschien ihr bedrohlicher: Die Terroristen hatten womöglich ihre Bomben in Transportbehältern platziert und schon Tage vor dem Beginn des Angriffs nach oben befördern lassen. Sie konnten inzwischen mit der Pendelfähre bis zur Station über der Erde gelangt sein. Sie musste eine Warnung an die Generalstabschefin senden. Womöglich saßen die Frauen auf einem Pulverfass – oder sogar zwei.

»Joko, wir müssen alle Behälter in der Frachtebene und in den Kapseln auf Sprengstoff untersuchen. Ich befürchte, dass die Bombe, die die Station zerstören soll, schon hier ist und nur darauf wartet, dass die Terroristen sie vom Mars aus zünden.«

Joko erbleichte. »Die Bombe, sie soll schon hier sein?«, fragte sie zögernd. Sie schluckte. Nach einer Pause sagte sie: »Ja, du hast recht. Das ist die wahrscheinlichste Variante. Womöglich läuft der Countdown schon.«

♂ ♂ ♂

Primus schaute sich in der Arena um. Er stand in der

Mitte des staubigen Platzes, auf dem sonst die Kämpfer ihre Duelle austrugen. Fast 100 000 Männer saßen dicht gedrängt auf den Tribünen. Es herrschte großer Lärm. Alle redeten lauthals und aufgeregt durcheinander.

Er setzte das Megafon an die Lippen, das Luan für diesen Zweck mit dem Makerbot gebaut hatte. Mit der anderen Hand stützte er sich auf seine Gehhilfe. Er räusperte sich einige Male und klopfte mit dem Stock auf den Boden, Ruhe kehrte in das weite Halbrund ein.

»Männer des Mars, willkommen in der Freiheit. Aus tiefstem Herzen freue ich mich, heute als euer treuer Freund vor euch stehen zu dürfen. Meine Kameraden nennen mich Primus. Ich bin 74 Jahre alt und der einzige Überlebende jener Männer, die einst diese Kolonie erschufen und hier lebten.

Über zehn Jahre lang musste ich mich in der Wüste dort draußen verstecken. Denn hätten die Gyne geahnt, dass ich noch lebe, hätten sie keine Sekunde geruht, bevor sie mich getötet hätten.

Doch ich blieb unentdeckt und nutzte die Zeit, im Untergrund die Widerstandsgruppe *Mater Terra* gegen die Unrechtherrschaft, gegen die Folterungen und gegen die Willkür der Gyne aufzubauen. Heute hat diese Gruppe die Gyne vom Mars vertrieben. Wir sind frei!«

Jubel brandete in der Arena auf. Auf den Rängen konnte niemand mehr ein Wort verstehen. Aus dem anfangs eher unverständlichen Durcheinander bildete sich Sekunde um Sekunde deutlicher ein einzelnes Wort heraus, das die Männer brüllten. Momente später erklang dieses Wort in aller Deutlichkeit: »Freiheit, Freiheit, Freiheit!« Das riefen sie, so laut sie konnten, und trampelten mit den Füßen.

Primus spürte, wie ihm ein Schauer über den Rücken lief, ein Schauer von Ehrfurcht und Wohlgefallen. Er wartete, bis die Rufe etwas verebbten. Dann setzte er das Megafon wieder an und sprach weiter.

»Ja, Freiheit. Wir haben sie erobert und wir werden sie nie wieder abgeben. Schließt euch uns an und gemeinsam werden wir erreichen, dass keine Frau je wieder einen Fuß auf diesen Planeten setzt, ohne dass wir es erlauben. Wir geben unsere Freiheit niemals wieder auf!«

Wieder tobten die Männer auf den Tribünen.

»Wir werden für unsere Freiheit kämpfen und wir werden, wenn es sein muss, für sie sterben. Denn nichts ist wichtiger als unsere Freiheit!«, rief Primus durch das Megafon.

Wieder schrien die Männer: »Freiheit, Freiheit, Freiheit!«

Primus nickte zufrieden. Der Mars gehörte ihnen. Daran würden die Gyne nichts mehr ändern.

Er drehte sich zum Eingang, der aus den Katakomben hinaus ins Innere der Arena führte, und winkte die sechs Männer, die dort warteten, heran. Mike, Jack, Bharat, Luan, Viktor und Andrew betraten den staubigen Platz. Wieder erklang ein aufgeregtes Durcheinander auf den Tribünen. Die Männer stellten sich um Primus herum auf und reckten die Fäuste in Richtung der Zuschauer.

»Viele von euch werden diese Männer kennen, auch wenn ihr geglaubt habt, dass einige von ihnen tot seien. Nein, sie sind nicht am Boden dieser Arena gestorben, wir haben sie zu uns geholt, zum Widerstand. Sie haben maßgeblich zum Erfolg von Mater Terra beigetragen. Zwei andere hingegen ließen bereits ihr Leben im Kampf gegen die Gyne. Plutus und Odin.«

Primus machte eine kurze Pause. Ruhe kehrte in die Arena ein. Dann riss er den rechten Arm mit seinem Gehstock in die Höhe und rief in das Megafon: »Feiert diese Männer! Feiert diese Helden!«

Tosender Jubel und Applaus brandete durch die Arena.

Primus wandte sich abermals in dic Richtung des Eingangs und gab ein Zeichen. Rund 250 weitere Männer kamen im Laufschritt aus dem Keller hervor und stellten sich in zehn perfekt geraden Reihen hinter Primus auf. Jeder von ihnen trug ein rotes Shirt mit einem großen weißen Kreis auf der Brust. In dem Kreis stand in schwarzer schlichter Schrift eine römische Ziffer von I bis X. Viktor und Andrew hatten zwei spezielle Makerbots seit Tagen die Shirts aus Polyester herstellen lassen.

Primus sprach weiter: »Nach dem heutigen Erfolg ist die wichtigste Aufgabe, Ruhe und Ordnung zu bewahren. Das Chaos wird jenen nützen, die uns schaden wollen. Lasst dies nicht zu. Kehrt in die Quartiere zurück. Die Männer mit den roten Shirts tragen für jedes Quartier die Anweisungen bei sich, wie wir das Zusammenleben organisieren werden.«

Viele Männer in der Arena nickten und riefen laut: »Ja« oder »Jawohl« oder »So machen wir es«.

Eine alte Erinnerung drängte sich in Primus' Bewusstsein. Vom Platz des himmlischen Friedens in

Beijing. Wenige Tage vor dem Aufbruch zu ihrer Marsmission 2048 zeichnete der Führer der kommunistischen Volkspartei ihn und seine Begleiter im Rahmen einer feierlichen Zeremonie als Helden des Volkes aus. Er empfand ein Gefühl der Macht, schob die Erinnerung aber beiseite.

»Kommt alle morgen um die gleiche Zeit wieder hierher. Dann werde ich euch von zwei Helden berichten, die sich auf dem Weg zur Erde befinden, um für uns zu kämpfen. Ihre Namen lauten Apoll und Merkur!«

Wieder brachen die Männer in Jubelschreie aus und sprangen von ihren Sitzen auf. Viele verfluchten die Gyne bis in alle Ewigkeit. Primus ließ sie gewähren. Er verstand sie und genoss den Moment eine Weile, bis er durch den Ausgang in die Katakomben trat. Im Keller standen dreißig Männer aufgereiht. Sie trugen Maschinenpistolen umgehängt und weitere Waffen an der Hüfte. Besser, man war vorbereitet, dachte Primus, bei jedem Schritt auf seinen Gehstock gestützt. Die bewaffneten Männer folgten ihm. Sie trugen rote Shirts mit einem aufgedruckten weißen Kreis auf der Brust. In der Mitte befand sich das Marssymbol. Ihr Zeichen, das Symbol ihres neuen Zuhauses.

♀ ♀ ♀

Als Athene vorsichtig die Tür zu dem kleinen Raum öffnete, blickte Diana sie am Boden sitzend mit ausdruckslosen Augen an. Der Blick versetzte Athene sofort wieder einen Stich ins Herz. Sie fühlte sich so schlecht. Doch nur einen Moment später weiteten sich

Dianas Augen. Sie starrte Apoll an, der direkt hinter Athene im Türrahmen erschien. Trotz Athenes Größe überragte er sie. Panik trat in Dianas Augen, doch sie gab keinen Laut von sich.

»Das ist deine Freundin?«, fragte Apoll und beugte sich kopfschüttelnd zu ihr hinab. Diana blieb sitzen, rührte sich nicht. »Warum bewegt sie sich nicht? Sagt nichts? Ist sie krank? Und warum hat sie diese merkwürdige Haube auf? Ist sie religiös?«

Athene biss sich verlegen auf die Lippen und knetete ihre Hände. »Das ist«, begann sie, »so eine Technik von früher, also für die Gedanken, damit … damit sie keinen Ärger macht.«

Merkur beugte sich ebenfalls zu Diana herunter und schaute ihr direkt in die Augen. Langsam und leise sagte er: »Etwas stimmt mit ihr nicht. Sie ist panisch, aber nach außen ganz ruhig.« Dann atmete er erschrocken ein und warf einen Blick auf Athenes rechte Hand, mit der sie eben das Kontrollpad genommen hatte. »Das ist eine Zwangshaube.« Er betrachtete das Kopftuch von rechts und links. »Apoll, erinnerst du dich noch an dieses komische Ding im Museum in Gaia City? Ihr habt doch im letzten Jahr auch einen Ausflug mit der Klasse dorthin unternommen.« Merkur krabbelte noch näher zu Diana und öffnete den Gurt unter ihrem Kinn. Dann zog er die Haube Stück für Stück von ihrem Kopf.

Die verminderte Schwerkraft ließ Diana mit der Energie einer Sprungfeder hochkommen. Sie stieß Merkur zur Seite, hob mit den Füßen ab und prallte mit voller Wucht gegen Athene. Sie packte ihre Freundin am Hals. »Du dreckiges Stück Scheiße, wie kannst du es wagen!«, schrie sie.

Diana setzte nach und drückte Athene, die ihr körperlich eigentlich überlegen war, gegen die Wand. Sie holte mit dem rechten Arm aus, um ihr mit der Faust ins Gesicht zu schlagen. Mit einer reflexartigen Bewegung hielt Apoll Dianas Arm fest.

»Ach du meine Güte, was geht denn hier ab? Wollt ihr euch gegenseitig umbringen? Ich dachte, ihr kennt euch?« Apoll schüttelte verwirrt den Kopf.

»Wie wilde Furien«, sagte Merkur mit einem schrägen Grinsen. »Könnte es sein, dass du deiner Freundin die Haube aufgesetzt hast? Wir krass ist das denn?«

»Am besten beruhigen wir uns jetzt erst mal.« Apoll befreite Athene aus Dianas Griff. Merkur positionierte sich zwischen den beiden Frauen. »Vielleicht klärt ihr uns auf, was hier los ist?«

»Die Frage ist doch eher, wer ihr seid und was ihr hier macht? Moment mal. Ihr seid doch nicht etwa … die beiden Männer, die vom Mars ausgebrochen sind? Doch ihr seid es, oder? Du meine Güte, ihr seid es!«, sagte Diana mit zunehmend hysterischer Stimme. Sie schüttelte den Kopf, blickte zu Boden und legte die Hände an die Schläfen. »Ich glaube, ich träume, ich werde verrückt. Das kann doch alles nicht wahr sein. Wann wache ich aus diesem Albtraum auf?«

»Es tut mir so leid, Diana, das ist meine Schuld. Ich hätte das niemals tun dürfen. Es tut mir so schrecklich leid.«

Apoll und Merkur tauschten fragende Blicke aus. Merkur schüttelte den Kopf. »Lass uns zurückfliegen, Apoll. Die Weiber sind ohne uns Männer völlig verrückt geworden. Da gefällt es mir auf dem Mars besser.«

»Okay«, sagte Diana, sich sichtbar beherrschend, »ich sitze also mit einer Verräterin und verwöhnten Ministerinnentochter sowie zwei im ganzen Sonnensystem gesuchten Terroristen in einem kleinen Raum im geheimen Kampfschiff der Orbitalstation fest. Wie hoch wäre vor einer Woche die Wahrscheinlichkeit gewesen, dass genau das passiert?«

Merkur zog die Stirn kraus. »Vermutlich recht nahe bei null, asymptotisch dicht dran. Aber trotzdem größer als null.«

Diana warf Merkur einen überraschten Blick zu. »What? Ich dachte, ihr könnt nur Plus und Minus rechnen und das verwechselt ihr noch.«

»Und ich dachte, auf der Erde wären alle kultiviert, gebildet und wohlerzogen. Krasser Irrtum«, antwortete Merkur.

»Okay«, sagte Apoll mit bedächtiger Stimme. »Dann halte ich fest, dass jetzt gerade niemand jemand anderes schlagen, würgen oder sonst wie misshandeln möchte. Ein beachtlicher Fortschritt. Daran ist die Welt im Großen bisher immer gescheitert. Können wir uns der Frage zuwenden, wie wir am besten weitermachen?«

Diana grinste ironisch. »Ganz einfach, wir rufen Athenes Ministerin-Mama an. Die kann euch beide mitnehmen und ihrer ungezogenen Tochter Stubenarrest erteilen. Ich gehe dann zurück in die Werft und arbeite weiter. Ganz einfach!« Diana wandte sich der Tür hin und wollte hinausspazieren.

»Halt, halt.« Apoll griff sie am Arm und hielt sie mit einer kräftigen Bewegung von der Tür fern.

Diana schaute ihn giftig an und versuchte, seine Hand von ihrem Oberarm zu lösen, vergeblich. »Lass mich los«, sagte sie jedes der drei Wörter deutlich betonend. »Oder ich schreie so lange um Hilfe, bis jemand kommt.«

»Das wirst du nicht tun«, entgegnete Apoll ebenso betont und langsam. »Ich möchte dir wirklich nichts tun, aber du solltest mich nicht zwingen. Du wirst uns nicht verraten und an die Gyne ausliefern. Auf keinen Fall. Eher ...«

»Eher was?«, schrie Diana ihn an. »Bringst du mich mit bloßen Händen um? Vergewaltigst mich? Misshandelst mich? Ja, ist das deine Lösung?«

»Jetzt mal langsam«, ging Merkur dazwischen und zog Apolls Arm zurück. »Lass sie los, Mann.« Er wandte sich Diana zu: »Wir werden dir nichts tun, versprochen. Gib uns einfach nur eine Viertelstunde Zeit, um irgendwie von hier abzuhauen.«

»Und warum sollte ich das tun? Zwei Terroristen vom Mars entkommen lassen, damit sie hier Frauen abknallen, oder was?«

»Diana, jetzt beruhige dich. Die beiden haben uns nichts getan«, warf Athene ein.

»Ach, du bist also schon auf ihrer Seite, Athene? Warum wundert mich das nicht.« Apoll hatte sie zwar losgelassen, sich aber direkt vor die Tür gestellt. Nun stemmte Diana die Fäuste in die Hüfte. »Ich zähle bis drei, dann machst du die Tür frei.«

Apoll wandte sich Merkur hin, der die Zwangshaube in der Hand hielt. »Gib mir die Haube.«

Merkur zögerte, blickte Diana an, sagte leise: »Nein Apoll, mach das nicht.«

»Das wagst du nicht, du Schwein!«, schrie Diana.

»Wenn du mich dazu zwingst? Du wirst unsere Mission nicht gefährden.«

Diana atmete hörbar durch die geöffneten Lippen. Sie strich sich die rotbraunen Haare nach hinten. Athene sah, wie ihre Freundin bebte, wie sie offenbar ihre ganze innere Kraft aufbrachte, um nicht zu schreien. »Okay, betrachten wir das Ganze wie Ingenieurinnen, ruhig und sachlich.« Sie schloss die Augen und legte die Hände wieder an die Schläfen. »Wie finden wir hier eine Lösung?«

Merkur trat neben Diana. Legte ihr die Hand vorsichtig auf die Schulter. »Hör mal, du kannst doch jederzeit zu den Frauen zurückkehren. Wir brauchen nur ein bisschen Zeit, bitte.«

Diana reagierte nicht, schaute zu Boden, schüttelte Merkurs Hand von ihrer Schulter aber nicht ab.

»Pass auf, hier ist mein Vorschlag: Du begleitest uns, bis wir uns in Sicherheit gebracht haben. Du verrätst uns nicht. Danach kannst du gehen. Kannst du das für uns tun?«

»Und wenn ich das nicht tue?«

Apoll zeigte auf die Haube und hob die Brauen.

»Ihr Mistkerle. Glaubt ihr wirklich, dass ihr weit kommt? Bald wird es hier von bewaffneten Frauen und Kampfrobotern nur so wimmeln. Wie wollt ihr da entkommen? Das ist doch vollkommen lächerlich.«

Plötzlich fühlte Athene eine massive Kraft, die sie

nach unten drückte. Oder eher, eine Kraft, die sie vom Boden her anzog. »Das künstliche Gravitationsfeld ist aktiv. Offenbar versetzen sie das Raumschiff in Bereitschaft. Sie kommen zurück.«

Von außerhalb des Raumschiffs erklang ein Surren. »Eine Reparaturdrohne«, sagte Diana.

»Klingt danach, als müssten wir *jetzt* zu einer Entscheidung kommen. Für Merkur und mich ist die Lage eindeutig. Wir müssen dieses Kampfschiff sabotieren. Andernfalls werden die Gyne den Mars angreifen und die Kolonie zerstören. Das werden wir verhindern.«

Athene nickte und sah erst Merkur und dann Apoll an. Mit fester Stimme sagte sie: »Ich bin dabei. Ich werde euch helfen. Meine Mutter wird nicht 100 000 Unschuldige töten. Das lasse ich nicht zu, koste es, was es wolle.«

Apoll spitzte die Lippen, nickte.

Die Gruppe bedachte Diana mit einem fragenden Blick. Merkur hob eine Braue.

»Was?«, rief sie aus. »Was glaubt ihr? Dass ich euch drei Verrückte begleite? Die glauben, mit bloßen Händen verhindern zu können, dass die Gyne auf dem Mars wieder für Ordnung sorgen? Ha, dass ich nicht lache.« Sie schaute zur Seite und knetete nervös ihre Finger. »Also wirklich, das ist doch albern.«

Die drei anderen erwiderten nichts, blickten sie nur stumm an. »Pah, so eine lächerliche Idee.« Sie schlang die Arme um sich und wiegte den Körper vor und zurück. Dann platzte es aus ihr heraus. Sie richtete den Finger auf Apoll: »Unter einer Bedingung! Und nur unter dieser Bedingung!«

»Und die wäre?«

»Ihr habt mich entführt! Das stimmt ja auch. Wenn sie uns erwischen, werde ich sagen, dass ihr mich entführt und gezwungen habt, mit euch zu kommen. Und ihr werdet das bestätigen. Schwört es!«

»Geschworen!«, rief Merkur und freute sich. Apoll nickte.

Sie blickte zu Athene: »Schwöre es, Athene. Du wirst die Schuld allein auf dich nehmen. Mein Leben wirst du mit deinen Ideen nicht ruinieren. Ist das klar?«

»Ja, ich verspreche es dir. Ich werde die Verantwortung tragen. Das bin ich dir schuldig.«

Diana blickte nochmals jedem ins Gesicht. Apoll reichte die Haube an Athene, die sie mit dem Kontrollpad in ihrem Rucksack verstaute. Durch den angrenzenden Korridor hallten Stiefeltritte. »Sie reparieren die beschädigte Außenhülle. Offenbar soll das Raumschiff schon bald abdocken. Wir müssen hier weg, sofort!«

♀ ♀ ♀

Abebi fühlte sich müde, als sie mit ihrer Generalstabschefin den Konferenzraum auf der Werftebene der Orbitalstation verließ. Über zwei Stunden hatte die Sitzung des Sicherheitsrates gedauert. Die erste halbe Stunde hatten sie damit zugebracht, der Obersten zuzuhören, wie sie aus der Sondersitzung des Parlaments berichtete. Sie sei gegrillt worden, hatte Elikia geklagt. Die Parlamentarierinnen hätten geschäumt vor Wut, so spät – viel zu spät – über die Ereignisse auf dem Mars informiert worden zu sein. Verantwortungslosigkeit,

Geheimniskrämerei, Vertrauensverlust zählten zu den harmlosen verbalen Attacken, die Gaias Regierungschefin über sich hatte ergehen lassen müssen. Abebi und Natalia erläuterten anschließend, wie sie den Angriff der Männer zurückschlagen und die Marskolonie zurückerobern wollten. Es schloss sich eine längere Diskussion an, die abermals zeigte, dass ein Riss durch den Sicherheitsrat ging. Hoa sowie die Parlamentspräsidentin Olivia und die Verfassungsgerichtspräsidentin hatten Abebis und Natalias Vorschläge teils heftig kritisiert. Am Ende billigte eine Mehrheit unter Elikias Einfluss den Plan. Hoa hatte sich enthalten. Sie waren zum Erfolg verdammt. Eine Niederlage würde Abebis politische Ambitionen beerdigen. Sie hatte bemerkt, dass Elikia am Ende der Konferenz etwas mit ihrem Füller in ihr Notizbuch geschrieben hatte. Abebi fürchtete den Inhalt dieses Buchs schon lange.

Mailin, Oberste Ingenieurin von Gaia, trat zu ihnen. »Abebi, wir haben das Schiff durchsucht und Diana gefunden. Sie war im Serverraum eingesperrt. Sie hatte dort Updates eingespielt, als der Container das Schiff traf. Offenbar stürzte sie und war eine Zeitlang bewusstlos. Als sie wieder zu sich kam, war das Schiff leer und die Sicherheitstür vom Serverraum blockiert. Sie ließ sich nicht öffnen, vermutlich ein Defekt nach dem Treffer durch den Container. Es dauerte eine Weile, bis wir den Türmechanismus reparieren konnten. Was für ein Chaos, ein einziges Durcheinander! Ich hatte euch ja gewarnt. Das Schiff ist nach über zehn Jahren in keinem guten Zustand. Solche Ausfälle können überall und ständig passieren.«

»Mailin, jetzt keine Belehrungen. Was hat Diana über Athene gesagt?«

»Sie bestätigte, was Nicola uns berichtet hat. Auch sie traf Athene an dem Abend auf der sechsten Ebene und erklärte ihr, sie solle sofort das Schiff verlassen und nach Gaia City reisen. Athene hat ihr das wohl versprochen und ist wieder gegangen. Danach sah sie sie nicht wieder.«

Abebi atmete hörbar ein. »Verdammt, Athene«, sagte sie leise, sodass Natalia und Mailin es nicht hören konnten.

»Gibt es sonst irgendeine Spur von ihr auf der Station? Haben die Kameras sie gefilmt, hat sie jemand anderen getroffen?«

»Leider nein, Ministerin. Sie ist wie vom Erdboden verschwunden.«

Abebi presste die Lippen aufeinander. Was für ein Spiel trieb ihre Tochter? Das konnte alles kein Zufall sein. Sie glaubte immer weniger, dass Athene etwas zugestoßen war. Sie würde mit Diana sprechen. Vielleicht war ihr irgendetwas aufgefallen, was Abebi half, ihre widerspenstige Tochter ausfindig zu machen.

»Diana bleibt Teil der Crew. Ich möchte später mit ihr sprechen«, sagte Abebi. »Mailin, was wissen wir über die Terroristen aus der Pendelfähre? Haben wir sie gefunden?«

Mailin blickte betreten und schüttelte mit Zurückhaltung den Kopf. »Leider nein, wir haben keine Spur von den Männern. Aktuell untersuchen wir das Rettungsmodul, das ihr abgeschossen habt, nach Spuren von ihnen. Vielleicht werden wir fündig. Dann wäre ich erleichtert.«

»Nach allem, was bisher passiert ist, bezweifle ich, dass sie sich in dem Modul befanden. Sie hätten es uns damit viel zu einfach gemacht«, mischte sich Natalia ein.

»Wann ist das Raumschiff startbereit, Mailin?«, fragte Abebi.

»Der Schaden an der Außenhülle am Lagerraum ist provisorisch repariert. Das wird vorläufig halten. Wir bestücken aktuell den Reaktor neu, damit euch auf dem Weg zum Mars nicht der Saft ausgeht. Du willst vermutlich mit Höchstgeschwindigkeit fliegen. Lebensmittel sind genug an Bord. In einer halben Stunde könnt ihr abdocken.«

»Okay, wie sieht es mit den Kampfrobotern aus? Wie viele sind einsatzbereit?«

Mailin schaute unglücklich drein. »Die meisten Roboter haben wir bei dem Angriff verloren. Wir verfügen nur noch über die Roboter, die auf einer der vier unteren Ebenen stationiert waren.«

»Wie viele?«

»64, Ministerin.«

»Bravo, ich fasse es nicht. Die Terroristen haben mit ihrem Angriff alle anderen Kampfroboter zerstört?«

»Ja, haben sie.«

»Okay. Schafft die Hälfte der Roboter an Bord des Raumschiffs, der Rest bleibt hier.«

Sie wandte sich direkt an die Generalstabschefin. »Natalia, du wirst auf der Station bleiben und alles geben, diese Terroristen zu finden. Sperr sie ein und lass sie hungern, bis ich zurückkomme. Dann nehme ich sie mir persönlich vor.«

Nur 32 Roboter, ging es Abebi durch den Kopf. Das war kaum mehr als zehn Prozent ihrer Streitmacht beim letzten Besuch auf dem Mars. Sie hätten sich in den vergangenen Jahren auf einen Angriff vom Mars vorbereiten müssen. Hoa hatte es verhindert. Sie würde dafür zahlen.

KAPITEL 14
FOLTER

Noch ein Tag und vierzehn Stunden Flugzeit, bis die Morgenröte die Orbitalstation über dem Mars erreichte. Zum ersten Mal seit der großen Säuberung der Kolonie vor mehr als zehn Jahren kehrte sie zum Mars zurück. Abebi hatte das Gefühl, dass es ein Fehler gewesen war, der Kolonie auf dem Nachbarplaneten nicht zusätzliche Aufmerksamkeit geschenkt zu haben. Die politischen Herausforderungen in Gaia hatten in den vergangenen Jahren ihre Zeit zu sehr in Anspruch genommen. Der nicht endende Flüchtlingsstrom über das Mittelmeer und die arabische Halbinsel, die Niederschlagung des Azoren-Aufstands, der innenpolitische Machtkampf mit Hoa und ihren Unterstützern. All das hatte Abebi so beschäftigt, dass sie den Mars weitgehend vergessen und außerdem ihre Tochter vernachlässigt hatte. Beides rächte sich in brutaler Weise. Aber sie hatte schon schlimmere Krisen bewältigt. Sie spürte ihre Kraft, spürte, dass sie die Herrin über diese Krisen war. In ein paar Tagen würde der Mars wieder ihnen gehören.

»Ministerin?«, sprach sie die Flugoffizierin an, die gemeinsam mit ihren drei Kolleginnen vor Abebi auf der Brücke saß. »Wir haben einen Einbruchsversuch am rechten Antriebsreaktor.«

»Das müssen sie sein«, sagte Abebi und erhob sich

von ihrem Kommandositz. »Tara, zum rechten Reaktorraum. Ergreift sie lebend. Aber seid vorsichtig. Diese Bastarde sind gefährlicher, als wir angenommen haben.«

Die wachhabende Offizierin lief, begleitet von einem Trupp Soldatinnen, in den Korridor und nahm die Treppe zum unteren Deck. Abebi legte eine kugelsichere Weste an und folgte ihnen. Die beiden Fusionsreaktoren lagen an den jeweils hinteren Enden des halbrunden Raumschiffs auf der untersten Ebene. Als sie den Gang zum Reaktorraum erreichte, verfluchte sie innerlich die Form der Morgenröte, deretwegen die meisten Flure bogenförmig verliefen. Daher konnte Abebi die Tür zum Reaktorraum, von der der Angriff gemeldet worden war, nicht sehen. »Tara, Lagebericht«, sagte sie. Auch die Soldatin blieb ihrem Sichtfeld verborgen.

»Die Tür zum Reaktorraum ist aufgebrochen. Wir rücken jetzt vor.«

»Okay, aber ich will sie lebend, verstanden?«

»Verstanden.«

Abebis Herz schlug schneller. Irgendwie hatte sie damit gerechnet, dass die Terroristen an Bord waren. Sie hatten das Schiff vor dem Start durchsucht und nur Diana gefunden. Doch die Terroristen hatten sich bisher als äußerst durchtrieben erwiesen. Sie traute ihnen alles zu.

Abebi hörte einige Rufe von Frauen. Schüsse fielen. Doch nicht im Reaktorraum, ihr Verrückten, fluchte Abebi in Gedanken. Dann kehrte Ruhe ein. Nur das Geräusch der Lüftung erfüllte den Korridor.

»Lagebricht«, rief Abebi.

»Wir haben sie, Ministerin. Beide leben. Aber es sind ein Mann und eine junge Frau.«

Abebi erstarrte. Irgendetwas sagte ihr, dass sie diese Frau kannte, besser kannte, als ihr es in diesem Moment lieb sein konnte. War ihre Tochter die Verräterin?

»Raum gesichert«, gab Tara über Funk durch.

Langsam näherte sich Abebi dem Reaktorraum. Ihr fröstelte, Muskeln in ihrem Gesicht zuckten willkürlich.

Als Athene sie erblickte, versuchte sie sich aus dem Griff der Soldatin, die sie festhielt, herauszuwinden. Sie sah furchtbar aus. Ihre Dreadlocks standen wild in alle Richtungen, ihre Kleidung war teils zerrissen, ihre linke Brust bis zur Hälfte entblößt. Ihr Mund war durch das straff angebrachte Klebeband fest verschlossen, ihre Handgelenke damit gefesselt.

Abebi ging zu ihr und zog das Band von ihren Lippen ab. Sie betrachtete ihre Tochter mit einer Mischung aus Mitgefühl und Wut. »Was hast du getan?«, flüsterte sie. »Mein Kind, was ist dir passiert?« Sie blickte ruckartig zu dem großen muskulösen Mann auf, der von zwei der Soldatinnen festgehalten wurde und wie benommen auf der Stelle tänzelte. »Was hat dieses Schwein dir angetan? Das darf alles nicht wahr sein.«

Sie strich ihrer Tochter über die Wange. »Nehmt ihr sofort die Fesseln ab und bringt sie in mein Zimmer. Zwei Wachsoldatinnen bleiben bei ihr und lassen sie keine Sekunde allein. Schickt die Bordärztin zu ihr. Sie soll sie untersuchen, auch gynäkologisch. Verstanden?«

Sie schaute ihre Tochter an. »Ich komme gleich zu dir. Dann reden wir in Ruhe. Wir werden darüber sprechen, was hier passiert ist und warum du nicht auf mich gehört hast.«

Inzwischen waren weitere Soldatinnen eingetroffen. Zwei von ihnen stützten Athene und brachten sie durch den Korridor fort.

Abebi trat zwei Schritte nach links und baute sich vor Apoll auf. Sie griff unter sein Kinn und drückte seinen Kopf nach oben. Zwei kräftige Soldatinnen hielten ihn fest. Seine Arme und Fußknöchel hatten sie gefesselt. Er keuchte schwer. Mehrere Gummigeschosse hatten ihn im Unterleib und an der Brust getroffen. Abebi legte ihren Kopf leicht schräg und blickte dem Gefangenen direkt in die Augen.

»Wo ist der andere?«, sagte sie mit bedrohlich scharfem Unterton.

Er gab keine Antwort. Rührte sich nicht. Abebi verstärkte ihren Griff um sein Kinn. »Wo. Ist. Er.« Sie hob die Stimme beim letzten Wort deutlich an. »Wo?«, schrie sie ihm ins Gesicht. Der Mistkerl reagierte gar nicht, grinste nur schief. »Dein dämliches Grinsen wird dir bald vergehen, Abschaum.« Sie stieß seinen Kopf von sich weg.

Sie wandte sich an Tara. »Was trug er bei sich?«

»Nicht viel, Ministerin.« Sie hielt einen abgenutzten Polyesterbeutel in die Luft. »Wir fanden ein großes Schneidwerkzeug, ein paar Lebensmittel und einen Rest Wasser.«

»Führt ihn ab und sperrt ihn gefesselt in einen der Räume hier unten. Bewacht ihn rund um die Uhr mit vier Soldatinnen. Er rührt sich keinen Zentimeter vom Fleck, bis ich mit ihm fertig bin. Ich kümmere mich jetzt um meine Tochter.«

Die Truppführerin nickte: »Verstanden, Ministerin.«

Abebi eilte durch den Gang fort, stieg die Treppen zur obersten Ebene des Raumschiffs empor und näherte sich der Tür zu ihrem Zimmer. Sie blieb stehen und zögerte. Sie fuhr sich mit der Hand über den Mund. Was sollte sie von diesem Irrsinn halten? Konnte sie ihrer Tochter vertrauen? War sie entführt und misshandelt worden? Oder spielte Athene ihr ein lächerliches Theater vor? Hatte ihre Tochter bei ihr spioniert? War sie die Verräterin, die den Männern die geheimen Informationen zugespielt hatte? Abebi hatte das Gefühl, dass sie keinen Schritt mehr auf sicheres und vertrautes Terrain setzen konnte. Jeder Schritt schien in den nächsten Abgrund zu führen.

♂ ♂ ♂

Primus blickte aus der Mitte der Arena auf die fast vollständig gefüllten Tribünen. Die Männer waren wiedergekommen, so gut wie alle. Es fanden sich nur wenige leere Plätze auf den Rängen, die meisten dürften den Wächtern gehören, die sie gestern im Quartier X eingesperrt hatten. Unter den rund 100 000 Männern hatten seine Leute rote Fahnen mit dem typischen weißen Kreis verteilt. Es ließ Primus' Herz einen Sprung machen, wie die Männer sie im Stehen vor ihm schwenkten. Er mochte die Farbe Rot. Die beiden Makerbots liefen rund um die Uhr, damit sie möglichst viel Kleidung und Fahnen verteilen konnten. Wozu diese 3D-Drucker doch nützlich waren, sie stellten sogar Textilfasern aus Polyethylenterephthalat in seiner

Lieblingsfarbe her.

Für Primus war in der Mitte des staubigen Platzes eine Bühne mit einem Rednerpult errichtet worden, die von roten Stoffbahnen umgeben war. Hinter ihm wehten zehn Flaggen, die jede einen weißen Kreis mit einer schwarzen römischen Ziffer von I bis X aufwies. Vor der Bühne standen 250 Anhänger des Widerstands, aufrecht wie Soldaten in geraden Reihen.

Die vergangenen 24 Stunden waren so abgelaufen, wie Primus es erwartet hatte. Im Morgengrauen hatten seine Leute rund hundert Tote und einige hundert Verletzte gezählt. Nun war der Zeitpunkt gekommen, an dem er eine neue Welt erschuf.

Direkt nach der Versammlung am Vortag war es zunächst friedlich geblieben. Viele sangen und tanzten ausgelassen auf dem Platz vor der Arena und der Straße zur Transferhalle. Einige hundert eilten zurück in die Wohnkolonie und versammelten sich am Ende der Hauptröhre. Sie brachten Werkzeuge mit und bearbeiteten damit die Wand aus Beton. Diese Wand hatten die Gyne nach dem Massaker und der Räumung der Kolonie vor über zehn Jahren erbaut und so jene Räume von den Wohnquartieren abgeschottet, in denen sich die Einrichtungen zur Versorgung mit Atemluft, Wärme und Wasser sowie die Fusionsreaktoren und die Zentralrechner befanden. Wie einst in den Steinbrüchen für die ägyptischen Pyramiden hämmerten und meißelten sie sich vorwärts, Millimeter für Millimeter. Primus schätze, dass die Wand schon in einem Tag durchbrochen sein sollte. Er hätte die Sache mit Sprengstoff beschleunigen können. Doch einerseits wollte er die Kolonie nicht beschädigen und andererseits hielt er den Zusammenhalt der Männer und ihre schweißtreibende Arbeit für ein einprägsames Symbol ihres Freiheitskampfes.

Eine Gruppe hatte sich unter Führung von Andrew und Viktor direkt nach der Versammlung um die riesigen Maschinen gekümmert, die für die Kolonie Lebensmittel herstellten. Die Versorgung mit Essen gehörte zu den größten Engpässen. Die Aufzucht und Schlachtung der Tiere sowie der Anbau von Korn, Reis, Obst und Gemüse oblag den Männern auf dem Mars selbst. Doch war es ihnen nicht gestattet, diese Lebensmittel zu verzehren. Sie füllten sie in die riesigen Verarbeitungsmaschinen, die jedoch keine Schnitzel, Rouladen, Fleischklopse oder Nudeln produzierten. Sie stellten aus den Zutaten einen fade schmeckenden Brei her, der computergesteuert über die Kantinen der zehn Quartiere ausgegeben wurde. Die Pampe, wie das Zeug gemeinhin in der Kolonie hieß, versorgte die Männer mit Kalorien und Nährstoffen. Dazu gab es hartes Brot, Kartoffeln oder Reis und ein wenig Obst und Gemüse. Da wunderte es nicht, dass ein Schwarzmarkt mit Lebensmitteln blühte. Primus wollte, dass sich die Versorgung auf dem Mars so schnell wie möglich verbesserte. Andrew und Viktor sowie ihre Helfer machten sich umgehend daran, die Qualität des Essens zu verbessern sowie die Menge zu erhöhen. Nie wieder sollte ein Mann auf dem Mars Hunger leiden.

Viele versammelten sich nach dem Treffen in der Arena am Ufer des Sees unter dem Atmosphärendach. Mit improvisierten Musikinstrumenten und Trommeln spielten sie einfache Melodien und sangen selbstgedichtete Lieder. Die Gyne erteilten den Jungen auf der Erde keinen Musik- oder Gesangsunterricht. Kultur erachteten sie für die Marskolonie als überflüssig. Einige Männer hatten sich in den vergangenen Jahren selbst rudimentäre Kenntnisse angeeignet und Instrumente aus Abfällen gebastelt. Entsprechend erbärmlich klang die Musik am See. Doch die Männer störte das nicht. Aus voller Kehle sangen sie die simplen Texte, in denen es fast immer um die Unterdrückung durch die Gyne und den Kampf um die Freiheit ging. Die Tätowierer arbeiteten wie am Fließband. Das Wort *Freiheit* und das Datum ihres Unabhängigkeitstags, der 18. März 2095, zierte Arme, Schultern und Rücken.

Die Männer brachten jeden Tropfen des billigen Alkohols, der auf dem Schwarzmarkt gehandelt wurde, zum Seeufer. Bei Einbruch der Dunkelheit führte eine Gruppe ein Kalb von der Weide an den See. Die Männer töteten das Tier und weideten es aus. Sie suchten Holzreste aus den Obstgärten zusammen, entzündeten ein Lagerfeuer und grillten das Fleisch über den Flammen. Der würzige Duft von Gebranntem zog durch die Atmosphärenhalle.

Nach dem Konsum des Alkohols zog bald eine Gruppe los, um an den Wächtern Rache zu üben. Primus hatte die rund 400 Gefangenen im Gemeinschaftsraum von Wohnquartier X unterbringen lassen. Die Zahl der Bewacher hatte er vor Einbruch der Nacht erhöht. Damit wollte er weniger die Wächter an einem Ausbruch hindern, als sie vielmehr vor Übergriffen aus der Kolonie schützen. Primus' Männer verriegelten die Tür zu dem Gemeinschaftsraum. Jack hatte das Kommando.

Er machte den Angreifern klar, dass sie keine Selbstjustiz an den Wächtern zulassen würden. Die angetrunkenen Männer kehrten zum Seeufer zurück.

Das Fleisch und der Alkohol gerieten im Laufe des Abends immer mehr zum Zankapfel, von beidem gab es zu wenig. Was als harmlose Rauferei begann, entwickelte sich zu einer brutalen Prügelei. Alte Fehden, Rachegefühle oder die schiere Lust an der Gewalt brachen sich Bahn. Binnen Minuten verwandelte sich das Seeufer in ein Schlachtfeld. Primus' Leute fanden am nächsten Morgen viele Tote mit gebrochenen Schädeln oder zertretenen Kiefern. Einige Opfer erlitten Misshandlungen und Verstümmelungen an den Genitalien. Andere trieben kopfüber im giftigen Wasser des Sees.

Diese Nacht lag hinter ihnen. Ein neuer Tag brach an und mit ihm die Dämmerung einer neuen Gesellschaft auf dem Mars – einer Gesellschaft, die Primus nach seinem Ermessen gestalten würde. Das war er dem Planeten schuldig. Trotz des Exzesses der Gewalt gab es auch eine andere Seite: An den Gewalttaten hatten sich in Summe nicht mehr als tausend Männer beteiligt. Weniger als 1 000 von 100 000. Das entsprach einem Anteil von weniger als einem Prozent. Dieser Anteil bestimmte zwar die Wahrnehmung über die vergangene Nacht auf dem Mars, aber nicht die Realität. Freiwillige hatten die Toten vormittags zu den Krematorien gebracht und unter Leitung von Doc Daniel die Verletzten versorgt.

Primus blickte von der Rednerbühne wieder auf die Tribünen vor ihm. Seine Augen glitten an den zehn

Reihen der Unterstützer entlang, die sich vor ihm aufgebaut hatten. Die Männer vorn trugen Trommeln. Andrew hatte Tierhäute auf Wasserbottiche spannen lassen. Auf ein Zeichen von Primus hin schlugen sie einen langsamen Rhythmus. Nach dreißig Schlägen ließen sie die Trommeln verstummen.

Mit den Händen in der Luft erhob Primus seine Stimme, Lautsprecher verstärkten sie. »Männer des Mars, wir haben die Freiheit errungen und sie schon am ersten Tag mit Blut beschmutzt. Fast hundert Männer sind in der vergangenen Nacht gestorben. Sie werden diese Freiheit nicht mehr erleben. Das tut mir weh. Ich sah bereits zu viele Männer auf dem Mars sterben. Lasst uns den Toten gedenken, indem wir uns erheben und schweigen. Wir erweisen ihnen unsere Ehre.«

Einige in der Arena erhoben sich, es breitete sich Gemurmel aus.

Primus wiederholte seine Aufforderung deutlich lauter: »Wir erheben uns und schweigen.« Die meisten Männer folgten dieses Mal Primus' Ansage.

Nach der Gedenkminute fuhr er fort: »Männer des Mars, diese Mitglieder unserer Gemeinschaft dürfen in der vergangenen Nacht nicht umsonst gestorben sein. Lasst die abscheulichen Verbrechen uns Mahnung sein, dass wir nicht schwach werden und der Raserei erlauben, sich unter uns zu verbreiten. Unser Feind lebt nicht auf dem Mars. Unser Feind lebt auf der Erde. Gegen sie, die Gyne, werden wir kämpfen, nicht gegen uns selbst.« Beim letzten Satz hob Primus die Stimme an. Mächtig klang sie dank der Lautsprecher durch die Arena. Jubel brach aus. Die Männer stampften mit den Füßen auf den

Boden. Die Trommeln schlugen, und Ruhe kehrte ein.

»Unser Feind wird zurückkehren. Wir wissen nicht wann und wir wissen nicht wie. Aber er wird kommen. Die Gyne glauben, dass der Mars ihnen gehört. Dass *wir* ihnen gehören. Doch wir werden ihnen zeigen, dass sie sich irren. Nie wieder werden sie uns bestrafen und uns Essen, Wasser und Atemluft nehmen. Nie wieder werden wir unsere Pflichten für sie aufsagen. Wir haben ihnen gegenüber keine Pflichten. Haben wir noch nie gehabt. Wir gehören niemandem, wir dienen niemandem. Wir gehören uns allein, dieser Planet gehört uns.«

Wieder brandete Jubel auf, wieder verstummte er, als die Trommeln einsetzten.

»Auf den Tag ihrer Rückkehr müssen wir uns vorbereiten. Und zwar schnell. Es kann schon in wenigen Tagen so weit sein. Nur mit Fleiß, Disziplin und Ordnung werden wir gegen unseren Feind bestehen. Ich sage euch: Lassen wir es nie wieder zu, dass die Frauen uns zu ihren Sklaven machen. Wir sind frei und wir bleiben in Freiheit!«

Dieses Mal vermochten die Trommeln die Jubelschreie und Gesänge der Männer nicht zu stoppen. Primus wartete geduldig, bis wieder Ruhe in der Arena herrschte. Er spürte das Feuer in den Herzen der Männer, ihre Entschlossenheit und ihren Tatendrang. Die würde er nutzen.

»Männer des Mars, heute beginnt eine neue Zeitrechnung, das Zeitalter von Mars Ultor. Diesen Namen wird unser Staat ab heute und für immer tragen. Dieser Name drückt aus, dass wir uns niemals wieder beugen werden. Denn Ultor heißt Rächer.«

Einzelne Rufe des Namen Mars Ultor hallten durch die Arena. Immer mehr Männer stimmten ein, und nach kurzer Zeit erfüllte ein rhythmischer und lauter Ruf die Weite der Arena: »Mars Ultor! Mars Ultor! Mars Ultor!«

Primus wartete abermals ab, dann ließ er die Trommeln die Rufe unterbrechen.

»Wir werden die Kolonie zu einer Stadt auf dem Mars ausbauen, unserer Stadt, in der wir frei leben und arbeiten. Frauen werden zu uns kommen, wir werden Familien gründen und Kinder haben. Und wir werden nach unseren Regeln leben, nicht nach den Regeln der Gyne.«

Wieder brach Jubel aus, unter den sich Freudenschreie mischten. Als Primus seine Rede fortsetzte, kehrte ohne Trommelschläge Ruhe ein – sein Wort hatte Kraft genug.

»Ab heute gilt unsere Verfassung für das Zusammenleben auf dem Mars. Die Regeln dieser Verfassung lauten:

Mars Ultor ist ein sozialistischer Staat. Alle Macht gehört den Arbeitern in Einheit und Brüderlichkeit.«

Drei Trommelschläge.

»Die Bodenschätze sind Volkseigentum. Der Staat verbietet, den Wirtschaftsplan zu sabotieren, sich kollektives Eigentum anzueignen und den Gemeininteressen zu schaden.«

Drei Trommelschläge.

»Der Staat verwirklicht das sozialistische Prinzip ›Jeder nach seinen Fähigkeiten, jedem nach seiner Leistung‹. Arbeit ist für jeden arbeitsfähigen Bürger eine Ehrenpflicht.«

Drei Trommelschläge.

»Der Staat entwickelt die Volkswirtschaft planmäßig und steigert die Produktivkräfte, um seine Unabhängigkeit und Sicherheit zu festigen.«

Drei Trommelschläge.

»Jede Person muss das öffentliche Eigentum schützen, die Arbeitsdisziplin einhalten, die öffentliche Ordnung wahren und die moralischen Verpflichtungen der Gesellschaft gegenüber respektieren.«

Drei Trommelschläge.

»Es ist die erhabene Pflicht jeder Person, unser Vaterland Mars Ultor zu schützen und jeder Aggression Widerstand zu leisten.«

Die Trommeln schlugen länger. Primus schaute mit tiefer Genugtuung zu den vollen Tribünen der Arena. Als die Trommeln verstummten, setzte lauter Applaus ein. Die Männer vereinten ihre Stimmen in einem Sprechchor, der immer wieder die gleichen zwei Worte rief: »Mars Ultor«.

Primus griff nach seinem Gehstock und schritt an den Rand des Rednerpodests heran. Er breitete die Arme aus und verbeugte sich tief. Dann verließ er die Mitte der Arena. Es war Zeit, dass er die Kommandoräume der Kolonie übernahm.

♀ ♀ ♀

Athene war geduscht und saß, ihr nasses Haar in ein Handtuch gewickelt, in einem Sessel vor dem Fenster. Sie trug frische Kleidung. Die Bordärztin kniete neben ihr und prüfte auf einem Pad-Computer die Ergebnisse der Untersuchung. Sie stand auf und begrüßte die Ministerin förmlich, als Abebi ihr Kommandantinnenzimmer betrat.

»Deine Tochter weist nach einer ersten Untersuchung keine inneren oder äußeren Verletzungen auf. Sie ist sehr erschöpft und benötigt dringend Ruhe. Sie sollte etwas essen und sich dann ausschlafen.«

»Danke«, sagte Abebi.

Die Ärztin verabschiedete sich und schloss die Tür.

Abebi wandte sich zu ihrer Tochter. Sie klang angespannt. »Athene, was hat er dir angetan?«

»Nichts. Ich habe ihn im Flur des Raumschiffs überrascht. Er nahm mich gefangen und zwang mich, ihn zum Antriebsreaktor zu begleiten.«

»Deine Kleidung war zerrissen.« Athene hatte sich nach dem Duschen ein Shirt ihrer Mutter übergezogen. Ihr graues Tanktop hatte einen durchtrennten Träger.

»Ich habe mich natürlich gewehrt, als er mich gepackt hat. Aber er hat mich nicht weiter angerührt, wenn es das ist, was du meinst.«

»Es ist beruhigend zu hören, dass dir offenbar nichts Ernsthaftes passiert ist. Du hast keine Ahnung, in welcher Gefahr du warst«, sagte Abebi und setzte sich in den anderen Sessel. Der Raum war klein und zweckmäßig eingerichtet. Immerhin hatte die Kommandantin ein privates Badezimmer zur Verfügung und zwei Sessel mit einem Tisch.

»Du wirst erst mal hierbleiben und dich erholen.« Abebi schwieg, und eine Pause entstand zwischen Mutter und Tochter.

Was hatte ihre Mutter im Sinn, die langjährige Freiheits- und Sicherheitsministerin von Gaia, die oberste Kämpferin für Recht und Ordnung?

Mit einer scharfen Betonung in der Stimme fuhr Abebi fort: »Was machst du überhaupt hier auf dem Schiff? Du solltest in Gaia City sein. Du hast dich meiner Anweisung widersetzt und damit dich und andere in Lebensgefahr gebracht. Was sollte das?«

Athene setzte sich aufrecht hin, reckte das Kinn vor. Um Selbstbewusstsein auszustrahlen, um ihre Unsicherheit zu verstecken. »Ich habe mich an Bord geschlichen, um dich zu stoppen. Du handelst blind vor Wut. Du hast einen starren Blick in die Vergangenheit, vergisst dabei die Zukunft. Es ist falsch, was du tust.«

Ihre Mutter schnaubte verächtlich. »Fängst du schon wieder damit an? Das Thema hatten wir mehr als einmal besprochen.«

»Es ist falsch, sie zu bestrafen, zu foltern und zu töten. Ihr solltet mit ihnen verhandeln und Frieden mit ihnen schließen. Lasst die Männer auf dem Mars in Ruhe.«

Athene spürte die Wut ihrer Mutter, ihr aufkommendes Misstrauen.

»Es ist wirklich bemerkenswert, Athene. Bis vor wenigen Minuten warst du geknebelt und gefesselt in der Gewalt eines Terroristen. Und nun spielst du Friedenstaube. Lernst du gar nichts?«

»Er hat mir nichts getan.«

»Er wollte unser Schiff lahmlegen oder Schlimmeres. Woher weißt du denn, was er vorhatte? Du hattest einfach nur Glück. Du könntest jetzt misshandelt oder tot sein.«

»Du lebst in einer Welt, in der es nur Schwarz und Weiß gibt. So ist die Welt aber nicht.«

Abebi sprang aus dem Sessel auf. »Pah, jetzt erklärt mir meine 24 Jahre alte Tochter die Welt. Athene, auf diese kindlichen Diskussionen lasse ich mich nicht länger ein. Die vergangenen Tage haben uns auf grausame Weise daran erinnert, wer unser Feind ist und dass dieser Feind niemals aufgibt.«

»Du willst Oberste von Gaia werden? Du bist eine Diktatorin«, rief Athene. Sie vergrub das Gesicht in den Händen.

Abebi schwieg und betrachtete ihre Tochter. »Ich habe meine Meinung geändert«, sagte sie schließlich. »Du wirst den Rest der Reise in dem kleinen Raum verbringen, in den du dich offenbar heimlich geschlichen hattest. Vor dem Raum stelle ich eine Wache auf. Außer zum WC wirst du nirgends hingehen. Essen lasse ich dir bringen. Ich weiß im Moment einfach nicht, ob ich dir trauen kann. Offenbar bist du vollkommen unfähig, die offensichtlichen Tatsachen anzuerkennen. Du stellst eine massive Gefährdung für dich selbst und andere dar. Tu mir und dir einen Gefallen und leiste keinen Widerstand. Du lässt mir keine andere Wahl.«

Abebi verließ den Raum, ohne sich noch einmal nach ihrer Tochter umzusehen.

Athene hechtete zur Tür. »Das kannst du nicht mit mir machen«, schrie sie ihr nach. »Du bist meine Mutter!« Athene kehrte zum Sessel zurück und vergrub wieder das Gesicht in den Händen, wobei sie zwischen ihren Fingern hindurch die Tür im Auge behielt. Sie wartete. Wenn die Soldatin käme, um sie mitzunehmen, musste sie einen verzweifelten Eindruck erwecken.

♂ ♂ ♂

Apoll saß an Händen und Knöcheln gefesselt auf einem Hocker. Vier Soldatinnen standen in den Ecken des Raums, die Waffen im Anschlag, und betrachteten ihn mit Abscheu und Misstrauen. Seine Brust und sein Unterleib schmerzten. Die Gummigeschosse hatten blaugrüne Abdrücke hinterlassen. Die Rippen auf der rechten Seite taten ihm weh. Hoffentlich nur geprellt, dachte er, als plötzlich die Tür aufgerissen wurde.

Abebi trat ein. »Lasst uns allein«, befahl sie den Soldatinnen. Die Gruppenführerin blickte verwirrt drein, runzelte die Stirn. »Macht schon, raus hier«, sagte Abebi mit mehr Nachdruck und schnappte sich den Stuhl neben der Tür. Die vier Frauen verließen den Raum.

Abebi setzte sich hin, schlug die Beine übereinander und legte die Hand auf ihr Knie. Sie schaute Apoll an und hielt den Kopf schräg. Offenbar überlegte sie, was sie über ihn wusste, was sie aus seinem schmutzigen Äußeren ablesen konnte. Sie stand unvermittelt auf und trat neben ihn. Sie griff nach seinem rechten Unterarm und drehte die Armbeuge nach oben.

»Schmerzen scheinen dir nichts auszumachen«, sagte sie mit einem Kopfschütteln. »Ihr habt euch die Implantate herausoperiert, damit wir euch nicht verfolgen können.«

Sie ging zu ihrem Stuhl zurück und setzte sich. Er

blickte zu Boden.

»Du ziehst es also weiter vor zu schweigen. Es gibt aber auch nicht viel, was du mir erzählen kannst. Wir wissen, wie du hergekommen bist. Ihr habt die Transportbehälter im Lift benutzt und seid dann über die Außenschleuse ins Rettungsmodul der Fähre eingebrochen. Einer von euch scheint ein begabter Programmierer zu sein, denn wir bemerkten zu spät, dass ihr den Flug der Fähre und die Entriegelung der Container manipuliert habt. Wenn ich dich ansehe, bist du vermutlich nicht der Programmierer in eurem Team, sondern der Muskelprotz, der ihm den Weg freiräumt. Jetzt muss er sich leider alleine durchschlagen und es ist nur eine Frage der Zeit, bis wir ihn aufstöbern.« Sie machte eine Pause.

Apoll schwieg weiter, blickte ausdruckslos zu Boden. Was würde die Frau als Nächstes tun? Würde sie ihn foltern, Antworten aus ihm herausprügeln? Dass sie die Soldatinnen nach draußen geschickt hatte, war kein gutes Zeichen für ihre Absichten.

»Ich mache dir ein Angebot. Ich lasse deinen Programmierer-Freund am Leben, wenn du mir sagst, wo er ist. Sagst du es mir nicht, dann wird er sterben, wenn ich ihn finde. Was hältst du davon?«

Apoll reagierte nicht. Sie hatten Merkur also noch nicht gefunden. Ein Glück. Er wusste, dass jedes Wort von ihm ihren Plan verraten konnte, dass es der Ministerin einen Hinweis geben würde, den sie zu ihrem Vorteil nutzte. Er würde weiter schweigen, egal was sie tat.

Die Frau stand wieder auf und griff nach seinem Gesicht, drückte seinen Kopf nach oben, sodass er sie ansehen musste. Leise sagte sie zu ihm: »Er ist hier auf dem Raumschiff, ich weiß es. Ich finde ihn und lasse ihn abknallen wie einen Köter.«

Nach einem Moment stieß sie seinen Kopf zurück. Sie überlegte, dachte über ein anderes Thema nach, das ihr offenbar auf der Zunge brannte. Mit zu schmalen Schlitzen zusammengekniffenen Augen blickte sie ihn wieder an. »Seit wann kennst du meine Tochter? Bist du ihr wirklich heute zum ersten Mal begegnet?«

Apoll schloss die Augen, erwartete, dass sie auf ihn einprügeln würde. Doch nichts geschah. Apoll nahm wahr, wie sie nah an ihn herantrat. »Wie fändest du es, wenn ich dich in Ruhe lasse und stattdessen ihr etwas antue, damit du mir sagst, was ich wissen will?«

Apoll schluckte, spürte einen Kloß im Hals, ein flaues Gefühl breitete sich in seinem Magen aus. Das würde sie niemals tun. Oder? War sie zu solcher Grausamkeit fähig? Er riss sich zusammen, behielt die Augen geschlossen, reagierte nicht.

Abebi strich ihm über die Brust, murmelte leise etwas, das Apoll nicht verstehen konnte. Sekunden vergingen, für Apoll zäh wie Minuten. Sie verließ den Raum, teilte den Wachsoldatinnen auf dem Korridor mit: »Der Gefangene möchte bis auf Weiteres kein Wasser und keine Nahrung. Haltet euch daran.«

Apoll seufzte. Zu was war diese Frau imstande? Athene hatte ihn gewarnt.

♀ ♀ ♀

Elikia erhob sich vom Schreibtisch ihres Arbeitszimmers im Regierungsgebäude. Sie legte ihren Füller beiseite und klappte das Notizbuch zu. Mit lockerem Schritt ging sie der Wirtschafts- und Forschungsministerin entgegen und setzte ein unverbindliches Lächeln auf. Sie brauchte diese Frau, auch wenn sie ihr nicht traute. Hoa stand der zweitwichtigsten Partei von Gaia vor, die den etwas sperrigen Namen *Vereinigte Frauen, Gerechte Welt* trug, den die meisten zu die *Vereinigte* abkürzten.

Elikia und Abebi waren Mitglieder der größten Partei des Landes, der Einheitspartei, die von afrikanischen Frauen dominiert war und bisher versucht hatte, ausgleichende Positionen zwischen den unterschiedlichen Interessen in Gaia zu finden. Funktionierende Kompromisse zu vereinbaren, gehörte seit jeher zu den Stärken von Elikia. Die Vereinigte und die Einheitspartei bildeten die Regierung. In vielen Punkten stimmten die Parteien überein, sodass man sich nach den beiden bisherigen Parlamentswahlen jeweils auf ein gemeinsames Regierungsprogramm verständigt hatte. Doch vor allem seit der letzten Abstimmung, bei der die Vereinigte deutliche Stimmenzuwächse verzeichnet hatte, mehrten sich kritische Stimmen in Hoas Partei. Diese Kritik zielte auf die gesellschaftliche Grundordnung des Landes und den liberalen Geist, der der Verfassung innewohnte. Hoas Partei unterlag dem Einfluss von Vertreterinnen des früheren China. Hinter verschlossenen Türen sprachen diese offen aus, dass sie freie Wahlen, Meinungsfreiheit und viele weitere demokratische Grundprinzipien nicht sonderlich schätzten. Angesichts der enormen Bedrohungen, denen der Staat von außen ausgesetzt sei, müsse die Gesellschaft einheitlich und entschieden auftreten. Demokratien seien solchen Umständen nicht gewachsen, davon waren etliche Mitglieder von Hoas Partei überzeugt. Die Vergangenheit habe dafür mehr als einen Beweis geliefert. Und von der Marskolonie und den Flüchtlingslagern für Männer hielten manche in der Partei auch nicht viel. Zu teuer, zu personalintensiv, zu gefährlich, hieß es hinter vorgehaltener Hand. Nicht wenige sympathisierten mit der Idee der Deandronisierung. Aus diesen Gründen empfand Elikia ein gewisses Unwohlsein, dass Hoa sie um ein Gespräch unter vier Augen gebeten hatte.

Elikia breitete die Arme aus. »Hoa, es freut mich, dich zu sehen. Nimm Platz.«

»Danke, dass du dir die Zeit nimmst, mit mir zu sprechen. Du wirst dir vermutlich bereits denken, warum ich dich um dieses vertrauliche Gespräch gebeten habe.«

»Ja, natürlich. Wir sind alle in großer Sorge wegen der Ereignisse auf der Orbitalstation und auf dem Mars. Die Stimmen aus deiner Partei waren nicht zu überhören.«

Elikia versuchte, ihre Ministerin und Stellvertreterin einzuschätzen. War sie nervös oder wütend oder ängstlich? Der Blick in ihr Gesicht verriet Elikia wenig. Sie konnte nur sagen, dass Hoa sich bemühte, sich ihre Emotionen nicht anmerken zu lassen. Sie war eine kühl kalkulierende Berufspolitikerin.

»Elikia, wir kennen uns seit vielen Jahren und haben bisher, wie ich finde, zumeist konstruktiv und vertrauensvoll zusammengearbeitet.«

Elikia unterdrückte den Gedanken, dass diese Worte ihrer Ministerin eine groteske Lüge waren. Hoa hatte jeden Fehler der Regierungskoalition brutal ausgenutzt, um ihre eigene Position und die ihrer Partei zu stärken.

»Das sehe ich genauso«, log Elikia zurück und behielt ihr unverbindliches Lächeln bei.

»Gut. Deswegen werde ich direkt zum Punkt kommen. Es wird uns nicht helfen, um die Sache herumzureden. Dafür ist es viel zu dringend.« Sie atmete einmal tief aus und wieder ein. Offenbar war Hoa doch ein wenig nervös.

»Du weißt, dass es seit dem ersten Tag unserer gemeinsamen Regierung in meiner Partei Strömungen gibt, die eine andere gesellschaftliche Grundausrichtung unseres Staates fordern. Diese Strömungen haben in den vergangenen Tagen massiv Zulauf bekommen. Viele verlieren das Vertrauen in uns. Sie glauben, dass unsere Koalition den akuten Bedrohungen nicht länger gewachsen ist.«

Elikia spürte einen kalten Schauer über ihren Rücken laufen. Die Härchen auf ihren Armen stellten sich auf. Doch nach außen wahrte sie den Schein vollkommener Ruhe.

»Du hattest angekündigt, direkt zum Punkt zu kommen. Worum also geht es genau?«

Hoa legte die Hände vor dem Bauch zu einer Raute zusammen und schaute ihr fest in die Augen. Eine erschreckende Kälte lag in ihrem Ausdruck.

»Elikia, wir halten es für erforderlich, Neuwahlen durchzuführen. Wir werden die gemeinsame Regierung verlassen und die Vertrauensfrage im Parlament stellen.

Ich gehe davon aus, dass du dein Amt nicht mehr lange ausübst.«

Die Oberste versteifte sich. Sie kniff die Augen leicht zusammen und sagte mit einer Stimme, die deutlich schärfer klang, als Elikia es beabsichtigt hatte: »Ihr seid euch also sicher, dass dies in der gegenwärtigen Situation für Gaia richtig ist?«

»Viele in meiner Partei halten diesen Schritt schon lange für überfällig. Ich komme aus einer Sitzung der Fraktion. Wir haben bereits darüber abgestimmt. Die Mehrheit war überwältigend.«

»Dann muss ich das also als Drohung verstehen?«, fragte Elikia wiederum mit einer gewissen Schärfe im Unterton.

»Wenn du dich von der politischen Realität bedroht fühlst, dann magst du das so empfinden. Wir hingegen handeln allein im Interesse der Frauen von Gaia.«

Elikia gestattete sich eine kleine Gefühlsäußerung gegenüber Hoa, indem sie ihr Lächeln verbreiterte und hörbar durch die Nase ausatmete.

»Das ist eine bemerkenswerte Formulierung.« Da Hoa nichts erwiderte, fuhr sie nach einer Pause fort: »Für wann plant ihr die Abstimmung?«

»Wir werden die Vertrauensfrage stellen, sobald das Parlament ordnungsgemäß zusammentreten und über diese Frage befinden kann. Laut Gesetz ist das in 36 Stunden. Wir haben den Antrag bei der Parlamentspräsidentin eben eingereicht.«

Elikia suchte nach einem Ausweg. Sie knirschte mit den Zähnen. Weniger als zwei Tage, um das Blatt zu wenden. Mehr Zeit hatte Abebi nicht, um die Probleme unter Kontrolle zu bringen. Wie sollte sie das schaffen?

Hoa sprach weiter: »Solltest du die Abstimmung über die Vertrauensfrage im Parlament verlieren, wirst du nur noch einer Übergangsregierung vorstehen, bis die neue Regierung im Amt ist. Du weißt, dass damit deine Befugnisse insbesondere hinsichtlich der Aktivitäten auf dem Mars und in den Orbitalstationen stark eingeschränkt werden.« Hoas Blick erschien selbstbewusster und herausfordernder.

»Und du bist tatsächlich überzeugt, die Neuwahlen zu gewinnen und mein Amt zu übernehmen?«, fragte Elikia.

»Das entscheiden die Frauen von Gaia, nicht ich.«

»Und vermutlich ist es euer Ziel, im Parlament selbst oder mit einem Koalitionspartner eine Zweidrittelmehrheit zu erringen, damit ihr die Verfassung nach euren Vorstellungen ändern könnt?«

Elikia sah, dass sie einen Treffer gelandet hatte. Denn Hoas Ausdruck erstarrte. Sie ballte ihre Hände zu Fäusten, so fest, dass die Knöchel weiß hervortraten.

»Das liegt allein im Ermessen der Frauen von Gaia. Ich habe volles Vertrauen in sie, dass sie die richtige Wahl für unser junges und gefährdetes Land treffen.«

Die Wirtschafts- und Forschungsministerin stand auf. Sie verabschiedete sich kurz angebunden und schritt zur Tür.

Elikia sagte mit fester und entschiedener Stimme: »Ich werde nicht zulassen, dass ihr auf dem Boden Afrikas die Volksrepublik China neu errichtet. Es sind nicht so viele Menschen gestorben, damit ihr das Rad der Geschichte in die Dunkelheit zurückdreht. Das habt ihr vor dem Großen Krieg nicht geschafft, und das werdet ihr auch jetzt nicht schaffen. Das wird nicht passieren.«

Hoa blickte sie über die Schulter hinweg an. Ihre Lippen verzogen sich zu einem schmalen Strich. »Ministerpräsidentin, auf Wiedersehen«, sagte sie und verschwand.

Nachdem sie die Tür hinter sich geschlossen hatte, ließ sich Elikia mit ihrem korpulenten Körper in den Besprechungssessel fallen. Sie atmete langsam ein und aus, um sich zu beruhigen. Es war eine furchtbare Situation. Sollte Abebi weiterhin so eklatant versagen, den Angriff dieser Terroristen in den Griff zu bekommen, würde ihre Partei bei Neuwahlen eine schallende Ohrfeige erhalten. Hoas Partei wäre der Nutznießer. In diesem Punkt musste sie ihr zustimmen. Anschließend war es keineswegs ausgeschlossen, dass sie mit Unterstützung von ein oder zwei der kleineren Parteien eine Zweidrittelmehrheit im Parlament erreichte. Das würde Hoa erlauben, die Gesellschaftsordnung neu zu gestalten. Elikia machte sich für einen solchen Fall keine Hoffnungen. Sie kannte die Pläne ihrer Stellvertreterin. Meinungsfreiheit, freie Wahlen, freie Bildung, solche Grundrechte würden dann in Gaia nicht mehr lange gelten. Die Kolonie und das Lager auf den Azoren würden geschlossen, die Männer dort sterben – ihr Sohn mit ihnen. Abebi durfte nicht versagen. Sie verfasste eine Sprachnachricht, in der sie vom Gespräch mit Hoa berichtete, und sandte sie Abebi über einen verschlüsselten Kommunikationskanal. Es bedurfte nur wenig Fantasie sich vorzustellen, wie Abebi wutentbrannt durch das Raumschiff toben würde, nachdem sie die Nachricht gelesen hatte.

♂ ♂ ♂

Die Zunge klebte Apoll am Gaumen, er verspürte Hunger. Doch die Soldatinnen hielten sich an Abebis Lüge. Sie gaben ihm weder zu trinken noch zu essen. Plötzlich flog die Tür so heftig auf, dass sich die Wächterinnen blitzartig drehten und eine Gefechtshaltung einnahmen. Einen Moment später erkannten sie ihre oberste Dienstherrin und nahmen Haltung an.

»Hoch mit ihm!«, befahl Abebi. »Entfernt seine Kleidung und hängt ihn an den Handfesseln an der Decke auf.«

Nach einem Moment des Zögerns gehorchten die Soldatinnen. Bald hing Apoll nackt von der Decke baumelnd vor Abebi. Sie packte seinen Unterkiefer und presste ihre Fingernägel ins Fleisch seiner Wangen. Er sollte ihr in die Augen sehen.

»Du glaubst, das hier durchziehen zu können. Dabei will ich dir dein Leben nur ein bisschen einfacher machen, Dummkopf. Entweder erzählst du mir, wer die anderen Terroristen sind und wo sie jetzt stecken, oder ich töte sämtliche Männer auf dem Mars. All deine Mars-Freunde hast du dann auf dem Gewissen. Glaub mir, Schwachkopf, ein paar Dutzend Menschen gegen das Leben von hunderttausend ist der beste Deal, den ich dir anbieten kann.«

Apoll blickte sie aus leeren Augen an und schwieg.

»Glaubst du immer noch, dass ihr diesen Krieg gewinnen werdet? Bisher hattet ihr vor allem Glück und das Überraschungsmoment auf eurer Seite. Im Krieg sind das zwei unschätzbare Vorteile. Doch damit ist es vorbei. Ihr habt euer Pulver verschossen. Euer kleiner Terroristenhaufen ist am Ende. Wir werden in rund 24 Stunden ankommen. Wenn ich die Namen und Aufenthaltsorte der anderen Terroristen bis dahin nicht von dir bekommen habe, werden alle Männer auf dem Mars sterben. Alle.«

Apoll begann leise zu sprechen. »Vor dem Beginn unserer Mission habe ich in meinem Leben nie einem anderen Menschen etwas angetan und schon gar nicht einer Frau. Das würde ich niemals tun. Ihr habt kein Recht, mich einzusperren und zu versklaven.«

Abebi ließ ein langgezogenes »Ooohhh« erklingen. »Mein armer Junge, das wusste ich nicht. Bis du also dieser eine von hundert, der nicht gerne Frauen vergewaltigt, verstümmelt und massakriert? Dann muss ich mich wohl bei dir entschuldigen.« Sie griff Apolls Hoden und drückte sie in der Hand zusammen. Er verzog vor Schmerzen das Gesicht.

»Jetzt sage ich dir mal was. Was hilft es, wenn sich unter hundert Ratten eine Maus befindet? Sie suchen und retten? Da halte ich es für einfacher, die Maus mit den Ratten zu töten.«

Abebi trat zu einer der Wachsoldatinnen, nahm ihr die Waffe aus der Hand. Sie holte aus und schmetterte den Gewehrkolben gegen Apolls Flanke. Blut trat hervor. Er stöhnte auf.

Sie wandte sich zur ranghöchsten Wachsoldatin hin, die sich den Schreck in ihren Augen nicht anmerken lassen wollte. »Holt meine Tochter her«, befahl sie.

♀ ♀ ♀

Als Athene, begleitet von einer Wachsoldatin, den Raum betrat, schrie sie entsetzt auf. »Mama, was tust du? Was ist in dich gefahren?« Apoll hing nackt an seinen Handfesseln von der Decke. Seine Zehen baumelten knapp über dem Stahlboden. Unter ihnen hatte sich eine Pfütze aus Blut gebildet.

»Dein Freund nimmt es lieber in Kauf, 100 000 Männer auf dem Gewissen zu haben, als mir die Namen und Aufenthaltsorte der übrigen Terroristen zu nennen. Vielleicht kannst du ihn umstimmen, Athene?«

»Das ist widerwärtig. Ich werde gar nichts für dich tun!«

»Für mich? Du tust das doch nicht für mich! Du tust es für die Frauen von Gaia, für ihre Sicherheit und Freiheit!«

»Das glaubst du doch selbst nicht, Mama. Das hier ist dein persönlicher Rachefeldzug.«

»Pah, als ob ich das nötig hätte.«

»Dein Durst nach Rache wird nie gestillt sein«, sagte Athene.

Abebi schüttelte den Kopf und ging langsam um Apoll herum, musterte ihn von Kopf bis Fuß mit ihren habichtartigen Augen. Ihr Blick fiel auf das Tattoo auf seiner Schulter. Sie lachte spöttisch auf. »Ein romantischer Pärchenabend am Strand unter Palmen. Ich lach mich tot. Was für ein dummer Romantiker bist du denn? Glaubst du einen solchen Quatsch etwa? Ein Mann hält um die Hand seiner Geliebten an?« Sie schnaubte verächtlich. »Die Männer finden einen einfacheren Weg, ihre Triebe zu befriedigen. Sie setzen den Frauen eine Zwangshaube auf und vergewaltigen sie. Das geht schneller, und man spart sich die Lügen.«

Sie setzte ihre Runde um seinen Körper fort. Als sie sie beendet hatte, schwang sie abermals das Gewehr durch die Luft und schlug ihm den Kolben – mit so viel Kraft, wie es ihr der eine Arm erlaubte – in den Unterleib. Apoll stöhnte und keuchte. Sein Körper verkrampfte sich.

Athene schrie auf. »Bist du verrückt geworden? Apoll!«

Ihre Mutter lächelte schmal. »Aha, da haben wir schon mal einen Namen. Unser Held hat sich also Apoll genannt. Apoll, Gott des Lichts, der Reinheit und Kultur, welch bescheidener Anspruch für einen ungebildeten Terroristen vom Mars.«

Ihr schmales Lächeln wandelte sich in ein grimassenhaftes Grinsen. »Und wie schön passend zu Athene«, presste sie mit kalter Wut hervor. Athene stand blass in der Mitte des Zimmers und betrachtete machtlos das Schreckensszenario vor sich. Abebi schritt schwer atmend an ihr vorbei und gab der Soldatin das Gewehr zurück.

Plötzlich griff Abebi ihrer Tochter von hinten um den Hals und drückte sie brutal nach vorne in Apolls Richtung. »Wenn wir die Terroristen nicht aufhalten, wird das Parlament in Gaia die Regierung stürzen und Neuwahlen ausrufen. Hoas Partei wird die Macht ergreifen. Wir werden unser Land nicht wiedererkennen. Sie schaffen die Meinungs- und Redefreiheit ab, schalten die anderen Parteien gleich, lösen irgendwann das Parlament auf und dann« – sie lachte höhnisch und schrie – »dann löschen sie die Marskolonie aus. Das ist alles, was ihr erreicht, ihr Narren!«

Athene war zum Heulen zumute. Doch sie riss sich zusammen und unterdrückte die Tränen. Sie traute sich nicht, den misshandelten Apoll anzusehen.

»Dazu hast du auch nichts zu sagen, Athene?«

Sie schwieg. Ihre Mutter ließ sie los. Eine Sekunde später riss Apoll die Augen auf. »Stopp«, brüllte er. Athene begriff. Ihre Mutter hielt ihr ihre Dienstpistole an die Schläfe. Sie hörte das leise Klicken, als Abebi die Waffe entsicherte.

»Mama, du bist verrückt. Am besten drückst du einfach ab. Erlöse mich von dir.«

Athene sah, wie Apoll weitersprechen wollte. »Halt deine verdammte Fresse, du Idiot«, schrie sie ihn an.

Abebi nahm langsam die Waffe von der Schläfe ihrer Tochter. Ein ungläubiger Ausdruck trat in ihre Augen. »Ich brauche nicht abdrücken, du Verräterin. Du bist für mich gerade auch so gestorben.« Mit einem schnellen Stoß rammte sie Apoll den Griff der Pistole ins Gesicht. Blut trat zwischen seinen Lippen hervor.

»Dann ist die Entscheidung gefallen. Ich werde die Marskolonie zerstören. Sie werden alle sterben.« Sie machte zwei Schritte rückwärts. Zu der Soldatin neben ihr sagte sie: »Bringt meine Tochter zurück in ihre Kammer. Bewacht sie rund um die Uhr. Ohne meine Erlaubnis wird sie den Raum nicht verlassen. Nicht mal zum Pinkeln.«

♀ ♀ ♀

Natalia rollte auf ihrem Drehstuhl von ihrem Pult zu dem kleinen Konferenztisch in dem Büro auf der Werftebene. Mailin und drei ihrer leitenden Ingenieurinnen waren gekommen, um den aktuellen Status über die Schäden durch die Treffer der Frachtcontainer zu berichten. An der Runde nahm außerdem Tuyet teil, die Leiterin der IT. Sie hatte mit ihrem Team untersucht, wie die Terroristen den Bordcomputer der Pendelfähre manipuliert hatten. Die Ergebnisse dieser Untersuchung hatten Natalia schockiert.

Mailin ergriff das Wort: »Das Wichtigste als Erstes: Wir haben einen Testlauf mit dem Lift durchgeführt. Er läuft, die Graphenbänder sind intakt. Das Gleiche gilt für die Dockebene. Nur ein Ausleger hat einen Treffer abbekommen und ist beschädigt. Das ist nicht so schlimm. Der Umschlag der Frachtcontainer ist also nicht beeinträchtigt.«

»Aber die beiden oberen Ebene sind völlig zerstört, oder? Habt ihr in der Zwischenzeit irgendetwas von dort retten können?«

Mailin schüttelte den Kopf. »Leider nein. Die oberste Ebene der Station ist ein Trümmerhaufen. Alle Werkstätten und Magazine sowie sämtliche Kampfroboter, die sich dort befanden, sind zerstört. Genauso schlimm sieht es eine Ebene tiefer aus.

»Können wir denn nichts mehr von unserer Kommandoebene nutzen?«

»Sieht schlecht aus. Die Außenhülle wurde an mehreren Stellen aufgerissen. Der Druck hat das Inventar nach außen geschleudert. Bildschirme, Stühle, Tische, alles in die Tiefe gestürzt und in der Atmosphäre verglüht. Alle Systeme auf der Ebene sind tot.«

Natalia seufzte. »So schlimm?«

»Die größten Probleme bereitet uns tatsächlich die Zerstörung der IT-Infrastruktur auf der fünften Ebene«, ergänzte die IT-Leiterin. »Dort stand eins unserer wichtigsten Quanten-Rechenzentren. Alles nur noch Schrott. Es war für die Steuerung der Pendelfähren, die Kontrolle der Raumstationen und in Teilen auch der Marskolonie verantwortlich.«

»Unsere besten Leute haben bereits alternative Rechenkapazitäten zugeschaltet«, mischte sich Mailin ein.

»Trotzdem, viele Funktionen stehen aktuell nur eingeschränkt oder gar nicht zur Verfügung«, sagte Tuyet. Sie sprach mit einem deutlich hörbaren Akzent. Vietnamesin, vermutete Natalia.

»Was ist mit den herumfliegenden Containern? Sind die alle unter Kontrolle?«

»Die Frachtdrohnen haben alle losen Container eingefangen. Es waren insgesamt fast 500. Rund fünfzig Container sind unkontrolliert Richtung Erde gestürzt.«

»Haben wir Schäden auf der Erde?«

»Sie sind großteils beim Eintritt in die Atmosphäre verglüht. Reste sind lediglich ins Meer und auf die nördliche Hemisphäre gestürzt. In Gaia kam niemand zu Schaden.«

Eine der anderen Ingenieurinnen hob den Finger. »Generalstabschefin, darf ich etwas fragen?«

»Natürlich. Nur zu.«

»Was wissen wir über die Vermissten?«

»Zu unserer großen Erleichterung sind Abebis Tochter Athene und Diana wohlauf. Man fand sie an Bord des Raumschiffs. Wie die Tochter der Ministerin dorthin kam, ist allen ein Rätsel.«

»Und, ich meine, Darija?«

»Sie ist tot. Wir fanden ihren Kopf im Treppen… Ich meine, wir haben ihren Tod festgestellt. Es tut mir leid. Sie war eine der Besten. Es ist ein großer Verlust.«

Sie sah, wie die Ingenieurin mit den Tränen kämpfte. Offenbar war sie mit der Kommandantin befreundet gewesen. Ihr selbst versetzte Darijas Tod jedes Mal, wenn sie daran dachte, einen Stich ins Herz. Sie hatte eine so glänzende Zukunft vor sich gehabt. Diese Mistkerle hatten sie auf dem Gewissen.

»So tragisch ihr Tod ist, hat sie doch vermutlich vielen Frauen, die sich im Treppenhaus aufgehalten haben, das Leben gerettet. Wir werden sie als wahre Heldin in Erinnerung bewahren.

Kolleginnen, danke für den Statusbericht. Zurück ans Werk, es gibt viel zu tun, damit wir unsere volle Einsatzfähigkeit zurückerlangen.« Nach einer Pause fügte sie hinzu: »Mailin, bleibst du bitte noch?«

Als die übrigen Frauen gegangen waren, stand Natalia von ihrem Drehstuhl auf.

»Stimmt es, was in dem Bericht der IT-Untersuchung zur Pendelfähre steht? Dass einer der Männer direkt in die Steuerungssoftware der Fähre eingegriffen und dort einzelne Befehle geändert hat?«

»Das stimmt leider tatsächlich. Ich konnte es anfangs selbst nicht glauben, habe es mehrfach überprüfen lassen. Ich musste die Kolleginnen mehr als einmal zurechtweisen, weil sie anfingen, diese Irren dafür zu bewundern.«

»Wie kann das sein?«

»Der Typ hat die Steuerungssoftware der Fähre so manipuliert, dass der Bordcomputer überzeugt war, alles richtig zu machen.«

»Mit einer menschlichen Pilotin an Bord der Fähre wäre das nicht passiert.«

»Der Gedanke kam mir auch schon. Offenbar hat uns die Automatisierung und exakte zeitliche Planung aller Abläufe verwundbar gemacht.«

»Das mag sein«, schob Natalia das Thema beiseite. »Aber die wichtigste Frage ist doch: Woher wissen sie all diese Dinge? Es fühlt sich so an, als lägen sämtliche Geheiminformationen offen vor ihnen aus. Wie kann das sein?«

»Willst du meine Meinung dazu hören, Natalia? Die gesamte Terrorattacke ist – verzeih mir bitte, dass ich es so offen ausspreche – brillant geplant und generalstabsmäßig koordiniert. Das alles trägt die Handschrift eines erfahrenen und bestens ausgebildeten Experten. Ich halte es für ausgeschlossen, dass einer der Jünglinge, die wir mit dreizehn oder vierzehn Jahren in die Kolonie geschickt haben, so etwas kann.«

»Diese Ansicht teile ich.«

»Deshalb glaube ich nicht, dass wir es mit Verräterinnen in unseren Reihen zu tun haben oder es ein Archiv gibt, in dem die Terroristen sich bedienen.«

»Sondern?«

»Einer hat überlebt.«

»Was? Wer?«

»Ich weiß es natürlich auch nicht genau. Es ist nur ein Verdacht. Der Gedanke kam mir vorhin.«

»Mailin, jetzt spann mich nicht auf die Folter. Wer hat deiner Meinung nach überlebt?«

»Einer der Pioniere, die wir 2048 zum Mars geschickt haben.«

»Wie bitte? Von denen ganz am Anfang? Die sind doch alle längst tot.«

»Ich fürchte, einer von ihnen hat überlebt. Und nicht irgendeiner.«

»Sein Name, Mailin.«

Natalia sah, dass ihre Kollegin auf dem Stuhl hin und her rutschte.

»Er setzte als erster Mensch seinen Fuß auf den Mars: Ko Tsung-Tsong. Er war der beste Raumfahrtwissenschaftler, den wir –« Sie unterbrach sich, schluckte hektisch. »Ich meine natürlich, den China je hervorgebracht hat. Genau genommen Taiwan, bevor China es annektiert hat.« Sie machte eine Pause. »Und ich befürchte, er ist noch lange nicht fertig mit uns.«

»Was soll das heißen? Er ist nicht fertig mit uns?«

»Wenn Ko Tsung-Tsong tatsächlich überlebt hat, dann hat er alles mitangesehen, das ganze Massaker in der Kolonie, alles. Er wird uns Gyne abgrundtief hassen. Und das Schlimme ist: Er kennt den Mars, die Stationen, die Fähren. Er kennt sie besser als wir.«

Natalia schwankte, spürte, wie ihre künstlichen Augen zitterten. Sie setzte sich auf ihren Stuhl. Sie musste Abebi informieren, sofort. Womöglich raste sie mit der Morgenröte geradewegs in die nächste Falle dieses Psychopathen.

KAPITEL 15
RÜCKKEHR

Mike beobachtete die Männer, die mit Hämmern und Meißeln an der Betonwand am Ende der Hauptröhre der Marskolonie arbeiteten. Staub und feine Betonbrösel bedeckten ihre Gesichter und Haare. Kürzlich hatten sie den Durchbruch geschafft und nun erweiterten sie das Loch, um sich Zugang zum Versorgungs- und Kommandobereich der Kolonie zu verschaffen.

Ein Mann, der ganz vorne arbeitete, drehte sich zu Mike um: »Es ist groß genug. Ich kann versuchen hindurch zu klettern.«

»Okay, aber sei vorsichtig. Auf der anderen Seite wartet vielleicht eine Falle auf uns.«

Der Mann griff nach einer Leuchte und zwängte sich durch die Wandöffnung. Mike folgte ihm mit Viktor und Luan. »Alle anderen warten hier. Wir prüfen die Lage«, sagte Mike. »Jack, pass auf, dass uns niemand folgt, und schick eine Nachricht an Primus, dass er kommen kann.«

Jack nickte und stellte sich vor das Loch. Einige Männer setzten neben ihm die Arbeit fort.

Auf der anderen Seite des Durchbruchs herrschten Dunkelheit und Stille. Die mächtige Hauptröhre verlief geradeaus durch den Tafelberg. Im Schein ihrer Leuchten konnten sie Abzweigungen sehen.

Laut Primus befanden sich im Versorgungs- und Kommandobereich der Kolonie zehn hallenartige unterirdische Räume. Sie gingen jeweils paarweise nach einem kurzen Quergang direkt von der Hauptröhre ab und verfügten über massive Sicherheitstore. In den beiden ersten gegenüberliegenden Räumen war die Atemluft- und Atmosphärenkontrolle untergebracht. Die Technik in der linken Halle entsprach exakt der in der rechten. Beide Anlagen konnten die Kolonie im Notfall allein versorgen. Dieses Prinzip der Redundanz galt für alle Versorgungseinrichtungen auf dem Mars.

Nach den beiden Räumen für die Atemluft- und Atmosphärenkontrolle folgte die Wasseraufbereitung, wieder als Paar redundanter Einrichtungen. Die dritten Quergänge belegten auf der rechten Seite der frühere Kommandoraum und gegenüber die vergleichsweise komfortablen Unterkunfts- und Aufenthaltsräume der rund fünfzig ehemaligen Offiziere der Kolonie. Laut Primus hatten in dem Offizierskasino ausschweifende Partys stattgefunden. In den anschließenden Gängen lagen die Serverräume mit den Hochleistungscomputern. Die beiden letzten Hallen beherbergten die Fusionsreaktoren, die alle Einrichtungen auf dem Mars inklusive des Lifts mit Energie versorgten.

In der Hauptröhre herrschte eine gespenstische Stimmung. Durch die Scheiben der Sicherheitstore drang der Schein einzelner bunter Lichter aus den seitlichen Räumen. Die Lüftung und die Wasseraufbereitung erzeugten ein gleichmäßiges Rauschen. Ansonsten war es still. Die Röhre war sauber und aufgeräumt. Sie führte unterirdisch bis zum Lift und weiter zum

Raumhafen. Primus ging davon aus, dass die Gyne vom Lift her die Hallen mit den Versorgungseinrichtungen regelmäßig aufsuchten. Die großen Maschinen und die IT mussten gewartet und repariert werden. Nun war aber niemand hier.

Viktor machte sich ans Werk, das Sicherheitstor zum rechten Serverraum zu öffnen. Primus hatte ihn gebeten, schnellstmöglich die Kontrolle über die Server der Kolonie zu übernehmen. Dann hätten sie endlich uneingeschränkten Zugriff auf alle Systeme.

Mike hingegen bog mit seiner Maschinenpistole im Anschlag zum früheren Kommandoraum ab. Luan folgt ihm. Die Tore zu diesem Raum und zum Bereich für die Offiziere standen als einzige offen. Neben dem Eingang fanden sie ein Paneel mit Lichtschaltern. Mike kippte wahllos einige Schalter auf und ab. Leuchten flammten an der Decke auf.

»Sieht so aus, als ob uns keine Fallen oder ein anderer Hinterhalt erwarten.« Sie schauten sich um. Der Raum hatte die Größe und Höhe einer Turnhalle, wies aber keine Fenster auf. In der Mitte und an den Rändern befanden sich Kontrollpulte. An der Stirnseite gegenüber der Tür hing ein Bildschirm, der die Hälfte der Wand einnahm. Mike wischte mit seinem Stiefel durch den roten Staub. Im Gegensatz zur Hauptröhre lag in dem Raum eine dicke Schicht davon am Boden und auf allen Gegenständen.

»Hier haben sich die Gyne offenbar nicht breitgemacht«, sagte Mike.

»Sie kontrollieren vermutlich alle Funktionen von der Orbitalstation aus. Glück für uns, das macht es uns einfacher.«

»Ha!« Mike lachte. »Gar nix, Luan. Die kontrollieren nichts mehr. Die haben nämlich keinen Anschluss mehr nach unten.«

Mike schritt durch den Raum und sah sich um. Er hatte gute Laune und pfiff vor sich hin.

Plötzlich hörte Mike Schritte vom Eingangstor her. Er schnellte herum, die Waffe im Anschlag.

»Ruhig, mein Großer. Ich bin's«, rief ihm Primus entgegen. Er ließ seinen Blick durch den Raum schweifen. »Mein Wohnzimmer«, rief er mit einem glucksenden Lachen aus. Als er sich den Kontrollpulten in der Mitte der Halle näherte, strahlte er über das ganze Gesicht. »Viele Jahre lang war dies mein täglicher Arbeitsplatz. Ich habe an keinem Tag gefehlt.« Er wischte mit dem Arm den Staub von dem breiten Kontrollpult in der Mitte des Raums herunter.

»Wird uns viel Arbeit kosten, hier klar Schiff zu machen.«

Primus drehte sich zu Luan um, der fasziniert die technischen Einrichtungen der Zentrale inspizierte. »Das Wohnzimmer gehört jetzt dir, mein Freund. Bring es auf Vordermann und nimm die Kommandozentrale so schnell wie möglich wieder in Betrieb. Hol dir so viel Unterstützung, wie du benötigst.« Er klopfte Luan auf die Schulter. »Macht euch am besten direkt an die Arbeit.«

Er wandte sich Mike zu. »Komm, mein guter Kämpfer. Wir müssen uns mit Bharat um den Raumhafen kümmern. Gemäß meinen Berechnungen könnten die Gyne in 12 bis 24 Stunden mit ihrem Kampfschiff eintreffen.«

»Von Apoll und Merkur haben wir weiter nichts gehört?«, fragte Luan.

»Sie können nicht mit uns kommunizieren. Das letzte Mal habe ich mit ihnen gesprochen, als sie mit Plutus zu ihrer Mission gestartet sind. Ich hoffe sehr, dass sie Erfolg hatten und das Kampfschiff der Gyne ausgeschaltet haben. Aber wir wissen es nicht. Falls die Gyne mit ihren Killerrobotern kommen, möchte ich ihnen dieses Mal einen würdigen Empfang bereiten.«

♂ ♂ ♂

Merkur schwitzte. Die Schweißperlen rannen ihm von den Schläfen und von seinem nackten Oberkörper hinab. Er hockte auf einem Eimer in einem schmalen, mehrere Meter langen Spalt und hatte das Eingabeterminal auf dem Schoß. Hinter ihm lag sein Block mit Notizen und hunderten von Zeilen Programmiercodes. Er arbeitete seit Tagen, schlief so gut wie nicht, hatte Hunger. Seine Augen brannten vom Blick auf den Bildschirm. Ununterbrochen wehte ihm warme Luft entgegen, die nach Elektronikteilen roch. Er befand sich in einem Abluftkanal hinter den Servern. Bis vor Kurzem hatten Apoll und Athene sich gemeinsam mit ihm hier versteckt. Athene hatte den Ort vorgeschlagen, damit die Soldatinnen sie nicht fanden.

Hunderte von kleinen Leuchtdioden flackerten an den Rückseiten der Geräte und tauchten ihn in ein grüngelbliches Licht. Er musste es schaffen, aber die Verschlüsselungen des Kampfschiffs erwiesen sich als extrem widerstandsfähig. Etliche Versuche, sie zu umgehen, hatten nicht funktioniert. Langsam stieg Verzweiflung in ihm auf.

Die Tür zum Serverraum öffnete sich, Merkur hielt den Atem an. Bisher war nur einmal eine Person erschienen. Sie hatte für rund eine halbe Stunde an einem der Schaltschränke gearbeitet, vermutlich ein Bauteil ausgewechselt. Sie hatte Merkur in dem dunklen Lüftungsschacht hinter den Geräten nicht entdeckt. Er hatte in der Zeit kaum gewagt zu atmen. Von der Vorderseite der Serverschränke her war er unsichtbar.

Und dieses Mal? Was hatte die Person vor? Wollte sie an die Rückseite der Server? Dann würde sie ihn sehen. Oder waren es mehrere? War er verraten worden und sie kamen, ihn zu holen? Merkur strengte sein Hörvermögen an. Wegen der Lüfter war es schwer, die Geräusche genau auszumachen. Jemand öffnete die schmale Tür aus Metall, die an der Seite der Serverschränke zum Lüftungsschacht führte. Die Person kam zu ihm. Panik erfüllte Merkur. Hastig griff er nach seinem Raumanzug, in dessen Beintasche die Pistole steckte. Das Eingabeterminal fiel ihm vom Schoß und polterte auf den Boden. Hektisch nestelte er an der Beintasche herum. Er hörte, wie die Person sich an den Servern vorbei in seine Richtung schob. Endlich, die Pistole. Mit zitternder Hand zog er sie aus der Tasche, entsicherte sie und hielt sie vor sich.

Er riss die Augen auf, saß mit offenem Mund auf dem Eimer, in den hinein er seine Notdurft verrichtete, ließ die Waffe sinken.

»Diana? Was machst du denn hier? Ich dachte, du

wolltest mit uns für den Rest deines Lebens nichts mehr zu tun haben?«

Sie schaute etwas verlegen, strich sich die rotbraunen Haare hinter die Ohren zurück. »Wollte nur mal schauen, wie es dir geht. Ob du noch lebst.«

Ein Lächeln trat in Merkurs Gesicht. Der Schreck wich aus seinen Gliedern. Er atmete mehrmals tief ein und aus, lachte dann leise.

»Du hast mich zu Tode erschreckt. Ich hätte fast auf dich geschossen.«

»I am sorry, man, wollte ich nicht.«

Eine Pause entstand.

»Wie geht es dir?«, fragte Diana.

Merkur reckte sich auf seinem Eimer. »Meine Augen brennen, meine Beine schmerzen, ich schwitze wie ein Schwein, ich habe Hunger und Durst und keine Ahnung, wie ich die Verschlüsselung des beschissenen Raumschiffs umgehen kann. Also, ein leckerer Cocktail unter Palmen wäre mir jetzt lieber.«

Diana schmunzelte. »Warm ist es hier ja wie im Sommer am Strand. Nur die Palmen und der Sand fehlen.«

Sie kicherten gemeinsam.

»Sag mal, wie sieht es draußen aus? Hast du etwas von Apoll und Athene gehört, seit sie hier raus sind?«

»Naja, offiziell natürlich nicht. Aber über den Flurfunk. Es gibt kaum ein anderes Thema auf dem Schiff. Apoll und Athene haben sich entdecken lassen – so wie ihr es geplant hattet. Athenes Mutter soll ihn ziemlich heftig gefoltert haben, um ihn zum Reden zu bringen. Ohne Erfolg, wie es scheint. Dann hat sie angeblich

Athene – ihrer *eigenen* Tochter – vor ihm ihre Pistole an die Schläfe gedrückt. Völlig verrückt. Athene ist jetzt in der kleinen Kammer eingesperrt, wird rund um die Uhr bewacht.«

»Sie haben also nichts verraten?«

»Sieht so aus, sonst hätten die Soldatinnen dich hier sicher schon herausgeholt.«

»Scheiße, dass sie Apoll fertigmachen. Aber zum Glück ist er am Leben, der Kerl ist hart im Nehmen, wird das schon aushalten irgendwie.« Merkur schnaubte verächtlich aus. »Ich muss diese Codes knacken, verflucht. Sonst sind wir alle erledigt und die gesamte Kolonie mit uns.«

Diana zog ihr dunkelblaues Sweatshirt aus, das mit dem Logo der Weltraumwerft und ihrem Namen beflockt war. Dann schloss sie unvermittelt die Augen und griff ruckartig in ihre rechte Hosentasche. Sie holte einen glänzenden Gegenstand hervor.

»Was ist das?«

Diana zögerte, umschloss das kleine Gerät wieder mit den Fingern. Merkur spürte, wie unterschiedliche Auffassungen in ihr kämpften.

Plötzlich streckte sie die Hand vor und hielt ihm den Stick hin.

»Hier.«

Merkur griff danach.

»Ist es das, was ich denke, was es ist?«

Sie presste die Lippen aufeinander, nickte nur kurz.

Merkur kam hoch, trat dicht an Diana heran und umarmte sie nach langem Zögern schließlich in dem engen Lüftungsspalt. Er wusste, dass er stank wie ein

Berglöwe, seine Haut vom Schweiß klebte und er völlig verschmutzt war. Aber ihm war danach. Er hielt sie fest. Es dauerte einige Sekunden, dann spürte er auf seinem nackten Rücken ihre Hände, wie sie seine Umarmung erst zögernd, schließlich kräftiger erwiderten. Nie zuvor im Leben hatte er eine so zärtliche Umarmung erlebt, Wärme durchströmte ihn, Gefühle, die er nicht kannte.

»Danke«, sagte er leise. Er schob sie vorsichtig zurück und blickte in ihre Augen. »Warum tust du das?«

»Als ich gehört habe, was Abebi tut, ist mir schlecht geworden. Sie will die Marskolonie zerstören, alle Männer töten. Das ist einfach nicht richtig. Wenn ihr sie irgendwie aufhalten könnt, dann tut das.«

Merkur nickte. Ihm lagen so viele Fragen auf der Zunge, aber sie hatten nur wenig Zeit. Bald würde das Raumschiff ankommen. »Wäre es für dich okay, wenn wir die Schlüssel-Codes von dem Stick gleich ausprobieren?«

Diana lächelte wieder. »Sure, können wir machen.«

Merkur drehte die kleine Kiste um, in der sich Lebensmittel und Getränke befunden hatten, und bot sie Diana als Sitzplatz an. Sie trat noch einmal direkt vor ihn, streichelte ihm die zerzausten Haare aus der Stirn und gab ihm einen Kuss.

In dem Moment vibrierte ihr Communicator. Eine tiefe, bedrohliche Stimme erklang: »Nachricht von Endgegner.«

Merkur lachte prustend auf. »Was bitte war das?«

»Das, ähm«, sagte sie, »das ist das Eingangssignal für Nachrichten von Athenes Mutter.« Sie blickte auf das Gerät an ihrem Handgelenk. »Sie will mich sprechen.«

»Sie hätte sich keinen schöneren Moment aussuchen können, dir das mitzuteilen. Sie hat offenbar ein Händchen fürs perfekte Timing.«

Diana streifte ihre Kleidung glatt. Sie griff sich ihr Sweatshirt und machte einen schnellen Schritt auf Merkur zu, küsste ihn und verschwand.

♀ ♀ ♀

Diana stieg die Treppe vom mittleren Deck nach oben. Was würde sie bei Abebi erwarten? Sie hatte die Mutter ihrer Freundin in der Vergangenheit oft getroffen, meist privat in deren elegantem Wohnhaus oder in dem kleinen Innenstadtapartment von Athene. Ihr Verhältnis war distanziert geblieben, obwohl Abebi ihre Erfolge an der Universität gern überschwänglich lobte. Aus Gesprächen mit Athene wusste sie, dass dieses Lob eher als Tadel für die eigene Tochter gedacht war.

Sie hatte schon in den vergangenen Tagen damit gerechnet, dass Abebi sie zu sich rufen würde. Sie befürchtete, dass die Ministerin ahnte, dass nicht nur Athene ihr gegenüber nicht aufrichtig gewesen war. Ein Gespräch mit Abebi war das Letzte, was sie sich wünschte.

Sie klopfte und trat nach einem deutlich vernehmbaren »Herein« in das Zimmer der Kommandantin. Abebi blickte von ihrem Pad-Computer auf. Sie saß an einem kleinen Tisch und wies mit der Hand auf den freien Sessel ihr gegenüber.

»Hallo Diana. Setz dich, danke, dass du sofort

kommen konntest.«

»Natürlich, Abebi.«

»Wie geht es unserer IT-Infrastruktur? Läuft alles, wie es soll?«

»Ja, Ministerin, alle Systeme laufen. Uns bereiten nur einige veraltete Schnittstellen Sorge. Aber wir kümmern uns darum. Mailin versorgt uns von der Orbitalstation aus mit Updates.«

»Gut.« Abebi machte eine Pause. Diana fühlte sich mit jeder Sekunde unwohler. »Du ahnst vermutlich, warum ich mit dir sprechen möchte?«

Diana schnürte es die Kehle zu. Wusste Athenes Mutter etwas von ihrer Zusammenarbeit mit den beiden Männern vom Mars? Hatte sie Verdacht geschöpft? Diana kannte keine Frau, die so durchtrieben und machtgesteuert war wie Abebi.

»Ich mache mir Sorgen um Athene. Sie hat sich so verändert. Schon immer sympathisierte sie mit diesen kruden Ideen für einen gerechteren Umgang mit den Männern. So ein naiver Unsinn. Doch zuletzt scheint aus dieser Sympathie mehr geworden zu sein. Kannst du mir etwas dazu sagen, Diana?«

Abebi fixierte sie mit einem durchdringenden Blick. Diana biss die Zähne aufeinander und versuchte mit aller Kraft, sich ihre Nervosität nicht anmerken zu lassen.

»Weißt du, Athene und ich haben uns zuletzt entfremdet. Ihr ging es immerzu um diese politischen Themen. Du weißt ja, dass meine Interessen ganz andere sind. Unsere Schnittmenge an Gemeinsamkeiten schrumpft jede Woche mehr.«

Abebi schürzte die Lippen und nickte sacht, verständnisvoll. »Ja, politische Themen sind für Zivilistinnen oft nicht allzu spannend. Aber auch von mir hat sie sich immer weiter entfernt.«

Die Ministerin zog die Pause in dem Gespräch abermals künstlich in die Länge. Doch Diana gewann wieder an Selbstvertrauen. So nicht, dachte sie sich. Ich falle auf deine psychologischen Spielchen nicht herein.

Plötzlich beugte sich Abebi vor und legte Diana ihre rechte Hand auf die Schulter. Sie fühlte sich unerwartet schwer an, offenbar verstärkte Abebi den Druck. Sie kam Dianas Gesicht auf bedrohliche Weise nahe.

»Glaubst du, dass Athene etwas mit den Anschlägen der Terroristen zu tun hat? Hat sie ihnen bei der Vorbereitung geholfen?«

Diana atmete innerlich auf. Ohne lügen zu müssen, sagte sie mit fester Stimme: »Nein, Athene wusste sicher nichts von den Angriffen. Ich kann mir nicht vorstellen, dass sie vor dem Zusammentreffen hier je Kontakt zu ihnen hatte. Wirklich, das glaube ich nicht.«

»Wir sind überrascht, wie gut sich die Terroristen auskennen und daher besteht der Verdacht, dass eine oder sogar mehrere Frauen sie mit Informationen versorgt haben könnten.«

Innerlich entspannte sich Diana ein wenig. Offenbar hatte Abebi keinen Verdacht gegen sie. Oder? War das nur ein Trick, um sich in Sicherheit zu wiegen? Sie legte besser noch mal nach: »Dafür lege ich meine Hand ins Feuer, Abebi. Athene hat den Männern auf dem Mars ganz sicher keine Informationen geschickt. Soweit ich es beurteilen kann, wusste sie bis zu dem Trip zur

Orbitalstation auch ziemlich wenig über die Technik. Ihr Thema ist ja eher die Politik.«

Abebi nahm die Hand von Dianas Schulter und lehnte sich in ihrem Stuhl zurück. Sie blickte wieder aus dem Fenster ins All.

»Es ist schon seltsam, wie weit eine Mutter und ihr Kind sich voneinander entfernen können, oder?«, sagte sie mehr zu sich selbst als zu Diana.

Diana zögerte, dann blickte sie ebenfalls nach draußen. »Das tut mir leid, Abebi. Ich mag Athene, doch wir leben inzwischen in verschiedenen Welten.«

»Hoffen wir, dass sie bald den Weg zurückfindet. Danke für deine Zeit. Du wirst sicher dringend für weitere Updates gebraucht.«

Als Diana das Zimmer der Kommandantin verlassen und die Tür geschlossen hatte, lehnte sie sich im Korridor an die Wand und atmete mehrmals tief ein und aus. Das war knapp, dachte sie. Hoffentlich hatte Abebi keinen Verdacht geschöpft.

♂ ♂ ♂

Apoll spürte seine Hände nicht mehr. Seine Zehen baumelten ein Stück oberhalb des Stahlbodens. Sein ganzes Gewicht hing an seinen Handgelenken. Die Schellen schnitten in sein Fleisch. Rinnsale von Blut liefen ihm die Arme hinunter. Wie viele Stunden es wirklich waren, konnte Apoll immer schlechter einschätzen. Es fühlte sich wie eine Ewigkeit an. Er hatte entsetzlichen Durst. Seine trockene, geschwollene Zunge klebte am Gaumen. Sein Oberkörper schmerzte höllisch bei jedem Atemzug. Vielleicht hatte Abebi ihm mit dem Gewehrkolben eine Rippe gebrochen.

Als sie ihren Plan in aller Eile geschmiedet hatten, hatte Athene ihn vor ihrer Mutter gewarnt. Sie sei cholerisch und brutal und noch viel grausamer, wenn sie dies für zweckmäßig hielt. Apoll hatte gelächelt. Sie werde wohl kaum handgreiflich werden, hatte er gemeint. Und wenn schon, das werde er aushalten. Jetzt graute ihm davor, dass er weitere Stunden in dieser Lage verbringen musste.

Aber Apoll ertrug die Schmerzen und die Demütigung. Denn gleichzeitig empfand er eine Aufgeregtheit wie seit über zehn Jahren nicht mehr. Er konnte immer noch nicht glauben, dass er das Mädchen aus der Schule wiedergetroffen hatte. Er hatte sie im Bruchteil einer Sekunde wiedererkannt. Diese Stellung der Augen und die Form der Wangenknochen existierten nur einmal. Sie hatte sich über die Jahre verändert, war zu einer Frau gereift. Doch ihre Augen waren dieselben geblieben. Wie ein Blitz war dieses Gefühl in ihn gefahren.

Er fühlte sich beschämt, dass sie ihn in seinem Zustand gesehen hatte. Entkleidet und verprügelt. Was für eine groteske Situation. Er, der Widerstandskämpfer, traf die Tochter der Frau, die ihm dies antat und der Gegner aller Männer war. Es kam ihm vor, als zöge ein verrückter Puppenspieler im Hintergrund die Fäden dieser Geschichte. Es fiel schwer zu glauben, dass allein der Zufall ihre Wege an diesem Ort zusammengeführt hatte.

Er fragte sich, ob er für Athene Liebe empfand. Was war das, Liebe? Er musste sich weit zurückerinnern, um zu dem Moment zu gelangen, wo er etwas wie Liebe das letzte Mal empfunden hatte. Es war der Tag gewesen, als er sich von seiner Großmutter verabschieden musste. Sie starb bei der Überfahrt mit dem Rettungsschiff vom zerstörten amerikanischen Kontinent nach Lagos. Seine letzten Erinnerungen an sie bestanden darin, dass sie fiebrig und schweißbedeckt auf einer Pritsche lag. Anfangs hatte ihr Körper gezittert. Nach und nach wurde das Zittern immer schwächer. Ich liebe dich, waren ihre letzten Worte an ihn. Dann setzte unmerklich ihr Atem aus, während ihre Augen ihn weiter anblicken. Erst nach einer Weile realisierte er, dass sie tot war. Andere Frauen auf dem Rettungsschiff nahmen ihn in den Arm und trösteten ihn. Das war freundlich von ihnen, jedoch keine Liebe. Auch in der Schule in Gaia hatte er dieses Gefühl nicht erlebt. Seine Blicke für das unbekannte Mädchen, das ihm nun wieder begegnet war, entsprachen eher einer flatterhaften Aufgeregtheit oder einer nervösen Verliebtheit. Apoll wusste, dass Liebe etwas anderes war. Ob er überhaupt fähig war, sie zu empfinden?

In dem Raum befanden sich mit Apoll drei Soldatinnen. Eine stand an der linken Wand, eine an der rechten und die dritte neben der Tür. Apoll vermutete, dass die vierte Soldatin vor der Tür patrouillierte. Aktuell schätzte er seine Chance gleich null ein, sich aus eigener Kraft zu befreien. Das war aber auch nicht Teil ihres Plans. Leider.

Er hob den Kopf. »Ich muss pissen«, lallte er.

Die Soldatinnen reagierten nicht.

Er wiederholte es: »Ich muss pissen.«

Zwei der Soldatinnen sahen sich fragend an, zuckten mit den Schultern. Die Soldatin an der Tür erklärte: »Der Befehl der Ministerin war eindeutig. Er bleibt, wo er ist.« Sie blickte starr an ihm vorbei.

Apoll urinierte auf den Boden vor ihnen.

Die rechte Soldatin verzog angewidert das Gesicht. Die Linke kicherte.

»Kein Ort für Eitelkeit«, sagte Apoll leise. In den Comics seiner Kindheit hatten die Helden deutlich coolere Rollen.

♀ ♀ ♀

Abebi wandte sich an die wachhabende Offizierin auf der Brücke. »Tara, holt den Terroristen und meine Tochter her. Zieht ihn wieder an. Er behält seine Fesseln angelegt. Bewacht beide gut. Ich will keine Überraschungen erleben.«

Tara war eine mittelgroße und kräftig gebaute Frau, die aus dem früheren Indien nach Gaia geflüchtet war. Natalia hatte sie Abebi auf der Orbitalstation für die Besatzung des Raumschiffs empfohlen. Sie kannte sie gut und vertraute ihr.

»Verstanden, Kommandantin. Wird erledigt«, sagte Tara und verschwand mit zwei Soldatinnen von der Brücke.

Sie waren angekommen. Durch das Fenster vor sich sah Abebi die Orbitalstation über dem Mars. Sie hatte mit deren Kommandantin Emma länger gesprochen. Dort schien alles ruhig zu verlaufen. Jedoch hatten sie keine Informationen, was in der Kolonie vor sich ging.

Die Terroristen hatten alle Kommunikationskanäle gekappt und außer der Nachricht vom Tag der Attacke mit der Pendelfähre hatten die Männer keine Mitteilung an sie gesendet. Abebi vermutete, dass die Anführer dieses Angriffs krampfhaft versuchten, die Kontrolle über die Marskolonie zu übernehmen. Hoffentlich boten ihnen die Wächter ordentlich Gegenwehr. Vielleicht wäre es klug gewesen, diese selbsternannte Polizei, die sich in der Kolonie gebildet hatte, durch die Gyne zu kontrollieren und auszustatten. Sie hatten es laufen lassen, wie vieles andere auf dem Mars. Doch für die Zukunft spielte das keine Rolle. Nun war sie am Zug, und ihr erster Zug würde diese Terroristen für immer vernichten.

»Richtschützin, hast du die Zielkoordinaten eingegeben und überprüft?«

»Ja, sende sie zur Bestätigung.«

Auf dem rechten Bildschirm vor Abebis erhöhtem Sitz erschien eine Reihe von Ziffern und Symbolen. Sie glich die Koordinaten ab. Sie hatten das richtige Ziel anvisiert. Sie bestätigte die Zieleingabe.

»Torpedorohre eins und zwei feuerbereit? Bestätige Munitionierung.«

»Erstes und zweites Torpedorohr feuerbereit. Munition Bunkerbrecher mit unterirdischer Zündung.«

»Bestätigt«, sagte Abebi. »Flugoffizierin, wann erreichen wir unsere Schussposition?«

»In 6 Minuten und 42 Sekunden.«

Nach den furchtbaren Ereignissen auf der Orbitalstation über der Erde fühlte Abebi erstmals wieder ein wenig innere Befreiung. Schon bald würde dieser ganze

Spuk ein Ende haben. Sie zahlten einen hohen Preis dafür, aber dieses Ende war den Preis wert. Der Erhalt des Staates Gaia war jeden Preis wert.

»Kommandantin?« Tara stand im Eingang zur Brücke. »Der Gefangene und deine Tochter sind hier. Erbitte Erlaubnis, mit ihnen einzutreten.«

»Gewährt. Bringt sie zu mir, aber haltet den Terroristen gut fest. Wenn er sich rührt, streckt ihn nieder.«

»Mutter, was hast du vor?«, sagte Athene, als sie neben den erhöhten Kommandositz trat.

»Athene, das Schiff ist in Kampfbereitschaft. Auf der Brücke wirst du nur sprechen, wenn ich dich dazu auffordere. Hast du das verstanden?«

Athene verschränkte die Arme vor der Brust.

»So, Apoll-Gott, nun zu dir. Anders als ihr Männer verfügen wir Frauen über die Fähigkeit zur Nachsicht. Ich gebe dir daher nun eine letzte Chance, dein Schweigen zu brechen und mir mitzuteilen, wer die weiteren Terroristen sind und wo sie sich aufhalten.« Sie drehte sich in ihrem Sitz zu ihm um. »Nun, ich höre.«

Apoll schwieg.

»Du willst mir nichts sagen?«

Apoll schwieg weiter.

»Lass mich deinem Gedächtnis ein wenig auf die Sprünge helfen. Wir wissen, wer euren Terrorhaufen anführt. Sagt dir der Name Ko Tsung-Tsong etwas?«

Abebi beobachtete ihn genau, wollte wissen, wie er auf den Namen reagierte.

Er zuckte zusammen. »Wer soll das sein?«, fragte er mit behäbiger Stimme in Abebis Richtung.

Sie schnaubte verächtlich. »Willst du mit deiner

Frage Zeit schinden? Ko Tsung-Tsong ist der einzige Mann, der über das Wissen verfügt, diesen Terrorangriff auszuführen, und von dem wir nicht mit Sicherheit sagen können, dass er tot ist.«

Sie wandte sich nach vorn. »Flugoffizierin, haben wir unsere Schussposition erreicht?«

»Ja, Schussposition erreicht, wird gehalten.«

»Gut. Torpedos bereit machen zum Abschuss.«

»Bereit, Kommandantin.«

»Da der Held mir offenbar nicht weiterhelfen möchte, kannst du es ja tun, Athene. Wer ist der zweite Terrorist, der in der Pendelfähre mitgefahren ist, und wo befindet er sich? Oder sind es noch mehr?«

Doch Athene antwortete nicht auf die Frage. »Was hast du vor, Mutter? Du willst doch nicht die Marskolonie in die Luft jagen?«

»Natürlich nicht, Athene. Das wäre ja ziemlich dämlich. So etwas machen nur Männer. Nein, wir Frauen arbeiten mit dem Skalpell, nicht mit dem Hammer. Ich zerstöre die Atemluft- und Atmosphärenversorgung. Ihr zwingt mich dazu. Leider müssen alle Männer sterben. Ein wirtschaftlicher Verlust, aber verkraftbar. In unserer Zukunft benötigen wir die Männer nicht mehr, weder auf dem Mars noch auf der Erde.«

»Dein Plan zur Deandronisierung. Du schaffst einfach Fakten. Was bist du nur für ein Mensch, Mutter? Du bist ein Monster. Du bist genauso schlimm wie die Männer in den USA, Russland oder China, die damals die Erde zerstört haben.«

»Pah, das ist ja absurd. Ich sorge für Recht und Gesetz. Und unser Terrorexperte neben dir hat ja die Möglichkeit, mir die Namen zu nennen. Dann lässt sich der Tod aller Männer vielleicht verhindern.«

»Vielleicht? Was soll das heißen?«

»Vielleicht heißt, dass ich nicht weiß, ob mir seine Antworten wirklich weiterhelfen.«

Abebi wandte sich von ihrer Tochter ab. »Genug geredet, wir verlieren nur wertvolle Zeit. Richtschützin, Feuer auf mein Kommando. Aktuelle Trefferwahrscheinlichkeit?«

»96 Prozent, Kommandantin.«

Abebis Finger klammerten sich fest um das Polster der Armlehne. Sie spürte ihr Herz pochen. »Richtschützin, Feuer in drei, zwei ...«

Ein Knall tönte durch die Brücke. Einige Frauen schrien auf. Athene hielt die Handfeuerwaffe der sie bewachenden Soldatin auf ihre Mutter gerichtet.

Abebi hing vornübergebeugt in ihrem Sitz. Es dauerte einen Moment, bis die Wachsoldatin reagierte. Sie war vor Schreck völlig erstarrt gewesen. Sie riss Athene die Waffe aus der Hand, drehte ihr den Arm auf den Rücken und zwang sie zu Boden.

»Die Bordärztin, sofort« rief die Flugoffizierin.

Abebi ächzte und keuchte. Sie drückte mit dem einen Arm ihren Oberkörper nach oben und besah prüfend ihre Seite. Doch an ihrer Kleidung fand sich kein Blut. Sie hob langsam den Kopf und schaute mit schmerzverzerrtem Gesicht zu ihrer Tochter am Boden. Die Faustfeuerwaffe hatte keine Kugel, sondern ein Projektil aus Gummi abgefeuert.

Sie blickte ihre Tochter völlig entgeistert an. »Aus

meinen Augen. Führt sie ab. Und ihn auch«, sagte sie mit heiserer Stimme. »Und degradiert diese dumme Soldatin, deren Waffe meine Tochter sich gegriffen hat, bis zur Kombüsenaushilfe.«

Der blanke Hass trat in ihr Gesicht. Sie schrie: »Ich werde sie vernichten. Sie werden alle sterben. Diese elenden verabscheuungswürdigen Bastarde. Sterbt!«

Nichts und niemand würde sie jetzt mehr aufhalten. Sie wandte sich mit einer grimassenhaft verzerrten Miene nach vorn und rief: »Richtschützin, Feuer frei, jetzt!«

Doch während Abebi den Befehl ausrief, erloschen die Bildschirme vor ihr. Auch die Instrumentenbretter vor den Offizierinnen schalteten sich ab. Das Licht ging bis auf die Notbeleuchtung aus. Das Raumschiff setzte sich in Bewegung. Vom Ausgang der Brücke drang ein Jubelschrei durch den Raum, Apolls Jubel.

♂ ♂ ♂

In dem schmalen Spalt hinter den Schränken der Server schlug sich Merkur mit den Fäusten auf seine Knie. Er hatte es geschafft, er hatte das Raumschiff unter Kontrolle gebracht. Eine riesige Anspannung wich von ihm. Wie ein Verrückter hatte er programmiert. Dianas Codes hatten ihm Zugang zu den entscheidenden Schnittstellen gegeben.

Für ihn gab es nun nichts mehr zu tun. Das Raumschiff hatte alle Befehle von ihm erhalten. Sämtliche Bedienelemente auf der Brücke hatte er deaktiviert. Was für ein glücklicher Zufall, dass im Zielspeicher des

Navigationssystems noch der Raumhafen auf dem Mars als eines der letzten Ziele eingespeichert war. Offenbar hatten die Frauen das Raumschiff seit dem Massaker auf dem Mars vor zehn Jahren nicht benutzt.

Er wischte sich den Schweiß von der Stirn und den Schläfen. In großen Schlucken trank er den Rest aus der Wasserflasche. Er dachte an den Kuss. Verdammt, er hatte eine Frau geküsst. Welcher Mann auf dem Mars konnte das von sich behaupten? Primus vielleicht? Sonst aber sicher niemand. Er grinste. Bisher hatte er sich nur für Männer interessiert und Apoll für dessen romantische Pärchen-Vorstellungen verspottet.

Er spürte, wie das Raumschiff Richtung Mars beschleunigte. Er wiegte mit seinem Oberkörper vor und zurück und pfiff das Lied, das Apoll im Rettungsmodul mit der Maultrommel gespielt hatte. Laut Dianas' Angaben verfügte das Schiff über ausreichende Hitzeschilde, um in die dünne Atmosphäre des Mars einzudringen. Ihm war bereits jetzt warm genug. Auf noch mehr Hitze verzichtete er gern. Das Raumschiff würde eine elliptische Bahn fliegen, um im richtigen Winkel in die Marsatmosphäre einzutauchen. Anschließend nahm es aus Südost Kurs auf den Raumhafen und setzte auf dem Launchpad Nummer eins auf. Er hoffte, die Männer auf dem Mars wären vorbereitet. Falls sie es nicht waren, würde hoffentlich ihre schiere Zahl von 100 000 genügen, die Gyne zu überrennen.

♂ ♂ ♂

Primus saß auf einem Stuhl im Towerraum des alten

Raumhafens. Seine Männer waren in Alarmbereitschaft. Würde das Raumschiff der Gyne kommen? Und wenn ja, wann traf es ein? Laut seinen Berechnungen lag der früheste Zeitpunkt bereits acht Stunden zurück. Immerhin hatte Viktor das Flugradar wieder in Betrieb genommen. Sobald das Schiff in den Luftraum über der Kolonie eindrang, sollten sie es erfahren.

Er hoffte, dass die Gyne direkt zur Oberfläche des Mars fliegen würden. Wenn sie aus dem Marsorbit das Feuer eröffneten, hätten sie kaum eine Chance.

Ein junger Mann, der nach Viktors Einweisung das Flugradar beobachtete, meldete sich: »Auf dem Radar ist ein Objekt erschienen.«

Primus erhob sich mühsam von seinem Stuhl und trat neben ihn. Auf dem Radar war ein Objekt in rund 1 000 Kilometern Entfernung zu sehen, das sich aus südöstlicher Richtung auf die Kolonie zubewegte.

Mike betrat im Laufschritt den Raum und trat zu Primus.

»Sie kommen?«

»Sieht so aus. Ist die Atmosphärenhalle geräumt? Die Tore der Transferhalle geschlossen? Alle Männer in den Wohnquartieren?«

»Yep, ist alles erledigt.«

»Wenn sie auf das Dach der Atmosphärenhalle feuern, bricht sie binnen Sekunden zusammen.«

Primus' größte Sorge galt jedoch den beiden Hallen mit der Atemluft- und Atmosphärenversorgung. Würde er selbst den Mars angreifen und möglichst viele Menschen töten wollen, würde er sie zum Einsturz bringen. Kurze Zeit später würde die gesamte Kolonie nicht mehr mit Atemluft versorgt. Spätestens nach 48 Stunden dürfte der Sauerstoffgehalt so weit gesunken sein, dass die letzten Männer starben. Bei den Strafaktionen der Gyne hatten sie jedes Mal einen Vorgeschmack davon bekommen. Sie würden röchelnd verrecken. Vorsorglich hatte Primus den Sauerstoffanteil der Luft so weit erhöhen lassen, wie es möglich war. Das gewährte ihnen einige zusätzliche Stunden.

Er wandte sich wieder an Mike. »Wie weit ist Luan mit seinem Team? Kommen sie voran?«

»Schwierig. Das kleine Aggregat im früheren Offizierskasino ist fast fertig, aber das kann nur ein paar Räume versorgen. Das große Gerät braucht noch Zeit. Immerhin sind alle wichtigen Teile aus der Halle raus.«

Primus hatte befohlen, dass sie eine der beiden redundanten Anlagen aus dem Versorgungstrakt ausbauten und in die Wohnkolonie versetzten. Primus fühlte sich unwohl, dass er nicht wusste, was die Gyne tun würden. Er konnte sich nur eingeschränkt vorbereiten. Das gefiel ihm nicht.

»Flugobjekt trifft in circa fünfzehn Minuten ein«, sagte der junge Mann am Flugradar.

Primus warf einen erneuten Blick auf den Bildschirm. Das Flugobjekt befand sich im Landeanflug auf den Raumhafen. Kein Zweifel, die Gyne kamen. Offenbar planten sie nicht, aus großer Entfernung auf die Versorgungsanlagen der Kolonie zu feuern, zum Glück.

Was hatten sie stattdessen vor? Wollten sie verhandeln? Primus glaubte es nicht. Vermutlich brachten sie ihre Armee von Kampfrobotern zurück zum Mars, um mit ihnen die Kolonie zurückzuerobern. Doch dieses

Mal war er vorbereitet. Er würde sich nicht kampflos ergeben. Sie würden ihren Planeten verteidigen, bis der letzte Mann gefallen war.

♀ ♀ ♀

Abebi brüllte die Flugoffizierinnen an. Sie empfand Wut und Verzweiflung. Das konnte doch nicht wahr sein. Hatten die Terroristen heimlich die Kontrolle über die Morgenröte erlangt? Wie konnte das passieren? Ihr Oberkörper schmerzte höllisch, wo sie das Gummiprojektil getroffen hatte.

Die IT-Leiterin war totenbleich zu den Serverräumen gestürzt, als die Bedienelemente und Bildschirme auf der Brücke ausgefallen waren. Bisher hatten sie den Zugriff auf ihre Computersysteme nicht wiedererlangt. Abebi wollte platzen vor Anspannung. Es war nicht möglich, das Raumschiff manuell zu steuern. Der Bordcomputer führte alle Steuerbefehle elektronisch aus. Man hatte sie auf ihrem eigenen Schiff zu Gefangenen gemacht.

Während der letzten Minuten hatte der Eintritt in die Marsatmosphäre das Schiff durchgeschüttelt. Durch die Fenster hatten sie von der Hitzeentwicklung Feuerzungen an der Außenhülle emporschnellen sehen. Abebi konnte die Oberfläche des Mars klar erkennen und darauf zeichnete sich der gigantische Graben Valles Marineris ab. Kein Zweifel, sie flogen nach Hebes Chasma, zur Marskolonie.

»Kommandantin«, meldete sich die Navigationsoffizierin. »Ein Radar hat uns von der Oberfläche des

Mars aus erfasst.«

Abebi sog scharf die Luft ein und schüttelte den Kopf. Die Männer benutzten das Radar des alten Raumhafens. War das zu fassen?

»Alle auf Gefechtsstation. Vermutlich landen wir auf dem alten Raumhafen. Aktiviert die Kampfroboter und lasst sie vor der großen Bodenluke antreten. Wir wissen nicht, was uns dort unten erwartet.«

Abebi ließ einen Notruf an die Orbitalstation über dem Mars absetzen. Sie hatte kaum Hoffnung, dass Emma ihnen helfen konnte. Was sollte sie auch tun? Die Station selbst verfügte über keine Bewaffnung, die Anzahl ihrer Kampfroboter und Soldatinnen war empfindlich dezimiert.

In ihrem Raumschiff sah es kaum besser aus. Gerade einmal 32 Bots befanden sich an Bord. Dazu kamen rund 100 bewaffnete Soldatinnen. Was für eine lächerliche Streitmacht! Auf dem Mars waren 100 000 Männer! Sie würden sie überrennen.

»Kommandantin, bitte in den rechten Serverraum. Wir haben den zweiten Terroristen. Die IT-Leiterin hat ihn hinter den Schaltschränken entdeckt«, meldete sich die wachhabende Offizierin Tara.

Abebi sprang von ihrem Sitz auf. Endlich ein Hoffnungsschimmer. Konnten sie die drohende Katastrophe noch abwenden? Sie eilte durch die Brücke und lief den gebogenen Korridor entlang.

Als sie vor dem Serverraum ankam, hatte Tara den Mann mit zwei Soldatinnen bereits aus dem Lüftungsspalt gezerrt und vor die Tür befördert. Er hatte etliche Schrammen und Abschürfungen davongetragen.

»Du bist also der Terrorhacker. Haben wir dich endlich erwischt.«

Sie zog ihre Pistole, entsicherte sie direkt vor seinem Gesicht.

»Du wirst das Landemanöver sofort stoppen. Sonst schieße ich dir als Erstes in den rechten Fuß, dann in den linken und anschließend alle zehn Sekunden ein Stück höher.«

Der Mann schluckte schwer. »Geht nicht, Endgegner.«

»End-was, hä?« Einen Moment war Abebi verwirrt. Was faselte der Idiot da? »Was soll das heißen, geht nicht?«, schrie sie ihn an und schlug ihm den Pistolengriff ins Gesicht. »Was geht nicht?«

Es dauerte einen Moment, bis er sich von dem Schlag erholte.

»Ich habe die Befehle so verschlüsselt, dass man sie nicht mehr rückgängig machen kann. Das Passwort kenne ich selbst nicht. Beim Setzen habe ich die Augen geschlossen und meinen Fingern auf der Tastatur freien Lauf gelassen.« Er bemühte sich um ein Lächeln.

»Lügner«, brüllte Abebi. Sie zielte auf seinen rechten Fuß und drückte ab. Ein Knall ertönte und der Mann sackte vor ihr zusammen. Außerdem stürzte die Soldatin rechts von ihm stöhnend zu Boden. Das Gummiprojektil war zum Querschläger geworden und hatte sie am Bein getroffen.

Abebi packte ihn am Hals. Er japste nach Luft. Sie trat ihm das Knie zwischen die Beine. Er keuchte und spuckte aus.

»Mach es rückgängig, sofort.«

»Kommandantin, der Raumhafen ist in Sichtweite. Die Landung steht unmittelbar bevor«, rief eine junge Frau vom Zugang der Brücke.

Der Mann grinste Abebi an. Sie holte aus und schlug ihm abermals das Griffstück der Waffe ins Gesicht. Er spuckte Blut, und als er sie wieder ansah, fehlten in seinem Grinsen zwei Schneidezähne.

»Fesselt ihn und bringt ihn zu dem anderen Irren. Bewacht sie gut«, befahl sie. Dann drehte sie sich um und eilte zur Brücke. Abebi hatte ein schlechtes Gefühl bei dem Gedanken, was sie auf dem Raumhafen erwartete. Dieser Chinese war offenbar vollkommen skrupellos.

♂ ♂ ♂

Primus hatte die Verteidigung des Raumhafens gegen das Kampfschiff lange geplant und vorbereitet. Die Landung des Raumschiffs vor rund zehn Jahren hatte das Massaker an seinen Freunden und Kollegen eingeläutet. Nie wieder würde er zulassen, dass die Kampfroboter der Gyne Tod und Vernichtung verbreiteten. Rund hundert schwer bewaffnete Männer in Raumanzügen hatte er auf versteckte Posten rund um die Launchpads beordert. Dazu kamen 500 weitere Kämpfer, die sich an taktischen Positionen innerhalb des Raumhafens bereithielten. Eine Reserve von ähnlicher Größe wartete in der Hauptröhre. Die Launchpads hatte Primus mit Minen und anderen Sprengfallen versehen. Niemals würden die Roboter in die Kolonie gelangen.

Er stand im Towerraum hinter dem Panzerglas und

schaute auf die Start- und Landeplätze im Krater. Es war Nachmittag, die Luft schimmerte rötlich. Die Außentemperatur betrug minus 22 Grad Celsius.

»Ankunft in schätzungsweise drei Minuten«, sagte der junge Mann am Radar.

Primus kniff die Augen leicht zusammen und blickte in den Himmel des Mars. Dann sah er es. Das Raumschiff näherte sich von Südosten. Die Luft um die Maschine herum flimmerte. Sie hatte die sichelartige Form eines Drittelmonds. Ihre Außenhülle war dunkelgrau lackiert. Im oberen Bereich war die erleuchtete Brücke erkennbar. Darunter stand in Großbuchstaben MORGENRÖTE. Primus lachte spöttisch. Was für ein romantischer Name für ein Mordwerkzeug.

Das Raumschiff fuhr die Landestützen aus. Staub wirbelte auf. Es reduzierte seine Geschwindigkeit und steuerte das Launchpad Nummer eins an. Primus hielt die Luft an, jede Faser seines Körpers war angespannt. Würden sie jetzt sterben oder landete das Ding tatsächlich vor seinen Augen? Die Gyne schossen sie nicht mit ihren Torpedos in tausend Stücke?

Die Morgenröte schwebte kurz oberhalb des Landeplatzes in der Luft. Durch den immer dichteren Staub ließ sie sich kaum noch mit bloßem Auge ausmachen. Wie ein großer dunkler Schemen in einer rot gefärbten, wild tobenden Luft schwebte das Schiff zu Boden. Die Landestützen federten ein, als es auf dem Launchpad aufsetzte. Das Tosen der Luft beruhigte sich, während die Triebwerke ihren Schub einstellten. Das Raumschiff war gelandet. Primus hatte allen Männern den Befehl erteilt, erst auf sein Kommando hin zu feuern. Niemand von ihnen wusste, was als Nächstes passieren würde.

♀ ♀ ♀

Als sich der rötliche Staub langsam legte, blickte Abebi aus dem Fenster der Brücke direkt auf den Towerraum des Raumhafens. Es verlangte nicht viel Fantasie, sich vorzustellen, dass hinter dem Panzerglas ihr Widersacher stand und in diesem Moment zu ihr schaute. Wie gern hätte sie ihn mit einem präzisen Schuss zur Strecke gebracht. Doch ihrer Crew und ihr selbst waren die Hände gebunden. Alle Waffensysteme waren heruntergefahren. Abebi spürte einen dumpfen Schlag in die Magengrube bei dem Gedanken, nicht sofort gegen die Terroristen losschlagen zu können. Sie musste Ruhe bewahren, langsam und mit Bedacht vorgehen. Hinter jeder Ecke konnte ein tödlicher Hinterhalt lauern. Vermutlich richteten sich bereits hunderte Mündungen von Gewehren und Raketenwerfern auf sie. Immerhin würde die Panzerung des Raumschiffs die Besatzung eine Zeitlang vor direkten Angriffen schützen, während ihre Ingenieurinnen fieberhaft daran arbeiteten, die Kontrolle über den Bordcomputer zurückzuerlangen.

»Kommandantin? Die Bodenluke öffnet sich«, sagte die Flugoffizierin.

»Was? Das kann doch nicht wahr sein! Schließt sie wieder, sofort!«

»Das geht nicht, wir haben keinen Zugriff auf das System.«

Sie drehte sich um und eilte zum Ausgang der Brücke. »Alle verfügbaren Einheiten zur Bodenluke. Gefechtsbereit machen. Jede Frau legt ihren Raumanzug an und hält ihren Helm bereit. Sofort!«

♀ ♀ ♀

Athene nutzte den Moment der Verwirrung. Die Wachsoldatin, die in ihrem kleinen Zimmer auf sie aufpasste, ging zur Tür und öffnete sie, um zu hören, was draußen geschah. Lärm füllte den Korridor. Stiefel trampelten über den Boden, Frauen brüllten Befehle, Waffen schlugen hektisch gegen die Stahlwände. Athene bewegte sich leise zur Seite. Sie griff hinter einen Schrank, zog die Haube heraus, schaltete sie ein und stülpte sie der Soldatin von hinten über den Kopf. Sie riss die Frau von der Tür zurück und schloss sie im gleichen Moment. Sie befahl der Soldatin, sich zu setzen und ihr sämtliche Waffen zu übergeben.

Athene fuhr erschrocken auf, als sich plötzlich die Tür wieder öffnete. Sie griff nach der Handfeuerwaffe. Doch es war Diana. Athene atmete erleichtert aus. »Hast du mich erschreckt. Sei froh, dass ich nicht auf dich geschossen habe.«

»Dass andere in deiner Nähe gefährlich leben, habe ich bereits gehört. Offenbar wirst du Gaias neue Revolverheldin.«

Diana schloss die Tür hinter sich. »Wir sind gelandet. Wir müssen irgendwie zu Apoll und Merkur gelangen. Sie haben Merkur geschnappt und ihn mit Apoll zusammen unten eingesperrt.«

Dianas Augen weiteten sich, als sie sah, dass sich eine weitere Frau in dem Raum befand. Sie wollte gerade vor Schreck zurückspringen, als sie die Haube auf dem Kopf der Frau erkannte. »Du kannst es offenbar nicht lassen, Athene.« Ihre Miene verfinsterte sich und sie warf ihrer Freundin einen verärgerten Blick zu.

»Tut mir leid, ging nicht anders«, sagte Athene. »Sie wird uns helfen, zu Apoll und Merkur zu gelangen.« Sie aktivierte einen Befehl auf dem Kontrollpad der Haube. Die Frau stand auf und setzte sich den Schutzhelm auf, den sie am Gürtel befestigt hatte. Sie schlug außerdem den Kragen ihrer Uniformjacke hoch. Die Zwangshaube war kaum mehr zu sehen.

»Und los, liebe Kameradin«, sagte Athene.

Die Frau verließ alleine den Raum, und Athene gab weitere Befehle in das Bedienpad ein. Wenig später blickte sie zu Diana. »Sag mal. Was machst du eigentlich hier? Du wolltest mich und die Jungs doch in deinem Leben nie wieder sehen.«

Ihre Freundin atmete hörbar aus. »Wollte nur mal gucken, wie es dir geht.«

»Mir scheint es eher so, als wolltest du uns doch helfen. Hast du deine Meinung geändert?«

Diana presste die Lippen zu einem schmalen Strich zusammen, antwortete erst nach einem Zögern. »Deine Mutter will alle Männer in der Kolonie töten. Wahrscheinlich schickt sie gleich die Roboter los, um auf alles zu schießen, was sich bewegt. We have to stop her.«

Athene wollte gerade etwas erwidern, als sich die Tür öffnete und die Soldatin, einen leeren Magazinwagen vor sich herschiebend, zurückkam.

»Los, schnell, wir haben nur wenig Zeit«, sagte

Athene. Sie und Diana kletterten in das Metallgehäuse des Wagens hinein. Sie mussten sich ziemlich verrenken, damit sie beide hineinpassten. Athene hätte nicht gedacht, ihrer Freundin jemals wieder so nahezukommen. Ihre Wangen lagen aneinander, ihre Körper verschlungen.

»Ich glaube, du hast in letzter Zeit mehr gegessen als früher«, frotzelte Diana. »Zieh mal wenigstens deinen Bauch ein bisschen ein.« Sie kicherten. Die Soldatin manövrierte den Wagen zum Aufzug. Athenes Herz pochte vor Aufregung. Konnte der Lift nicht schneller kommen? Ein Pinggeräusch verkündete sein Eintreffen. Sie fuhren nach unten, und die Soldatin schob den Wagen bis ans Ende des Korridors. Der Gang war leer. Alle verfügbaren Kräfte hatte Abebi zur Bodenluke beordert. Athene befreite sich aus dem engen Magazinwagen, versteckte sich aber dahinter. Sie bat Diana zu warten und gab weitere Befehle in das Kontrollpad ein. Wenig später kam die von ihnen kontrollierte Soldatin mit der Kameradin, die zuvor Apoll und Merkur bewacht hatte, zurück. In dem Moment versetzte die Soldatin ihrer Kameradin einen gekonnten Schlag ins Genick. Die Frau brach ohnmächtig zusammen.

Athene und Diana zogen den beiden Soldatinnen hektisch die Uniformen aus und schlüpften hinein. Zum Glück passten sie einigermaßen. Sie nahmen die Waffen an sich und setzten die Schutzhelme auf. Athene befahl der Soldatin mit der Haube, sich mit der ohnmächtigen Frau hinter dem Magazinwagen im Gang zu verstecken und aufzupassen, dass ihre Kameradin nicht um Hilfe rief.

Mit Diana schritt sie zu der Tür, hinter der Apoll und Merkur gefangen gehalten wurden, und öffnete sie. Athene rief: »Ablösung, Kameradinnen. Ihr sollt sofort unsere Einsatzkräfte an der Bodenluke verstärken. Los, los, Tempo. Die Terroristen greifen das Raumschiff an. Verliert keine Zeit!«

Die Frauen stürmten aus dem Raum an Diana und Athene vorbei. Die Anführerin rief: »Verstanden, Kameradin. Wir beeilen uns. Waffen bereit machen.« Sie Frauen verschwanden um die Biegung des Korridors.

Athene und Diana packten die Ohnmächtige, betraten gemeinsam mit der kontrollierten Soldatin den Raum und verriegelten die Tür hinter sich.

Apoll und Merkur hingen an Handschellen von der Decke. Ihre Füße baumelten knapp über dem Boden. Die beiden Männer schauten sie verwirrt an.

»Exekutieren lautet der Befehl, Kameradin«, rief Athene und hielt die Pistole mit beiden Händen abwechselnd auf die Männer gerichtet.

Diana verstand und stieg geistesgegenwärtig mit ein. »Jawohl Kameradin, sofort exekutieren. Drei, zwei …«

Merkur schrie auf vor Angst.

»Psst«, machte Athene und setzte den Helm ab. »War nur ein Scherz. Wir sind's, ihr Schafhirten. Eure Heldinnen kommen, um euch zu retten.«

♀ ♀ ♀

Durch das Panzerglas blickte Abebi auf die vollständig

geöffnete Bodenluke des Raumschiffs. Dort hatte sich eine rund drei mal acht Meter große Rampe zum Landebereich abgesenkt. Staub und ein rötlicher Schein drangen durch die Luke herein. Neben und hinter ihr standen sämtliche Kampfroboter und fast alle ihre Soldatinnen aufgereiht.

»Lagebricht«, sagte Abebi in scharfem Ton an Tara gewandt.

»Draußen ist niemand«, antwortete die ranghöchste Soldatin.

»Schickt vier Kampfroboter durch die Schleuse und macht mit ihnen einen Scan der gesamten Umgebung. Wenn sich irgendetwas rührt, sofort schießen.«

»Verstanden«, sagte Tara. Einen Moment später durchquerten die Kampfroboter die Luftschleuse, die zwischen dem Vorraum und dem Raum mit der Bodenluke eingebaut war, und stiegen die Rampe hinab auf die Oberfläche des Mars.

Eine Soldatin hielt für Abebi und Tara einen 3D-Bildschirm mit beiden Händen fest. Er zeigte die Kamerabilder und Sensordaten der Kampfbots. In dem dichten Staub war wenig zu erkennen.

»Umgebung scannen«, befahl Tara.

Eine Soldatin gab Befehle, wenig später erschien eine dreidimensionale Übersichtskarte des Raumhafens. Und auf der Karte tauchten nach und nach hunderte kleiner roter und dutzende blauer Punkte auf.

»1 138 menschliche Zielobjekte, überwiegend bewaffnet, alle in Deckung, kein direkter Kontakt, 42 Sprengfallen im Start- und Landebereich« erklärte Tara.

Abebi schnaubte. Es war, wie sie befürchtet hatte.

»Wusste ich es doch, eine Falle. Sie hocken überall im Dreck und lauern uns auf.«

Die Morgenröte stand auf einem Haufen Sprengstoff, und dieser Chinese hielt mit einem lüsternen Grinsen hinter der Scheibe des Towerraums den Zünder in der Hand. Vielleicht hatte er den Countdown schon gestartet.

Es war Zeit für ihr letztes Ass im Ärmel. »Wartet hier, ich bin gleich zurück«, sagte sie und lief mit schnellen Schritten in den Korridor der untersten Ebene zurück.

♀ ♀ ♀

Athene schloss die luftdichten Reißverschlüsse. Sie hatte die Soldatin mit der Zwangshaube losgeschickt, vier passende Raumanzüge zu besorgen. Für Apoll hatte sie das größte verfügbare Modell beschafft. Es passte gerade eben. Athene hatte ihm beim Einsteigen und Schließen helfen müssen. Auch Merkur hatte Dianas Hilfe benötigt, da sein rechter Fuß von Abebis Schuss geschwollen und blau angelaufen war und fürchterlich schmerzte.

Nun standen sie zu viert in den Raumanzügen in dem Raum, in dem Apoll und Merkur gefangen gehalten worden waren. Die beiden Soldatinnen hatten sie gefesselt und geknebelt und in dem Magazinwagen versteckt. Ein paar Stunden würden sie das vermutlich überstehen. Mitten in ihrer Diskussion, was sie als Nächstes tun sollten, hörten sie schwere Stiefelschritte auf dem Flur. Athene kam diese Art zu gehen bekannt vor. Sie griff nach der Zwangshaube, die sie der Soldatin nach dem Anlegen der Fesseln abgenommen hatte, und postierte sich neben der Tür. Die anderen forderte sie mit einer Geste auf, sich hinter dem Magazinwagen zu verstecken.

♀ ♀ ♀

Abebi drückte mit Schwung die Tür zu dem Raum auf, in dem Apoll und Merkur gefangen gehalten wurden. Ihre Augen weiteten sich. Im ersten Bruchteil des folgenden Moments realisierte sie, dass die beiden Männer nicht wie erwartet an ihren Fesseln von der Decke baumelten. Sie waren fort.

Im nächsten Sekundenbruchteil spürte sie, wie eine Haube auf ihren Kopf glitt und sie die Kontrolle über die entscheidenden Bereiche ihres Nervensystems verlor. Ihr Gehirn brachte noch die erste Hälfte des Wortes *Zwangshaube* zustande, dann fiel es in eine Art Stand-by-Modus, unfähig, eigene Entscheidungen zu treffen. Sie blieb auf der Stelle stehen. Ihr Arm und die Schultern hingen herab.

Ihre Tochter trat vor sie und hielt das Kontrollpad in der Hand. In Abebis Gedanken wallte ein Moment des Zorns auf, der jedoch schneller wieder verflog, als dass sie ihn hätte festhalten können. Sie sah und spürte, wie jemand ihre Waffe aus dem Holster nahm, und konnte nichts dagegen tun.

♀ ♀ ♀

»Das hätte ja gar nicht besser laufen können«, sagte Apoll. »Da schwimmt uns der dickste Fisch direkt ins Netz.«

Athene reagierte nicht. Sie atmete schwer, ihr Blick war erstarrt.

»Athene?«, fragte Diana. »Alles okay mit dir?«

»Es fühlt sich komisch an, die eigene Mutter so an die Leine zu legen.«

»Ach ja? Das Ding auf dem Kopf zu haben, das fühlt sich komisch an. Und ich denke, deine Mutter wollte Apoll und Merkur holen, um sie als menschliche Schutzschilde gegen die Männer zu missbrauchen.«

Athene drückte den Rücken durch und sagte mit fester Stimme: »Gut, dann werden wir ihren Plan jetzt in die Tat umsetzen. Setzt die Helme auf. Diana, wir beide verspiegeln die Visiere. Wir gehen.«

Athene wandte sich zu Abebi. »Du auch Mutter. Setz den Helm auf, aber lass dein Visier unverspiegelt. Du wirst vor uns gehen und uns nach draußen führen. Lass dich von niemandem aufhalten.«

Die Gruppe verließ den Raum und folgte Abebi in den Korridor. Sie betraten wenig später den Vorraum mit der Schleuse, die zur geöffneten Bodenluke führte.

Abebi sprach laut und deutlich über das Intercom ihres Anzugs: »Soldatinnen von Gaia, wir wurden von den Terroristen in einen Hinterhalt geführt. Nun ist es Zeit, sich dem Anführer dieser Barbaren zu stellen. Ich werde, begleitet von zwei Soldatinnen, unsere Gefangenen nach draußen führen, damit die Terroristen uns nicht angreifen. Ihr bleibt hier. Zieht die übrigen Kampfroboter ins Raumschiff zurück. Es ist sinnlos, auf diese Weise mit ihnen zu kämpfen. Es sind schon zu viele Frauen auf dem Mars gestorben.«

Tara schaute verwirrt, wollte sprechen. »Das ist ein Befehl«, sagte Abebi und betrat mit den beiden Männern sowie Athene und Diana die Schleuse. Die vier Kampfroboter kamen ihnen auf der Rampe entgegen.

Wenig später stand die Gruppe auf dem Launchpad Nummer eins. Athene hoffte, dass die Männer nicht direkt das Feuer auf sie eröffneten. Nachdem sie sich einige Meter von der Rampe entfernt hatten, zog sie eine weiße Flagge hervor, die Diana aus Merkurs schmutzigem Unterhemd gebastelt hatte, und schwenkte sie hoch über dem Kopf. Dann schritten sie zügig zum Abfertigungs- und Kontrollgebäude im Rand des Kraters.

♂ ♂ ♂

Primus ging näher auf die Panzerglasscheibe des Towerraums zu, von wo aus er auf die Landeplätze schauen konnte.

»Primus, was sollen wir tun?«, fragte Mike. »Sie schwenken eine weiße Flagge. Was bedeutet das?«

»Sie teilen uns mit, dass sie in friedlicher Absicht kommen. Hm.« Primus rieb sich mit Daumen und Zeigefinger den Nasenrücken und kniff die Augen leicht zusammen. Was führten sie im Schilde? War das eine List oder ein ehrlicher Versuch, mit ihnen zu verhandeln? Fünf Personen, keine Kampfbots. Was konnten die schon anrichten gegen hunderte von seinen Leuten?

Er wandte sich Mike zu. »Ich gehe nach unten zur Schleuse. Bis auf Weiteres hast du das Kommando. Egal, wer oder was als Nächstes das Raumschiff verlässt, ihr werdet feuern. Verstanden? Lasst keine weitere Person sich dem Gebäude nähern.«

»Verstanden«, sagte Mike und salutierte etwas unbeholfen.

Primus lächelte und klopfte ihm auf die Schulter. Mike trug einen Raumanzug, dessen obersten Teil er über die Schultern nach unten geschoben hatte. Er wollte bereit sein, wenn er das Flugfeld stürmen musste. »Du wirst das gut machen, mein Junge.«

Er ging, auf seinen Stock gestützt, die Treppe hinab zur Abfertigungshalle für die Passagiere und näherte sich der Außenschleuse. Wen sie wohl schickten? Wahrscheinlich die Generalstabschefin. Er konnte sich noch vage an die Frau aus Russland erinnern, die nach dem Großen Krieg zu den wichtigsten Anführerinnen der Gyne gehört hatte. Oder kam die Sicherheitsministerin? Oder gar die Oberste, wie sie ihre Regierungschefin in dem komischen Gaia-Land nannten? Nein, das wäre zu viel der Ehre. Es würde ihm jedoch schmeicheln, musste er sich selbst gegenüber zugeben.

Als er in der Abfertigungshalle ankam, stand Jack, leicht in Deckung, an einem der schmalen Fenster und blickte auf das Flugfeld. Er sah Primus mit einem überraschten Ausdruck an.

»Was ist los, Jack? Sind Außerirdische gekommen?«

»Noch viel krasser«, sagte der junge Mann mit der

glänzenden Glatze.

»Sind sie bewaffnet?«

»Ja, zwei Soldatinnen der Frauen tragen gezogene Pistolen. Sie richten sie aber nicht auf uns, sondern auf zwei Personen, die du kennst. Es ist einfach unglaublich, vollkommen verrückt! Es sind Apoll und Merkur! Glaube ich jedenfalls.«

Primus überlegte. Was hatte das zu bedeuten? Wollten sie ihn anlocken und dann niederstrecken? Was war der Plan dieser Frauen? Er konnte sich nicht vorstellen, dass sie gute Absichten hegten. Er blickte sich in der Abfertigungshalle um. Ihn umgaben rund hundert bewaffnete Männer. Was sollten die Frauen hier erwarten, außer ihren sicheren Tod? Wie auch immer, er würde vorsichtig bleiben und sich ihnen nicht ungedeckt präsentieren.

Er verbarg sich hinter einer Gruppe von Männern und sprach laut: »Männer, seid feuerbereit. Wenn die Frauen auch nur einen Schuss abgeben, erledigt sie, ohne eine Frage zu stellen. Wir lassen uns nicht überrumpeln. Seid bereit!«

Dann sagte er zu Jack: »Öffne die Schleuse, lass sie herein.«

Einige Momente danach glitten die beiden Innentüren der Schleuse mit einem Zischen zur Seite. Primus traute seinen Augen nicht. Rund dreißig Meter von ihm entfernt standen tatsächlich Apoll und Merkur. Trotz der Helme waren ihre Gesichter hinter den großflächigen Visieren klar zu erkennen. Apoll bewegte sich schwerfällig, Merkur humpelte. Direkt hinter ihnen gingen zwei Frauen und zielten mit ihren Pistolen auf die

Männer. Die Frau, die die kleine Gruppe anführte, setzte ihren Helm ab. Primus blickte gebannt in ihre Richtung und erkannte Gaias Sicherheits- und Freiheitsministerin Abebi. Auch die beiden unbekannten Soldatinnen sowie Apoll und Merkur nahmen ihre Helme ab.

Stille herrschte in der Halle, niemand sprach. Die Männer des Mars starrten die kleine Gruppe ungläubig an.

Dann erhob die Ministerin die Stimme: »Wir kommen in friedlicher Absicht. Senkt eure Waffen. Wir werden niemandem Schaden zufügen.« Sie verstummte abrupt und ließ den Kopf hängen. Was für ein seltsames Schauspiel war das?, dachte Primus. Er flüsterte Jack, der inzwischen neben ihm stand, aus seiner Deckung etwas zu.

Jack sagte zu den Frauen: »Lasst die beiden Männer frei und schickt sie zu mir. Dann können wir miteinander reden.«

♀ ♀ ♀

Athene blickte sich in der Abfertigungshalle des Raumhafens um. Schätzungsweise hundert Männer waren in der Halle verteilt, großteils in Deckung hinter Säulen und Einrichtungsgegenständen, und zielten mit ihren Waffen auf sie. War es womöglich eine idiotische Idee gewesen, ins Herz der Terrorgruppe vorzustoßen? Apoll und Merkur hatten ihr einiges über die Widerstandsgruppe auf dem Mars und ihren Anführer, diesen Primus, berichtet. War er überhaupt hier? Wenn ja, wo steckte er? Und konnte sie den Männern vertrauen?

Würden Apoll und Merkur sie in dieser Horde Wilder beschützen können?

Athene schluckte schwer, ein Kloß saß in ihrem Hals. Vielleicht hatte sie eben die Hölle betreten. Ihre Knie wurden weich. Sie blickte zu Diana, die einen besorgten Blick zeigte. Die hundert Waffen, die auf sie gerichtet waren, schufen nicht gerade Vertrauen. Athene nahm ihren ganzen Mut zusammen. »Ihr werdet die Waffen zuerst niederlegen. Wir sind nur zwei gegen hundert.«

Im Hintergrund hörte sie ein Flüstern. Dann sagte ein Mann mit breiten Schultern und einem Gesicht voller Narben: »Wartet, ich komme zu euch und werde euch nach weiteren Waffen absuchen.« Ohne eine Antwort abzuwarten, löste er sich aus der Gruppe der Männer und näherte sich ihnen.

Er tastete Abebi ab, die ausdruckslos vor sich auf den Boden stierte. »Was ist denn mit der los? Ist ihr der Flug nicht bekommen? Warum glotzt sie so?«

»Das geht dich nichts an«, blaffte Athene ihn an. »Wenn ich ihr die Haube vom Kopf abnehme, wird sie sich auf dich stürzen und dir die Kehle herausreißen.«

Jack hob eine Augenbraue. »So, so.«

Er trat zu Apoll und Merkur. »Ich kann es nicht fassen, euch beide lebend wiederzusehen, Jungs. Ihr seid die Größten. Geht es euch gut?«

»Maul halten«, herrschte Athene ihn an. »Jetzt ist keine Zeit für Gesäusel.«

Apoll und Merkur grinsten. »Uns geht es gut, Jack. Macht, was sie sagen. Sie werden uns nichts tun.«

»Aha, meint ihr also? Die Vergangenheit sah anders

aus.« Jack blickte Athene und Diana misstrauisch an. Er behielt ihre Waffen im Blick.

Er untersuchte die Raumanzüge von Apoll und Merkur nach versteckten Sprengfallen. Dann trat er vor Athene und Diana.

»Bei uns wird eine Blickkontrolle genügen müssen. Du rührst uns nicht an. Verstanden?«

Jack hob beschwichtigend die Hände. »Schon gut, schon gut. Locker bleiben.«

Er umrundete Athene und Diana und musterte ihre Raumanzüge aufmerksam von oben bis unten. Ihre Raumhelme hatten sie am Gürtel befestigt, um die Hände frei zu haben. Athenes Dreadlocks fielen ihr auf die Schultern. Er ließ seinen Blick einen Moment auf ihrem Hintern ruhen, von dem durch den klobigen Raumanzug jedoch nichts zu erkennen war.

»Wenn du genug gestarrt hast, können wir dann weitermachen?«, sagte Athene schroff.

Jack tat überrascht, und ein Kichern drang von den übrigen Männern in der Abfertigungshalle herüber. Er drehte sich in die Richtung, aus der er gekommen war, und rief: »Sie haben offenbar keine weiteren Waffen bei sich.«

Aus dem hinteren Bereich ertönte eine Stimme. »Männer, nehmt die Waffen herunter.«

Ein dutzendfaches Klacken und Schaben erklang. Sämtliche Männer senkten ihre Waffen.

»Gut so«, rief Athene. »Wir werden jetzt mit diesem Primus, eurem Anführer, sprechen.«

»Ich bin hier«, sagte ein alter Mann. Er blieb in sicherer Entfernung stehen, auf einen Gehstock gestützt.

Offenbar stammte er aus Asien. »Nehmt nun auch ihr eure Waffen herunter. Ich werde nicht mit euch sprechen, solange ihr unsere größten Helden bedroht.«

Athene spürte ein Vibrieren in der Außentasche ihres Raumanzugs. Kam es von dem Kontrollpad der Zwangshaube? Oder bildete sie sich das nur ein?

»Also, nehmt jetzt die Waffen herunter und stellen wir uns einander vor. Wäre das nicht ein angemessener erster Schritt für ein Gespräch?«, fragte Primus mit etwas mehr Nachdruck in der Stimme.

Athene blickte zu Diana. Sie schürzte die Lippen. Athene spürte, dass auch sie sich unsicher fühlte. Sobald sie die Waffen nicht länger direkt auf Apoll und Merkur richteten, wären sie Mater Terra schutzlos ausgeliefert.

»Ihr könnt ihm vertrauen«, flüsterte Apoll in ihre Richtung.

Primus blieb in sicherer Entfernung stehen, bewegte sich nicht auf sie zu. Athene hatte Angst. Waren sie doch von hundert Männern umgeben, von denen jeder Einzelne genug Wut auf die Frauen in sich hatte, um sie mit bloßen Händen zu erwürgen. Würde ihr Anführer das zulassen? Wie sollte sie das einschätzen können? Sie kannte diesen Primus nicht. Die Ministerin mit ihrer Tochter und deren Freundin wäre für ihn ein unschätzbar wertvolles Unterpfand für Verhandlungen mit den Gyne. Zumindest lebend waren sie wertvoll, ihr Tod wäre nutzlos für ihn.

Athene und Diana blickten sich nochmals an, dann nickten beide einander zu und ließen die Waffen langsam sinken, während sie die Männer um sich herum genau beobachteten. Sie steckten die Pistolen zurück in die Holster an der Hüfte. Wieder spürte Athene das Vibrieren in der Tasche. Verdammt, jetzt nicht, dachte sie.

♀ ♀ ♀

Tara blickte zunehmend ratlos auf den 3D-Bildschirm vor ihr. Der Befehl der Ministerin war eindeutig. Sie sollten hier warten, bis sie ihnen neue Kommandos erteilte. Als Soldatin war es Taras oberste Pflicht, den Befehlen ihrer Kommandantin zu gehorchen. Aber war es in dieser Situation richtig? Abebi hatte vor einer Viertelstunde das Raumschiff mit den Männern und ihren zwei Kameradinnen verlassen. Sie hielt inne, als sie plötzlich ein seltsames Gefühl überkam. Welche beiden Soldatinnen begleiteten die Gruppe eigentlich? Sie blickte sich um und erschrak. Drei der Frauen, die sie zur Bewachung der Männer eingeteilt hatte, standen ein paar Meter hinter ihr. Ihr Magen zog sich zusammen. Sie ging zu ihnen und baute sich vor ihnen auf.

»Warum habt ihr euren Wachposten verlassen? Was macht ihr hier?«, fragte sie die Frauen in energischem Ton.

Eine von den Soldatinnen blickte sie verwirrt an. »Wir … aber …«, brachte sie überrascht hervor. »Du hast uns eine Ablöse geschickt und uns ausrichten lassen, wir sollen zu dir kommen!«

»Was habe ich getan? Seid ihr verrückt geworden?«, schrie Tara. Hektisch zeigte sie auf zwei Frauen neben sich und befahl ihnen, ihr zu folgen.

Sie eilten durch den bogenförmigen Korridor der

untersten Ebene zu dem Abstellraum, in dem die beiden Terroristen gefangen gehalten worden waren. Tara riss die Tür auf und blickte sich in dem Raum um. Er war mit Ausnahme eines Magazinwagens leer. Sie hörte ein leises Klopfen und Zischen. Warum stand dieser Wagen hier? Er schien ein wenig zu wackeln. »Aufmachen«, befahl sie den Frauen aus ihrem Trupp. Sekunden später krochen zwei Soldatinnen aus dem Innern des Wagens hervor. Sie waren geknebelt und an den Handgelenken mit Klebeband gefesselt. Tara schrie vor Wut und rief: »Scheiße! Wir müssen die Ministerin warnen, sofort.« Sie stürzten zurück zu dem Vorraum an der Bodenluke.

»Verbindung mit der Ministerin«, befahl Tara. »Sofort. Und nur mit der Ministerin, nicht mit ihrer Begleitung.«

Die Navigatorin neben ihr schüttelte verzweifelt den Kopf. »Es ist keine Verbindung möglich, Tara. Ihr Funk ist offline.«

♂ ♂ ♂

Nachdem die beiden jungen Frauen ihre Waffen gesenkt hatten, hielt Primus einen Moment inne. Er konnte sie gefangen nehmen lassen. Es wäre so einfach. Vermutlich wäre alles in Sekunden vorbei und er hätte ein schönes Druckmittel gegen die Gyne. Vielleicht später.

Apoll trat einen Schritt vor und sagte: »Primus, tut den Frauen nichts. Sie haben uns geholfen, zu fliehen. Ohne sie wären wir nicht zurück bei euch. Die Ministerin ist außer Gefecht. Sie trägt eine Zwangshaube auf dem Kopf.«

Eine Zwangshaube?, dachte Primus. Ein Schaudern überlief ihn. Er hatte diese Geräte stets verabscheut. Er ging, auf seinen Gehstock gestützt, auf die Gruppe zu, langsam, bedächtig.

»Ich bin gespannt, euren Bericht zu hören, Apoll und Merkur. Ihr kehrt von einem großen Heldenabenteuer zurück.«

Jack kam ihm entgegen und stützte ihn beim Gehen.

Primus ließ seinen Blick auf der Ministerin ruhen. Sie hatte den Kopf immer noch gesenkt, ihr großer Körper wirkte erschlafft.

»Ministerin«, rief Primus in ihre Richtung.

Sie reagierte nicht.

Er blieb rund zwei Meter vor ihr stehen. Jack hatte jeden Muskel angespannt, bereit, binnen eines Sekundenbruchteils zu reagieren, falls die Frau Primus bedrohte.

♀ ♀ ♀

»Sie kann euch nicht antworten. Sie tut nur das, was ich ihr befehle«, sagte Athene. In dem Moment ertönte aus der Tasche ihres Raumanzugs ein schriller Signalton. Wieder das Kontrollpad! Wie ein Blitz durchfuhr Athene eine schreckliche Erkenntnis. Ihr wurde klar, warum das Gerät die ganze Zeit vibriert hatte. Doch da war es bereits zu spät. Die folgenden Dinge passierten so schnell, dass Athene erst später vollständig realisierte, was genau vor sich gegangen war.

Ihre Mutter stieß einen Schrei aus, riss sich die Haube vom Kopf und stürzte mit dem rechten Arm ausgestreckt auf Primus zu. Der Akku war leer! Abebi legte ihre Hand um den Hals des alten Mannes, würgte ihn und zwang ihn zu Boden. Im selben Moment packte Jack von hinten Abebis Kopf und riss ihn mit einem Ruck zur Seite. Ein lautes Knacken ertönte. Athene schrie panisch auf. Männer ergriffen sie und Diana und fixierten ihre Arme schmerzhaft auf ihren Rücken. Die Waffen nahmen sie ihnen ab. Apoll rief etwas, was Athene in dem Chaos nicht verstand.

Athene starrte auf den toten Körper ihrer Mutter. Jack beugte sich zu Primus hinab und half ihm aufzustehen. Der alte Mann atmete schwer, fasste sich an den Hals und reckte den Kopf. Was würde er jetzt tun? Ihre Mutter hatte versucht, ihn mit ihrer bloßen Hand zu erwürgen. Sein Leben verdankte er vermutlich nur dem schnellen Eingreifen seines bulligen Bewachers.

Waren sie nun der geifernden Meute von Männern ausgesetzt? Konnten Apoll und Merkur sie beschützen? Athene wurde es beinahe schwarz vor Augen. Was hatte sie nur angerichtet? Und ihre unschuldige Freundin hatte sie direkt in diese Hölle geführt. Tränen traten ihr in die Augen. Sie schloss sie und senkte den Kopf. Am liebsten wäre sie in diesem Moment einfach nur gestorben.

Athene richtete den Blick wieder nach vorn. Wenige Meter vor ihr lag der Körper ihrer toten Mutter auf dem Bauch am Boden. Der Kopf war in unnatürlicher Weise über neunzig Grad zur Seite verdreht, sodass Athene ihr weit geöffnetes rechtes Auge sehen konnte. Der Mund stand ebenfalls offen. Ihr Gesicht bildete eine furchtbare Grimasse. Ihr Arm war nach vorn in Primus' Richtung ausgestreckt. Die Zwangshaube lag ein Stück entfernt.

Auf der gegenüberliegenden Seite von Abebis Leiche stützte sich Primus auf seinen Gehstock. Die schmalen Augen des alten Mannes funkelten böse.

»Stürmt das Raumschiff«, sagte er zu Jack.

♀ ♀ ♀

Rund 250 Meter entfernt vom Ort des Geschehens rief Tara: »Alle Kampfroboter vorrücken, Gruppe eins und zwei ebenfalls vorrücken. Folgt mir!« Sie schritt mit den Soldatinnen in die Schleuse und verfluchte die Zeit, die sie warten musste, bis die hintere Tür sich geschlossen und die vordere sich geöffnet hatte. Abebis Lebenssignale waren soeben auf dem Bildschirm vor ihr erloschen.

Sie mussten zu ihr, so schnell wie möglich. Gemeinsam mit allen restlichen Kampfrobotern verließen Tara und die rund fünfzig Soldatinnen die Morgenröte und gingen hinter den kreisförmig um das Launchpad angeordneten Schutzwänden in Deckung. Die Navigatorin meldete aus dem Vorraum, dass sich rund 200 Männer näherten. »Bleibt in Deckung. Schießt auf jeden, der sich dem Raumschiff nähert. Feuer frei!«

♂ ♂ ♂

»Wir stürmen das Raumschiff, alle Mann vorrücken. Feuer frei!«, rief Mike. Nach Primus' Befehl zur Erstürmung des Gyne-Schiffs war er sofort in die Frachthalle geeilt, wo sich rund hundert bewaffnete Männer in

Raumanzügen bereithielten. Sie hatten die Schleuse passiert und sich mit den Kämpfern zusammengeschlossen, die rund um die Launchpads postiert waren.

Anschließend hatte Mike die Männer in drei etwa gleich große Gruppen eingeteilt und zu den Launchpads Nummer zwei, drei und vier geschickt. So konnten sie das Raumschiff von verschiedenen Seiten unter Feuer nehmen. Mike verfluchte die schlechte Sicht. Er sah auf dem Schlachtfeld fast nichts. Immer noch trübte der von der Morgenröte aufgewirbelte Staub die Luft, und die Sonne war fast untergegangen.

Als die Männer von den drei Launchpads aus auf Mikes Befehl hin vorrückten, um das Raumschiff zu stürmen, sirrten Kugeln durch die Luft. Mike sah etliche seiner Männer stürzen. »Rückzug«, schrie er in den Kommandofunk. Noch mehr Kugeln flogen, hunderte, während seine Kämpfer durch den Staub und in der Dunkelheit kein Ziel anvisieren konnten. Weitere fielen tot zu Boden oder verreckten qualvoll am Druckverlust ihrer Anzüge, die von den Schüssen durchsiebt worden waren.

»Status«, bellte Mike in den Funk. Nach und nach meldeten die Gruppenführer ihre Verluste. Über die Hälfte seiner Männer waren in dem Kugelhagel ums Leben gekommen. Was für eine Scheiße, dachte Mike. Diese Kampfroboter schossen wie Scharfschützen, und das durch Staub und Dunkelheit. Wut stieg in ihm auf.

»Macht die Raketenwerfer bereit. Zielt als Erstes auf die Schutzwände und zerstört sie. Dann schießt auf die Roboter. Sie sind brandgefährlich.«

Bharat hatte vier mobile Raketenwerfer mit je drei

Startröhren gebaut und auf Transportroboter montiert. Die Männer brachten sie in Stellung. »Feuer«, befahl Mike. Vier Raketen flogen mit einem Feuerschweif über ihn hinweg. Zwei wurden offenbar von den Gyne getroffen, ihre Trümmer stürzten zwischen den Launchpads in den Marsstaub. Doch zwei Raketen erreichten ihr Ziel und zerstörten die Schutzwände. Krachend stürzten die verbogenen Reste der Stahlwände zu Boden. Die Explosionen hatten Massen von neuem Staub in die Luft gewirbelt. Mike erkannte kaum noch seine Hand vor Augen.

»Nochmals feuern«, befahl Mike. Dieses Mal wehrten die Gyne und ihre Roboter nur noch eine Rakete ab. Drei trafen ihr Ziel. Mike konnte nicht sehen, was und wen sie dieses Mal erwischt hatten. Sie schossen blind.

»Nochmals feuern, dann alle zum Raumschiff vorrücken. Bringt zwei der Transportroboter mit. Schnell, beeilt euch!«

♀ ♀ ♀

Tara hechtete als letzte durch die Bodenluke zurück in den Frachtraum der Morgenröte. »Schließt die Luke!« Die Flugoffizierin hatte eine manuelle Steuerung gebaut, um den von dem Terrorhacker lahmgelegten Bordcomputer zu umgehen. Tara eilte in die Schleuse und beobachtete von dort, wie sich die Stahlrampe langsam zu schließen begann.

In dem Moment rasten zwei Transportfahrzeuge die Auffahrt hoch und verkeilten sich zwischen der Luke und dem Rumpf des Schiffs. Ein metallisches Kreischen erklang, Stahl ächzte, dann blieb die Rampe stehen. Sie hatte sich nicht einmal ein Viertel geschlossen. Männer kletterten in den Frachtraum und zielten mit ihren Gewehren auf die Panzerglasscheibe, die den Bereich mit der Bodenluke vom Inneren des Raumschiffs trennte. Immer mehr kamen. Es müssten fast fünfzig sein, schätzte Tara. Sie selbst hatte alle Kampfroboter und etliche ihrer Soldatinnen bei den Raketenangriffen verloren. Es schien ein Patt zu bestehen zwischen den beiden Gruppen, die sich, durch die massive Panzerglasscheibe getrennt, im Frachtraum des Raumschiffs gegenüberstanden und aufeinander zielten.

Der Anführer der Männer gab seinen Leuten ein Zeichen. Sie wuchteten Pakete von draußen herein. Tara musste nicht zwei Mal nachdenken, worum es sich dabei handelte: Sprengstoff. Der Mann ließ die vier Pakete direkt vor sich aufstellen und schaute sie herausfordernd an. Er zeigte ihr einen simplen elektronischen Zeitzünder. Er stellte ihn auf drei Minuten ein und hielt ihr das Display hin. Er schüttelte den Kopf und änderte die Zeiteinstellung. Mit einem breiten Grinsen hinter dem Visier seines Helms hielt er ihr die Anzeige erneut entgegen. Fünf Sekunden. Er gab seinen Leuten ein Zeichen und sie verließen den Frachtraum. Diese Schweine! Wenn sie die Scheibe sprengten, würde der Druckverlust sie alle in Stücke reißen.

Nach einem kurzen Zögern legte Tara ihre Waffe auf den Boden und trat in die Schleuse. Andere Frauen wollten ihr folgen, doch sie winkte ab. »Ich werde mit ihnen reden, wir müssen uns ergeben. Sonst sind wir in ein paar Sekunden alle tot.«

♀ ♀ ♀

Emma sank mit offenem Mund zurück auf ihren Stuhl. Sie schlug die Hände vors Gesicht. Im Kontrollraum der Orbitalstation herrschte gespenstische Stille. Seit der erzwungenen Landung auf dem Mars erhielten sie in der Station per Funk von der Morgenröte live alle Daten. Die Außenkamera hatte die Bilder übertragen, wie die Kampfroboter und Soldatinnen bei ihrem Vorstoß auf das Flugfeld mit Raketen beschossen worden waren. Nun trat Tara allein und unbewaffnet in die Schleuse, um mit den Männern über ihre Aufgabe zu verhandeln. Aber was gab es da zu verhandeln? Sie würden sie einfach abknallen.

In was für einen Strudel von Katastrophen waren sie hineingeraten? All das, weil sich zwei Männer in Transportbehältern des Lifts versteckt hatten und durch die Frachtebene auf die Pendelfähre gelangt waren? Niemals hatte Emma sich vorstellen können, dass diese vergleichsweise harmlose Situation derart verheerende Folgen nach sich ziehen würde. Wenn sie nur die Zeit zurückdrehen könnte. Sie würde die Pendelfähre eher sprengen, als sie noch einmal ablegen zu lassen. Was hatte sie nur für einen fatalen Fehler begangen. Wie hatte ihr das passieren können? Trug sie die Verantwortung für all die toten Frauen? Und was war mit der Ministerin geschehen? Tot konnte sie niemanden mehr auszeichnen. Sie fühlte sich hilflos. Rund 17 000 Kilometer unterhalb der Station verloren ihre Kameradinnen ihr Leben. Sie war gezwungen, aus der Höhe zuzusehen.

Sie konnte verstehen, dass Tara sich ergeben würde,

um den Tod aller übrigen Frauen zu verhindern. Die Frau blickte kurz zurück in Richtung der Kamera. Sie stand vor dem Anführer der Männer und gab ihren Kameradinnen die Anweisung, alle Waffen niederzulegen und die Hände zu erheben. Wehrlos traten die Frauen in Gruppen durch die Schleuse und über die Rampe auf das Flugfeld.

Emma fragte sich, ob es für die Frauen nicht die bessere Wahl gewesen wäre, im Kampf zu sterben, als sich diesen terroristischen Bastarden zu ergeben. Sie versuchte, die Gedanken zu verdrängen, welcher Horror ihren Kameradinnen bevorstand. Übelkeit stieg in ihr auf, als ihr bewusst wurde, dass sie lieber den eigenen Tod gewählt hätte, als sich zu ergeben.

Doch immerhin hatten sie inzwischen eine Idee, wie sie die Ereignisse zu ihren Gunsten beeinflussen konnten. Sie drehte sich auf ihrem Stuhl zu Joko um.

»Wie ist der Stand der Arbeiten an den Drohnen?«

Die Ingenieurin schaute von ihren Eingabeterminals auf. Die stämmige Frau aus dem ehemaligen Japan sah völlig übermüdet aus. Ihre Augen tief verschattet, sie zitterte. Offenbar war sie dermaßen auf ihre Aufgabe konzentriert, dass sie die Übertragung der Ereignisse auf dem Mars gar nicht richtig wahrgenommen hatte.

»Wir haben vier Drohnen von der Wartungsschiene demontiert und bauen sie um. In zehn bis zwölf Stunden sollten sie einsatzbereit sein.«

Auf der Rückseite der Graphenbänder des Weltraumlifts verkehrten dutzende Drohnen, die rund um die Uhr Wartungs- und Reparaturarbeiten am Lift vornahmen. Gestern waren Joko und Emma auf die Idee gekommen, einige dieser Fahrzeuge umzubauen, sodass jeweils zwei Frauen auf ihnen heimlich zur Marsoberfläche fahren konnten. Vielleicht würde ihnen das die Gelegenheit verschaffen, die Kontrolle über die Kolonie zurückzugewinnen. Einen Versuch war es wert. Sie mussten etwas unternehmen. Die Generalstabschefin hatte ihre Vorschläge für gut befunden und sie mit der umgehenden Ausführung beauftragt. Emma spürte einen Funken Hoffnung in der sie umgebenden Katastrophe.

KAPITEL 16
DÄMMERUNG

Der Sicherheitsrat von Gaia hatte sich zu einer Dringlichkeitssitzung unter dem Vorsitz von Elikia am Tisch in ihrem Büro versammelt. Sie hatten gemeinsam die Videonachricht von Kommandantin Emma angesehen, die von der Orbitalstation über dem Mars eingetroffen war. Keine der fünf Frauen sagte ein Wort, die Bestürzung stand ihnen ins Gesicht geschrieben. Eine größere Katastrophe hätte sich niemand ausmalen können. Die meisten Informationen hatten sie vorab durch verschiedene kurze Berichte erhalten. Doch wie die blasse und übermüdete Kommandantin mit tränenerstickter Stimme die furchtbaren Ereignisse zusammenfasste, raubte ihnen allen die Luft zum Atmen. Am Ende war die Frau auf dem Kontrollpult zusammengebrochen. Vor laufender Kamera halfen zwei Kolleginnen ihr aufzustehen und beendeten die Aufzeichnung. Emmas Zusammenbruch stellte die Situation anschaulicher dar, als es Worte vermocht hätten.

Hoa blickte die Oberste herausfordernd an. Ihr Blick sagte unzweifelhaft: Das ist eure Schuld, Elikia und Abebi. Offen sprach sie diesen Vorwurf im Sicherheitsrat nicht aus. Das verbot der Respekt vor Abebis mutmaßlichem Tod. Trotz der für die Männer vielversprechenden Ereignisse hatten diese keine neue Nachricht an die Frauen gesendet. Daher wussten Elikia und die anderen nicht, was Abebi auf dem Mars widerfahren war. Der Ablauf der Geschehnisse erschien verwirrend. Die Videobilder hatten gezeigt, wie Abebi unvermittelt mit zwei Soldatinnen und den beiden gefangenen Terroristen im Raum vor der Bodenluke aufgetaucht und über das Flugfeld zum Abfertigungsgebäude geschritten war. Einige Minuten später brach der Kontakt zu ihr ab. Nach der Erstürmung der Morgenröte war auf dem Video zu erkennen gewesen, wie die Männer das Raumschiff durchsucht und jemand mit einem Eingabeterminal die Brücke betreten hatte. Er hatte das Terminal an eine Schnittstelle angeschlossen, kurz darauf war die Übertragung beendet. Das Schiff verschwand wie die gesamte Kolonie für die Gyne in Dunkelheit.

Hoa erhob sich und wandte sich den anderen vier Frauen zu. »Ich denke, es gibt aktuell nichts weiter zu besprechen. Heute Abend tritt das Parlament zusammen und wird nach einer Generaldebatte über unseren Misstrauensantrag gegen die Oberste abstimmen.«

Elikia stand ebenfalls auf und blickte Hoa über den runden Holztisch direkt an. Sie stützte die Hände mit gespreizten Fingern auf die Tischplatte. Sie versuchte, Ruhe zu bewahren.

»Ihr werdet diese Situation nicht für einen Staatsstreich nutzen«, sagte sie mit bedrohlicher Stimme.

Hoa gab ein verächtliches Schnauben von sich. »Deine Zeit ist vorbei, Elikia. Du und Abebi, ihr habt uns in diese Katastrophe geführt. Ihr seid am Ende, und eure Politik mit euch. Es wird Zeit, ein neues Kapitel aufzuschlagen.«

Die Parlamentspräsidentin und die Verfassungsgerichtspräsidentin schauten Hoa überrascht an. Olivia, die Gerichtspräsidentin, fragte in deutlichem Ton: »Was meinst du? Was für ein Kapitel willst du aufschlagen?«

»Ein Kapitel von echter Sicherheit und Stabilität. Unser Staat wird von außen und innen bedroht. Wir werden nicht zulassen, dass Gaia zerstört wird.«

»Von innen?«, fragte Olivia. »Was soll das bedeuten?«

»Nur als Einheit können wir stark sein. Wir müssen alle Kräfte in dieselbe Richtung lenken, uns hinter unseren Idealen vereinigen. Wenn wir nicht vereint sind, werden wir auseinanderbrechen.«

Elikia schaute vor sich auf die Tischplatte. Die anderen beiden Frauen tauschten besorgte Blicke aus. Natalia, die von der Orbitalstation 1 per Video zugeschaltet war, schüttelte langsam den Kopf.

Hoa verschränkte die Hände hinter dem Rücken. »Ich muss mich nun auf meine Rede vor dem Parlament vorbereiten. Entschuldigt mich. Wir sehen uns im Plenarsaal.« Sie hob die Hand zur Verabschiedung, drehte sich um und verließ den Raum.

Elikia schlug das Notizbuch vor sich zu und schloss die Augen. Die Sonne hatte die Hälfte des Wegs vom Zenit zum Horizont zurückgelegt.

♀ ♀ ♀

Inzwischen war wenigstens Hilfe unterwegs, dachte Natalia und rollte mit ihrem Stuhl von dem Bildschirm zurück, an dem sie an dem Treffen des Sicherheitsrates teilgenommen hatte. Zwei Brigaden mit rund 10 000 Soldatinnen hatten sie in Gaia mobilisiert und zunächst samt ihrer militärischen Ausrüstung mit dem Lift zur beschädigten Orbitalstation 1 gebracht. Dort ließen Natalia und Mailin in kürzester Zeit 500 der alten umgebauten Frachtcontainer, mit denen die Jungen zum Mars verfrachtet worden waren, in einem Kraftakt aller verfügbaren Technikerinnen und Ingenieurinnen wieder flottmachen. Die beiden Brigaden hatten sie auf die 500 Container verteilt. Die Pendelfähre war vor wenigen Stunden zum Mars aufgebrochen. In rund zehn Tagen würde sie an der Orbitalstation 2 eintreffen.

Militärisch war die Situation für die Frauen katastrophal. Sie hatten ihre beiden wichtigsten Kampfmittel, um auf dem Mars zu operieren, verloren: das Kampfschiff und die Roboter. Nun mussten sie klassische Militäreinheiten entsenden, die für den Kampf auf einem fernen Planeten weder ausgebildet noch ausgerüstet waren. Sie hatte ihre beiden fähigsten Befehlshaberinnen für die Mission ausgesucht. Sie setzte auf ihre Erfahrung und Entschlossenheit, den Vorstoß der Terroristen erfolgreich zurückzudrängen. Vor einigen Jahren hatten sie mit Natalia den Aufstand im Internierungslager auf den Azoren niedergeschlagen.

Im ersten Schritt galt es, die Kontrolle über den gesamten Lift auf dem Mars zurückzugewinnen. Nur so konnten sie die Soldatinnen zur Kolonie bringen. Emma und sie hatten einen Plan entwickelt. Er war verdammt riskant und es stand keineswegs fest, dass sie Erfolg haben würden. Doch eine bessere Alternative gab es nicht.

♂ ♂ ♂

Primus stand mit weit ausgebreiteten Armen auf der Bühne in der Arena unter dem Atmosphärendach. Die rund 100 000 Männer auf den Tribünen jubelten, sangen und schrien seit Minuten. Er stand dort und lächelte. Er genoss jede Sekunde dieses Moments, seines Triumphes über die Frauen. Sein Plan hatte nicht bloß funktioniert. Er hatte zu einem gewaltigen Erfolg geführt, wie er ihn sich nicht einmal im Traum vorzustellen gewagt hätte. Sie kontrollierten die Marskolonie und damit die Versorgung der Erde mit Rohstoffen. Sie hatten die beiden oberen Ebenen der Orbitalstation 1 zerstört und das Kampfschiff der Gyne *erobert.* Sie hatten sich an der höchsten Verantwortlichen für die Gräueltaten an den Männern gerächt und ihre Tochter und deren Freundin sowie über hundert weitere Frauen in ihre Gewalt gebracht.

Abebis Leiche hatte er auf der Bühne neben sich nackt aufbahren lassen. Er blickte mit Befriedigung zu dem dunkel schimmernden Leichnam. Nach der Veranstaltung würde seine Widersacherin im Krematorium für immer verschwinden. Primus fühlte sich berauscht von seinem Erfolg.

Er begann mit geschlossenen Augen, langsam und gleichmäßig zu klatschen. Die Lautsprecher in der Arena verstärkten den Rhythmus. Die Männer auf den Tribünen stimmten mit ein. Das Klatschen schwoll zu einer enormen Lautstärke an. Im lautesten Moment gab Primus ein Zeichen, woraufhin zwei Männer hinter ihm eine riesige Querflagge hissten, deren obere Kante von einer Stange waagerecht gehalten wurde. Die Flagge war aus einem karminroten Polyesterstoff gefertigt und wies in der Mitte einen weißen Kreis auf. Darin befand sich in schwarzer Farbe das Symbol für den Mars, für den Staat Mars Ultor, ein Schild mit einem dahinter hervorstechenden Speer. Das rhythmische Klatschen der Männer ging in erneuten Jubel über.

»Der Staat Mars Ultor beansprucht diesen Planeten. Das ist unser Planet, unser Land, unser gemeinsamer sozialistischer Staat! Alle Macht gehört euch, den Arbeitern«, rief Primus.

»Der Staat Mars Ultor wird heute seine beiden größten Helden auszeichnen. Und sie könnten keine passenderen Namen tragen: Apoll und Merkur.«

Wieder machte Primus ein Zeichen. Die Trommeln setzten ein. Zwei Männer lösten sich unterhalb der Bühne aus der Reihe und schritten die Stufen zu ihm empor. Der Jubel in der Arena nahm immer weiter zu. Er dirigierte Apoll und Merkur nach vorn an den Rand der Bühne. Merkur humpelte leicht, Apoll ließ sich seine Blessuren an Ober- und Unterkörper, die ihm Abebi zugefügt hatte, nicht anmerken und stand aufrecht an der Bühnenkante. Sie reckten die Arme in die Höhe und winkten den jubelnden Männern in der Arena zu.

Primus trat wieder ans Mikrofon.

»Männer des Mars. Wir haben gekämpft und wir haben gesiegt. Die Frauen glaubten, dass wir ihnen gehören. Wir haben ihnen gezeigt, dass wir allein uns selbst gehören! Ich sage euch heute wieder: Wir sind frei und wir bleiben für immer frei! Als Nächstes werden wir die Orbitalstation erobern. Denn sie gehört zum Mars und damit uns!«

Der Ruf »Mars Ultor« hallte wieder durch die Arena.

»Wir haben gesiegt, weil ihr, die Männer von Mars Ultor, euch zu Einheit und Solidarität verpflichtet habt. Es ist unsere erhabene Aufgabe, unser neues Vaterland zu schützen und jeder Aggression Widerstand zu leisten. Mars Ultor!«

Aus tausenden Kehlen erklang erneut der Ruf: »Mars Ultor!«

Primus nickte und lächelte zufrieden. Er trat nach vorn an den Rand der Bühne, wo Apoll und Merkur standen. Er hielt zwei bunte Orden mit Bändern hoch. Den ersten steckte er Apoll an die Brust, den zweiten heftete er Merkur an. Er legte ihnen je eine Hand auf die Schulter, und zu dritt nahmen sie lange den Applaus der Männer entgegen.

Die Erstürmung des Kampfschiffs lag rund 24 Stunden zurück. Seither hatte Primus viele Weichen für die Zukunft der Marskolonie gestellt. Im Raumschiff der Gyne hatten sich noch 114 Frauen befunden, 49 Soldatinnen und 65 Ingenieurinnen, Technikerinnen, Flugoffizierinnen und sonstiges Personal. Neun Frauen begingen während der Räumung des Schiffs Selbstmord. Sie wollten nicht in die Hände der Männer fallen. Vermutlich wäre die Zahl noch höher ausgefallen, doch nicht alle Frauen hatten in dem Moment Zugriff auf eine Waffe oder ein Werkzeug, um sich zu töten. Die Bordärztin und zwei Assistenzärztinnen brachten sich durch Einnahme von Medikamenten um. Primus hatte es ein wenig entsetzt, dass diese Frauen lieber den freiwilligen Tod wählten, statt sich ihm zu ergeben.

Schnell hatten manche Männer von ihrer »Beute« gesprochen und Ansprüche angemeldet, die Frauen gehörten jetzt ihnen. Primus hatte diese Forderungen unterbunden. Stattdessen hatte er alle Frauen vom Raumhafen durch die Hauptröhre in den Bereich gegenüber vom reaktivierten Kommandoraum bringen lassen, in dem zu früheren Zeiten er selbst mit dem übrigen Führungspersonal der Kolonie gelebt hatte. Dort konnten sich die Frauen bis auf Weiteres aufhalten. Den Zugang ließ Primus rund um die Uhr von einer größeren bewaffneten Gruppe bewachen. Ohne seine Zustimmung durfte niemand die Räume betreten oder verlassen. Er wusste, wie gefährlich die Anwesenheit der Frauen in der Kolonie war. Einige Männer wären vermutlich bereit, sich den Weg freizuschießen, um sich einer der Frauen zu bemächtigen.

Das Raumschiff hatte er nach der Erstürmung durchsuchen und alle persönlichen Gegenstände den Frauen in ihre Unterkunft bringen lassen. Rund 500 bewaffnete Männer stationierte er unter Jacks Führung im alten Raumhafen. Sie überwachten mit dem Radar den Luftraum. Primus wusste nicht, ob die Gyne in den vergangenen Jahren womöglich ein zweites Kampfschiff gebaut hatten. Weitere 500 Männer bewachten den Orbitallift. Er hielt es für wenig wahrscheinlich, dass die Frauen den Lift ohne Kontrolle über die Bodenstation in Betrieb nehmen würden. Doch auch von dort wollte er keine Überraschung erleben. Alle anderen Männer kehrten in die Kolonie zurück.

Den Bereich mit den Versorgungsanlagen und dem Kommandoraum durften weiterhin nur Primus' Vertraute betreten. Er befahl außerdem, dass die Arbeiter die Produktion in der Mine, der Erzwäsche und sämtlichen weiteren Fabriken wieder aufnahmen. Dabei musste jeder Mann nur eine Schicht von acht Stunden täglich arbeiten und hatte pro Woche einen Tag frei. Das würde zwar die Produktion verringern, aber das Leben in der Kolonie im Vergleich zu früher erleichtern. Aktuell wusste Primus gar nicht, ob die Gyne die Rohstoffe und Halbprodukte von ihm kaufen würden. Er ging davon aus, dass ihnen kurzfristig nichts anderes übrig blieb. Er hatte Gaia in seiner Hand.

♂ ♂ ♂

Apoll trat mit Merkur von der Bühne und mischte sich wieder unter die Männer von Mater Terra, die sich davor mit ihren roten Shirts aufgestellt hatten. Er hörte, wie Primus seine Ansprache fortsetzte. Ihn interessierten die Ausführungen ihres Anführers zum sozialistischen Arbeiterstaat nicht. Ihn beschäftigte ein anderes Thema und dieses Thema bereitete ihm Unbehagen.

Primus hatte die Rettung der Kolonie vor allem ihm und Merkur zugeschrieben. Dabei hatte Apoll ihm im Detail und wiederholt berichtet, wie sie von der Orbitalstation 1 entkommen und das Raumschiff in ihre Gewalt gebracht hatten. Primus verlor kein Wort darüber, dass ohne den mutigen und selbstlosen Einsatz von Athene und Diana die ganze Mission gescheitert wäre. Er ließ ihre Rolle unter den Tisch fallen. War das gerecht? War das richtig? Gründete Primus den Staat Mars Ultor auf einer Lüge? Wie sollte es künftig Frieden zwischen Männern und Frauen geben, wenn alles mit Unwahrheiten neu begann? Er hatte Primus vor der Auszeichnung mit den Orden darauf angesprochen. Doch der hatte verächtlich abgewunken. Nur weil zwei Frauen einmal das Richtige getan hätten, würde er ihnen keine Bühne geben.

Als Primus die Veranstaltung in der Arena unter riesigem Jubel schließlich beendete, gab Apoll Merkur ein Zeichen, ihn unauffällig zu begleiten. Sie eilten durch die große Zahl von Männern, die sich im Innern der Arena aufhielt, und entgingen Primus' aufmerksamen Augen. Apoll schlug draußen den Weg zum See ein. Sie setzten sich versteckt hinter einigen Büschen ans sandige Ufer.

»Ich wüsste wirklich gern, wie es Athene geht. Aber die Typen vor ihrem Wohnbereich haben mich nicht hereingelassen. Da hilft mir so ein Orden auch nicht«, sagte Apoll mürrisch.

Er hatte sie seit dem Tod ihrer Mutter in der Abfertigungshalle nicht wieder gesehen. Vor allem eine Sache war ihm lebhaft in Erinnerung geblieben: Als Athene mit den anderen Frauen weggeführt worden war, hatte sie sich kurz zu ihm umgedreht, und ihre Lippen schienen einige Wörter zu formen. Doch er hatte sie nicht verstanden. Was hatte sie ihm sagen wollen?

Merkur warf einen kleinen Stein in das trübe, rötlich schimmernde Wasser. Wellenringe bildeten sich, wo er die Oberfläche getroffen hatte und der Stein zu Boden sank.

»Was sie wohl darüber denkt, dass ihre Mutter tot ist? Die beiden hatten ja offenbar keine Lust, miteinander in die Ferien zu fahren.«

Apoll lachte trocken. »So kann man es auch ausdrücken. Sie haben sich einerseits gehasst, aber andererseits auch nicht. Irgendwie komisch. Erinnerst du dich, wie Athene neben dem toten Körper auf die Knie gefallen ist und geweint hat?«

»Diana hat sie dann getröstet. Und du hast nur dagestanden und geglotzt. Mann, das war keine Sternstunde von dir.«

Apoll schluckte. Er ärgerte sich immer noch, dass er nicht zu ihr gegangen war und sich um sie gekümmert hatte. »Yep, wir sind nicht so geübt mit Gefühlen hier.«

»Naja, du vor allem nicht«, sagte Merkur mit einem leicht spöttischen Unterton und gab seinem Freund einen Klaps auf den Hinterkopf. »Aber mir geht es wie dir. Mich lassen sie auch nicht zu Diana. Dabei habe ich mit ihr die ganze scheiß Kolonie gerettet.« Er lehnte sich zu Apoll vor und flüsterte: »Immerhin habe ich ein paar Sachen zu ihr reingeschmuggelt. Ein Kumpel hat mir geholfen.« Er blies die Luft durch die Lücke, die seine beiden ausgeschlagenen Schneidezähne hinterlassen hatten.

Wieder warf er einen Stein ins Wasser, dieses Mal aber deutlich weiter und fester. »Ich hocke fast die ganze Zeit mit Viktor auf Primus' Befehl hin in den Serverräumen. Kontrolle hier, Kontrolle da. Primus will, dass ihm nichts entgeht und er alles unter seiner Fuchtel hat.«

Apoll grunzte, verzog das Gesicht. »Mich behandelt

er wie sein Maskottchen und Assistenten. Er sagt ständig, dass ich ihn begleiten soll. Immer wieder muss ich meine *Heldengeschichte* zum Besten geben. Wenn ich aber über Athene und Diana sprechen will, fährt mir der Alte unwirsch dazwischen und wechselt das Thema.«

Apoll ging einige Schritte nach vorn, bis seine Fußspitzen das trübe Wasser des Sees berührten. »Das gefällt mir nicht«, begann er. »Das ist nicht richtig.«

»Was meinst du?«

»Primus hat den Heldenmut von Athene und Diana mit keinem Wort erwähnt. Ohne sie wären wir auf der Orbitalstation über der Erde gestrandet und würden für die nächsten fünfzig Jahre in einer Gefängniszelle verrotten. Sie haben uns und den Mars gerettet. Und welchen Dank bekommen sie dafür?«

»Sie haben überlebt und sind erst mal in Sicherheit.«

»Das ist nicht dein Ernst. Athene und Diana verdienen dieselben Orden wie wir.« Er zupfte den bunten Orden von seinem roten T-Shirt ab und drehte ihn zwischen den Fingern. »Primus ist ungerecht. Nicht alle Frauen sind wie Athenes Mutter.« Er schleuderte den Orden wütend in den See.

Merkur sprang auf, ging zu seinem Freund. »Apoll, was tust du da?«

»Primus baut seinen sozialistischen Arbeiterstaat auf einer Lüge auf. Den Orden eines Lügenstaats trage ich nicht.« Apoll verschränkte die muskulösen Arme vor der Brust und schwieg.

»Ich finde es auch nicht richtig, dass Primus den Mut und die Taten von Athene und Diana unter den

Tisch kehrt. Das hätte er nicht tun sollen. Aber, Mann, du kannst doch nicht den Orden wegwerfen.« Er blickte sich um, ob jemand sie beobachtete.

»Ich glaube, dass Primus keinen Frieden möchte. Er will sein Ding durchziehen. Womöglich passt es ihm nicht, dass nun in der Kolonie über hundert Frauen sitzen und ihn beim Aufbau seines neuen Staats Mars Ultor stören.«

Merkur trat neben Apoll. »Das mit seinem Staat, den Flaggen, den Regeln finde ich auch ziemlich schräg. Ich hatte gedacht, wir lassen es jetzt mal locker angehen. Seele baumeln lassen, abhängen, Party machen. Regeln und Strafen hatten wir bei den Gyne genug.«

»Vielleicht wird sich für uns gar nicht so viel ändern, wie wir glauben, außer dass jetzt ein Mann das Sagen hat«, flüsterte Apoll. Er ging zurück zu der Stelle, wo sie gesessen hatten, und legte sich auf den rötlichen Sand.

Merkur drehte sich zu ihm um. »Weißt du, was Primus meinte, als er sagte, die Frauen würden zu uns kommen und Familien mit uns gründen? Das soll er vor ein paar Tagen in der Arena gesagt haben. Einige Männer sind völlig verrückt geworden wegen dieser Idee.«

»Du meinst, ob er dir erlauben würde, mit Diana eine Familie zu gründen? Merkur, sei nicht albern. Ihr habt euch geküsst und keine ewige Liebe geschworen mit Kindern und so.«

Merkur schürzte die Lippen und legte den Kopf schräg. »Egal, meinst du, dass es so kommen wird? Dass wir mit Frauen hier auf dem Mars zusammenleben werden?«

»Ich weiß es nicht. Aber mir scheint, dass es Primus lieber ist, wenn die Frauen auf der Erde bleiben. Er ist mit ihnen noch nicht fertig, glaube ich.«

Merkur legte sich neben seinen Freund und sie schwiegen eine Weile. Apoll streckte sich und blickte durch das Atmosphärendach. Primus hatte die Widerstandsgruppe Mater Terra genannt – Mutter Erde. Auch deshalb war Apoll immer davon ausgegangen, dass ihr Anführer gemeinsam mit allen anderen Männern zur Erde zurückkehren würde. Aber das hatte Primus offenbar gar nicht vor. Hatte er den Namen Mater Terra nur als Täuschung gewählt, damit die Anhänger des Widerstands ihm mit voller Begeisterung folgen würden?

Er drehte den Kopf zu Merkur, seine Miene war ernst. »Langsam habe ich das Gefühl, dass unsere Mission noch nicht zu Ende ist, sondern der wirklich schlimme Teil noch vor uns liegt.«

♀ ♀ ♀

Athene lag auf dem Rücken auf einer Hantelbank im Fitnessraum der früheren Offiziersunterkunft. Sie hatte zwei rote Scheiben auf jede Seite der Langhantel gesteckt. Sie hob die Stange aus der Halterung und stemmte sie zehn Mal in die Höhe. Bei den letzten Wiederholungen keuchte sie. Plötzlich beugte sich ein vertrautes Gesicht über sie.

»Die Amazone trainiert ihre Muckis«, sagte Diana grinsend. Doch ihr Gesichtsausdruck verflog schnell.

Athene setzte die Hantelstange ächzend in die Halterung zurück und setzte sich auf. Ihr Trainingsshirt war schweißdurchtränkt.

»Der Sport tut gut, lenkt mich ein bisschen ab.«

»Verstehe ich. Ich versuche auch, mich abzulenken. Gelingt mir aber kaum.« Diana blickte ihre Freundin mit sorgenvoller Miene an. Sie knetete ihre Hände. »Wie geht es dir?«

Seit dem Tod ihrer Mutter suchten Athene verschiedene Gefühle heim. Vor Abebis Tod hatte sie selbst auf der Brücke des Raumschiffs auf sie geschossen. Das Gummiprojektil hatte sie nicht ernsthaft verletzt. Doch als Athene die Pistole ihrer Wächterin aus dem Holster gezogen und den Abzug gedrückt hatte, war ihr nicht bewusst gewesen, mit welcher Munition die Waffe geladen war. In dem Moment hatte sie ihre Mutter aus tiefstem Herzen verabscheut und um jeden Preis verhindern wollen, dass Abebi alle Männer auf dem Mars töten würde. Athene sah es immer wieder vor ihrem geistigen Auge, als würde sie es noch einmal erleben: Wie Abebi mit gebrochenem Genick vor ihr am Boden der Abfertigungshalle lag. Dieser Moment weckte ein Gefühl unvorstellbarer Trauer in ihr.

Athene blickte ihre Freundin an. »Sie war meine Mutter. Sie hat mich zur Welt gebracht und großgezogen. Auch wenn ich ihre Einstellungen und Pläne hasste – irgendwie liebte ich sie.« Athene lächelte matt, Tränen traten in ihre Augen. Sie rückte an den Rand der Hantelbank und machte Platz, damit Diana sich neben sie setzen konnte. »Égbé, der Habicht. Égbè, die Pistole.«

Diana schaute verwirrt drein, fragte aber nicht nach. Einige Zeit lang sprachen sie nicht.

»Wir sind gerettet, aber Gefangene«, sagte Athene irgendwann leise.

Diana nickte. »Wir leben zwar, aber mehr auch nicht. Ich war vorhin wieder bei den Bewachern am Eingang. Sie haben nur gesagt, dass ihr toller Primus kommen und mit uns sprechen wird.«

»Und wann will er kommen?«

»Pfft. Wissen sie angeblich nicht. Sie haben mich weggeschickt. Es ist zwecklos.« Nach einer Pause fuhr sie fort: »Was glaubst du? Was haben sie mit uns vor?«

»Das weiß ich nicht. Mir scheint, dass sie es selbst nicht wissen, nicht mit uns gerechnet haben. Wir waren nicht Teil ihres Plans.«

Athene wischte sich mit einem Handtuch den Schweiß von der Stirn und den Armen. Sie blickte ihre Freundin an. Sie fühlte sich immer noch schuldig ihr gegenüber. »Es tut mir leid, Diana. Meinetwegen sitzt du auf dem Mars fest. Und wir wissen nicht, ob wir je nach Hause zurückkehren werden.«

Diana betrachtete gedankenverloren ihre Hände und presste nach einer Weile die Lippen aufeinander. »Einerseits sitzen wir hier fest und niemand weiß, was aus uns wird. Womöglich vergammeln wir in diesem Erdloch. Aber wenn wir Merkur und Apoll nicht geholfen hätten, wären die 100 000 Männer tot. Sie wären elendig erstickt. Auch wenn sich bis heute niemand bei uns dafür bedankt hat. Ich denke, es war richtig, ihnen zu helfen.«

Athene durchströmte ein Gefühl der Erleichterung. Offenbar begann ihre Freundin, Frieden mit der Vergangenheit zu schließen. Diana blickte noch länger auf ihre Hände, und plötzlich umspielte ein Lächeln ihren Mund.

»Was ist?«, fragte Athene. »Warum lächelst du?«

Diana schaute sie an und ihr Lächeln verwandelte sich in ein schelmisches Grinsen. »Wir haben uns geküsst, Merkur und ich. I am in love, glaube ich.«

»Ihr habt was? Euch geküsst?«, platzte Athene heraus.

»Psst, du musst es nicht der ganzen Kolonie mitteilen.«

»Das ist ja verrückt! Ein paar Tage vorher wolltest du ihn noch an meine Mutter ausliefern, damit er den Rest seines Lebens im Gefängnis schmort.«

»Dich übrigens auch.« Sie machte eine Pause, fuhr dann mit einem liebevolleren Unterton fort: »Du bist die allerschlimmste Ministerinnentochter, die mir in meinem Leben begegnet ist.« Sie strich Athene über ihre Dreadlocks und hob ihr Kinn an. »Wir fliegen zurück nach Gaia. Apoll und Merkur nehmen wir mit und setzen uns mit ihnen an den Strand, Cocktails unter Palmen, wir kommen. Vielleicht wirst du tatsächlich eines Tages deinen Helden heiraten.«

Sie griff in ihre Hosentasche und zog ein schwarzes Gerät mit einer kleinen Tastatur hervor, auf dem das Alphabet, Zahlen sowie einige Programmiercodes abgebildet waren.

»Was ist das?«, fragte Athene überrascht.

»Die Männer nennen es *Prompter*. Rate mal, wer auch einen hat?« Diana sah ihre Freundin verschwörerisch an. »Es wird Zeit, dass wir hier rauskommen.«

Sie nahm das Gerät zwischen die Hände und begann

zu tippen.